한국 복지국가의 전망

WELFARE STATE

새로운 도전, 새로운 대안 | 김윤태 엮음

한울
아카데미

이 도서의 국립중앙도서관 출판시도서목록(CIP)은 e-CIP홈페이지(http://www.nl.go.kr/ecip)에서
이용하실 수 있습니다. (CIP제어번호 : CIP2010004314)

추천의 글

이 책은 한국 복지가 당면한 다양한 이론적·실천적 문제를 비교의 관점에서 심층적으로 파헤쳤다. 복지가 좌우 이념을 넘은 시대적 담론이 되어가는 이 시대에, 막상 복지국가로 가는 길에는 세밀한 구상과 전략, 방대한 예산이 요구되는 매우 현실적인 과제들이 가득 놓여 있다. 강의와 연구는 물론 현장과도 친숙한 일급 전문 학자들의 연구서이면서도 끝까지 실천적 측면을 붙들고 정밀하게 드러낸다는 점이 이 책의 미덕일 것이다. 이 책이 복지 분야의 연구자와 학생, 현장 종사자들에게 한국 복지가 어디에 와 있고, 복지 한국이 어디로 어떻게 가야 하는가라는 질문과 관련하여 많은 정보와 지식을 제공할 뿐 아니라 사색과 통찰을 위한 귀중한 발판이 되리라 기대한다. – 고세훈(고려대학교 교수, 『복지한국 미래는 있는가』 저자)

『한국 복지국가의 전망』은 정말 적시에 나와주었다. 지난 6월 지방선거는 우리 국민의 복지 열망을 확인해준 계기였고, 이제 정치인들은 여야를 막론하고 복지국가를 주창하고 있다. 바야흐로 복지국가의 백화제방(百花齊放), 백가쟁명(百家爭鳴) 시대를 맞아 진정한 복지국가로 나아가기 위해 필요한 맥을 정확히 짚어주는 이 책은 오랜 가뭄 끝의 단비라 하지 않을 수 없다. 복지국가에 관심 있는 모든 사람이 읽어야 할 책이다. – 이정우(경북대학교 교수, 『불평등의 경제학』 저자)

최근 한국의 학계는 물론 시민사회와 정치사회에서 복지국가 논쟁이 뜨겁게 달아오르고 있다. 이런 배경에는 한국 사회가 산업화와 민주화 과정에서 낳은 구조적·제도적 양극화의 앙금이 아직도 해소되지 못한 채 다시 급격한 환경 변화에 따라 새로운 도전에 직면하고 있기 때문이다. 이 책은 그동안 한국 복지국가 건설을 위한 새로운 담론에 목말라 했던 한국 사회에 단비와 같은 존재이다. 편저자인 김윤태 교수는 우리 학계의 거목들을 모아 한국 복지국가로 가는 길목에서 살펴봐야 할 중요한 쟁점과 대안을 실천적 맥락에서 엮어냄으로써, 한국 복지국가 논쟁에 새로운 불을 댕겼다. 한국 복지국가의 미래를 생각하는 이라면 반드시 이 책에서 저자들이 던진 의제들을 먼저 음미해보아야 할 것이다. – 정무권(연세대학교 교수, 『한국 복지국가의 성격논쟁 II』 편저자)

감사의 글

이 책은 2008~2010년에 고려대학교 대학원 사회복지학과와 인문정보대학원 사회복지학과 콜로키엄에서 발표한 논문을 모은 것이다. 이 외에도 다양한 연구회와 학술지에 발표한 논문, 이미 출간한 책, 새롭게 작성한 논문이 이 책에 포함되었다.

편집자가 진행한 콜로키엄에 귀한 시간을 내 논문을 발표하신 학자들께 깊은 감사를 드린다. 진행을 도와준 사회복지학과 연구조교 김혜림, 구태원, 김윤미에게 감사의 마음을 전한다. 대학원생 가운데 이훈희, 이원지, 배선휘, 윤지현, 서재욱, 김애현, 배혜원, 강현 등도 연구활동에 여러 가지 도움을 주었다. 인문정보대학원 사회복지학과 학생들도 다양한 토론을 통해 유익한 정보와 아이디어를 제공했다. 지도학생인 이충권, 양미상, 김현기, 김형도, 정치영, 박혜진, 권오길, 남명희, 서영자, 김영기, 박수춘, 이용화, 신현수 등 여러 분께 감사드린다. 특히 대학원 콜로키엄에 참여한 학생들과 대화와 토론을 할 수 있었던 것도 보람 있는 일이었다.

고려대학교 인문대학 사회학과와 대학원 사회복지학과는 이 책을 출간하는 데 많은 도움을 주었다. 고려대학교 대학원과 인문정보대학원의 재정적 지원에도 감사드린다. 노길명 교수, 정태환 교수, 김응렬 교수, 서용석 교수, 현택수 교수, 황명진 교수 등 여러 분이 콜로키엄의 개최와 운영을 격려하고 조언을 주셨다. 고려대학교는 유익한 지적 분위기를 제공했으며,

훌륭한 학자들과 대화할 수 있는 좋은 기회를 주었다. 특히 최장집 교수, 윤성식 교수, 김균 교수, 김문조 교수, 고세훈 교수, 강수돌 교수, 최윤재 교수, 박종찬 교수, 김경근 교수, 서병선 교수, 최형재 교수, 홍창수 교수, 김효민 교수 등 여러 선생님과 대화를 나누면서 많은 것을 배울 수 있었다. 이 기회를 통해 감사의 인사를 드린다.

이 책을 출간하는 데 다양한 학회와 연구회에서 만난 훌륭한 학자들의 도움도 컸다. 지난 몇 년 동안 복지국가연구회와 사회정책연구회의 토론회에서 많은 지적 영감을 얻었으며, 다양한 학자들의 이론적 연구와 실천적 고민을 공유할 수 있는 기회는 이 책의 출간에 큰 영향을 미쳤다. 이 책에 수록된 논문의 일부는 연구회의 발표를 통해 처음 알게 되었다. 복지국가연구회의 손호철 교수, 강명세 연구위원, 안재흥 교수, 조영재 교수, 양재진 교수, 우명숙 교수, 송백석 교수, 은민수 박사 등에게 감사드린다. 2009년 6월 사회정책연구회와 스웨덴 남스톡홀름 대학이 개최한 학술대회에 참여하면서 함께 대화를 나눈 문진영 교수, 정무권 교수, 이호근 교수, 이태수 교수, 심창학 교수, 김영순 교수, 이성균 교수, 김태일 교수, 이주하 교수, 김진욱 교수 등 여러 분께도 감사드린다. 스웨덴의 아름다운 경치를 보며 복지국가에 관해 진지하게 토론할 수 있었던 것은 커다란 즐거움과 배움의 기회를 주었다.

한국 사회의 핵심 문제를 생각할 좋은 토론의 기회를 제공한 좋은정책 포럼의 김형기 교수, 유종일 교수, 임경순 교수, 홍성민 교수 등 여러 분께도 감사드린다. 의제 27의 김호기 교수, 정해구 교수, 이태수 교수, 홍종학 교수께도 감사드린다. 특히 한국 사회와 정치에 관한 날카로운 통찰력과 끊임없이 실천적 대안을 모색하는 지적 열정을 지닌 김호기 교수에게서 많은 것을 배웠다. 사민연의 주대환 대표와 윤도현 교수, 복지국가소사이어티의 이상이 교수께도 감사의 말씀을 전한다. 한국사회학회, 한국사회복지학회, 한국비판사회학회, 한국문화사회학회, 한국사회경제학회 학술대회 등 다양한 토론회와 모임에서 유익한 토론을 함께한 안병영 교수, 이종오 교수, 김수진 교수, 유재일 교수, 이선 교수, 조명래 교수, 조흥식 교수, 박순성 교수, 김호균 교수, 유종일 교수, 박태주 교수, 최태욱 교수, 김용일 교수, 이수희 교수, 유승호 교수, 김철주 교수, 윤상우 교수, 은수미 연구위원, 박찬표 교수, 김연명 교수, 고원 교수, 정상호 교수, 김미곤 연구위원, 김승권 연구위원, 윤홍식 교수, 김보영 교수께도 감사드린다. 그분들이 충분히 눈치를 채지 못하셨겠지만 그분들과 나눈 대화에서 필자는 정말 많은 것을 배우고 이 책을 출간하는 데 필요한 지적 영감과 자극을 얻었다.

이 자리를 빌려 나의 사회복지에 관한 연구에 재정적 지원을 해주고 있는 한국연구재단(KRF)에 감사드린다. 이 외에도 중요한 지원을 제공한 고려대학교, 경제인문사회연구회, 한국사회여론연구소에도 감사드린다.

이 책에 실린 일부 글은 학술지와 저서에 이미 게재되었던 것이다. 다시 이 책으로 출판할 수 있도록 허락해준 해당 학술지와 저서를 출간한 연구기관, 학회, 출판사에 감사드린다. 또한 이 책을 출간하는 데 도움을 준 도서출판 한울 윤순현 과장과 편집부 최규선 씨에게 감사드린다. 2009년 『새로운 진보의 길: 대한민국을 위한 대안』에 이어 도서출판 한울을 통해 이 책을 출간하게 되어 기쁘게 생각한다. 항상 훌륭하고 신속하게 책을 만들어준 도서출판 한울의 전문적 지원에도 깊은 감사의 마음을 전한다. 사회학을 비롯한 사회과학 분야에서 좋은 책을 출간해온 도서출판 한울이 최근 사회복지학 분야 도서를 적극 출간하기로 목표를 세운 직후 이 책의 원고를 출간하기로 결정했다. 도서출판 한울의 새로운 노력이 복지국가에 관한 다양한 학문적 논의에 크게 기여할 것으로 기대한다.

2010년 11월

김윤태

차례

서장

복지국가의 발전과 도전

김윤태 | 고려대학교 사회학과

이 책은 한국 복지국가의 새로운 전망을 제시하는 다양한 관점과 토론을 소개한다. 1990년대 후반 외환위기 이후 새로 등장한 한국의 복지국가는 지난 10여 년 동안 급속하게 발전해왔다. 정부가 도입한 복지제도는 짧은 시기에 정착되었고, 한편으로 과거에 볼 수 없었던 새로운 사회변동의 도전에 직면했다. 인구구조와 가족구조, 노동시장의 변화는 한국 복지국가의 새로운 전환을 요구하고 있다. 고령화, 한부모 가정의 증가, 비정규직의 등장으로 새로운 사회위험이 증대했다. 이에 따라 복지제도의 새로운 방향에 대한 연구는 다양한 이론적·실천적 관점과 밀접하게 연결되어 있다. 정치권과 시민사회에서도 뜨거운 쟁점이 되었던 생산적 복지, 참여복지, 사회투자국가, 보편적 복지, 무상급식 등 다양한 복지담론은 한국 복지국가의 새로운 방향을 둘러싼 치열한 논쟁의 산물이다. 이 책에서는 한국 복지국가의 한계와 가능성에 관한 다양한 이론적 검토와 정책 논쟁을 평가하면서 새로운 사회변동에 대응하는 복지국가의 방향을 조명하고자 한다.

1. 복지국가의 등장과 발전

서구의 역사를 보면, 복지국가의 발전은 자본주의 경제의 등장과 불가분의 관계에 있다. 영국 사회학자 토머스 마셜(Thomas H. Marshall)이 지적한 대로 서구 사회는 자본주의 경제를 바탕으로 사상 초유의 놀라운 성장을 이룩했지만, 사회 불평등이 커지면서 사회적 불안이 계속되었다(Marshall, 1992). 산업화가 빠르게 진행되면서 급격하게 늘어난 노동자계급은 노동자의 권리를 신장하기 위한 노동조합과 정치조직을 만들었다. 노동자들은 임금 인상, 근로조건 개선과 함께 투표권을 비롯한 정치적 시민권을 요구했다. 그리고 전국 단위의 정치적·경제적 조직을 결성하고 기업과 정부를 상대로 협상을 벌여 나갔다. 산업화 초기에 기업과 정부는 노동자의 요구를 그대로 수용하기보다 경찰과 군대를 동원해 진압하려고 했다. 이에 노동자들은 대규모 시위와 파업으로 맞섰다. 그러나 유럽의 자본주의 경제는 제2차 세계대전을 거치면서 완전고용과 사회보장을 위해 복지국가 건설과 노사 타협의 제도적 장치를 마련했다. 미국 정치학자 아담 쉐보르스키(Adam Przeworski)가 주장했듯이 유럽 사회민주주의와 '합의의 정치(consensus politics)'가 등장한 것은 노동자계급과 자본가계급 간 계급타협의 성과라고 볼 수 있다(Przeworski, 1985).

19세기 마르크스(Karl Marx)가 노동자와 자본가의 관계를 영원한 대립과 갈등의 관계로 보았던 것은 유명하다. 그러나 20세기에 노동자가 자본가의 사적 소유권을 인정하는 대가로 자본가는 세금 인상을 통해 모든 시민에게 복지를 제공하는 새로운 사회협약이 확산되었다. 그 대표적인 사례는 스웨덴에서 찾을 수 있다(타로, 2003; 김수진, 2007). 스웨덴은 20세기 초반 심각한 노사갈등을 경험했는데, 1938년 '살트세바덴협약'을 통해 노사정 3자가 모여 임금 억제와 복지 확대를 동시에 추구하기로 합의했다.

당시 스웨덴은 유럽에서 가장 가난한 나라 가운데 하나였다. 더욱이 1920년대에는 노동자 1인당 파업 일수가 세계 1위였을 정도로 노사갈등도 심했다. 하지만 1930년대 노사정 타협을 통해 노동조합은 국유화 강령을 포기하고 파업을 자제하는 대신 기업은 소득세 인상을 받아들였다. 이는 스웨덴 사회민주당(SAF)이 정권을 잡은 후 노사 대립을 중재해 이뤄낸 역사적 계급타협이었다. 이러한 사회적 합의를 통해 스웨덴은 좌익과 우익의 정치적 대립과 갈등을 피하고 안정적인 경제성장을 이룩할 수 있었다. 1930년대 파시즘과 공산주의로 극단적인 국민 분열을 경험한 독일과는 매우 대조적이다.

1929년 대공황 이후 유럽과 북미의 많은 정부는 노동자와 실업자의 불만을 달래기 위한 조치를 통해 계급타협을 모색했다. 민주정부들은 대부분 노동조합의 활동을 법률적으로 보장하고 노동자의 생활 개선을 위한 제도적 장치를 마련하기 위해 노력했다. 1935년 미국의 루스벨트 행정부는 와그너법(Wagner Act)이라 불리는 전국노동관계법을 제정했는데, 이를 토대로 전국노동단체인 산별노동조합(CIO)이 결성되었다. 제2차 세계대전을 거치면서 유럽과 북미의 정부들은 정도의 차이는 있지만 스웨덴에서 볼 수 있는 기업과 노동조합 사이의 계급타협을 적극 추진했다. 이러한 노사정 3자 사이의 정치적 연합을 학자들은 '3자주의' 또는 '코포라티즘(corporatism)'이라고 불렀다(선학태, 2006). 실제로 자유시장경제체제를 유지한 많은 국가에서도 국가의 복지 기능을 점차 확대하면서 정치적으로 노사정의 타협을 이룩하는 코포라티즘이 확산되었다.

전후 세계의 지도자들은 이해관계가 다른 사회집단들이 서로 화해하고 협력하는 새로운 국가를 건설해야 한다고 주장했다. 자유방임경제에서 대공황의 위기가 발생했다고 생각한 학자와 정치인은 자유로운 시장경제에 모든 것을 맡기는 것은 위험하다고 보았다. 경제위기와 혼란은 대량실업을 불러오고 절대빈곤을 급증시키며 노동자와 자본가 간에 격렬한 갈등을 일으킬 수 있다고 보았다. 전쟁의 참화를 겪은 세계는 사실상 국가의 적극적 시장 개입 없이는 경제회복이 불가능했다. 케인스 경제학이 주장하는 것처럼 국가가 경제에 개입해 고용을 확대하는 것은 중요한 과제로 떠올랐다. 동시에 국가는 계급갈등을 완화할 수 있는 제도적 장치를 만들었다. 공산주의 혁명에 공포를 느끼고 파시즘을 지지했던 중간계급도 계급타협이 필요하다고 여겼다. 또한 중간계급은 더 많은 세금을 납부해 노동자계급을 지원하는 복지정책을 수용할 수 있다고 생각했다. 이러한 인식 변화에 따라 거시경제의 관리를 강조하는 케인스 경제학, 노사정 타협을 강조하는 코포라티즘, 조세를 통한 복지국가를 기반으로 하는 사회민주적 '합의의 정치'가 발전했다.

그런데 1970년대 중반 석유파동이 일어나고 이후 선진국의 경기 침체가 장기화되면서 점차 복지국가의 물질적 토대가 약화되었다(Pierson, 1991). 좌파는 자본주의의 위기를 강조하면서 복지국가가 더는 지속될 수 없다고 공격했다. 반면에 자유시장을 신봉하는 신우파는 복지국가의 지나친 확대가 근로동기를 떨어뜨리며 '의존문화'를 강화해 기업에 부담을 주고 경제성장에 해악을 끼친다고 비난했다(Murray, 1984). 각각 영국과 미국에서 1979년과 1980년에 출범한 대처 정부와 레이건 정부는 인플레이션을 억제하기 위해 통화량을 줄이고 정부재정을 축소해야 한다고 역설했다. 이에 따라 전 세계적으로 통화주의 경제정책이 확산되었다. 레이건 대통령은 "정부가 문제를 해결하는 것이 아니라 오히려 문제를 키우고 있다"고 비판했다. 보수적 정치인과 학자들은 조세 감면을 통해 기업과 개인의 투자를 유도하되 빈곤층에게 '의존문화'를 심어주는 복지재정은 줄여야 한다고 주장했다. 결국 부유층의 세금은 감면되고 보편주의적 복지제도는 축소되어 자산조사를 통한 선별주의적 복지제도가 확산되었다(Gilbert, 1985).

1980년대 이후 영국과 미국에서 실업이 증가하면서 빈부격차가 확대되고 사회해체의 징후가 심각하게 나타났다. 기업의 구조조정으로 고용이 불안정해지고 노사갈등이 격화되면서 계급타협을 기반으로 한 코포라티즘은 제대로 작동하지 못했다. 세금을 덜 내기 위해 중간계급이 교외로 이전하면서 도심에는 빈곤층만 남았고 슬럼은 늘어만 갔다. 복지혜택을 받지 못한 극빈층은 길거리에 나와 노숙자가 되었다. 미국 대도시의 도심에서 범죄율이 증가하면서 사람들은 낮에 걸어 다니는 것조차 무서워했다. 중간계급은 지나친 복지 감축이 자신들에게 이익으로 돌아오는 대신 사회불안을 키우고 있다는 사실을 뒤늦게 깨달았다. 보수적 정치인들은 계속 조세 감면과 복지 감축을 주장했지만, 중산층의 회의감은 커졌다. 다른 한편으로 좌파정당은 과거처럼 조세를 늘려 복지를 확대하는 정책이 반드시 효과적인 것은 아니라고 생각했다. 정부의 재정 적자는 증가했지만, 경제가 쇠퇴하는 시기에 조세 인상을 반대하는 유권자를 정치적으로 설득하는 것은 어려운 일이었다. 이제 좌파 정치인들도 새로운 복지개혁이 불가피하다고 인정하기 시작했다.

실제로 전통적 복지국가는 종종 효율성이 떨어지고, 불평등을 실질적으로 줄이는 역할을 하지 못했다. 복지국가는 관료적 하향식 체계를 유지했고, 단지 빈곤층을 통제하는 수단이 되었다. 역사적으로 보아도 복지국가는 19세기 말 프러시아의 비스마르크 정부가 노동운동을 억압하기 위해서 만든 것이며, 빈곤층에게 혜택을 주기보다 빈곤층을 통제하는 방법으로 사용되었다(박근갑, 2009). 그러나 제2차 세계대전 이후 복지가 시민권의 중요한 요소가 되면서 유럽과 북미에서 복지국가는 급속하게 확대되었다. 이러한 복지국가는 사회정의와 연대를 강화하는 데 매우 중요한 기능을 했지만, 현대 복지국가는 지속되는 재정 적자와 경기 침체로 심각한 딜레마를 해결해야 하는 과제를 안고 있다(Huber and Stephens, 2001).

2. 복지국가의 새로운 전환

1990년대 등장한 미국의 민주당 정부와 영국의 노동당 정부는 전통적 사회민주주의와 다른 새로운 복지정책을 제안했다. 클린턴은 '신민주당'을 내세우고, 블레어는 '신노동당'을 강조하면서 복지정책의 변화를 추구했다. 1994년 미국의 클린턴 정부가 '제3의 길' 노선을 제창하며 정부의 역동적 역할을 다시 강조하는 동시에 공화당이 주장하던 복지개혁의 의제를 수용했다. 클린턴 정부는 조세 감면과 재정 균형을 추진하는 동시에, 개인의 책임을 강조하는 '근로연계복지(workfare)'를 주창하면서 새로운 사회정책을 도입했다. 1998년 집권한 영국의 블레어 정부도 제3의 길을 도입하고, 고용정책의 중요성을 강조하는 '일자리를 향한 복지(welfare to work)'를 제시했다(김윤태, 2005).

새로운 복지정책은 사후에 현금을 지급하는 형태로 빈곤층을 도와주는 대신 사전에 빈곤층 스스로 자립할 수 있는 사회적 기반을 제공하는 방향으로 전환하고 있다. 이제 복지정책은 경제적 위기에 대비하여 사회안전망을 제공하는 동시에 일자리를 제공해 개인의 자율성을 최대한 확대하는 것이 바람직하다고 여겨진다(김종일, 2002). 대표적으로 제3의 길을 강조한 블레어 정부는 시장과 경쟁을 강조한 보수당의 경제정책을 받아들이는 동시에 노동자의 교육과 훈련을 강조하는 노동시장정책을 도입했다. 블레어 정부는 복지를 국가의 책임으로 간주하는 전통적 복지국가와 달리 개인의 권리와 책임의 상호주의를 강조했다. 하지만 적극적 복지는 개인의 책임만 강조하고 최소한의 사회안전망을 제공하는 신자유주의적 정책과는 다르다고 주장했다. 영국의 사회학자 앤서니 기든스(Anthony Giddens)는 실업급여와 같은 시혜적·소비적 복지를 '소극적 복지(negative welfare)'라 하고, 개인의 책임성과 자율성을 높이는 투자적·생산적 복지를 '적극적 복지

(positive welfare)'라고 불렀다(Giddens, 1998).

1990년대 후반 이후 사회민주당의 온건파 세력이 집권하면서 복지국가는 더 이상 '조세와 지출(tax and spend)'에 의존하지 않고 균형재정 추구와 인플레이션 억제라는 통화주의 신조를 받아들였다. 영국, 독일, 네덜란드 등에서 집권한 온건한 사민당 정부는 거시경제정책을 추진하는 데 제한을 받게 되자 과거 사회주의 정당이 추구하던 공공재정 지출을 통한 재분배정책을 더는 추진하지 않았다. 블레어, 슈뢰더, 윔콕은 선거에서 중간계급의 지지를 얻기 위해 우파 정부가 제시한 법인세와 소득세 감면, 재정 균형, 노동시장의 유연화, 자본시장의 개방을 실행했다. 이런 점에서 지난 10년간 사민당 온건파 세력이 추진한 복지개혁은 전통적인 사회주의 정책 대신 1980년대 신자유주의가 주도한 경제개혁의 유산을 토대로 하고 있다고 볼 수 있다.

유럽의 사회민주당 온건파가 전통적 사회민주주의 노선에서 이탈한 것에 대해 좌파는 국가복지의 영역을 축소하고 개인과 시장의 책임을 강조하는 신자유주의에 투항했다고 비판했다. 그러나 복지개혁을 지지하는 정치인과 학자들은 유럽 사민당 온건파가 추진한 정책 변화가 기술 발전, 고용 변화, 가족 변화, 지구화 등 현대 경제의 구조적 변화와도 밀접한 관련이 있다고 반박한다(Giddens, 2001). 실제로 세계경제의 통합은 거시경제 관리와 복지국가를 추진할 수 있는 국민국가의 역량 및 가능성을 제한한다. 이처럼 지구화되는 세계경제 속에서 근본적으로 변화하는 국민국가의 역할을 재조정해야 하는 필요성이 커지고 있다. 오늘날 대부분의 국가는 금융정책과 재정정책에서 완전하게 자율적인 역량을 가지고 있지 않다. 이제 모든 정부는 세계경제의 통합 속에서 제한적인 국민국가의 역할을 받아들여야 한다.[1] 유럽연합(EU)은 1992년 마스트리흐트조약(Treaty of Maastricht)에 따라 재정지출의 한계를 설정했기 때문에 재정지출을 확대해 복지정책을 강화하는 전통적인 복지국가는 구조적으로 제한을 받는다. 이러한 복지국가의 변화에 관한 평가로 복지국가 쇠퇴론, 지속론, 분화론이 제시되었다.

첫째, 복지국가의 쇠퇴론은 모든 복지국가가 발달의 조건을 상실했기 때문에 근본적인 축소와 재편의 길로 갈 것이라고 본다. 영국의 사회학자 밥 제솝(Bob Jessop)은 일국주의적 포드주의를 기반으로 하는 케인스주의 복지국가(Keynesian welfare state)가 지구화와 포스트포드주의의 진행으로 슘페터주의 근로연계복지국가(Schumpeterian workfare state)로 이행했다고 본다(Jessop, 1994). 근로연계복지국가에서 공적부조나 사회서비스를 받는 이는 일정 기간 노동시장에 참가해야 한다. 근로연계복지국가는 완전고용이나 사회권 확대를 목표로 하는 것이 아니라, 유연한 생산체제에 적합하도록 노동시장의 유연화를 추구한다. 제솝은 국가의 역할을 최소 수준으로 축소하는 것이 아니라 국가의 기능이 근본적으로 변화한다고 본다. 그리하여 근로연계복지국가가 확산되면서 국가복지는 축소되고 재상품화되어 복지정책의 급부 수준이 저하되고 노동자의 생활은 다시 시장논리에 종속된다고 평가한다.

캐나다 정치학자 미쉬라(Ramesh Mishra)는 지구화가 진행되면서 국가복지가 하향 압박을 받고 있다고 비판한다. 그는 지구화가 국제시장에서 국민국가의 상호 경쟁을 일으켜 복지의 '하향화(race to bottom)'를 유발하고 있다고 주장했다(Mishra, 1981). 실제로 지구화가 진행되면서 대부분의 선진 산업국가에서 케인스 복지국가의 '1차 방어선'인 완전고용과 고임금의 상근직이 붕괴되고 있다(Reich, 2007). 개방이 확대되고 경쟁이 더 치열해지

---

1) 대표적으로 1990년대 네덜란드는 개방경제를 추구하는 동시에 인적 자본 투자를 확대해 실업률을 낮추고 지속적인 경제성장을 이루었다는 평가를 받았다(Visser and Hemerjck, 1999).

면서 노동시장의 '유연화'가 증가하고 고용의 안정성이 급속하게 약화되었다. 그러나 빈곤과 의존을 막기 위한 '2차 방어선'인 사회적 보호체계는 민주주의적 제도의 방어를 통해 상대적으로 덜 약화되었다. 일부 국가에서 사회복지 프로그램을 위한 조세 부담의 비중이 감소하고 소득불평등이 증가했지만, 선진 산업국가들은 여전히 매우 높은 수준의 사회보장을 유지하고 있다(Rodrick 1998). 지구화가 급속하게 진행되어 노동시장과 고용형태에 커다란 변화가 발생하면서 빈부격차가 점차 증가했지만, 지구화의 영향을 받은 취약 계층을 지원하기 위한 실업급여와 교육훈련 지출의 증가 등으로 사회보장 지출의 절대적 규모는 지속적으로 늘어났다는 점에서 복지국가의 쇠퇴론은 현실과 거리가 있다.

둘째, 복지국가의 지속론은 1980년대 이후 복지국가가 이념적으로 많은 공격을 받았는데도 실제로는 거의 그대로 유지되고 있다고 본다. 그리고 복지국가가 일단 성립된 이후에는 복지국가를 지지하는 세력의 저항 때문에 해체가 용이하지 않다고 주장한다. 미국의 정치학자 폴 피어슨(Paul Pierson)은 미국과 영국에서 '그랬듯이 복지국가를 비판한 강력한 신보수주의 정권하에서도 복지국가가 쇠퇴하지 않았다고 주장한다(Pierson, 1994). 미국과 영국의 사회지출은 1978년을 100으로 봤을 때 1992년에 각각 156.8과 142.7이며, 국내총생산(GDP)에서 차지하는 사회지출 비중도 1978년에 미국이 11.2%, 영국이 24.1%였던 것이 1992년에는 각각 13.0%와 27.0%로 증대했다. 특히 보편주의적 사회보험의 영역과 달리 공적부조의 영역은 민영화라는 대체 정책에 의존할 수 없고 재정 삭감을 요구하기도 어렵다.

피어슨은 개별 정책 영역에서 '프로그램 축소'와 체제의 존립 조건에 관련된 '체계의 축소'를 구별하며, 체계의 기반으로 여론, 재원, 정치제도, 이익집단의 4개 차원을 지적한다. 그는 영국과 미국에서 '체계의 축소'가 일어났는데도 '프로그램이 지속될 수 있었던 원천'을 정치적 맥락에서 설명한다. '복지국가의 위기' 담론이 본격적으로 확산된 지 수십 년이 지나도록 복지국가가 의연하게 살아남을 수 있었던 것은 사회복지를 지지하는 사회세력의 정치적 영향력이 강했기 때문이다. 대처와 레이건 정부 또한 복지국가를 공격하면서도 선거에서 유권자의 지지를 얻기 위해 복지를 급격하게 감축하기는 어려웠다. 1990년대 후반 영국의 블레어 정부는 조세를 인상하지 않겠다는 선거 공약을 깨고 집권 이후 복지예산을 지속적으로 확대했다(김윤태, 2005). 한국에서도 1997년 외환위기 이후 경제의 지구화가 급속하게 확대되었는데도 김대중 정부 시기에 국가복지가 전면적으로 확대되고 사회보호체계가 강화된 사실 역시 주목할 만하다. 이에 관해서는 다음에 자세하게 다룰 것이다.

셋째, 복지국가의 분화론은 국가마다 복지국가의 변화가 다르게 나타나며, 복지국가가 쇠퇴하거나 지속한다고 일반적으로 평가하기는 어렵다고 본다. 덴마크 출신 사회학자 에스핑-안데르센(Gøsta Esping-Andersen)은 각국의 최근 사회지출이 모두 조금씩 증가하는 경향을 보이며, 복지국가의 후퇴는 전체적으로 심각한 것이 아니라고 주장한다(Esping-Andersen, 1996). 그러나 모든 복지국가가 쇠퇴했다는 주장이나 그대로 유지된다는 주장은 현재의 복지국가의 변화를 제대로 설명하지 못한다고 지적한다. 복지국가의 위기와 대응은 사회민주주의, 자유주의, 보수주의 등 세 가지 복지체제의 모델에 따라 서로 다른 유형이 나타난다. 다시 말해 북유럽의 사회민주주의 모델이 선택한 '스칸디나비아의 길'과 영미권 국가들의 자유주의 모델이 선택한 '신자유주의의 길', 유럽 대륙 국가들의 보수주의 모델이 추진하는 '노동 삭감의 길'로 나눌 수 있다.

첫째, 사회민주주의 모델은 심각한 어려움에 빠졌는데도 여전히 복지를 중요한 사회적 투자로 본다. 공공 부문의 고용을 확대하고 가족정책이나 직업교육으로 남녀 노동자의 노동시장 참가를 지원하는 노선으로 노동력의 유연성을 증대하려고 한다. 둘째, 자유주의 모델은 노동시장의 규제 완화와 복지국가의 선별주의 강화를 추진한다. 이에 따라 실업률이 감소하고 노동생산성이 상승했지만, 저임금층의 평균소득은 줄어들고 공공부조의 수준이 저하되어 계층화가 심화되었다. 셋째, 보수주의 모델은 조기 퇴직과 신규 고용 감소 등 노동력의 유동화를 억제한다. 일반적으로 노동자는 대부분 고용이 보장되고, 직업별로 계층화된 사회보험이 유지된다. 그러나 노동비용이 점차 증가해, 청년과 여성은 노동시장 진입이 어려워지고 비공식적인 주변적 노동시장에 남게 된다. 나아가 노동시장의 노동공급이 점차 줄어들고 과세 기반이 약화되어, 장기적으로 복지국가의 기반이 약화될 가능성이 크다. 이런 점에서 세 가지 모델 가운데 보수주의 모델은 가장 지속 가능성이 떨어지는 것으로 보인다. 이처럼 세계 각국의 복지체제의 변화 과정은 각국의 역사적 경로, 정치적·경제적 모델, 사회·정치세력 간 역학 관계에 따라 매우 다양한 방향으로 분화되고 있다.

현재 세계 각국 정부의 경제정책과 사회정책은 복잡한 성격을 띤다.[2] 서로 다른 복지체제는 다른 국가의 경험을 모방하거나 벤치마킹하면서 새로운 혼합형의 특성을 보이기도 한다. 이러한 복지국가의 전환에서는 보편적 권리와 자동 급부 대신 민영화와 노동력의 참여를 강조하는 정책을 선택하면서 적극적 복지, 능력국가(enabling state), 사회적 포용(social inclusion), 새로운 사회적 연대라는 개념이 등장했다(Gilbert, 2004). 새로운 복지체제는 사회보호보다 일자리와 책임을 강조하고, 정부의 역할보다 시민사

2) 미국 정치학자 피터 홀(Peter Hall)과 데이비드 소스키스(David Soskice)는 선진 자본주의 경제에서 시장 주도의 제도개혁이 이루어지고 있는 반면에 아직도 국가별 특성에 따라 다양한 규제, 정책, 전략을 선택하는 제도적 차이가 존재한다고 지적한다. 또한 한 국가 내의 다양한 제도적 조건들이 밀접하게 관련을 맺으며 '제도적 보완성'을 통해 서로 영향을 주었다고 본다(Hall and Soskice, 2001).

회를 강조했다. 이러한 복지국가의 전환에서 일반적으로 나타난 특징을 보면, 대부분의 국가에서 민영화, 조세 감면, 재정 균형 등 신자유주의가 강조하는 경제정책을 유지하는 동시에, 북유럽 국가의 '적극적 노동시장 정책'을 도입해 노동자의 훈련과 교육을 위한 정부의 지원을 강조한다. 여기에는 개인의 책임을 강조하는 미국식 '근로연계복지'의 요소가 있지만, 실업에 대한 국가의 책임도 인정하고 적극적인 고용정책을 추진한다는 점은 미국식 사회안전망과 다르다. 특히 스웨덴에서 추진했던 '적극적 노동시장정책'은 인적 자본과 사회적 투자를 강조하는 경제협력개발기구(OECD)나 유럽연합의 정책에 많은 영향을 주었다.

정보화와 세계화가 급속하게 진행되는 시점에서 현대 복지국가가 1950년대 국가 통제의 전통적인 사회민주주의로 되돌아가는 것은 어려운 일이다. 전통적 복지국가는 부의 재분배를 통한 사회적 평등을 추구하지만, 궁극적으로 절대적 평등을 이룩할 수는 없었다. 복지국가는 사회적 권리를 확대하는 방향을 지향했지만, 사회적 권리가 곧 자연적 권리가 되는 것은 아니다. 모든 시민을 사회위험에서 보호하는 사회적 권리는 국가의 의무인 동시에 개인의 책임도 요구한다. 이제 국가가 사회의 모든 영역을 통제하고 모든 사람을 위험으로부터 보호하는 복지를 제공하는 것은 현실적으로 불가능하다.

평등과 불평등은 단지 사회적·물질적 자원의 배분만을 가리키는 것이 아니다. 평등을 실현하기 위해서는 개인이 자원을 효율적으로 사용할 수 있는 '능력'을 가져야 한다(Sen, 1999). 20세기 소련 공산주의 체제의 계획경제가 추구하는 평등주의 실험은 개인의 자율성을 억압하고 사회적 효율성을 근본적으로 제약했다는 점에서 역사적으로 '거대한 실패'가 되었다. 다른 한편으로 자유시장을 절대적으로 신봉하는 시장근본주의 정책 처방도 성공하지 못했다. 1980년대 국영 부문을 대폭 축소하고 복지를 감축한

뉴질랜드의 급진적인 시장주의 개혁은 결국 가장 비참한 실패로 끝났다. 자유시장을 맹목적으로 추종하는 신자유주의적 경제개혁은 더 이상 현실적 대안이 아니다. 기계적 평등주의와 극단적 개인주의의 양극단을 뛰어넘어 개인의 자율성과 사회적 보호장치가 조화를 이룰 수 있는 새로운 사회정의의 원리가 필요하다. 이러한 '새로운 평등주의'는 개인을 공동체에 포함하는 정책을 통해 개인의 능력을 향상시킬 기회를 최대한 보장하면서 개인의 역량 강화를 통해 자율성을 존중하는 방향으로 나아가야 한다(Giddens and Diamond, 2005).

복지국가의 전환에서는 세계경제의 통합과 탈산업화의 구조적 변화에 대응하는 새로운 전략을 실현하기 위한 정책 방향을 고려해야 한다(강명세, 2006). 현대 복지국가는 전통적 산업사회의 실직, 산재, 질병 등과 같은 사회위험과 달리 '새로운 사회위험(new social risks)'에 직면하고 있다. 탈산업사회에 들어서면서 비정규직 노동, 노동과 가족생활을 병행하는 어려움, 자기 요양과 보호 등 새로운 복지의 영역을 고려해야 할 필요성이 생겨났다(Taylor-Gooby, 2004). 현대 복지체제는 고용의 변화, 고령화, 가족구조의 변화에 어떤 방식으로 대응하느냐에 따라 다른 성격으로 변화할 수 있다(Esping-Andersen, 1999). 세금을 통한 부의 재분배를 추구하는 전통적인 복지국가의 정책은 불평등을 해소하는 데 충분하지 않다. 동시에 신자유주의가 제시하는 적절한 재분배가 없는 순수한 능력주의 모델은 사회통합을 약화시킬 수 있다. 기회의 평등을 확대해 사회위험을 분산하는 동시에 빈곤과 사회적 배제를 없애고 결과의 평등을 추구하는 정부의 적극적 정책도 필요하다.

결과의 평등을 적절하게 추구하지 않는다면 진정한 의미의 기회의 평등도 추구할 수 없다. 정부는 기회의 평등을 제공하는 데 그쳐서는 안 되며, 결과의 평등을 위한 정책도 추진해야 한다. 경제성장의 혜택을 모든 계층이 골고루 누릴 수 있게 해야 경제가 지속적으로 성장할 수 있다. 이를 위해서 정부는 경제성장을 통한 고용 창출에 힘을 쏟아야 하지만, 복지국가를 강화해 사회적 불평등을 줄이는 데도 적극 나서야 한다(이정우, 2010).

부동산, 교육, 의료 등을 자유시장에 지나치게 맡겨버린 결과로 빈부격차는 더욱 커지고 있다. 가난한 부모의 자식으로 태어나 제대로 교육의 기회를 얻지 못하거나 사교육의 격차로 경쟁에서 뒤처진다면 가난의 대물림 현상은 더욱 확대될 것이다.[3] 특히 신자유주의적 산업구조 조정과 고용 불안으로 경제활동에 참여하면서도 절대빈곤층에서 벗어나지 못하는 근로빈곤층이 증가하면서 '신빈곤'의 문제가 심화되고 있다(한국도시연구소, 2006). 경제위기 이후 계속 증가하는 실업과 사회양극화로 고통받는 빈곤층이 스스로 빈곤에서 벗어날 수 있도록 돕는 정부의 적극적인 정책이 중요하다.

최근 경제적 효율성과 사회적 형평성을 통합적으로 바라보는 시각이 새로운 관심을 불러일으켰다. 2006년 미국 브루킹스연구소(Brookings Institution)는 『해밀턴 프로젝트(Hamilton Project)』에서 '기회와 번영, 성장을 위한 경제전략'을 강조했다(Altman et al., 2006). 실제로 자본과 노동 투입을 계속 늘린다고 경제성장이 지속될 수 있는 것은 아니다. 지속적인 경제성장을 위해서는 더 넓은 계층에게 경제성장의 혜택이 돌아가야 한다. 이와

3) 부모들이 보유한 '문화자본'의 차이가 계속 존재한다면 정규교육의 개혁만으로 사회적 상속을 제거하기는 어렵다(Bourdieu, 1987). 한국에서도 공교육과 공공보육의 부실로 발생하는 교육격차를 줄이지 않는다면 불평등의 사회적 대물림은 더욱 커질 것이다. 현대 복지국가는 불평등의 사회적 대물림을 완화하는 정책을 우선적으로 강조한다. 초등학교 입학 이전 아동에 대한 보편적 보육체제를 강화해 세대 간 사회이동을 확대하려는 북유럽 국가들의 사회정책은 어느 정도 성공을 거두었다. 공공보육제도가 발달하고 아동 빈곤에 적극 대응하는 덴마크와 스웨덴은 불평등의 사회적 대물림이 적다.

같은 성장과 복지의 이분법을 뛰어넘으려는 관점은 다양한 진보세력의 정책 방향에서 발견할 수 있다. 2000년 유럽연합에서 채택한 '리스본 전략(Lisbon Strategy)'은 역동적 지식기반경제, 지속 가능한 경제성장, 일자리 창출을 통한 사회통합 등 유럽연합 차원의 새로운 전략적 목표를 제시했다. 리스본 전략의 핵심은 경제개혁, 고용증대, 사회통합이라는 세 가지 분야의 정책에서 드러난다.

유럽연합이 출범한 이후 유럽 각국은 서로 다른 사회정책을 '개방적 조정'을 통해 상호 조율하기로 결정했다(Hermerijck, 2002; 문진영, 2009). 유럽연합의 국가 대부분은 유연성과 개방성을 추구하면서 사회위험을 방어하는 효과적인 사회보호체제를 유지하고 있다. 신자유주의를 지지하는 사람들은 자유시장경제와 미국식 모델을 선택해야 한다고 주장하지만, 효과적인 사회보호체제가 없고 사회적 불평등을 줄이지 않는다면 결국 국가의 경쟁력도 약화될 수 있다. 변화하는 세계에 대응하는 새로운 복지국가의 방향은 경제성장과 사회통합이라는 두 가지 목표를 동시에 추구해야 한다. 시장의 효율성과 사회적 형평, 개인의 자유와 사회복지 등 서로 갈등관계에 있는 것들이 함께 존재해야 사회적 진보를 이룩할 수 있다(Sperling, 2005).

3. 한국 복지국가 논쟁

세계적 차원에서 일어나는 복지국가의 전환은 한국의 복지제도 형성에도 커다란 영향을 미쳤다. 1998년 김대중 정부는 성장과 복지의 균형을 추구하며 '생산적 복지'를 강조했다. 건강보험·고용보험·국민연금·산재보험 등 4대 보험제도와 공공부조를 도입해 국가의 책임을 강화하고 복지재정의 비율도 대폭 늘렸다. 1997년 정부예산 중 복지예산은 2조 8,512억 원으로 정부재정의 4.2%였으나, 2000년에는 5조 3,100억 원으로 정부재정의 6.1%로 증가했다. 2003년 등장한 노무현 정부는 '참여복지'를 강조하면서 중산층과 서민층을 포함하는 모든 국민을 위한 보편적 복지를 추구하겠다고 발표했다. 복지에 대한 국가의 책임을 강조하면서, 복지정책을 수립하고 시행하는 과정에서 수요자인 국민의 참여 수준을 높이겠다고 주장했다. 그러나 2007년 공공재정 지출은 약 8%로 김대중 정부 수준에 그쳤고, 참여복지는 구체적 방향을 제시하지 못한 채 복지담론에서 사라졌다.

2009년 OECD 국가들의 국내총생산 대비 사회지출은 평균 24% 수준이고, 정부예산의 40% 정도가 복지재정인 것으로 나타났다. 그리고 복지예산은 대부분 조세로 충당하는 것으로 조사되었다. 스웨덴, 노르웨이, 덴마크, 핀란드 등의 조세 부담률은 국내총생산 대비 40%를 훨씬 넘는다. 특히 스웨덴은 조세 부담률이 50% 수준이고, 정부예산 중 59%가 복지재정으로 쓰인다. 반면에 한국의 조세 부담률은 OECD 국가들 중 가장 낮은 20% 수준이고, 복지재정이 정부예산에서 차지하는 비중은 25% 수준에 지나지 않는다. 이처럼 한국의 낮은 조세 부담률과 복지재정 비율은 복지제도의 물적 토대를 구조적으로 제한하고 있다. 특히 김대중 정부와 노무현 정부가 추진한 경제자유화와 노동시장의 유연화 정책은 국가의 정책 자율성을 제한하며 복지제도의 물적 기반을 강화하는 데 상당한 어려움을 주고 있다. 또한 노동조합의 조직률이 낮고 정치적 영향력이 미약한 가운데 복지제도에 대한 노동자계급의 지지도 낮아, 복지제도를 강화하기 위한 정치적 기반도 취약한 상황이다(고세훈, 2009). 앞으로 한국의 복지제도의 발전 수준과 복지재원의 기반은 고령화, 여성의 경제활동 증가, 청년 실업, 비정규직, 환경에 대한 관심의 증가 등 사회의 다양한 변화로부터 많은 영향을 받을 것이다.

한국 복지국가의 미래 전망에 대해서는 사회의 다양한 계층, 이익집단, 정당 각각의 이해관계에 따라 서로 다른 견해를 보인다. 첫째, 기업과 정부의 경제부처는 자유주의적 복지체제를 더 선호하는 경향이 있다. 조세부담이 늘어나는 것을 막기 위해 국가복지의 역할을 최대한 줄이고 시장에서 개인의 책임을 강조한다. 복지제도는 사회적 약자를 보호하는 데 최소한으로 필요한 사회안전망을 갖추는 수준으로 제한된다. 둘째, 일부 시민단체와 정부의 복지 관련 부처 중 일부는 유럽 대륙의 사회보험제도를 선호한다. 실제로 민주정부가 등장한 이후 복지제도는 대부분 사회보험원리를 도입했으며, 매우 보수적 성격을 띤다. 그런데 독일, 프랑스의 사회보험제도와 비교해도 한국에서 국가의 책임은 매우 제한적이다. 셋째, 일부 노동조합과 진보정당은 북유럽 국가의 사회민주적 복지국가를 지지한다. 특히 1990년대 후반부터 참여연대를 비롯한 시민단체는 저소득층을 위한 공공부조제도의 도입을 적극 지지했다. 그러나 한국 사회는 북유럽 국가에서 나타났던 강력한 노동조합, 광범위한 노동자의 지지를 받는 사회민주당의 집권, 비교적 낮은 수준의 소득불평등, 자유주의 세력과 보수주의 세력의 복지국가에 대한 지지, 개인과 기업의 높은 조세 부담에 대한 국민적 합의 등 다양한 사회적·정치적 특징을 가지고 있지 않다.

1990년대 후반~2000년대 초반에 등장한 김대중 정부와 노무현 정부는 주로 영미권의 복지개혁 경험에서 많은 영향을 받았다. 김대중 정부가 추진했던 '생산적 복지'는 미국의 클린턴 정부가 추진했던 노동연계복지와 영국의 블레어 정부가 추진했던 '일을 향한 복지'의 영향을 받은 것이었다. 이는 클린턴 정부와 블레어 정부가 추진했던 '제3의 길' 정치노선과 밀접한 관련이 있다. 제3의 길은 국가, 시장, 시민사회의 협력을 주장하고 개인의 권리와 책임을 동시에 강조한다. 특히 복지개혁을 통해 복지의 의존을 줄이고 개인의 자립과 자활을 지원하는 복지제도를 추구했다는 점이 유사하다. 노무현 정부의 '참여복지'도 기본적으로 김대중 정부의 '생산적 복지'가 추구하는 목표를 계승한다. 그러나 김대중 정부가 4대 보험제도를 도입하면서 정치적 이유로 급여 조건을 관대하게 규정했던 것과 달리, 노무현 정부에서는 예상되는 재정 부담에 따른 압력에 직면했다. 이에 따라 한국 사회에서 복지국가의 궁극적 전망과 목표, 복지예산의 증감, 구체적인 프로그램 구성에 대해서는 서로 다른 의견이 충돌했다. 이와 관련된 핵심적 논쟁은 아래에서 살펴보겠다.

1) 경제성장과 사회복지: 성장친화형 복지국가는 가능한가

복지국가와 경제성장에 관한 논쟁은 매우 뜨거운 주제이다. 진보적 정치인들과 학자들은 복지국가를 현대사회에서 시민권을 보장하는 데 중요한 사회제도라고 강조한다. 반면에 복지국가를 공격하는 보수적 정치인들과 학자들은 복지국가가 정부의 재정 부담을 늘려 기업에 부담을 주고 경제성장을 저해한다고 비판한다. 이에 더해 노동자들에게 복지혜택을 제공하면 근로의욕이 떨어지고 도덕적 해이가 발생한다고 비판하기도 한다. 더 나아가 복지국가가 세계경제의 통합과 산업구조의 변화에 따라 더 이상 지속될 수 없다는 주장도 대두된다. 개방경제와 정보경제가 발전한 미국은 복지재정의 부담이 적으므로 경제성장을 할 수 있지만, 복지재정의 부담이 많은 유럽 국가들은 경제성장을 이루기가 어렵다고 비판한다. 그러나 이런 주장은 대체로 현실에 대한 객관적 분석을 결여하고 있다.

객관적 자료에 따르면 1980년대 이후 복지국가의 후퇴는 거의 없었다. 오히려 미국 경제학자 피터 린더트(Peter Lindert)가 그의 저서 『공공지출의 증가(Growing Public)』에서 지적한 대로, 복지국가는 성장친화적인 조세 구조를 유지해 경제성장에 유리하다(Lindert, 2004). 유럽식 복지국가 모델이 실패의 길을 걸었다는 많은 지적과는 달리, 1980년대 이래 OECD 국가들의 사회지출은 계속 증가했으며 복지의 '하향평준화'는 없었다. 복지국가에서 부유층, 기업, 재산에 대한 세금을 과도하게 부과한다는 우려와는 달리 유럽의 법인세와 재산세의 의존도는 오히려 미국보다 낮다. 전체 조세 대비 재산세 비율은 2002년 기준으로 미국이 11.9%, 스웨덴이 3.2%이고, 법인세 비율은 미국이 6.7%, 스웨덴이 4.8%이다. 대신 유럽의 복지국가는 근로소득세, 간접세, 주세, 담배세 등의 비중이 높다.

미국 정치학자 해럴드 윌렌스키(Harold L. Wilensky)는 그의 저서 『부유한 민주주의(Rich Democracies)』에서, 복지국가가 오히려 성장을 촉진하고, 복지국가의 우수한 경제적 성과의 원인이 사회적 합의기구의 제도화와 높은 사회지출에 있다고 지적한다(Wilensky, 2001). 사실 복지국가의 사회지출이 경제성장을 저해한다는 주장은 아무런 근거가 없다. 1961~1990년 유럽연합 12개국의 국가채무와 사회지출 사이에는 상관관계가 전혀 없다. 국가채무는 주로 정부의 다른 지출 때문에 발생하며, 사회지출이 채무를 늘린다는 실증적 근거는 존재하지 않는다. 1990년대 중반 국내총생산 대비 재정 적자도 대표적 복지국가인 스웨덴이 5.2%로 미국의 4.1%와 큰 차이가 없다.

오히려 사회지출 규모가 큰 유럽 국가들이 영미권 국가들보다 경제적 성과가 우수한 것으로 나타났다. 실증적 통계를 보면 사회지출이 많은 북유럽 국가의 노동생산성 증가율은 미국보다 높다. 1979~1996년 노동생산성 증가율을 보면, 북유럽 국가들은 2.4%, 유럽 대륙 국가들은 2.0%, 영미권 국가들은 1.7%였다. 실질임금 증가율도 북유럽이 더 높다. 북유럽 국가들은 1.5%, 유럽 대륙 국가들은 1.1%, 영미권 국가들은 0.8%로 나타났다. 결국 북유럽 복지국가는 경제성장률, 노동생산성 증가율, 실질임금 상승률에서 앞서며, 이런 점에서 복지국가가 경제성장에 긍정적 영향을 준다고 볼 수 있다. 이처럼 경제성장에 실질적인 효과가 있는 복지제도를 효율적으로 운영하는 국가를 '성장친화형 복지국가'라고 부를 수 있다. 최근 유럽에서 재정위기를 겪고 있는 나라들은 주로 사회지출 비용이 적은 남유럽 국가이며, 사회지출의 비율이 높은 북유럽 국가의 재정은 비교적 양호한 사실에 주목해야 한다.

성장친화형 복지국가에서는 정부재정의 지출 규모보다 지출 구조가 더 중요한 변수이다. 빈곤층에 초점을 맞추는 사회지출은 근로동기의 저하와 조세 저항의 심화를 불러와 경제성장에 부정적 영향을 줄 수 있다. 그러나 공교육, 공공보건 지출, 적극적 노동시장정책, 아동보육 등 가족지원정책은 경제성장에 긍정적 영향을 준다. 조세 구조도 매우 중요하다. 사회지출 규모가 큰 유럽 국가들은 법인세와 자본이득세 의존도가 낮은 반면, 간접세 및 사회보장세 의존도가 높은 기업친화적 조세제도를 운영한다.[4] 유럽 국가들은 높은 사회지출을 통해 노동조합의 양보를 얻어 간접세를 늘리고 기업에 대한 과세를 줄이는 조세 구조인 데 비해, 영미권 국가들은 노동조합의 양보를 얻기 어려워 기업에 대한 과세에 의존하는 조세 구조이다. 결국 성장친화형 복지국가를 통한 사회적 합의 구조의 형성은 경제성장에 매우 중요한 기여를 한다고 볼 수 있다. 복지국가를 통한 사회적 합의 구조가 제도화된 나라는 지나친 임금 인상과 파업을 자제해 오히려 기업의 투자와 노동생산성을 높일 수 있는 조건을 형성할 수 있다.

---

4) 스웨덴 정부는 1991년에 개인소득세와 법인세의 세율을 대폭 낮추는 동시에 간접세인 부가가치세를 25% 수준으로 대폭 올렸다. 예외적으로 식료품은 16%, 교통과 도서는 6%로 낮게 조정했다. 2004년에는 상속세, 증여세, 부유세까지 폐지했다. 2008년 스웨덴의 조세 부담률은 국내총생산의 47.8%인데, 2007년의 49.7%에 비해 약간 감소했다.

복지국가의 발전이 미성숙한 한국의 노사관계는 상호 불신, 갈등, 폭력의 악순환이 지속되고 있다. 노사갈등이 심각해지는 이유는 매우 다양하지만, 특히 복지제도의 부족 때문에 갈등이 증폭되는 경우가 많다. 최소한의 사회안전망도 제공받지 못하는 상황에서 노동조합의 일방적 양보만 강요할 수는 없다. 자녀 교육비, 가족의 의료비, 재취업 시기까지 생계를 유지할 실업수당이 없다면 노동자는 구조조정과 강제퇴직에 격렬하게 저항할 수밖에 없다. 노사가 진지하게 협상하여 조세와 복지에 관해 사회적 합의를 이끌어낸다면, 한국에서도 경제성장과 사회통합을 동시에 추구하며 인간적 삶을 보장하는 복지제도가 제대로 작동할 수 있을 것이다. 2006년 노무현 정부가 발표한 '비전 2030'의 '동반성장론(shared growth)'은 경제성장과 사회복지의 상호작용을 강조한다. 그러나 구체적 재원 마련 계획을 세우지 못한 복지제도의 구상은 성공하기 어렵다. 복지국가에 관한 소모적 정치 논쟁에서 벗어나 구체적 대안을 추진할 수 있는 정부의 정치적 리더십이 중요하다.

성장친화형 복지국가의 강화를 위해서는 조세정책이 매우 중요한 문제이다. 성장 잠재력을 떨어뜨리지 않으면서 직접세 개편, 세금 감면제도 조정 등 합리적 조세개혁을 추진해 복지재원을 마련해야 한다. 또한 사회보험의 재정 부담을 줄이기 위해 정부의 사회보장비 지출을 확대하는 한편, 사회보험 납부자의 누진율 적용을 단계적으로 확대해야 한다. 더 나아가 국방개혁, 행정개혁을 통해 정부 재정지출의 배분 비율과 우선순위를 근본적으로 재검토해야 한다. 물론 이는 반드시 공동체의 이해당사자 간 합의를 전제로 추진되어야 할 것이다. 물론 정부에 대한 신뢰와 행정의 효율성에 대한 기대가 충족되어야 복지비용의 지출에 대한 사회적 합의가 이루어질 수 있다.

성장친화형 복지국가는 복지비용을 더 적게 소비하는 것이 아니라 더 효율적으로 사용할 것을 강조하는 체제이다. 그러기 위해서는 민주주의 사회에서 모든 시민을 위해 위험과 안전 사이에 새로운 균형을 추구해야 한다. 자본주의사회의 개인적 책임과 함께 복지국가가 제공하는 집단적 책임 사이의 균형도 매우 중요하다. 경제성장과 재정 조달의 딜레마에 처해 있는 서유럽 복지국가의 개혁은 쉽지 않아 보인다. 그러나 이러한 복지국가의 딜레마 때문에 복지국가가 근본적으로 해체되어서는 안 된다. 복지국가는 인구구조의 변화와 경제적 지구화에 유연하게 대응할 수 있는 효율적인 형태로 재구성되어야 한다.

사회경제적 의제가 서구 민주주의 사회에서 최우선 순위가 되고 있는 데 비해, 한국 사회는 아직도 이념 대립을 불러일으키는 정치적 이슈나 지역개발이 공공정책의 최우선에 자리 잡고 있다. 이런 점에서 한국의 민주주의는 아직도 형식적 민주주의에 머물러 있고, 사회경제적 민주주의를 추구하는 실질적 민주주의 또는 사회민주주의의 내용을 갖추지 못했다. 한국 사회의 새로운 비전과 전략이 사회적 형평성을 확대하는 복지민주주의의 발전이라면, 속히 사회구성원 모두가 참여하는 사회적 대타협을 통해 새로운 복지협약을 만들어야 한다. 새로운 복지협약은 계층갈등과 노사갈등을 해결하고 사회적 연대를 강화하는 새로운 출발점이 될 것이다. 그러나 오늘날 복지국가에 대한 한국의 사회적 합의는 존재하지 않는다.

본격적으로 복지국가가 도입될 당시 영국의 1인당 국민소득은 지금 기준으로 6,000달러 수준이었다. 그런데 한국은 1995년에 1만 달러가 넘은 이후에도 한동안 복지국가에 대해 제대로 된 논의조차 없다가, 김대중 정부가 들어선 이후 본격적으로 복지제도를 도입하기 시작해 2003년 출범한 노무현 정부를 거쳐 점진적으로 복지국가로 발전했다(송호근·홍경준, 2006). 그리고 2008년 출범한 이명박 정부도 '능동적 복지'를 내세우며 복지정책을 강조했다. 그러나 정부의 구호와 정치적 수사에 비하면 정책의 성과는 많이 미흡하다. 선진국은 경제력에 의해서만 좌우되는 것이 아니라 그 나라의 교육, 복지, 삶의 질에 따라 결정되는 것이다. 경제성장률, 국가경쟁력 순위, 세계적 기업과 대학의 숫자가 전부가 아니다. 평범한 개인에게 필요한 것은 가족이 돈이 없어 병원과 학교에 못 가는 상황이 벌어지지 않는 것이다. 무일푼의 대학생이 뛰어난 사업계획서만 가지고 창업할 수 있고, 직장 여성이 몸이 아픈 자녀를 위해 휴가를 신청할 수 있는 사회가 필요하다. 진정한 선진국이 되기 위해서는 모든 시민이 기본적 생활을 보장받고 평등한 기회를 가질 수 있어야 한다.

2) 한국 복지국가의 성격: 보편적 복지국가는 가능한가

한국의 복지국가에 관한 학문적 논쟁은 매우 중요한 정치적 의미를 지닌다. 2002년 출간된 『한국 복지국가 성격 논쟁 Ⅰ』은 한국 복지국가의 성격에 관해 본격적인 논쟁을 제기했다(김연명, 2002). 당시는 김대중 정부가 외환위기를 극복하고자 재벌, 공기업, 금융개혁과 함께 복지개혁을 추진하던 시기였다. 학계와 정치권은 김대중 정부가 제안한 '생산적 복지'의 성격을 어떻게 볼 것인지에 대해 의견이 분분했다. '4대 사회보험'과 '국민기초생활보장제도' 등 새로운 복지제도 도입 성과에 대해서 다양한 의견이 쏟아졌다.

당시 학계는 한국의 사회복지 유형에 관한 논쟁에 집중했다. 신자유주의적 세계화와 경제위기의 조건에서 사회복지를 축소하는 대신 오히려 적극적으로 국가복지를 확대한 '김대중 정부의 수수께끼'는 어떻게 가능했는가? 이에 대한 이론적 설명은 크게 세 가지로 나뉜다. 첫째, 에스핑-안데르센의 복지체제 유형론에 따라 한국과 동아시아 국가의 복지제도를 자유주의 복지체제의 유형에 가깝다고 보는 시각이 있다(조영훈, 2002).

둘째, 한국 복지체제의 성격을 어느 한 가지 유형에 맞추지 않고 보수주의 복지체제와 자유주의 복지체제의 혼합형으로 보는 견해가 있다(김연명, 2002). 셋째, 한국과 동아시아 국가의 복지체제를 '생산주의 복지체제' 또는 '발전주의 복지체제'라는 별도의 유형으로 보기도 한다(Goodman, 1998; Holliday, 2000; 정무권, 2009).

한국에서는 이미 복지국가가 본격적으로 태동했다는 평가가 대세를 이룬다. 이미 한국은 1990년대부터 국내총생산 대비 정부의 사회지출 비율이 3~5% 수준에 도달했다. 20세기 초반에 복지제도를 도입하고 사회지출을 확대한 독일, 영국, 프랑스 등 서유럽 국가의 발전 경험과 유사한 모습을 1990년대 한국의 상황에서 발견할 수 있다.

다른 한편으로 복지국가의 출현을 정부의 예산 가운데 사회지출 비중이 가장 높은 시점으로 보는 견해도 있다. 이에 따르면, 한국에서 그 시점은 2005년 노무현 정부의 시기로 볼 수 있으므로 바로 이때 복지국가가 본격적으로 태동했다고 할 수 있다. 시점의 차이는 있지만, 이제 한국 사회에서 복지국가의 제도적·재정적 토대는 빠른 속도로 발전하고 있다고 볼 수 있다.

하지만 한국 복지국가의 성격이 사회민주주의인지, 자유주의인지, 보수주의인지, 또는 자유주의와 보수주의의 혼합형인지를 둘러싼 논쟁은 계속되고 있다. 이러한 논쟁은 학문적 차원의 발전뿐 아니라 복지국가를 둘러싼 실천적 논쟁과도 연결된다. 한국 복지국가의 성격이 무엇인가라는 분석적 논쟁은 궁극적으로 어떤 복지국가를 만들어야 하는가라는 규범적 문제와 연결되기 때문이다.

『한국 복지국가 성격 논쟁 Ⅰ』은 에스핑-안데르센의 복지유형을 둘러싼 형식적 논쟁의 한계를 극복하고 새롭게 한국의 복지국가 성격을 조명하려는 것이다. 실제로 복지국가에 관한 연구에서 덴마크 출신 사회학자

에스핑-안데르센은 단연 독보적인 존재이다. 그는 1990년에 출간한 『복지 자본주의의 세 가지 세계(The Three Worlds of Welfare Capitalism)』에서 복지국가를 세 가지 유형으로 분류했다(Esping-Andersen, 1990). 자유주의 복지국가(영국, 미국, 캐나다, 호주 등), 보수적인 코포라티즘의 복지국가(독일, 프랑스 등 유럽 국가들), 사회민주주의 복지국가(스웨덴, 노르웨이, 덴마크 등 북유럽 국가들)가 바로 그것이다. 그러면 이러한 유형으로 나누는 기준은 무엇인가? 에스핑-안데르센은 복지국가가 시장에 예속된 정도(탈상품화), 복지국가의 정책이 코포라티즘을 통해 이루어지는 수준, 노동자 집단이 정치적으로 조직화된 수준, 복지정책과 경제정책이 통합된 정도에 따라 유형을 구분했다. 현재까지도 에스핑-안데르센의 연구는 가장 권위 있는 것으로 인정받지만, 동시에 많은 비판을 받기도 한다. 무엇보다도 에스핑-안데르센의 연구가 남성 노동자를 중심으로 복지체제를 분류하여 여성의 관점을 제대로 제시하지 못했다는 비판을 받았다. 또 에스핑-안데르센이 제시한 세 가지 유형에 모든 복지국가가 딱 들어맞는 것은 아니라는 비판도 제기되었다.

실제로 자유주의 복지국가인 미국, 영국, 캐나다의 복지체제도 서로 상당한 차이가 있다. 그리고 보수주의 복지국가인 독일과 프랑스의 차이도 크다. 일부 학자들은 세 가지 유형 이외에 '남유럽 모델' 또는 '지중해 모델'을 추가해야 한다고 주장한다. 동아시아 복지국가도 독특한 성격을 지니고 있으므로 새로운 모델로 추가해야 한다는 지적도 있다. 이런 점에서 보면 복지체제의 유형은 세 개가 아니라 네 개나 다섯 개, 그 이상으로 세분화될 수 있을 것이다. 실제로 세계 각국의 복지체제의 유형은 서로 영향을 주고받으면서 무수히 많은 혼합형을 만들고 있다. 이러저러한 이유로 에스핑-안데르센의 세 가지 모델은 유용한 분석틀을 제공했다는 평가와 함께 최근 변화하는 복지체제의 모습을 제대로 반영하지 못한다는 지적을 받는다. 그러나 에스핑-안데르센의 유형론은 일종의 이념형이므로 모든 사례를 설명해야 한다고 요구하는 것은 무리이다. 이런 점에서 에스핑-안데르센의 유형론은 학계에서 널리 사용된다.

『한국 복지국가 성격 논쟁 Ⅱ』에서는 에스핑-안데르센의 연구가 지닌 한계와 문제점을 보완하고자 많은 노력을 기울였다(정무권, 2009). 특히 한국 복지국가의 복잡한 성격은 에스핑-안데르센의 이론적 틀을 다시 평가해볼 필요성을 제기한다. 특히 한국 사회에서 노동운동의 정치적 역량이 상대적으로 약한 상태에서 정부가 주도한 복지제도의 형성 과정은 한국 복지국가의 성격에도 그대로 반영되었다. 오랫동안 경제성장을 주도한 발전주의 체제의 유산도 큰 영향을 미쳤다. 실제로 1990년대 이후 진행된 각국의 복지개혁 방향도 독특한 역사적 경험에 의해 형성된 제도적 틀에 따라 서로 다른 모습을 보여주었다. 이런 점에서 과거의 제도적 유산이 한국 복지국가에 어떻게 영향을 미쳤는지 면밀하게 살펴볼 필요가 있다.

김대중 정부의 '생산적 복지'와 노무현 정부의 '사회투자국가'는 경제성장과 사회복지의 선순환을 강조했지만, 서유럽 국가의 복지제도와는 다른 경로를 선택했다. 왜 이런 선택을 했는지 제대로 이해하려면 복지정책의 결정 과정을 뛰어넘는 더 넓은 차원에서 다양한 학제적 연구가 이루어져야 한다(양재진 외, 2008b). 복지국가에 대한 연구는 경제적 차원에서 제한되지 않아야 한다. 앞에서 살펴보았듯이, 지난 수십 년간 일부 학자들은 세계경제의 통합이 전반적으로 서구의 복지국가를 약화하리라고 예측했지만, 실증적 증거를 봤을 때 반드시 그렇지만은 않았다. 일부 복지 프로그램이 축소되기도 했지만, 복지제도의 축소에 반대하는 정치세력 때문에 복지국가의 근본적인 토대를 바꾸지는 못한 것이다. 한국에서도 세계화의 충격과 외환위기를 겪으면서도 복지제도가 태동했으며, 민주화 이후 폭발하는 시민사회의 요구에 따라 복지재정의 규모가 상대적으로 계속해서 증가해왔다. 이처럼 복지국가의 변화는 항상 수많은 사회정치세력의 역학 관계에 좌우된다.

한국의 경우를 보면, 김대중 정부는 1997년 외환위기 직후 경제개방과 노동유연성을 확대하는 동시에 사회보호체계를 강화하는 정책을 폈다. 일부 학자들은 김대중 정부가 추진한 복지제도가 국가의 부담을 최소화하려는 신자유주의적 성격을 가지고 있다고 비판한다. 실제로 2005년 국내총생산 대비 복지재정의 비중은 OECD 국가 평균(20.6%)에 많이 뒤떨어지는 6.9% 수준에 그쳤다. 하지만 국민건강보험·국민연금·고용보험 등 사회보험제도는 모든 국민을 가입 대상으로 정했다는 점에서 복지국가가 추구하는 보편주의 원칙에 가깝다고 볼 수 있다. 그러면 한국은 왜 형식적 제도는 보편주의 원칙을 따르면서도 복지재정 수준이 그토록 낮은 것일까? 이에 대해 정무권은 '발전주의 체제'의 경로의존성(path dependency)을 강조했다(정무권, 2009). 한편 노무현 정부를 거쳐 이명박 정부가 등장한 이후에도 김대중 정부가 추진한 복지제도와 복지예산의 수준은 지속적으로 유지되고 있다. 이는 경로의존성의 중요성을 보여준다. 하지만 한국의 복지체제가 다양한 성격을 포함하고 있는 점도 주목해야 한다. 한국의 복지제도는 유럽형 사회보험제도를 토대로 하면서도 자유주의, 보수주의, 사회민주주의는 물론 남유럽 국가들의 특성도 일부 포함하고 있으며, 가족 책임을 유지하는 한국적 특성도 보여준다. 이렇게 다양한 특성을 지닌 한국적 복지국가의 모델은 오랫동안 유지될 것으로 보인다. 다만 다른 나라와 다른 독특한 성격으로 발전할지는 미지수이다.

다른 나라도 복지체제의 현대적 대응 과정에서 하나의 원칙이 아니라 각국의 역사적 배경과 사회적·정치적 조건에 따라 다양한 경로를 선택해 왔다. 역사적으로 보면 독일, 영국, 프랑스 등 각국에서 복지국가가 등장한 것도 사회 내 정치적 역동성과 밀접한 관련이 있다. 이런 점에서, 복지체제에 관해 체계적으로 연구하려면 선거제도, 정당정치, 대통령제, 국회의 입법 과정, 이익집단 정치, 사회적 협의 등 다양한 정치적 역학 관계에 대한 분석이 더욱더 필요하다. 이러한 연구는 보편적 복지국가를 강화하는 전략이 어떻게 광범위한 정치적 지지를 동원할 것인가 하는 실천적 문제와 직결된다.

최근 한국에서 '보편적 복지'와 '잔여적 복지'에 관한 논쟁이 제기되고 있다. 무상급식 논쟁이 대표적이다. 무상급식의 전면 실시로 모든 국민에게 복지혜택을 제공하자는 것이다. 일반적으로 보편적 복지는 자산조사와 빈곤층에 대한 표적화 없이 모든 시민을 조건 없이 포괄하는 정책을 가리킨다. 선진국에서는 영국의 국가보건서비스(NHS)와 서구 국가 대부분이 도입한 아동수당이 대표적이다. 그러나 선진복지국가에서도 완벽하게 보편적 복지를 시행하는 것은 아니다. 스웨덴에서도 공공부조는 자산조사를 기반으로 하며, 노령연금은 65세 이상 인구집단으로 대상이 제한된다.[5)]

그러나 미국의 잔여적 복지는 빈곤층을 위한 최소한의 사회안전망만 제공한다는 점에서 매우 심각한 문제를 가지고 있다. 여기에는 두 가지 문제가 있다. 첫째, 부유층과 중산층이 공공서비스 혜택을 받지 않는 경우 조세 감면을 요구하거나 복지비용의 지불 자체를 거부할 수 있다는 점에서 재정 조달에 어려움이 발생할 수 있다. 둘째, 부유층과 중산층이 질 나쁜 공공서비스를 외면하면서 비싼 사립학교와 민간병원을 선호한다면 공립학교와 공공병원은 빈곤층만 이용하게 되어 사회의 연대감이 약화될 수 있다. 이런 점에서 복지국가는 모든 시민의 사회적 안전을 보장하기 위한 보편적 복지를 추구한다. 다만 재원 조달의 가능성을 고려해 일정한 공공

5) 자산조사를 통해 특별한 인구에게만 수급 자격을 부여하는 잔여적 복지는 인구사회학적 집단에 따라 수급 자격을 제한하는 선별적 복지와 다르다. 오히려 보편적 복지와 선별적 복지는 양자택일이 아니라 상호보완적 기능을 하기도 한다(조흥식, 2010).

서비스 영역에서 제한적으로 자산조사와 인구사회학적 조건에 따른 선별적 복지가 공존할 수 있을 것이다. 결국 보편적 복지국가는 국민국가가 하나의 '운명공동체'라는 대중적 의식이 공고할 때 유지될 수 있는 것이라고 볼 수 있다.

3) 사회투자국가 논쟁: 사회투자형 복지국가는 가능한가

김대중 정부 이후 한국 사회에서 복지국가의 전망은 중요한 정치적 쟁점이 되었다. 복지제도를 본격적으로 도입한 김대중 정부는 '생산적 복지'를 강조했다. 노무현 정부는 초기에 '참여복지', 중반 이후 '사회투자'를 정치적 담론으로 제시했다. 2006년 노무현 정부의 유시민 복지부 장관은 '사회투자국가'를 주장하면서 새로운 한국형 복지모델을 제시하려고 했다. 노무현 정부는 인적 자본과 사회적 자본에 대한 투자를 통해 국민에게 경제활동 참여 기회를 확대하고 일자리를 제공함으로써 경제성장과 사회통합을 동시에 추구하는 것을 사회투자국가의 지향점으로 제시했다. 이를 위해 '아동발달지원계좌' 제도 도입과 함께 가난한 아이들의 전인적 발달을 지원하는 '희망스타트 프로젝트'도 시작하기로 했다. 저소득 임산부와 12세 이하 아동 가구를 대상으로, 아이에게는 건강·복지·보육 등 맞춤형 통합서비스를 제공하고 부모에게는 직업훈련이나 고용촉진서비스를 제공하는 정책 등을 위해 307억 정도의 예산을 배정했다.

그러나 이러한 사회투자국가론에 대한 비판도 제기되었다. 사회투자국가론이 경제발전에 복지정책이 순기능을 할 수 있다는 견해를 보이지만, 실제로는 최소한의 사회안전망만 제공할 것을 주장하는 신자유주의적 접근과 큰 차이를 보이지 않는다는 것이다. 결국 사회투자국가론은 '생산적 복지'처럼 새로운 생산주의 담론일 뿐이라고 보는 것이다. 이런 점에서 사회투자국가는 성장과 고용 창출을 위해 평등, 분배 등의 가치를 지나치게 희생시킨다는 비판을 받는다(김영순, 2007). 반면에 사회투자국가론을 옹호하는 사람들은 한국의 사회투자국가가 성장주의적 생산담론과는 달리 스웨덴처럼 사회정책을 통해 사회 전체의 생산성을 높이는 사회투자형을 지향하며, 기초적 사회복지를 대체하는 것이 아니라 상호보완적인 개념이라고 반박한다(양재진 외, 2008b). 이에 사회투자를 둘러싼 복지국가와 사회정책의 새로운 방향은 학계와 정치권, 정책결정자들 간에 뜨거운 쟁점이 되었다(김연명, 2009).

사회투자 개념을 적극적으로 도입한 김연명은 한국 사회에서 '경제성장'과 '복지발전'이라는 두 과제의 조화라는 문제의식에서 사회투자론의 효용성을 강조했다(김연명, 2009). 영국의 사회정책학자 피터 테일러-구비(Peter Taylor-Gooby)는 최근 유럽에서 복지를 경제적 부담이 아닌 사회적 투자로 인식하는 새로운 패러다임이 출현했지만 그 성과가 충분하게 나타나지 않았다고 분석했다. 테일러-구비는 한국에서 사회투자정책이 성공하기 위해서는 대규모 증세가 필요하며, 노동시장의 '유연안정성' 확보와 남녀평등, 자녀를 양육하는 취업 여성에 대한 지원이 이루어져야 한다고 강조했다(테일러-구비, 2009).

이에 비해 김영순은 사회투자의 이론적·실천적 문제점을 체계적으로 비판했다. 김영순은 앤서니 기든스와 영국의 '제3의 길'이 주창하는 사회투자국가가 전통적 복지국가와 단절하고 그것을 대체하는 것이라고 보았다. 하지만 그것이 에스핑-안데르센이나 테일러-구비가 사용하는 사회투자전략 또는 사회투자정책과는 다르다고 주장했다. 사회투자전략은 전통적 복지국가의 내용을 유지하면서, 후기산업사회에서 나타나는 새로운 사회위험에 대응하며 '적극적 복지국가'로 전환하는 방향을 제시한다고 설명한다. 따라서 김영순은 사회투자국가론이 한국에 필요한 기본적 소득보장의 강화를 저해할 수 있으며, 전통적 복지국가를 소비적 복지국가로 낙인찍는 부정적 효과를 불러올 수 있다고 지적한다. 결국 사회투자국가론은 신자유주의 이데올로기를 도와줄 수 있는 위험한 복지모델이라고 평가한다(김영순, 2007).

김영순의 비판과 달리 윤홍식은 한국적 특수성을 고려해서 사회투자전략의 유효성을 주장한다(윤홍식, 2007). 그는 한국 사회에서 성장우선주의의 이념적 전통이 강력한 데 비해 사회정책은 정치적 의제로 주목받지 못한 현실에 주목한다. 또한 한국에는 전통적인 사회위험과 새로운 사회위험이 동시에 존재하는데, 이런 환경에서 사회투자의 담론이 복지 확대와 경제성장을 동시에 추구해 진보진영의 효과적인 정치담론이 될 수 있을 것으로 기대한다. 그는 사회투자전략이 지닌 한계를 지적하면서도 그 핵심적 내용을 활용해서 효과적 복지정책을 만들어야 한다고 주장한다.

이제 많은 이들은 복지국가를 단순하게 빈곤층을 돕는 제도로 협소하게 이해하는 것이 옳지 않다고 이해한다. 교육과 의료는 소비적인 사회적 지출이 아니라 궁극적으로 새로운 세대의 건강과 지적 능력의 향상을 위한 생산적인 사회적 투자가 될 것이다. 이는 국민적 차원에서 시민권과 사회정의를 실현하는 데 매우 중요한 요소이다. 이러한 차원에서 복지가 없는 사회에서는 더 많은 복지가 필요하다. 한국 사회는 낮은 조세 부담률과 사회지출 예산 탓에 복지의 기반이 매우 취약하다. 그러므로 한국 사회에서 복지제도의 확충은 시급한 과제이다(고세훈, 2007). 그러나 복지제도를 수립하기 위해 서유럽 복지국가의 길을 그대로 따라갈 필요는 없다.

선진국의 경험을 보면, 빈곤한 사람을 돕는 사회정책이 근로의욕을 떨어뜨리고 복지에 의존하게 하는 부작용을 일으키기도 했다. 따라서 복지개혁은 자신의 능력을 개발해 자립할 수 있도록 지원하는 정책이 되어야 한다. 그렇다고 서유럽 복지국가의 문제점을 지적하면서 복지국가를 무조건 반대하는 것은 근시안적 사고이다. 또한 유교문화에 기반을 둔 가족복지가 서유럽의 국가복지를 대체하리라고 예상하는 것은 퇴행적이다. 급변하는 세계에서 모든 시민을 사회위험에서 보호하는 효과적인 복지체제를 갖추지 못한다면 사회통합과 경제성장을 이룰 수 없다. 한국에서도 고령화와 저출산이 심각한 사회문제가 되고 있지만, 과거와 같은 노인 부양의 전통과 높은 출산율로 돌아가기는 어려울 것이다. 가족구조 변화, 여성의 사회활동 참여 확대, 출산율 저하, 기대수명 증가에 따른 고령화 사회의 등장에 대응하는 장기적 복지계획이 필요한 시점이다.

한국에서는 제조업 노동자 인구가 감소하는 대신 서비스 부문의 노동자가 급증하고 있다. 또한 전체 근로자의 절반 이상이 1년 미만의 단기 노동이나 임시직에 종사하는 비정규직이 되었다. 이러한 산업구조와 고용구조의 변화를 고려해볼 때 실업자와 근로빈곤층을 위한 사회안전망 확대와 연금제도 발전이 시급하다. 하지만 한국의 복지재정 지출은 다른 OECD 국가에 비해 3분의 1 수준으로 아직 매우 낮은 편이다. 공공의료서비스 체계도 선진국 수준에 비하면 한참 뒤떨어져 있다. 특히 한국의 사교육비 지출은 세계 최고 수준이지만, 공교육비 지출은 바닥 수준이다. 또한 실업자와 장애자, 사회적 약자에 대한 사회적 지원은 매우 부족한 상황이다.

탈산업화와 서비스 경제의 증가와 함께 실업률이 증가하는 경제적 전환기에 사회복지제도의 강화는 매우 시급한 과제이다. 좀 더 안정적 세원을 확보해 사회보장제도와 사회서비스를 강화하는 노력도 필요하다. 이와 동시에 고령화 사회를 대비해 국민연금의 수혜 연령을 연장하는 대신 노인의 경제활동을 적극 지원해야 한다. 또한 더 많은 노인과 여성이 노동시장에서 일할 수 있도록 사회적·경제적 인센티브를 강화해야 한다. 장기적으로 복지제도는 사회안전망과 부의 재분배를 유지하면서 개인의 자율성과 창의성을 떨어뜨리지 않는 생산적인 방향으로 나아가야 한다. 이런 점에서 사회투자담론은 복지국가의 새로운 전망을 위해 다양한 논쟁을 효과적으로 제기했다고 볼 수 있다.

2008년 출범한 이명박 정부는 '능동적 복지'를 강조하는데, 이 또한 사회투자정책과 관련이 있다. 최근 OECD의 여러 보고서에서도 사회투자라는 용어보다 '적극적 복지(active welfare)'라는 개념이 많이 사용된다. OECD에서 사용하는 '적극적 복지' 프로그램은 사회투자정책과 비슷한 점이 많다. 2010년 민주당은 '뉴민주당 플랜'을 발표하면서 복지에 대한 투자가 경제성장에 기여할 수 있게 하는 '사회투자형 복지국가'를 강조했다. 또한 현재 한국의 복지지출액을 OECD 평균 수준인 20%로 올리는 방안을 적극 추진하겠다고 밝혔다. 이런 점에서 민주당의 '사회투자'에 대한 강조는 이명박 정부의 '능동적 복지'와 일맥상통하는 점이 있다고 할 수 있다. 그러나 정치적 용어의 선택이나 수사가 반드시 정책의 방향과 같은 것은 아니다.

이명박 정부는 '녹색뉴딜'과 함께 사회정책 분야의 '휴먼뉴딜(Human New Deal)'을 국정운영의 양대 기조로 제시했다. 대통령자문 미래기획위원회의 '중산층 키우기 휴먼뉴딜'은 중산층을 유지하고 육성하는 인재 양성 방안을 제시한다. 구체적인 정책으로는 중산층의 빈곤층 전락을 막기 위한 일자리 유지 및 창출 지원, 여성에게 적합한 일자리 창출, 사교육비를 획기적으로 감축하는 개혁 추진, 미래지향적 직업교육 및 훈련 강화, 저소득층의 탈빈곤과 중산층 진입을 위한 근로 유인 강화, 창업 마인드 확산을 통한 창업 촉진 등을 제시했다. 이는 산업구조와 노동시장의 변화, 인구사회학적 변화로 새로운 사회위험이 증가하는 한국의 사회적 조건에 대응하는 사회정책이 요구된다는 점을 나타난다. 그러나 이명박 정부의 복지정책은 장기적 재원 조달 방안과 구체적인 조세정책을 제시하지 않은 채 정치적 수사에 그치고 있다는 느낌을 준다. 이는 사회투자담론이 정치적 의도에 따라 매우 다양하게 활용될 수 있음을 보여준다.

4. 한국 복지국가의 새로운 방향

이 책은 한국 복지국가의 전망에 관한 다양한 글을 싣고 있다. 지난 10년간 학계와 정치권에서 논란이 되었던 생산적 복지, 참여복지, 사회투자국가, 사회적 기업, 사회서비스, 능동적 복지, 휴먼뉴딜, 역동적 복지국가, 보편적 복지 등 다양한 논쟁을 다룬다. 이 책에 게재한 글들은 한 가지 관점과 방법론에 입각해 쓴 것은 아니다. 필자에 따라 한국 복지국가에 대한 진단과 성격, 평가도 조금씩 다르고, 미래 방향에 대한 제안에도 차이가 있다. 그러나 기본적으로 한국의 복지국가가 확대되어야 하며, 더 효율적이고, 지속 가능한 발전을 추구해야 한다고 본다. 동시에 서구와 북미의 복지 발전 경험에서 많은 교훈과 시사점을 얻을 수 있다고 보면서 다양한 비교연구를 시도했다. 이러한 시도는 한국 복지국가의 발전 방향에 관한 이론적 논의를 풍부하게 해줄 뿐 아니라 실천적 노력에도 크게 기여할 것으로 기대된다.

먼저 제1장에서 조흥식은 복지문제에 대한 국민의 관심이 커지고 사회복지정책의 틀을 구축해가고 있다는 점에서, 한국이 1998년부터 복지국가의 반열에 어느 정도 들어섰다고 본다. 그는 취약 계층의 생계보조를 넘어 일반 국민의 노동력 재생산 과정에 개입하는 일정한 수준의 보편적 복지제도 정착이 필요하다고 주장한다. 그러나 사회복지개혁이 외환위기 이후 진행된 빈곤과 소득불평등의 심화를 막지 못한 데다, 노동시장 개혁으로 비정규직이 증가하고 저숙련노동자의 노동시장 지위가 하락했다고 지적한다. 이러한 사회 불평등을 줄이기 위해서는 사회복지의 확대 차원만이 아니라 정규직 노동자에 대한 과잉보호와 비정규 노동자에 대한 과소보호라는 노동시장의 이중성을 개선해야 한다고 강조한다.

제2장에서 이태수는 이명박 정부의 사회정책의 방향과 주요 계획을 평가한다. 그는 이명박 정부의 '휴먼뉴딜'은 사회투자국가론에 근거를 두었다는 점에서 노무현 정부의 '비전 2030'과 공통된 성격을 지닌다고 본다. 그러나 정책적 목표나 경제와의 관계, 구체적인 정책 내용, 재정 조달 등의 측면에서는 두 정부에 커다란 차이가 있음을 밝힌다. '휴먼뉴딜'은 '비전 2030'와 비교해볼 때 매우 단편적인 복지정책에 머물러 있다는 주장이다. 이태수는 2010년도 정부의 예산안에 '휴먼뉴딜'이라는 용어가 전혀 등장하지 않으며, 특별한 중산층 육성책도 눈에 띄지 않는다고 지적한다. 그리고 이명박 정부의 사회정책이 부유층 위주의 감세정책, 시장의 경쟁과 효율성의 원리, 보편적 복지보다는 기초생계 보전 위주의 잔여적 성격의 복지를 추구할 것으로 전망한다. 이러한 변화에 대응해 이태수는 거시적 실천으로서 복지운동에 대한 새로운 모색이 필요하다고 강조한다.

제3장에서 이상이는 지난 수십 년 동안 민간 부문이 의료서비스 공급체계를 압도적으로 주도하는 조건하에서 국가의료제도의 발전을 위해 국민건강보험의 공공성을 강화하는 것이 중요하다고 강조한다. 또한 의료비 재정 중 공공지출의 비중을 OECD 평균인 72% 수준으로 끌어올리기 위해서는 공공지출을 20%포인트 이상 확대해야 한다고 주장한다. 한국에서 의료비의 공공지출 비중이 낮은 것은 정부의 보건의료 재정지출이 적은 동시에 국민건강보험에서 본인부담의 비중이 지나치게 높고 보장성도 취약한 데서 기인한다고 본다. 이에 이상이는 국민건강보험의 본인부담을 줄이려는 정책적 노력이 필요하다고 주장한다. 또한 국민건강보험과 공공의료체계를 무력화하는 정책 수단인 주식회사병원 설립 허용과 '실손'형 민간의료보험 활성화를 지속적으로 추진하려는 이명박 정부의 시도를 비

판한다.

제4장에서 신동면은 자산에 대한 사회정책 관점과 시민공화주의의 시민권 관점을 결합해 자산형성 지원제도의 강화를 제안한다. 그는 빈곤층이 빈곤의 덫에서 벗어나기 위해서는 최저생계비 수준으로 제공되는 소득지원만으로는 충분하지 않으며 자산형성이 필요하고 본다. 자산형성을 통해 빈곤층은 미래에 대한 희망을 품고 자녀 교육 기회를 확대해 빈곤에서 벗어날 수 있는 토대를 마련할 수 있다. 그리고 저축액을 본인과 가족의 교육훈련, 주택 구입 및 임대, 소규모 창업 등에 사용함으로써 장기적으로 긍정적인 복지효과를 가질 수 있다. 신동면은 국민기초생활보장제도의 목표가 빈곤을 완화하는 데 그치는 것이 아니라 수급자의 자활을 통해 빈곤을 줄이는 것이라면 자산형성 지원이 반드시 필요하다고 강조한다.

제5장에서 윤홍식은 지금까지 가족의 책임으로 간주되었던 돌봄(care)에 대한 사회적 분담 방식에서 어떤 주체가 가장 효율적으로 양질의 사회서비스를 시민에게 제공할 수 있을지 질문을 던진다. 전후 서구의 복지국가 대부분은 소득이전에 중점을 둔 데 반해 사회서비스는 경시하는 경향이 강했다. 그런데 최근 탈산업화가 빠르게 진행되고 인구사회학적 구조가 급변하면서 사회서비스의 수요가 증가했다. 이러한 현실에서 한국에서도 양질의 사회서비스에 대한 사회적 필요가 매우 증가했다. 윤홍식은 사회서비스 확대가 한국 사회에서 새롭게 제기되는 사회위험에 대한 대응을 통해 통합과 연대를 이루는 역할을 해야 한다고 주장한다. 그리고 이러한 정책 목표를 실현하기 위해 사회서비스 재원 확보를 위한 정부의 적극적 개입이 필요하다고 본다. 그는 재원을 확보하는 데 산모신생아 돌보미 사업처럼 복권기금 같은 불안정한 재원에 의존하기보다는 일반 조세를 통해 사회서비스 재원을 확대할 필요가 있다고 주장한다. 또한 사회서비스가 공공재적인 성격이 강하다는 점을 고려할 때 비영리기관과 공공기관

에 대한 재원은 국가가 담당하는 것이 필요하지만 영리기관에 대해 국가가 지원하는 것은 적절하지 않다고 본다. 다만 사회서비스가 시민의 일상생활과 관계되는 것인 만큼 영리기관에 대해서도 서비스 질에 대한 표준적 통제가 필요하다고 역설한다.

제6장에서 김진욱은 한국의 복지국가가 전통적인 소득보장체제의 제도적 외형이 완결된 상황에서 소득보장제도의 내실화와 함께 사회서비스를 확충하는 과제를 안고 있다고 말한다. 그리고 한국 복지국가가 성숙되어 가는 과정에서 필요한 핵심전략이 사회투자전략이라고 전제한다. 사회서비스의 확대가 저출산, 고령화, 가족해체, 산업구조 변화 등으로 촉발된 새로운 복지수요에 대응하는 소극적 의미에 그치지 않고, 새로운 성장동력을 발굴하고 서비스 고용의 원천을 확대하는 적극적 의미가 있다고 지적한다. 이러한 관점을 바탕으로 한국 복지국가가 지향해야 할 사회서비스 공사혼합체계의 기본 방향을 제시한다.

제7장에서 정재훈은 남성과 동등한 파트너 관계를 맺고자 하는 여성의 욕구를 충족시키는 복지제도 개혁을 위해 여성주의 복지(feminist welfare) 개념을 도입할 필요가 있다고 지적한다. 여성주의 복지는 단순히 여성문제에 개입해 그 문제를 해결해주는 사회복지의 한 분야가 아니라, 사회복지정책과 제도 전 분야를 여성주의적 시각에서 바라볼 것을 요청하는 것이다. 이를 위해서는 정책적 개입의 우선순위를 사회복지 전반에 걸친 성차별 문제로 설정함으로써 기존 사회복지를 여성주의적 시각에서 재편하는 작업이 중요하다. 여성주의 복지 개념의 확산과 실천이 이루어지면 젠더복지(gender welfare) 개념도 자연스럽게 도입될 것으로 전망된다. 새로운 젠더복지정책을 통해 남성에게는 현재보다 더 많이 가정에서 돌봄노동을 할 수 있는 권리와 기회를 보장하고, 여성에게는 현재보다 더 많이 취업노동을 할 수 있는 권리와 기회를 보장하여 남녀 간 성역할 분리 개념

이 사회복지정책에서 사라지도록 해야 한다. 이에 따라 여성과 남성이 인생주기에서 취업, 배우자 만나기, 출산, 자녀 양육, 돌봄노동 등을 함께 경험하고 부담을 나눌 수 있는 가능성을 제공해야 한다.

제8장에서 김윤태는 한국에서 사회투자 담론에 대한 관심은 유럽 복지국가의 새로운 정책 변화와 비슷한 사회적·정치적 맥락을 가지고 있다고 지적한다. 한국은 유럽의 경험에서 적절한 교훈을 얻을 수 있지만, 해외 경험을 한국에 적용하기 위해서는 우리의 현실을 적절하게 고려하는 통찰력이 필요하다. 유럽의 복지국가는 오랜 역사를 가지고 있으며, 복지의 수급 대상을 보편주의 원칙에 따라 결정하고 조세 부담률과 정부예산 중 사회지출이 차지하는 비율이 매우 높은 편이다. 이에 비해 한국에서는 최근에 복지제도가 본격적으로 도입되었으며, 형식적으로는 보편주의를 유지하고 있으나, 사회보험 위주의 보수주의적 운영으로 정부의 사회지출 비중이 20% 수준에 그치고 조세 부담률도 낮은 편이다. 복지국가에 관한 담론이 충분하게 확산되지 않은 탓에 복지재정 확보를 위해 증세를 추진할 수 있는 정치적 지지를 얻기가 매우 어려워 보인다. 이런 조건에서 복지담론을 효과적으로 추진하기 위해서는 사회투자전략을 활용한 구체적 성과를 만들어 복지국가에 대한 정치적 지지를 강화해야 한다.

제9장에서 양재진은 근로를 매개로 개개인의 복지를 증진하는 동시에 사회의 생산력 제고에 기여하고자 설계된 사회투자정책에 주목한다. 개인의 생애주기에 따른 직업능력의 향상과 경제활동 지원을 목표로 하는 사회정책이 필요하다. 취약 계층과 아동에 더 많은 자원을 투자하여 개인의 출발선을 균등하게 하는 '적극적 기회의 평등' 개념이 중요하다. 그러나 사회투자정책의 효과는 사회투자정책이 시행되는 사회적·경제적 여건에 따라 다르게 나타난다. 따라서 사회투자정책의 효과를 크게 하기 위한 보완적 과제를 병행하여 사회투자정책의 우호적 환경을 조성하는 것이

필요하다. 노동시장 내부의 차별을 해소하고 맞벌이를 지원할 수 있게 조세와 사회보장제도를 개혁해야 한다. 고용친화적인 거시경제정책과 산업정책을 구사해 좋은 일자리를 창출하고 임금체계를 직무와 성과에 맞게 다양화하여 기업의 고용 수요를 확대해야 한다. 사회적으로 어느 정도 보호된 노동시장을 형성해 취약 계층의 경제활동 참여를 돕는 것도 필요하다. 이처럼 양재진은 고용을 매개로 사회정책과 경제정책이 연결되면 복지와 성장의 선순환이 이루어질 것으로 기대한다.

제10장에서 이신용은 민주적 사회에서 사회복지정책의 결정 과정과 제도화에 관한 문제를 제기한다. 민주주의 체제에서 선거를 통한 권력의 창출이 안정적으로 제도화되었는데, 권력을 창출하는 도구로 선거가 규칙적으로 시행되면서 정당들은 사회복지정책을 선거에서 승리하기 위한 도구로 사용하기 시작했다. 그러나 위임민주주의 체제에서 행정부 주도의 제도화된 사회복지정책 결정 구조는 사회복지의 발전을 제한한다. 이신용은 이러한 구조적 제약을 극복하기 위해서는 사회복지정책의 결정이 국민의 이해를 대변하는 기관인 입법부에서 이루어져야 한다고 강조한다. 민주주의가 발전한 정치체제에서는 다양한 사회집단의 이해관계를 반영하는 정책 결정 구조가 입법부에서 제도화되어 있어 행정부의 정책 결정이 일방적으로 관철될 수 없다. 이신용은 한국의 낮은 사회보장 수준을 향상시키기 위해서는 상당한 복지재원이 추가적으로 필요한데, 이러한 재원을 마련하기 위해서는 국민의 조세 부담이 지금보다 훨씬 더 증가해야 한다고 본다. 그는 이러한 서로 다른 견해가 입법부 안에서 대변되고 그 합의점을 찾는다면 사회복지정책은 국민의 동의를 바탕으로 하므로 행정부에서 추진할 수 있을 것이라고 전망한다. 이러한 정치과정이 제도화되면, 뿌리내린 민주주의 체제에서 한국식 복지체제가 발전할 것으로 본다.

제11장에서 윤도현과 박경순은 '복지동맹'이라는 관점에서 한국 복지

국가의 발전 가능성을 살펴본다. 일반적으로 복지동맹은 복지를 추구하는 노동계급과 중간계급 또는 다른 사회집단들 사이의 정치적 동맹이라고 할 수 있다. 서구의 역사를 보면 복지국가의 발전 과정에서 계급 또는 사회집단들 사이의 정치적 역학 관계는 매우 중요한 의미를 지닌다. 이러한 정치적 역학 관계에서 특히 핵심적인 것은 노동자계급의 역량이다. 노동조합과 좌파정당을 중심으로 한 사회조직들 사이의 동맹은 복지국가의 발전에서 필수적 요소이다. 복지국가가 반드시 필요하다는 신념의 확산과 정치적 지지가 미약하다면 복지국가의 등장은 불가능할 것이다. 윤도현과 박경순은 한국의 진보세력이 한국 사회의 장기적 비전으로 사회민주적 복지국가를 분명하게 제시해야 한다고 주장한다. 장기적 비전을 제시하지 못하거나 모호하게 얼버무리는 태도가 지속된다면 한국의 진보세력은 결코 지지층에게 신뢰를 줄 수 없다고 지적한다. 윤도현과 박경순은 현재 상황에서 복지담론의 초점을 일부 복지제도의 재정 문제 또는 제도적 개선 문제에만 맞추기보다 복지국가의 제도적 강화를 위한 구체적 대안을 제시하는 동시에 복지국가를 추구하는 사회적 연대를 위한 정치적 담론을 확산하는 것이 중요하다고 역설한다.

앞서 논의한 대로 복지국가의 성격에 관한 다양한 연구는 우리에게 더 큰 시야를 가질 것을 요구한다. 현대 복지국가의 변화는 기술의 변화, 경제구조와 고용의 변화, 가족의 변화와도 밀접하게 관련된다. 이런 점에서 노동시장, 노사관계, 젠더레짐, 여성의 경제적 시민권, 교육복지, 주택정책, 복지 전달체계의 연구도 필요하다(이상이, 2010). 특히 노동시장의 양극화와 대기업 노동조합의 기업복지제도가 복지국가로의 이행을 막고 있는 현실에 대해 노동운동에서도 깊이 생각해보아야 할 것이다. 가장 강력한 복지국가의 지지세력이 되어야 할 이익집단인 노동조합이 통일적인 노력을 통해 적극적으로 복지국가를 선거정치의 의제에 올려놓아야 할 것이다. 한편으로 노동운동이 주도하는 평등주의 이데올로기와 함께 여성운동의 역할이 중요하다는 지적도 복지국가를 강화하기 위한 전략에서 매우 중요한 의미가 있다. 이 외에도 의료보장·장기요양보험·고용보험·국민연금·공공부조의 개혁 방안을 마련하는 체계적 연구도 복지국가의 제도개혁을 위한 중요한 과제이다. 복지국가의 새로운 제도적 기반을 설계하려는 학자들의 노력이 바로 한국 사회의 새로운 시대정신이 되어야 할 복지국가를 강화하는 데 많은 도움이 되리라 생각한다.

참고문헌

강명세. 2006. 『세계화와 탈산업화 시대의 노동과 복지의 정치』. 도서출판 한울.

고세훈. 2007. 『복지한국 미래는 있는가?』. 후마니타스.

김수진. 2007. 『노동지배의 이념과 전략: 스칸디나비아 사회민주주의의 성장과 쇠퇴』. 백산서당.

김연명 엮음. 2002. 『한국 복지국가 성격논쟁 Ⅰ』. 인간과 복지.

김연명. 2009. 『사회투자와 한국 사회정책의 미래: 사회투자담론이 한국사회의 복지발전과 사회발전에 유용한 전략인가?』. 나눔의 집.

김영순. 2007. 「사회투자국가가 우리의 대안인가?」. ≪경제와사회≫, 제74호.

김윤태. 2005. 「영국의 경제정책과 고용정책」. ≪동향과 전망≫, 제64집.

김종일. 2002. 『복지에서 노동으로: 노동중심적 복지국가의 비판적 이해』. 일신사.

문진영. 2009. 『유럽연합의 사회정책에 관한 연구』. 집문당.

박근갑. 2009. 『복지국가 만들기: 독일 사회민주주의 기원』. 문학과지성사.

선학태. 2006. 『사회협약정치의 역동성』. 도서출판 한울.

송호근·홍경준. 2006. 『복지국가의 태동: 민주화, 세계화, 그리고 한국의 복지정치』. 나남.

양재진 외. 2008a. 『사회정책의 제3의 길: 한국형 사회투자정책의 모색』. 백산서당.

______. 2008b. 『한국의 복지정책 결정과정』. 나남.

윤홍식. 2007. 「사회투자국가와 한국 복지국가의 과제」. 참여연대 사회복지위원회, 참여사회연구소 주최, 사회투자국가의 의미와 한국적 적용가능성에 관한 토론회 발표자료.

이상이 편저. 2010. 『역동적 복지국가의 논리와 전략』. 도서출판 밈.

이정우. 2010. 『불평등의 경제학』. 후마니타스.

정무권 엮음. 2009. 『한국 복지국가 성격 논쟁 Ⅱ』. 인간과 복지.

조영훈. 2002. 「김대중 정부의 사회복지정책: 신자유주의를 넘어서」. 김연명 엮음. 『한국 복지국가 성격논쟁 Ⅰ』. 인간과 복지.

조홍식. 2010. 「보편주의 복지를 위한 보편주의 원칙」. 『보편적 복지와 6·2지방선거』, 참여연대 발간자료.

타로, 미야모토. 2003. 『복지국가의 전략: 스웨덴 모델의 정치경제학』. 임성근 옮김. 논형.

테일러-구비, 피터(Peter Taylor-Gooby). 2009. 「유럽에서의 사회투자: 대담한 계획들, 느린 진행 그리고 한국에의 시사점」. 김연명. 2009. 『사회투자와 한국 사회정책의 미래: 사회투자담론이 한국사회의 복지발전과 사회발전에 유용한 전략인가?』. 나눔의 집.

한국도시연구소 엮음. 2006. 『한국사회의 신빈곤』. 도서출판 한울.

Bourdieu, Pierre. 1987. *Distinction: A Social Critique of the Judgement of Taste*. Harvard University Press(피에르 부르디외. 2005. 『구별짓기: 문화와 취향의 사회학』. 최종철 옮김. 새물결).

Altman, Roger. C. et al. 2006. *The Hamilton Project: An Economic Strategy to Advance Opportunity, Prosperity, and Growth*. Washington DC.: Brookings Institution(로저 알트만 외. 2006. 『해밀턴프로젝트: 기회와 번영, 성장을 위한 경제전략』. KDI 경제정보센터).

Esping-Andersen, Gøsta. 1990. *The Three Worlds of Welfare Capitalism*. Princeton: Princeton University Press.

_____. 1996. *Welfare States in Transition: National Adaptations in Global Economies*. London: Sage(조스타 에스핑-안데르센. 1993. 『변화하는 복지국가』. 한국사회복지학연구회 옮김. 인간과 복지).

_____. 1999. *Social Foundations of Postindustrial Economies*. New York: Oxford University Press.

Giddens, Anthony. 1998. *The Third Way: The Renewal of Social Democracy*. Cambridge: Polity(앤서니 기든스. 1998. 『제3의 길』. 한상진·박찬욱 옮김. 생각의 나무).

_____. 2001. *The Global Third Way Debate*, Cambridge: Polity.

Giddens, Anthony and Patrick Diamond. 2005. *New Egalitarianism*. Cambridge: Policy.

Gilbert, Neil. 1985. *Capitalism and the Welfare State: Dilemmas of Social Benevolence*. New Haven: Yale University Press.

_____. 2004. *Transformation of the Welfare State: The Silent Surrender of Public Responsibility*. New York: Oxford University Press.

Goodman, R., G. White and Huck-ju Kwon(eds.). 1998. *The East Asian Welfare Model: Welfare Orientalism and the State*. London: Routledge.

Hall, Peter A. and David W. Soskice(eds.). 2001. *Varieties of Capitalism: Institutional Foundation of Comparative Advantage*. New York: Oxford University Press.

Hemerjick, Anton. 2002. "The Self-Transformation of the European Social Model(s)." Gøsta Esping-Andersen(ed.). *A New Welfare Architecture for Europe: Why We Need a New Welfare State*. New York: Oxford University Press.

Holliday, Ian. 2000. "Productionist Welfare Capitalism: Social Policy in East Asia." *Political Studies*, Vol. 48, pp. 706~723.

Huber, E. and J. Stephens. 2001. *Development and Crisis of the Welfare State: Parties and Policies in Global Markets*. Chicago: The University of Chicago Press.

Jessop, Bob. 1994. "The Transition to Post-Fordism and the Schumpeterian Workfare State." in *Towards a Post-Fordist Welfare State*. R. Burrows and B. Loader(eds.). London: Routledge.

Lindert, P. H. 2004. *Growing Public: Social Spending and Economic Growth Since the Eighteenth Century*. Cambridge and New York: Cambridge University Press.

Marshall, T. H. and Tom Bottomore. 1992(1950). *Citizenship and Social Class*. Pluto.

Mishra, R. 1981. *The Welfare State in Capitalist Society: Policies of Retrenchment and Maintenance in Europe, North America and Australia*. London: Harvester Wheatsheaf.

Charles Murray. 1984. *Losing Ground: American Social Policy, 1950~1980*. Basic Books.

Pierson, Christopher. 1991. *Beyond the Welfare State*. Cambridge: Polity.

Pierson, Paul. 1994. *Dismantling the Welfare State? Reagan, Thatcher, and the Politics of Retrenchement*. New York: Cambridge University Press(폴 피어슨. 2006. 『복지국가는 해체되는가』. 박시종 옮김. 성균관대학교 출판부).

Rodrick. Dani. 1998. *Has Globalization Gone Too Far*. Washington DC.: Institute for International Economics.

Przeworski, Adam. 1985. *Capitalism and Social Democracy*. Cambridge: Cambridge University Press.

Sen, Amartya. 1999. *Development as Freedom*. Afred A. Knopf, Inc.

Sperling, Gene. 2005. *The Pro-Growth Progressive*. New York: Simon & Schuster(진 스펄링. 2009. 『성장친화형 진보: 함께 번영하는 경제전략』. 홍종학 옮김. 미들하우스).

Taylor-Gooby, Peter(ed.). 2004. *New Risks, New Welfare: the Transformation of the European Welfare State*. New York: Oxford University Press.

Visser, Jelle and Anton Hemerjck. 1999. *A Dutch Miracle*. Amsterdam: Amsterdam University Press(피서르·헤이머레이크. 2003. 『네덜란드의 기적』. 최남호·최연우 옮김. 도서출판 따님).

Willensky, Harold L. 2001. *Rich Democracies: Political Economy, Public Policy, and Performance*. London: University of California Press.

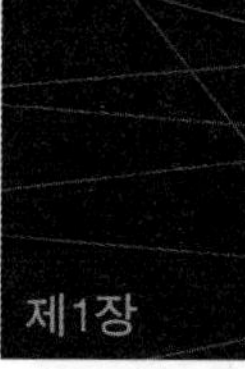

제1장

한국 복지국가의 현실과 과제

조흥식 I 서울대학교 사회복지학과

1. 한국 복지국가의 특성

무릇 동적인 사회현상의 장래를 전망하기란 쉬운 일이 아니다. 더구나 불확실성의 시대와 함께 대한민국이라는 공간에 살고 있는 우리로서는 이미 21세기 이전 근대국가론에서 논의된 서구 선진 국가들의 복지발전모델로 한국 복지국가의 장래를 설명하기에는 무언가 충분하지 못함을 알 수 있다. 예컨대, 20세기는 복지국가 형성과 발전의 시대라 할 수 있는데, 이미 19세기 후반부터 식민자본 축적을 통해 발아된 서구 선진 국가들의 복지체제는 20세기 제국주의 간 전쟁과 독립국가의 출현, 계급갈등, 민주주의와 인권, 그리고 활발한 여성운동에 의한 여권 신장 등을 겪으면서 위상을 공고히 해온 것이다. 이후 20세기 후반 들어 세계화(globalization)와 정보화를 기반으로 한 지식기반사회의 조류가 거세지면서 서구 복지국가의 재편이 일어난 동시에 '제3의 길'과 같은 복지국가 내의 변화가 끊임없이 시도되고 있다.

한국의 경우를 보면, 식민지배를 경험한 국가 중 가장 빠른 속도로 경제성장과 함께 민주주의 정치를 구현했고, 엉성하지만 나름대로 복지체제도

갖추려고 노력해왔다. 역설적이게도 법적 장치를 갖춘 사회복지제도는 1960년대 초반 군부 쿠데타로 집권한 박정희 정권 때 만들어져, 그 역사는 불과 반세기밖에 되지 않는다. 이후 1980년대 신군부 독재정권하에서도 '복지사회의 구현'이라는 국정기조에 따라 복지체제가 다양하게 갖춰졌지만, 이는 독재정권의 치명적인 약점인 정권의 정당성을 확보하기 위한 도구에 지나지 않았다. 즉, 가난하고 불우한 계층에게 군사정권이 '베풀어 주는' 자선 성격이 강했고, 경제성장의 시녀로서 복지체제가 활용되었다.

'1987년 체제' 이후 민주화가 급진전되면서 국민의 복지욕구가 분출되기 시작했다. 이후 10년 동안 전 국민 의료보험 시행, 국민연금제도 시행, 영유아보육법 제정, 장애인·노인 등을 위한 사회복지서비스 급여 확대 등 제법 가시적인 성과가 있었다. 그러나 여전히 사회복지는 정부정책의 중심에서 벗어난 주변부에 위치했다.

그러다 한국 사회에서 사회복지에 대한 국가의 관심이 극대화된 것은 줄곧 성장이 이루어질 것으로 보이다가 압축성장이 갑작스레 무너진 1997년 12월 외환위기가 시작되면서부터였다. 실직자와 취약 계층의 생존과 생계를 보장하는 사회안전망 장치를 구축하라는 IMF의 강한 권고는 제쳐놓더라도, 국민의 정부로서는 국민기초생활보장제도의 시행, 산업재해보상보험·국민건강보험·국민연금·고용보험 등 4대 사회보험의 정비, 사회복지서비스의 강화 등 제도의 확장은 필연적이었고 복지예산의 증대는 당연한 귀결이었다. 이어 참여정부에서는 '경제와 복지의 선순환과 동반성장'이라는 정책기조에 따라 사회양극화와 저출산·고령사회에 대비한 각종 복지대책 마련, 복지재정 확보를 위한 세제와 재정 구조 개혁 등을 전개했다. 이후 이명박 정부가 들어서고 나서 감세정책과 4대강 사업 등 토건사업의 확대로 복지는 다시 약화되는 양상을 보인다.

요컨대 1960년대 이후 1997년 외환위기 때까지 한국은 40년 가까이 압축경제성장을 해온 덕에 경제성장 주도 부문이 자연스럽게 빈곤 해결에 사회환류(social trickle-down) 효과를 가져다주었다. 그 과정에서 사회복지정책은 절대빈곤을 해결하기 위한 임기응변적이며 소극적인 성격을 띨 수밖에 없었던 것이다. 그러나 외환위기 이후 시장자유주의 개혁에 따라 빈곤과 사회양극화가 악화되면서 이제 소극적인 복지정책으로는 사회갈등과 분열에 적절히 대응할 수 없게 되었다. 결국 국가가 복지문제에 적극 관여하게 된 것이다. 이러한 상황에서 복지문제는 매우 중요한 정치·사회 이슈의 하나가 될 수밖에 없었다. 본격적인 사회복지정책에 대한 논쟁이 끊이지 않았고, 복지문제 자체가 일반 국민의 주요 관심사로 떠올랐다.

이처럼 복지문제가 국민의 주요 관심사가 되고, 사회복지정책의 틀을 구축해가고 있는 점에서 한국도 1998년부터 복지국가의 반열에 어느 정도 들어섰다고 할 수 있다. 물론 복지국가라 부르기 위해서는 취약 계층의 생계보조를 넘어 일반 국민의 노동력 재생산 과정에 개입하는 일정한 수준의 보편적 복지제도 정착이 전제되어야 한다. 그러므로 제2차 세계대전 이후 조합주의 체제를 구축하면서 복지를 확대해온 서구 국가들은 당연히 복지국가라 불린다.

에스핑-안데르센(Esping-Andersen, 1990)은 일찍이 복지국가가 지닌 중요한 본질을 탈상품화(decommodification)로 정의하고, 탈상품화 지수 수준에 따라 복지국가 유형을 구분했다. 그런데 이는 모두 일정한 수준의 보편적 복지제도를 구축한 국가를 대상으로 한 것이 사실이다. 그러나 모든 자본주의사회에는 국가에 의해 수행되는 '사회복지'가 일정 부분 존재한다는 점에서, '복지국가' 개념은 특수한 역사와 문화 배경을 지닌 어떠한 국가에도 적용할 수 있을 것으로 보인다. 이런 점에서 볼 때 서구 학자들이 이미 일본과 한국을 동아시아 복지국가모형으로 구분한 것은 당연하다고 할 수 있다.

그럼에도 외환위기 이후 사회보장 확충은 신자유주의 노동시장 개혁의 보조적 수단에 지나지 않았으며, 경제성장이라는 목표의 수단에 불과해 개발주의적 성격을 벗어나지 못했고, 결국 한국 복지국가 성격은 신자유주의 성격으로 귀결되었다는 주장이 있다(조영훈, 2002; Kwon and Holliday, 2007). 이러한 주장은 사회복지개혁이 외환위기 이후 진행된 빈곤과 소득 불평등 악화에 크게 기여하지 못했으며, 노동시장 개혁으로 인한 비정규직 증가와 저숙련노동자의 노동시장 지위 하락에도 영향을 주지 못한 데 대한 평가라고 할 수 있다. 그러나 이러한 평가는 사회복지 자체보다는 정규직 노동자에 대한 과잉보호와 비정규직 노동자에 대한 과소보호라는 한국 노동시장의 이중성이 개선되고 있지 못하다는 점(OECD, 2007)에서 찾아야 할 것이다.

그렇다면 한국 복지국가의 특수성, 즉 한국 복지국가의 특성은 구체적으로 어떠한 것일까?

1) 복지담론의 열세

성장담론에 밀려 복지담론이 열세한 현실을 들 수 있다. 박정희 정부의 국가주도형 경제성장전략은 신자유주의와 맞물려 아직도 강력한 성장담론으로 기능하고 있다. 이에 더해 남북 대치 상황에서 안보이념은 복지정책을 좌파정책으로 몰아 국가정책의 주변부에 머물게 했고, 경제정책에 집중하는 단순한 '경로의존' 관행은 국가재정 운용에서 복지정책의 입지를 줄였다. 문민정부 이후 한국의 경제사회체제가 신자유주의 시스템으로 바뀌면서부터는 '경로의존'적 관행에 더해 '작은 정부' 및 감세의 논리와 담론이 지배하게 되면서 복지담론은 더욱 열세에 몰렸다. 1997년 외환위기 이후 복지담론이 어느 정도 탄력을 받는 듯했으나, 2008년에 들어선 이명박 정부는 토건사업을 중심으로 한 성장담론을 강화함으로써, 복지담론은 다시 열세에 빠졌다.

2) 선별주의 복지제도의 우세

선별주의 복지제도에 밀려 보편주의 복지제도가 열세한 현실을 들 수 있다. 한국은 국민기초생활보장제도와 기초노령연금이 도입되고 4대 사회보험이 법제화되었지만, 실제 내용을 보면 선별주의 복지제도가 중심으로 되어 있어 질적으로 취약하다. 국민기초생활보장제도는 자격 요건이 엄격해 절대빈곤층을 모두 포괄하지 못하고, 기초노령연금은 보장성이 낮아 보편적 연금의 위상을 지니지 못하며, 건강보험·국민연금·고용보험 등도 사각지대 문제를 안고 있다. 그리고 노동력 재생산에 중요한 영향을 미치는 주거복지는 매우 열악하며, 사회복지서비스 수준도 극히 미흡하다. 더구나 한국형 근로장려세제(Earned Income Tax Credit: EITC) 도입, 장기요양보험 도입에 따른 노인복지서비스 시장 형성과 퇴직연금 전환에 따른 국민연금 축소 시도, 시장화된 민간 서비스 제공 강화, 개인연금 등 사적 보험의 활성화 등은 비정규직, 노인, 여성, 실업자, 장애인 등을 사회적으로 배제하고 고립시키는 문제를 드러내고 있다.

이러한 선별주의 복지는 낙인효과를 불러와 사회통합을 저해하는 데다 복지정책이 경제성장의 동력이 되는 보편주의 복지 논리를 사상함으로써, '복지가 경제성장의 발목을 잡는다'는 이른바 선별주의 복지의 한계로 나타나는 '반복지의 덫'을 견고하게 한다. 그 결과 성장담론은 더욱 공고화되고, 저소득층은 성장담론에 의존하게 된다.

사실 보편주의 복지는 기회의 불평등과 삶의 질의 불안정성 문제를 해결하는 데 크게 기여한다. 보편주의 복지는 사회적 자본과 인적 자본

발달에 기여해 경제성장 동력을 키우고 지식기반경제체제를 구축하는 데 도움을 주기 때문에, 이미 선진국에서는 1인당 GDP가 6,000달러 수준일 때부터 보편주의 복지정책에 눈을 돌렸다.

3) 국가복지보다 강력한 자가복지

국가복지의 왜소화에 따른 자가복지(自家福祉)의 강화를 들 수 있다. 한국은 국가복지가 왜소한 대신 상대적으로 다른 복지 형태가 두드러진다. 국가복지 이외의 복지는 '자가복지'라 할 수 있는데, 이는 민간보험이나 비공식적 이전 등으로 구성되는 것을 말한다(남찬섭, 2008). 이러한 자가복지의 의미는 '연복지'(홍경준, 1999)나 '연고복지' 혹은 '각개약진복지'(강준만, 2007)의 의미와 비슷하다.

1970년대 이래 자본주의가 심화되면서 사회위험도 증가해왔는데도 국가는 그에 대한 대응을 최소한으로 억제해왔고, 이 때문에 발생한 공백을 민간보험이 채워왔다고 할 수 있다. 민간보험 중 대부분을 차지하는 생명보험의 보험료 수입액은 한국 시민들이 정부에 낸 직접세 납부액보다 많다. 2006년에 직접세는 62조 8,000억 원, 생명보험회사의 보험료 수입액은 66조 4,000억 원이었는데, 생명보험 보험료 수입액은 경제위기 전에는 국세 총액의 60~70%에 달했고, 경제위기 후 세원 확대 등으로 조세수입이 늘어난 뒤에도 여전히 국세 총액의 50%를 넘었다. 따라서 한국은 남찬섭(2008)의 지적대로 "복지개혁으로 인해 민간보험 천국이 된 것이 아니라 민간보험 천국인 가운데 복지개혁이 추진되었다"고 할 수 있어 국가복지를 확대하기가 상당히 어려운 형편임을 알 수 있다.

4) 왜소한 복지재정

유난히 적은 복지재정을 들 수 있다. OECD(2005) 통계를 보면, 한국의 국가재정에서 좁은 의미의 복지 관련 예산인 '사회보호예산'의 지출이 차지하는 비중은 10%가 안 될 정도로 적다. OECD 선진국 중 한국을 제외하고 사회보호예산 비중이 가장 적은 나라인 미국도 20% 수준으로 한국의 2배가 넘는다. 영국도 국가재정의 38~40%를 사회보호예산으로 사용하며, 스웨덴(40~42%)과 덴마크(42~45%) 등은 국가재정의 40% 이상을 사회보호에 지출해 선진국 중 가장 높은 수준을 보인다. 결국 한국의 국가재정에서 차지하는 사회보호 관련 예산 비중은 북유럽 복지국가의 4분의 1에도 못 미치고 있음을 알 수 있다.

총량적으로 볼 때 한국에서 복지재정이 1997년 이전보다 증가된 것은 사실이다. 그러나 양극화 문제 해결과 저출산·고령화 사회에 대응하는 데 필요한 재정을 획기적으로 확충되지 못한 상황에서 여전히 빈곤층을 대상으로 사후적으로 사회안전망을 짜다보니, 노동시장의 유연화 등으로 발생하는 근로빈곤과 비정규직 양산 등의 문제에 제대로 대처하지 못하고 있는 실정이다.

5) 남성 생계부양자형 복지구조

남성 생계부양자형 복지구조를 들 수 있다. 압축경제성장 속에서 한국 노동운동은 오랫동안 대기업 남성 노동자 중심으로 이루어져왔다. 이 때문에 노동운동은 국가 수준의 사회보장체계를 마련하는 것이나 노동시장의 이중구조화를 억제하는 데 그다지 능력을 발휘하지 못한 것이 사실이다. 고용 안정과 비정규직 문제가 노사갈등의 전면에 등장하기 시작한 것은 1998년 외환위기 이후, 즉 외환위기로 인한 정리해고와 구조조정이 대기업 정규직 남성 노동자에게까지 그 영향력을 미치게 된 때부터이다. 김대중 정부에 들어와서 실업자에 대한 고용보험 지원을 확대하고 기타 사회보장제도를 확대하는 사회안전망의 정비가 추진되는 등 의미 있는 변화가 나타났다. 하지만 그 형태는 남성 생계부양자를 보호함으로써 그 가족을 지원하는 방식을 넘어서지 못하는 한계가 있었다.

요약하자면 한국의 복지국가는 중규모 이상 기업의 정규직 노동자의 생활 안정을 보장하는 방식으로 구축되었는데, 이들은 대개 남성이다. 결국 비정규직 노동자, 영세사업장 종사자, 자영업자는 배제되었고, 여성은 정규직 남성 노동자의 가족에 한해서 포함되었을 뿐이다(장지연, 2008).

2. 복지국가의 환경 변화와 전망

한국 복지국가의 환경 변화에 따른 전망을 정치·경제·사회·사회복지 각 분야별로 각각 나누어 살펴보면 다음과 같다(김상균 외, 2007; 조흥식, 2008).

1) 정치적 변화

(1) 지역풀뿌리 복지욕구의 양적 증대와 다양화

지방자치가 시작되어 국민의 정치참여가 용이해지고 이에 따라 정치권을 통한 국민의 욕구 분출이 계속 증대될 것이다. 이 중에서도 분배 정의의 실현과 양극화 및 저출산·고령화 문제에 대비하는 복지에 대한 욕구가 우선적으로 대두될 것이며, 풀뿌리정치의 장에서 각 정치집단은 정치적 지지를 획득하기 위해 이러한 국민적 욕구를 민감하게 경쟁적으로 대변·반응함으로써 복지욕구를 한층 상승시킬 가능성이 크다. 특히 과거에 전국적인 차원에서 복지수요가 측정되고 충족되는 과정에서 경시되었던 각 지역별 특수한 복지수요가 부각되어, 이를 해소하기 위한 노력이 지역 단위로 나타날 것이다. 이처럼 지방자치의 시행은 복지정책 차원에서 볼 때 정책수요의 양적 증대와 지방적 특수욕구의 다양화를 의미하게 되어 지방자치단체의 주민복지에 대한 책임과 역할의 강화가 불가피해진다.

그리고 지방자치제가 본격적으로 시행되면서 사회 각계각층의 복지수요가 양적으로 증대할 뿐만 아니라 지역적 특수성이 반영된 다양한 복지수요가 표출될 것으로 보인다. 이에 따라 지방자치단체의 사회복지 역할 증대의 필요성이 커질 것이며, 다양한 이익집단이 등장하면서 사회갈등을 조정할 수 있는 사회복지제도의 재정비가 요구될 것이다.

그러나 지역별 특수욕구에 대처하는 사회복지 발전은 복지수준의 지역별 격차를 심화할 수도 있으므로, 중앙정부는 전국적인 기준을 제시해 지역 간 균형적인 복지체제를 유지하는 동시에 지역 특성에 의한 지역복지수요를 최대한 충족할 수 있게 하는 이중적인 기능을 수행해야 한다. 이를 위해 중앙정부와 지방자치단체 간 복지행정 기능의 역할분담이 정립되어야 한다. 구체적으로는 재원 조달 방식의 재정립, 복지 전달체계의 확충과 체계화 등이 요구된다.

(2) 정치제도의 변화 욕구 증대

한국은 여전히 국가복지정책을 강력하게 추동하기 위한 계급적·계층적 기반을 갖추지 못한 채 일부 복지친화적인 시민세력과 정치세력에 의해 약진해왔다. 그러나 앞으로 사회양극화 문제, 저출산·고령화 문제 등은 점차 강력한 복지주체를 형성할 것이다. 복지국가의 시급한 필요성에 대해 사회적 공감대가 형성되었는데도 한국에서 복지국가가 제도화되지 못한 중대한 원인의 하나는 현재 한국이 채택하고 있는 정치제도에 있다.

사회복지정책은 대통령과 국회에 의해 만들어진다. 사회적 돌봄(social care)을 필요로 하는 사회집단이 이 두 가지 정치제도에 접근할 수 없다면 사회복지정책은 도입되지 않는다. 강력한 사회복지정책이 가능하기 위해서는 사회적 돌봄을 가장 필요로 하는 계층을 대변하는 정치세력이 권력에 접근할 수 있는 정치제도를 도입해야 한다. 이와 같은 정치제도의 변화에 대한 욕구는 점점 증대하고 있다.

그러한 정치제도는 선거제도로 볼 때 지금과 같은 다수대표제가 아니라 비례대표제이다. 한국이나 미국과 같은 소선거구제에서는 의원이 전국적인 보편적 이해보다 자신의 정치적 이해를 결정하는 지역구 문제에 집중하는 문제가 발생한다. 비례대표제 가운데서도 선거구의 크기가 넓을수록 보편적인 사회요구가 잘 반영될 수 있다. 또한 대통령제보다는 강력한 정책정당이 존재하는 의회중심제에서 사회복지정책이 활성화되기 쉽다(강명세, 2008).

(3) 남북통일에 대한 관심 증대

통일 문제는 이 시대에 사는 한민족의 공통된 바람이자 지상과제이다. 평화적 통일을 이루는 데 초석이 되는 것은 민족복지 문제로서, 통일의 기운이 무르익을수록 남북한 주민의 복지에 대한 관심은 더욱 증대될 것으로 보인다. 남북관계의 진전과 통일 문제는 앞으로 복지정책 계획 수립에 고려되어야 할 주요한 환경 변화이다. 실제적인 통일은 상당 기간이 소요되겠지만 남북 간에 인적·물적 교류와 정보의 상호 교류는 조만간 재개될 가능성이 매우 크다. 교류의 실현은 체제에 대한 상호 비교도 당연히 수반하게 되어, 이에 따른 사회 충격을 제반 분야에서 겪을 것으로 예상된다.

자유주의 이념하에 경제발전을 이룩한 남한 쪽이 체제 경쟁에서 북한보다 훨씬 우위에 있음은 기정사실로 받아들여진다. 그러나 복지 분야는 타 분야에 비해 상대적으로 우위 정도가 덜하다고 할 수 있다. 물론 경제수준이 열악해 국민의 전반적인 복지수준 또한 자본주의 체제보다 열등하다는 사실을 기존 동구권과 중국의 실태에서 알 수 있고, 북한도 이와 유사한 것으로 알려져 있다. 그렇지만 앞으로 통일의 시대를 맞이했을 때 사회주의 체제의 평등성 강조가 한국 복지국가에도 상당한 영향을 미칠 것으로 예상된다.

2) 경제적 환경 변화

(1) 사회양극화 해소에 대한 대책 요구 증대

자본주의의 핵심 원리인 자유경쟁과 사적 소유제에 따라 필연적으로 나타나는 빈부격차 문제나 소득불평등 현상 자체를 자본주의사회에서 문제시할 수는 없다. 그러나 최근 한국에서 나타나는 사회양극화 추세는 자못 심각하다. 성장동력을 심각하게 훼손하며 사회통합을 근본적으로 와해하는 수준에 이르고 있다. 궁극적으로 사회양극화는 한국 사회에 계급이나 신분 등 계층 간의 질적 차이를 노정하는 상황을 초래한다는 점에서 양극화가 지닌 위험성을 내버려둘 수는 없다. 따라서 사회양극화 해소를 위한 조치를 적극 강구하지 않을 수 없다.

사회양극화를 일으키는 원인은 경제와 노동 부문에 좀 더 직접적으로 연결되어 있으므로 양극화 해소를 위한 정책 대안도 당연히 경제정책과 노동정책에서 찾아야 한다. 신자유주의에 입각한 효율성 지상주의와 주주이익 극대화 원칙을 수정할 필요가 있는 가운데, 특히 노동시장에서의 양극화를 완화하기 위해 저임금과 비정규직 일자리를 해소하고 노동력 보유자의 일자리를 보장해야 한다. 특히 지식기반사회에서 끊임없이 유발되는 기술의 혁신과 생산방식의 혁신에 발맞추어 노동자들을 재훈련시킬 평생학습체제를 구축하고, 취업알선을 강화하며, 사회안전망 장치를 확립해야 할 것이다.

(2) 대외 개방에 따른 새로운 국가복지정책 수립

한·미 자유무역협정(FTA)이나 한·EU 자유무역협정 등에서 강요된 대외 개방의 결과, 농업과 서비스업 등 국제경쟁력이 뒤떨어진 각종 산업 분야에서는 실업자군과 준실업자군이 발생해 이 계층의 소득 안정이 많이 위협받는 사태가 앞으로도 계속될 우려가 있다. 따라서 이에 대처하는 새로운 국가복지정책을 수립해야 할 것으로 예상된다. 또한 대외 개방으로 노동력의 국제 간 이동이 활발해지면서 다수의 외국 인력이 국내로 유입되어 이와 관련된 새로운 사회복지문제도 야기된다. 이에 대처하는 방안도 모색해야 한다.

(3) 세계화·정보화에 따른 탈산업사회의 국가복지 수요 증대

지난 50여 년간 많은 내외적 어려움을 이겨내고 경제성장을 이룩해온 한국 민족의 저력을 감안해보면, 비록 예전 같은 고성장은 아닐지라도 지속 가능한 경제성장을 달성할 수 있을 것으로 예상된다. 지속 가능한 경제성장으로 산업구조의 고도화와 정보화가 더욱 진전되면 이에 따라 현대 산업사회에서 전형적으로 나타나는 복지수요도 늘어날 것이다. 즉, 이농 현상의 가속화에 따른 농촌인구의 노령화와 빈곤 문제, 인구의 도시 집중, 해외 근로인력의 유입으로 인한 주택·교통·환경 문제, 산업재해로 인한 장애인 증대, 아동 자녀와 가족 문제, 다문화사회 문제 등 국가복지정책이 다루어야 할 과제가 이전보다 더 많아질 것이다.

증대하는 복지수요를 충족하기 위한 재원은 직간접 조세와 민간의 자발적 부담으로 충당되어야 하는데, 이는 결국 국민 전체의 경제력에 대한 부담으로 귀결되므로 복지재원의 적절한 부담 방안을 시급하게 마련해야 한다. 즉, 증대된 복지 부담은 필연적으로 조세 부담의 형평성 제고를 요구하게 될 것이며, 경제성장력을 잠식하지 않는 범위에서 복지 부담이 이루어질 수 있도록 부담의 적정 수준에 대한 국민적 합의를 시급히 이끌어내야 한다.

(4) 구(舊)사회위험과 신(新)사회위험의 중첩

국민의 정부 시절, 빈곤 문제에 대응해 국민기초생활보장제도가 도입되어 2000년부터 시행되었다. 이는 1961년부터 시행되던 생활보호제도를 대체한 것으로, 근로능력이 있는 자를 포함한 모든 빈곤층에게 최저소득을 보장한다는 점에서 사회복지정책에 획기적인 기초를 마련했다. 그러나 이러한 탈빈곤정책의 개선에도 여전히 빈곤의 대물림과 같은 세대 간 격차마저 우려되는 현상이 나타나고 있다. 그뿐만 아니라 사회보험의 사각지대도 해소되지 않고 있어 사회안전망 장치는 아직 미흡한 상태이다. 이런 점에서 한국 사회는 여전히 빈곤구제와 사회보험의 사각지대 해소라는 전통적인 구사회위험(old social risks)을 안고 있다고 할 수 있다.

그런데 한국은 이러한 구사회위험에 더해 신사회위험(new social risks)에까지 처해 있다. 세계화, 급속한 저출산·고령화, 지식기반경제로의 전환, 노동시장의 유연화와 비정규직 양산으로 표현되는 노동시장구조 변화, 이혼·별거·가출 등에 의한 가족해체와 같은 가족구조 변화 등의 문제로 서구의 복지국가와 동일한 위험에 직면하고 있는 것이다. 이렇게 구사회위험과 신사회위험을 동시에 떠안은 한국은 이제 기존 국가복지정책과는 다른 새로운 정책 대안을 내놓지 않을 수 없게 되었다. 여기에 사회투자(social investment)전략은 하나의 대안이 될 수 있다.

3) 사회적 환경 변화

(1) 저출산·고령화에 따른 노인복지 수요의 증대

한국 사회는 출산율 저하 및 평균수명의 연장에 따라 빠른 속도로 고령사회에 접어들고 있으며, 이에 따라 노인 부양에 대한 사회적 부담이 꾸준히 증대되고 있다. 또한 가족 간 유대감이 약화되면서 빈곤 노령층의 생활을 보장하고 자립 기반을 마련하는 데 정부의 역할이 커지고 있으며, 노령계층에 대한 유·무료 사회복지서비스 수요도 크게 증가하고 있다.

한편 노년기에는 의료수요가 늘어나며, 취업이 어려워 소득이 불안정하고, 급격히 변화하는 사회에 적응하지 못하는 등 여러 가지 복지수요가 발생한다. 노령인구가 증대하는 것과 더불어 노령층의 정치적 위상이 강화되어 노령문제에 대한 국가적 해결이 당면 과제로 부상하고 있다. 노령층의 의료 및 복지수요는 그 해결에 많은 재원이 지속적으로 요구되므로, 고령사회가 본격화하기 전에 이를 대비하는 정책이 시행되어야 효율적으로 대처할 수 있음은 너무나 명확하다.

(2) 핵가족화와 여성의 경제활동 증가에 따른 새로운 복지수요 증대

탈산업화의 진전으로 핵가족화가 촉진되고 여성의 경제활동이 증가하면서 보육 등 새로운 복지수요가 늘어나고 있다. 이는 보육시설 등 취업여성을 위한 사회복지 프로그램에 사회적 관심이 커질 것임을 의미한다. 건전한 가정을 육성하는 것이 사회문제를 해결하는 데 근원이 된다는 사실을 상기해보면, 그 중요성이 매우 크다는 것을 알 수 있다. 따라서 취업 여성 증가에 따른 복지수요는 산업계와 국가, 개인이 힘을 합쳐 해결해가야 할 분야로 대두될 것이다.

또한 이혼율 증가, 가족기능 저하, 급속한 다문화사회 대두 등으로 아동복지와 청소년복지, 가족복지 등 좀 더 전문화된 사회복지서비스에 대한 수요가 폭발적으로 증대될 것이 예상된다.

(3) 삶의 질을 향상시킬 수 있는 복지수요의 증대

선진국 대열로의 진입은 단순히 경제수준의 상승만을 의미하는 데 그치지 않고 전반적인 생활수준의 상승도 의미한다. 소득수준이 향상되면서 사회복지 욕구도 확대되고 다양해질 것으로 보인다. 생활의 질적 개선에 대한 욕구가 커지면서 생활편의시설, 보건, 위생 등 다양한 사회복지서비스에 대한 수요가 급증할 것이다. 소득수준이 향상되면 절대빈곤 문제는 점차 완화될 것이지만, 최소한의 인간다운 삶을 보장하는 최저생계비의 범위는 확대될 것이며, 상대적 빈곤 해소에 대한 국민적 수요도 증대될 것이다. 또한 산업화 진전에 따른 신체적·정신적 산업재해의 증가, 의료양상의 변화, 사고 및 공해 증대 등의 사회위험으로부터 보호받기 위한 생활 안정과 근로 여건 개선에 대한 욕구도 커질 것이다.

이처럼 국민의 복지수요가 질적인 방향으로 변화하는 것은 당연한 추세이다. 이는 국민들이 단순한 물질적 급여뿐만 아니라 대인 서비스도 요구하게 된다는 것이며, 동시에 복지행정기관이 더 향상된 서비스를 제공할 것으로 기대됨을 의미한다. 이를 충족하기 위해서는 복지 전달체계에 전문 인력이 배치되어야 하며, 제공되는 제반 서비스에 더 체계적으로 그리고 더 용이하게 이용자들이 접근할 수 있도록 복지 관련 자료의 전산화도 추진되어야 한다.

4) 사회복지 분야별 변화

사회복지 분야별 변화는 사회보장의 핵심인 사회보험, 공공부조, 사회복지서비스, 보건의료 부문 등 네 분야로 구분해 간략히 살펴보고자 한다.

(1) 사회보험

사회보험제도에 대한 정부의 역할은 산업재해보상보험·국민건강보험·국민연금·고용보험 등 4대 사회보험 각 관리·운영 주체에 대한 지원과 사회보험 사용자(국가) 부담금 및 적자 보전, 기타 행정 지원 등으로, 제도 변화가 없는 한 꾸준하게 증가할 것으로 예상된다. 한편 사회보험 적용범위 확대, 공무원 봉급 인상 등으로 사회보험에 대한 재정 부담은 지속적으로 늘어날 것으로 전망된다.

사회보험에 대한 지나친 재정 부담을 완화하기 위해서는 직역사회보험제도의 구조조정, 사회보험의 획일적 지원 방식 개선 방안 마련 등이 이루어져야 한다.

(2) 공공부조

현재 국민기초생활보장제도는 생계보장 수준이 겨우 최저생계비 수준에 그치며, 가구주가 근로능력이 있더라도 생계유지가 곤란한 가구가 지원 대상에서 일부 제외되어 있는 등 지원 수준과 범위가 매우 한정적이라는 문제점을 안고 있다. 학비 지원 및 생업자금 융자 지원 등 자활급여도 지원 내용이 한정되어 있고 지원 수준이 미흡해 큰 효과를 거두지 못하고 있다.

삶의 질을 높이려면 이러한 빈곤계층에 대한 최저생활 보장과 자립기반 조성을 최우선시해야 하며, 이를 위해서는 빠른 시일 내에 기초생활보장 수급자 범위를 확대하고 생활보장 수준을 높여야 할 것이다.

(3) 사회복지서비스

과거의 국가복지정책은 빈곤을 예방하고 구제하는 소득보장에 주안점을 두었으나, 오늘날에 와서는 소득보장은 물론 대인적 도움을 필요로 하는 모든 국민에게 적절한 물질적·비물질적 서비스를 제공해 삶의 질을 향상시키는 더욱 광범위하고 전문적인 방향으로 발전하고 있다. 이러한 변화는 지방자치제 시행으로 가속화되어 사회복지서비스에 대한 지역 풀뿌리공동체의 새로운 접근과 대안을 요구하게 될 것이다. 한국의 사회복지서비스는 사회보장예산에서 차지하는 비중이 매우 적고, 그나마 있는 사회복지서비스 예산도 대부분 시설보호사업을 중심으로 쓰인다. 이 때문에 지역사회 돌봄이나 재가복지서비스 등 본격적인 사회복지서비스에 대한 예산은 아직도 미미한 실정이다.

현대사회에서는 노인·장애인·아동·청소년·여성·가족(다문화가족 포함) 등 전 계층에서 다양한 사회문제가 발생하며, 이러한 문제가 어느 특정 계층에 국한되는 것이 아니라 국민 대다수의 삶에 영향을 미치고 있다는 점을 감안할 때, 생활시설 위주의 기존 사회복지서비스 정책은 급증하는 사회문제를 해결하는 데 이미 그 한계에 도달했다고 보인다. 따라서 앞으로 사회복지서비스에 대한 투자 증대와 아울러 시설보호에서 재가보호로, 사후치료 서비스에서 예방 서비스로 적극 전환해야 할 것이다.

(4) 보건의료 부문

한국에서 보건의료 부문은 국가복지 부문 중에서도 특히 취약해 재정지출에서 우선순위를 두어야 하는데도, 최근 증가율이 오히려 떨어지고 있어 재정 수요와 공급 간의 괴리가 넓어지고 있다. 한국의 의료시설 수준은 일부 대형 병원과 도시지역 병원을 제외하면 통계적으로 선진국에 비해 대체로 낙후되어 있으며, 의료인력과 시설의 도시지역 편중, 지방의료시설의 낙후성, 응급의료체계의 미구축 등 많은 문제가 있다.

앞으로 소득수준이 더 향상되면 보건의료서비스의 양적·질적 개선에 대한 수요는 늘어날 것이고, 이는 기존의 수급격차를 더욱 확대할 것이다. 따라서 이를 완화하기 위해서는 견실한 예방의학과 농어촌 의료에 대한 대폭적인 재정지원과 함께, 적절한 공공의료 전달체계의 구축이 필요할 것으로 보인다.

3. 국가복지의 발전 과제

한국 복지국가는 복지제공자로서의 국가기능을 구미식으로 확장할 만큼의 재정적 능력을 갖추지 못한 반면에, 사회복지서비스를 대체할 수 있는 시장기능은 구미보다 앞서 발전되어왔다. 더욱이 한국 복지국가는 구미 복지국가 출범기와는 달리 불리한 경제적 환경 속에서 저출산·고령화 같은 구사회위험과 신사회위험이 동시에 발생했고, 이로 인한 재정부담과 제한이라는 난제를 떠안은 채 출범했다고 할 수 있다.

한국 복지국가를 둘러싼 이러한 환경과 성숙도의 차이를 고려하면 서구 복지국가들의 유형화 틀을 그대로 적용해 한국 복지국가를 비판하는 것은 그다지 유용한 방법이 아니다. GDP 대비 공적 사회지출의 비율이나 탈상품화 등 국가가 직접 제공하는 복지급여와 서비스만으로 복지국가의 발전 정도를 평가하는 방법으로 한국 복지국가와 서구 복지국가를 비교하는 것은 이러한 환경적 차이를 고려하지 않는 것이다. 복지발전에 대한 좀 더 다원적인 지표의 개발과 이를 통한 비교가 이루어질 필요가 있다. 특히 한국의 사회정책은 1990년대 후반 외환위기를 겪은 이후에야 경제성장의 종속적 도구로 작동했던 과거의 개발주의적 성격을 벗어나 복지국가의 사회정책으로 발전하기 시작했다. 국민의 정부와 참여정부 10년의 기간을 거치며 갓 등장한 한국의 복지국가를, 수십 년의 전성기를 거치며 진화해 온 1980년대 이후 서구복지국가와 비교해 특정 유형으로 분류하려고 시도하는 데에는 무리가 따른다. 이는 태어난 지 얼마 안 된 어린아이의 몸무게를 성인과 비교해 체중미달이라고 판정하는 것과 많이 다르지 않다(구인회, 2008).

그런 점에서 볼 때, 비록 이명박 정부 들어 국가복지의 수준이 떨어지고 있지만, 외환위기 이후 전개된 10년간의 사회복지개혁은 사회보험의 가입대상을 확대하고 공공부조제도를 근대화하는 등 상당한 성과를 거두었다고 할 수 있다. 그러나 여전히 다수 취약 계층 및 비정규직 노동자에 대한 노동시장에서의 차별적 처우와 이들에 대한 사회보장제도의 사각지대가 적지 않게 존재하고 있음은 한국 복지국가가 안고 있는 분명한 문제이다.

이제 앞서 살펴본 한국 복지국가체제의 정치적·경제적·사회적 환경 변화에 대응하기 위한 사회복지 발전 과제에 대해 구체적으로 살펴보고자 한다(김상균 외, 2007; 조흥식, 2008).

1) 정치적인 복지담론 형성

한국 복지국가 발전을 결정하는 중요한 요소 중 하나는 새로운 복지정치 구성과 관련된다. 아직 한국 복지국가 발전 문제는 충분히 정치와 연계되어 있지 못하다. 오랫동안 주요 복지제도 도입과 확대는 국가에 의해 일방적으로 이루어진 것이었고, 관료들만의 일이었기 때문이다. 국민들, 특히 서민들은 수동적으로 임했고, 이른바 엘리트인 경제 관료의 견해와 국가의 정치적 필요에 따라 온정주의나 개입주의, 예를 들어 군부독재의 정당성 확보를 위한 수단으로서 복지 확대 등을 통해 한국 복지제도가 형성되어온 것이다. 따라서 한국의 지배적 세력이 유포한 신자유주의(시장만능주의) 이념과 담론을 극복하지 못하는 한, 한국 복지국가의 미래는 어둡다고 할 수 있다.

그렇다면 이러한 수동성과 비민주성은 어떻게 극복하여 복지담론을 정치화할 수 있을까? 민주화 이후 노동운동과 시민운동이 사회공공성 확대를 추구하고 노력한 것은 사실이지만, 한국 복지정치의 비민주성이 아직 극복된 것으로 보이지는 않는다. 따라서 다음과 같은 과제들이 해결되어야 할 것으로 본다.

첫째, 불안정 고용, 빈곤, 이주노동자의 권리, 장애인 교육, 차별 등의 사회경제적 문제들을 복지담론화하여 정치이슈화해야 한다. 이는 지역 풀뿌리공동체 주민들이 복지이슈를 차단하고 선별하는 한국 사회 권력관계의 근본 구도를 잘 파악해 구도 전체를 아래로부터 변화시켜야 함을 의미한다. 지역주민과 소통하고 지역주민을 교육하는 프로그램을 통해 대중을 세력화하는 생활정치 작업을 꾸준히 해야 한다.

둘째, 복지담론을 지배할 수 있는 세력을 확보하는 것이 중요하다. 노동자, 시민사회세력을 포함한 전체 민주세력을 복지세력으로, 그리고 사회변혁세력으로 어떻게 이끌어낼지가 중요하다. 과거의 민주세력이 가지고 있던 공감대와 교감을 복지를 통해 다시 부활시키는 것이야말로 복지정치의 가능성을 늘리는 좋은 방안이 될 것이다(이태수, 2008).

셋째, 노동자와 서민이 자신의 삶을 규정짓는 사회정책과 경제정책 결정에 참여할 수 있는 제도적 장치를 만들어야 한다. 정책정당은 고사하고 정당의 대표성 자체가 여전히 문제시되고 있는 현실과 시민사회단체의 정책적 영향력 또한 안정적이지 못한 문제 등을 우선 해결해야 한다.

넷째, 노동조직은 노동시장에서의 통제력과 정치시장에 대한 영향력을 높여야 한다. 그러기 위해서는 노동자와 자영자, 노동자와 빈민 및 중산층 간의 복지동맹을 유발할 수 있는 정책 프로그램을 잘 짜야 한다.

마지막으로, 한국의 복지정책을 대화와 타협의 정책으로만 접근하는 것은 경계해야 한다. 시민조직과 노동조직은 서구처럼 사회합의의 문제가 한국 복지국가의 핵심적인 주제라고 생각할 수도 있다. 그러나 서구와는 판이한 신자유주의 코포라티즘(조합주의)에서의 대화는 정부가 마음에 들지 않으면 상대를 배제할 수도 있음을 전제로 한다. 그러므로 노동·시민운동 진영은 대화와 타협을 단순한 전략 이상으로 기대해서는 안 될 것이다(주은선, 2008).

2) 복지국가의 원칙 활용

에스핑-안데르센이 제시한 복지국가모형을 변수에 따라서 한국 사회복지정책의 현실과 비교하고, 여섯 가지 사회복지의 원칙인 사회성·다양성·종합성·적절성·평등성·보편성을 상호 모순 없이 적절하게 조화시켜 적용함으로써 선진 복지국가모형을 도입해 활용할 수 있어야 한다.

첫째, 인간의 기본욕구를 충족시키는 데에 사회적 연대성을 강조하고, 누구에게나 차별 없이 보장되는 보편성의 원칙을 강조해야 한다.

둘째, 급여의 종류는 물질적 욕구뿐만 아니라 정신적 안정을 기할 수 있도록 다양화해야 한다.

셋째, 급여 수준은 최적 수준을 지향해야 한다. 최적 수준은 생존에 필요한 기본적 생활보장 수준과 안락한 문화생활을 영위할 수 있음은 물론이고, 가용 자원의 최적 배분이 이루어질 수 있는 거시적인 최적 상태를 의미한다. 또한 근로의욕이 극대화하면서 국민경제의 향상도 지속될 수 있는 이상적인 수준을 의미한다.

넷째, 가족복지서비스의 기능도 강화되어 가족의 유지와 보호를 위한 각종 서비스가 제공되어야 한다.

다섯째, 사회보험 운영체계는 혼합적인 형태로서 지역의 특수성 등을 반영하는 분권화와 재정 관리의 집권화 간에 조화를 이루는 혼합방식이 바람직할 것이다.

여섯째, 사회보험에서 보험료의 본인부담 규모는 보험재정 상태에 따라 적정하게 결정되어야 하며, 일정 소득 이하인 계층에 대해서는 면제해줌으로써 사회 형평성을 높여야 할 것이다.

일곱째, 노동자에 대한 기업의 사회적 책임이 강화되어야 한다. 현재 기업의 사회적 책임은 주로 사회보험 갹출료 부담과 법정 퇴직금 형태를 통해 이루어지는데, 이는 유량 개념인 소득 발생 근거를 기준으로 하므로, 자산 규모에 따른 소득재분배 기능을 강조하는 조세정책을 통해 기업의 사회적 책임을 한층 더 강화해야 한다.

여덟째, 사회복지에서 가족의 책임이 강조되어야 한다. 이는 가족이 일차적 집단으로서 가족원 보호를 가장 효율적으로 담당할 수 있기 때문이다. 그러나 가족의 책임이 강조된다고 사회복지에서 사회의 책임이 면제되는 것은 아니다. 가족과 사회가 책임을 기능적으로 분담해야 한다는 것이다.

아홉째, 복지국가의 원칙인 소득재분배 기능을 강화해야 한다. 사회보장제도 중 소득재분배 기능은 공공부조가 가장 크고 다음으로 국민연금, 건강보험의 순이다. 이와 함께 소득계층 간 갈등을 해소하고, 근로동기를 유발해 생산성을 높일 수 있는 적정 수준의 소득재분배 기능을 활성화해야 할 것이다.

앞서 살펴본 것처럼 한국에서 복지국가의 원칙을 활용하는 데 모든 국민의 기본적 욕구를 충족하기 위한 사회보장은 최적의 급여 수준을 목표로 하고, 급여의 종류와 사회복지서비스는 욕구 유형에 따라 다양화되어야 한다. 그리고 구사회위험이든 신사회위험이든 간에 이에 대한 가족의 일차적 책임과 국가의 최종적인 책임이 강조되고, 강화된 소득재분배 기능에 기초를 두어야 할 것이다.

3) 사회복지행정 체계의 재정비

현행 한국 사회복지행정 체계는 크게 사회보험, 공공부조, 사회복지서비스로 구분할 수 있다. 그런데 현재의 사회복지행정 체계로 소득수준이 향상되고 민주화가 진전되면서, 증가 일로에 있는 국민의 복지욕구와 기대를 충족시키는 데는 한계가 있다. 즉, 사회복지행정의 영역 확대 및 각 부처 간 복지행정 업무(특히 사회보험제도)의 분산 또는 중첩으로 전 정부 차원의 복지정책 조정 기능을 확보하는 데 어려움이 있으며, 사회복지제도 간 연계성 결여 및 급여의 부분적 중복으로 예산 낭비가 발생할 우려가 있을 뿐 아니라, 일선 기관의 사회복지 담당 인력 부족 및 전문성 결여로 공공부조제도나 사회복지서비스 행정의 비효율성이 초래될 수 있다.

앞으로 사회복지제도가 확대·완비되기 전에 사회복지행정 기능의 재정립 및 효율성 제고를 위해 사회복지행정 체계의 재정비가 긴요하다. 또한 사회복지정책에 대한 기획·조정 및 연구·평가 기능을 강화하고, 새로운 복지수요에 대해 사전 예측과 능동적인 대응을 할 수 있는 지속 가능한 사회복지행정 추진체계로 전환해 사회복지행정을 중앙부서에서 일선 행정기관에 이르기까지 전문적·효율적으로 집행해가야 할 것이다.

특히 사회복지행정의 비효율성을 완화하고 복지투자의 생산성을 제고하기 위해서는 사회복지 관련 법체계 및 사회복지행정 조직의 재정비 등이 시급히 요구된다. 이에 대해 구체적으로 살펴보면 다음과 같다.

첫째, 사회복지제도의 근간인 사회보장제도를 향후 체계적으로 발전시키기 위해서는 포괄적인 새로운 사회보장기본법의 제정 및 관련 법률 간 재정리가 필요할 것이다. 한국 사회보장제도의 법체계는 기본법이 없이 새로운 제도의 도입 때마다 독립된 법률이 제정됨으로써, 체계성이 결여되고 관련 법률 간의 보완 관계가 이루어지지 못하고 있다. 따라서 사회보장제도의 체계적 발전을 위해서는 미국의 「사회보장법(Social Security Act)」, 영국의 「국민보험법(National Insurance Act)」, 프랑스의 「사회보장법전(Code de la Sécurité Sociale)」 등과 같은 사회보장 관련 제도를 통합적이고 상호보완적으로 운용할 수 있는 새로운 사회보장기본법을 마련해야 한다. 또한 사회보장 관련 법률을 재정비하기 위해서는 기존 운영제도의 독립성을 인정하면서 법체계상 건강보험관계법과 특수직역연금법의 일원화된 법체계 구상, 유사성 높은 국민연금법과 공무원연금법·군인연금법·사립학교교원연금법 등 특수직역연금법을 포괄하는 통합법 구상 등을 고려할 수 있을 것이다.

둘째, 사회복지 관련 행정조직의 재정비를 들 수 있다. 한국의 사회보험은 공적연금이 세 개의 관리공단(국민·공무원·사립교원)과 네 개의 감독부처(행정안전부·국방부·교육과학기술부·보건복지부)로 분산되어 있으며, 건강보험은 보건복지부가 감독을 맡고 국민건강보험공단에서 운영한다. 그 외에 산재보험이나 1995년부터 시행된 고용보험은 노동부가 주관한다. 이처럼 사회보험제도의 지도·감독·운영조직이 각 부처에 산재되어 국가 차원에서 합리적으로 조정하기가 어렵고, 업무 중복이나 정보 교환 미흡 등으로 행정의 비효율성이 커질 수 있어, 행정조직을 전체적 또는 부분적으로 통합·재정비하는 방안을 강구할 필요가 있다.

4) 사회보험제도의 자립도 제고

사회복지정책 추진에 대한 자원 제약을 완화하기 위해서는 갹출성 사회보험제도의 과다한 정부재정 의존도를 낮추고 자립도를 향상시키는 방안도 함께 강구될 필요가 있다. 한국의 공적연금 및 건강보험 등의 사회보험제도는 기본적으로 갹출주의 원칙에 입각하고 있는데도, 재정 건실도가 매우 취약해 정부재정에 큰 부담이 되고 있다. 공적연금 중 군인연금제도는 이미 오래전에 적자로 들어서 현재 정부로부터 1조 가까운 보조를 받고 있으며, 공무원 및 사립교원연금도 머지않아 이와 비슷한 상황에 처할 것으로 보인다.

또한 국민연금제도 역시 2008년부터 연금급여가 본격적으로 지급되면서부터는 급속히 적자로 반전할 것이 예상된다. 건강보험도 국가가 예산을 지원하는 비능률적인 지원 방식을 택하고 있어 재정에 큰 부담을 주는 요인으로 지목된다.

사회보험제도는 공공부조나 사회복지서비스 등과는 달리 갹출주의에 입각하고 있으므로 가입자가 받는 급여 혜택에 상응해 각 가입자의 지불능력을 감안한 적정 수준의 보험료 또는 사회보장세를 부담하는 것이 원칙이다. 또한 정부의 보조도 도시 빈곤층이나 저소득 농어민 등 소득을 보조할 필요성이 있는 특정 계층을 대상으로 하는 것이 바람직하다. 그러나 한국의 사회보험제도는 급여 혜택에 비해 상대적으로 보험료 부담 수준이 낮고, 정부의 보험재정 지원이 저소득층과는 무관하게 이루어지고 있어, 결과적으로 소득 지원의 필요성이 없는 고소득층까지도 정부 보조를 받게 된다. 이는 사회복지정책상의 부조 원리나 보험 원리, 사회 형평성 증대 목표에 비추어 바람직하지 못하며, 불필요한 재정 부담으로 사회복지 재원의 효율적인 운용을 제한한다.

따라서 앞으로는 현행 사회보험제도를 개선해 정부 의존도를 낮추고 장기적으로 건실한 재정을 유지할 수 있게 하는 동시에, 이로부터 절감된 재원을 의료·보건 등 낙후 부문으로 전환함으로써 복지재정 투자의 생산성을 높여야 한다. 이를 위해서는 국민연금과 특수직역연금의 갹출급여 구조를 조정해 적자 요인을 완화하는 동시에 공적연금제도 간 혜택 불균등에 따른 수평적 비형평성을 줄여야 한다. 또한 지금의 일률적인 지역건강보험 재정지원 방식을 비빈곤층에 대해서는 본인이 전액 부담하도록 개정해 빈곤층 소득 지원에 국한하고, 여기에서 절감된 재원을 지방의 공공의료기관 시설 확충과 인력 보강에 활용하는 방안을 강구해야 한다.

5) 전반적인 국가복지제도의 확장과 개선

앞으로 한국이 사회복지 중심의 재정지출을 바탕으로 한 선진형 복지제도의 틀을 갖추기 위해서는 보건의료 부문 및 사회보장 부문 등 미흡한 부문에 대해 지속적으로 투자를 강화해야 한다. 또한 21세기 한국인의 복지수준을 높이기 위한 계획으로서 사회보험제도의 확대 적용, 저소득층 대책의 질적 개선, 인구 고령화에 대응하는 프로그램 개발 등 사회보장제도의 내실화와 주거안정, 생활편익시설 증설 등 생활환경 개선, 의료기반 확충, 의료서비스 강화, 보건의료 부문 투자 강화 등이 시급히 요구된다. 특히 소득보장과 의료보장 부문의 확충은 가장 시급한 과제일 것이다.

이를 위해서는 사회보험 사각지대를 채워가는 일이 필요하다. 공공부조 분야에서는 저소득층의 기초생활보장 수준을 최저생활비 수준과 연계해 보조 수준을 향상시켜야 할 것이며, 사회복지서비스 분야에서도 사회 취약 계층에 대한 자립 지원시책 및 사회복지서비스 수준을 조금씩 높이고 사회복지 전달체계의 개선을 서둘러야 할 것이다.

또한 보건의료 부문에서도 모든 국민에게 양질의 서비스를 제공하기 위해서는 의료시설 및 인력 확충과 국민의료비의 안정화를 지속적으로 도모해가야 할 것이다. 이를 위해서는 검사료·약값 하향 조정 등 의료수가 제도 개선, 요양일수의 점진적 연장, 입원비 본인부담률 인하 등 건강보험 제도 개선, 양·한방 협진제 도입 등 의료기관 운영체계 개선과 아울러 인구 고령화에 의한 질병 구조 변화나 노인 의료비 증가에 대한 대책 마련 등 다양한 노력이 필요하다.

아울러 통일을 대비해 그에 맞는 전반적인 복지국가모형을 미리 구상해야 한다.

6) 생애주기별 사회투자전략의 활용

사회투자전략을 활용할 때, 가장 중요한 단계는 아동·청소년을 대상으로 한 생애주기의 첫 번째 단계이다. 지식기반경제에서는 평생학습과 다양한 근로능력 개발이 중요한데, 여기에는 취학 전 아동기 학습능력의 배양이 결정적인 것으로 연구 결과 나타났다. 그런데 학습능력은 가정의 소득수준과 문화수준에 크게 영향을 받는다. 따라서 빈곤의 대물림과 사회이동성의 고착을 막기 위해서는 저소득 가정의 아동에게 취학 전 적정 수준의 보육과 교육을 사회적으로 제공할 필요가 있다(Esping-Andersen, 2006). 이런 관점에서 사회보육은 중장기적으로 보편주의 사회서비스를 구축하는 데 다른 정책 영역보다 가장 높은 우선순위를 부여받아야 할 것이다. 생애주기의 두 번째 단계에서는 유연안정성을 확보하는 정책들을 우선적으로 시행해야 할 것이고, 생애주기의 마지막 단계에서는 고령화 사회에서 고령자의 고용 촉진과 재정효율성이 높은 기초생활보장제도를 구축하는 데 강조점을 두어야 할 것이다.

그리고 이와 비슷한 맥락에서 안상훈(2006)은 생애주기적인 일반적 욕구(global needs)에 대한 '기본생활보장'과 특수한 욕구(specific needs)에 대한 '범주적 생활보장'을 동시에 고려한 다층 안전망으로의 패러다임 전환적 구조조정 안을 제시했다. 안상훈이 제안한 안전망은 다음과 같은 네 가지로 구성된다.

1차 안전망은 생애주기적 기본생활 욕구에 대한 사회서비스를 통해 보편주의적인 방식으로 추진하는 것이다. 보편주의적인 방식이라 하더라도 예컨대 동일한 서비스에 대한 소득수준별 차등이용료(sling scale fee for services) 방식을 적용한다면, 수익자 부담 원칙의 견지에서 공평성을 담보하고 낙인을 방지하며 무엇보다 직접적인 국가재정도 절감할 수 있다.

2차 안전망은 생애주기적 기본생활 욕구에 대한 소득보장으로서, 사회보험형 공적 현금급여로 구성한다. 하지만 1차 안전망에서 기본욕구를 상당 부분 소화할 것이므로, 사각지대를 줄이면서도 재정 부담은 크지 않은 방안을 찾을 수 있을 것이다.

3차 안전망은 생애주기적 기본생활 욕구에 대해 민영화 혹은 시장화된 소득보장, 예를 들면 퇴직연금과 민간연금보험으로 구성한다. 이는 공평성의 견지에서 중산층 이상의 욕구를 수용하고, 시장활성화를 도모하기 위해서 필요한 부문이다.

4차 안전망은 3차 안전망까지 다층 기제를 통해서도 해결되지 못한 채 남을 가능성이 큰 취약 계층의 잔여 욕구에 대한 범주형 사회부조로 구성한다. 현재의 국민기초생활보장제와 같은 일반형 공공부조의 정치적·경제적 단점을 극복할 수 있는 대안 중 한 가지가 범주형 공공부조이며, 이는 현금이전형 공공부조와 5대 사회취약그룹(socially disadvantaged big 5)인 저소득층의 아동, 노인, 장애인, 여성, 실업자에 대한 특수한 사회서비스로 구성한다. 특히 자격 없는 빈자(undeserving poor) 논쟁에 적나라하게 노출된 근로빈곤층(working poor)에 대한 분야는 적극적 노동시장정책 등 고용서비스와 결합된 '실업부조' 등의 형태로 분리하는 것을 고려해야 한다.

7) 사회복지 재원 확충

한국에서 그동안 미흡했던 복지재정 분야에 대해 정부 투자를 강화하기 위해서는 재원 조달 측면에서 재정능력의 추가 확보와 아울러 재정구조 조정과 예산 배정의 우선순위 재정립을 통한 복지재원 확충이 가장 큰 과제이다. 원활한 사회복지정책을 수행하기 위해서 추가적 복지재원을 확보해야 하며, 지역사회 민간단체에 의한 사회복지활동을 활성화해야 한다.

그러기 위해서는 한국의 국가재정과 복지국가 수준이 유럽 선진국보다 매우 열악함을 비교정책 관점에서 지속적으로 알리고, 감세에 맞서 증세 또는 일시적 적자재정의 필요성을 설득하는 등 복지국가를 위한 재정 확충에 대해 국민의 지지를 얻어내야 할 것이다.

8) 젠더 친화적 가족복지정책 개발

노인복지·아동복지·장애인복지·여성복지 등 대상 종류별로 구분되어 시행되는 현행 사회복지서비스 정책을 '가족'이라는 통합적인 관점에서 재조명해볼 필요가 있다. 시설보호 중심의 사회복지서비스에서 재가복지서비스로 전환되어가는 사회복지서비스 정책의 일반적인 추세에 적극 대응하기 위한 가족복지정책의 개발이 필요하다. 즉, 가족 문제를 예방하기 위한 서비스를 강화해 복지수요의 사회화를 억제할 뿐 아니라 가족제도의 변화 추세에 탄력적으로 대응하고, 가족의 복지 기능을 강화해 복지욕구에 대한 가족 단위의 자율적·효율적 해결능력을 키워가야 할 것이다.

사회보장체계가 기여에 따른 수혜를 추구하는 사회보험형으로 구축되어 있고, 특히 그 무게중심이 노동자의 근로 중단에 대한 소득보장에 있다는 것은 보수주의적 복지국가의 특성이다. 그러나 이런 복지국가가 남성생계부양자형의 젠더 레짐과 결합하는 경우 가장 심각한 어려움에 봉착할 것이라는 경고는 한국에도 그대로 적용된다. 그렇다고 해서 무너져가는 구(舊)젠더질서(가족주의)를 복원하려는 시도는 부질없는 정도가 아니라 매우 위험하다. 따라서 가족 영역과 관련해서는 복지의 개인화를 추구할 필요가 있다. 부양의무자를 확인하는 방식을 지양하고 가족의 책임을 축소해가는 것이다.

이를 위한 구체적인 방안은 다음과 같다. 첫째, 젠더친화적인 가족정책을 목표로 세워야 한다. 서구의 복지국가는 재편의 계기를 여성을 노동자로 인식하는 데서 찾았다. 한국도 이제 단순히 '여성 인력 활용'의 담론이나 '저출산 해소를 위한 보육지원' 담론을 넘어서, '남성 생계부양자 모델'을 적극 해체함으로써 부양의무자를 확인하는 방식을 지양하고 가족의 책임을 축소할 필요가 있다. 정책 대상의 단위를 가구(가족)로 삼는 시각이 유지되는 한 여성이 이중구조화된 노동시장에서 하위를 차지하고, 사회보장체계에서 독립적인 시민권이 아니라 피부양자로서 파생적인 권리만 가지며, 따라서 혼인관계를 벗어나면 경제적으로 생존하기 어려운 지금의 현실은 계속될 것이다. 즉, 여성이 불완전한 노동자의 지위를 벗어날 수 없게 되는 것이다(장지연, 2008).

둘째, 문제 가족의 예방 및 전문치료를 위해 사회복지법인 등을 중심으로 가족 전문치료기관을 설치·운영하여 가족 문제에 대한 조사연구, 상담기법 개발, 가족교육 프로그램 개발 등을 통해 문제 가족에 대한 상담 및 치료 기능을 활성화해야 한다.

셋째, 가족복지 기능을 강화하기 위해 현재 노령수당과 장애인 생계보조수당 제도가 시행되고 있으나, 일정 소득수준 미만의 노인·장애인·아동·모자가정에 대해 그 지급 대상과 수준을 점진적으로 확대하고 세액 공제 혜택을 늘리는 등 관련 제도를 개선해야 한다.

넷째, 재가복지서비스 제도를 확립하기 위해 1992년부터 시행 중인 재가복지봉사센터 운영의 내실화를 기해야 한다. 현재 가정에서 보호를 요하는 장애인과 노인, 질병으로 거동이 불편한 저소득 취약 계층에게 진료·간병·급식 등 일상생활에 필요한 복지서비스를 제공하기 위해서 사회복지관·노인복지관·장애인복지관 등을 중심으로 지역 내 자원봉사자를 양성·활용해 재가복지봉사센터를 운영하고 있다. 앞으로 재가복지봉사센터를 확충하고 사회복지서비스의 종류, 질적 수준 등을 더욱 개선할 필요가 있다.

다섯째, 가족의 응집력을 높이고 역할을 적절히 분담함으로써 자가 보장 기능을 강화해야 한다. 또한 3세대 부부 중심의 가족을 비롯해 다문화가족 등 오늘날 새롭게 등장한 대안가족에 대한 국민 의식을 변화시키기 위한 교육프로그램 등을 시행할 필요가 있다.

9) 지방자치단체의 풀뿌리공동체 복지정책 강화 방안 마련

지역자치 시대에 지역주민을 위한 풀뿌리공동체 복지정책을 강화하는 방안을 제시하면 다음과 같다.

첫째, 중앙정부가 주도하는 사회복지정책은 지역사회의 특성이 무시된 채 일방적으로 수행되는 경우가 많다는 문제가 제기되었다. 그러므로 지방자치단체는 지역 실정에 맞게 미래의 종합적인 복지모형을 설계하고, 이를 집행하기 위한 독자적인 사회복지 발전 계획을 세워 지역사회복지정책을 강화해야 한다.

둘째, 효과적이고 능률적인 지역복지정책을 수행하기 위해서는 지역주민의 참여가 필수적이다. 따라서 자치단체는 지역주민들이 자신들의 요구나 문제를 스스로 해결하고 지역사회복지활동에 참여할 수 있도록 동기를 부여하고 유인하는 행정을 펼쳐야 한다.

셋째, 탈산업화와 도시화에 따라 사회연대의식과 상부상조정신이 점점 약화되고 있다. 그러나 사회복지정책을 효과적으로 수행하기 위해서는 주민의 공동체의식이 전제되어야 한다. 따라서 자치단체는 기본적인 사회복지교육을 시행해 사회복지사상과 사회복지정책에 대한 주민의 이해를 돕고, 이를 바탕으로 참여를 유도해야 한다. 이때 주민교육은 행정기관뿐 아니라 민간단체에서도 시행할 수 있다.

넷째, 지금까지 정부는 사회복지 시설보호자 위주로 사회복지정책을 펴왔으나, 이제는 재가복지서비스를 확충하는 데에도 힘써야 한다. 각 지역의 재가복지서비스 수요와 실태는 지방자치단체에서 가장 쉽게 파악할 수 있다. 그러므로 각 지방자치단체는 해당 지역의 재가복지서비스 수요자에 대해 정확한 실태를 조사해 그에 맞는 대책을 마련해야 한다.

다섯째, 한국의 사회복지시설은 수요자에 비해 턱없이 부족하고 지역 간, 부문 간 불균형도 심각하다. 따라서 자치단체는 시설의 종류와 지역 간 실태를 정확히 파악해 체계적이고 균형적인 사회복지시설이 되도록 해야 한다.

여섯째, 사회복지정책은 중앙정부나 지방정부의 인적·물적 자원만으로는 한계가 있다. 따라서 민간 사회복지단체의 육성과 그들의 활동을 조장하는 정책이 필요하다.

일곱째, 사회복지사업에서 선결해야 할 문제는 재원 마련인데, 재정자립도가 낮은 자치단체에서 사회복지 재원을 마련하기란 쉽지 않다. 따라서 국세를 지방세로 이전하거나 지방교부세와 국고보조금을 증액하고, 사회복지세를 신설하거나 사회복지기금을 모금하며, 기업의 사회복지 참여를 유도하는 등 다양한 방법을 강구해야 한다.

여덟째, 사회복지정책의 대상과 범위가 과거에는 일부 특수 계층에 국한되었지만 오늘날에는 매우 다양화·전문화되었다. 그리고 지방자치 시대의 사회복지정책에서는 과거와 같은 물적 서비스보다는 인적 서비스가 중요하다. 따라서 자치단체의 사회복지정책은 주민이 쉽게 사회복지서비스의 혜택을 받을 수 있도록 사회복지행정 조직을 강화하고 전문적인 지식과 기술을 갖춘 사회복지사들을 확보해야 한다. 그리고 보건과 의료, 주택, 교육, 노동 등 사회복지정책과 관련된 부문과 긴밀하게 연계해 종합적이고 조화로운 풀뿌리공동체의 복지정책을 펴야 할 것이다.

10) 농어민을 위한 사회보장제도 확립 방안 마련

농어민의 상대적 빈부격차와 국민 계층 간 생활격차를 줄이고 농어민의 기초생활보장을 하기 위해서는 기본적으로 농업정책에 의한 농업생산과 가격정책이 뒷받침되어야 할 것이다. 그러나 생산수단이나 경쟁력이 약한 농어민에게는 무엇보다도 생존권을 보장해주는 것이 급선무이다. 이 경우 사회보장제도는 아주 효과적일 수 있다. 그뿐 아니라 사회보장제도를 통해 간접적인 소득 증대 효과도 얻을 수 있으므로 농어민의 생산활동을 지속적으로 유지시키며, 근원적으로 이농어촌을 막는 데 도움이 될 수도 있는 것이다. 또한 농어촌이 먹거리 보장(food security)을 위한 산업기지로 기능하게 하려면, 농어촌이 식량생산지인 동시에 삶의 선택적 장소가 될 수 있도록 적절한 사회보장제도를 조속히 도입해야 한다.

따라서 농어민복지를 위한 바람직한 국가의 사회복지정책 과제는 소득보장을 기본으로 하면서 사회보장을 견실히 다지는 것이다. 이를 위해서는 사회보장 재원 조달과 함께 농어민의 참여를 전제로 하는 사회복지서비스 전달체계의 구축이 무엇보다도 중요하다. 이것이야말로 단순한 장밋빛 계획에 그치는 것이 아닌 실질적인 농어민복지정책 집행의 근간이 될 수 있을 것이기 때문이다(조흥식, 2004).

참고문헌

강명세. 2008.「세계화, 복지국가, 민주주의 한국의 복지국가 전망과 복지정치」. 참여연대 사회복지위원회 주최, 대안 복지패러다임 연속 세미나 ②, "한국 복지체제의 대안: 소외되지 않는 노동, 민주주의, 연대를 말한다".

구인회. 2008.「한국 복지국가의 성격과 전망: 복지국가 유형론을 넘어」. 참여연대 사회복지위원회·복지국가소사이어티 주최, 한국사회포럼 2008 기획워크숍 "한국 복지국가의 성격과 전망".

김상균 외. 2007.『사회복지개론』(개정2판). 나남.

남찬섭. 2008.「한국 복지국가의 성격과 전망」. 참여연대 사회복지위원회·복지국가소사이어티 주최, 한국사회포럼 2008 기획워크숍 "한국 복지국가의 성격과 전망".

안상훈. 2006.「사회서비스 투자국가로의 전환논리: 하나의 비교사회정책학적 서설」. 한국사회복지학회 주최, 2006년 추계학술대회 자료집.

장지연. 2008.「노동시장·젠더구조·복지국가」. 참여연대 사회복지위원회·복지국가소사이어티 주최, 한국사회포럼 2008 기획워크숍 "한국 복지국가의 성격과 전망".

조영훈. 2002.「현 정부 복지정책의 성격: 신자유주의를 넘었나?」 김연명 엮음.『한국 복지국가 성격논쟁 I』. 인간과 복지.

조흥식. 2004.「농어촌복지정책의 중장기 목표 및 실천방안」. 박대식 외.『농산어촌 복지·교육·지역개발에 관한 기본계획 수립 및 실태조사 방안 연구』. 한국농촌경제연구원.

_____. 2008.『인간생활과 사회복지』. 학지사.

Esping-Andersen, G. 1990. *The Three Worlds of Welfare Capitalism*. Cambridge: Polity Press.

_____. 1996. "After the Golden Age? Welfare State Dilemmas in a Global Economy." in G. Esping-Andersen(ed.). *Welfare State in Transition*. London: Sage.

Kwon, S. and I. Holliday. 2007. "The Korean Welfare State: a Paradox of Expansion in an Era of Globalisation and Economic Crisis." *International Journal of Social Welfare*, Vol. 16, pp. 242~248.

OECD. 2005. *National Accounts of OECD Countries: General Government Accounts. Vol. IV. 1993~2004*. Paris: OECD.

_____. 2007. *Facing the Future: Korea's Family, Pension and Health Policy Challenges*. Paris: OECD.

이명박 정부의 '휴먼뉴딜'과 한국 복지국가의 전망

이태수 | 꽃동네현도사회복지대학교 사회복지학과

1. 서론: 한국 복지국가의 과제

사회복지란 사회구성원의 행복한 삶을 각자의 노력이 아니라 사회적 차원에서 보장하려고 하는 집단적 노력을 말한다. 주지하다시피 서구 선진국에는 이러한 집단적 노력이 자본주의가 지닌 역동성과 효율성을 크게 침해하지도 않으며, 오히려 자본주의의 경제적·사회적 성과를 거두는 데 필수적이라는 인식이 상당히 정착된 상태이다. 이들 국가에서는 국내총생산(GDP)의 거의 절반을 공적 재원으로 내놓고, 다시 그것의 절반을 복지비용으로 지출하는 경향이 있다. 2008년을 기준으로 OECD 국가의 사회지출비 비중은 GDP 대비 평균 20.3%에 이른다.

그러나 한국에서만큼은 사회복지의 정당성과 당위성에 대한 인식의 토대가 미약하다. IMF 경제위기 이후 국가복지 영역이 본격적으로 궤도에 오르기 시작했다고는 하나, 이는 신자유주의 경제정책을 수행하기 위한 일종의 정지 작업 성격이 짙었고, 이 때문에 2000년대 들어 악화된 사회양극화를 진화할 만큼 강력한 성과를 내지는 못한 것으로 평가된다. 2008년 한국의 사회지출비 비중이 GDP 대비 8.3%에 그쳤다는 사실만 보더라도 한국의 사회복지 현실을 짐작해볼 수 있다.

적어도 복지가 성장의 토대이자 목적이라는 선진적인 명제하에서 보자면, 1998년 IMF 체제에서 10년이 흐른 2008년 즈음의 시대정신은 '복지국가로의 안착'이었고, 이는 이명박 정부가 해결해야 할 시대적 과제이기도 했다. 성장과 분배의 이분법적 대립 구도에 대한 인식에서 벗어나, 아동양육과 교육, 의료, 노후, 주거 등에 이르는 국민생활의 필수 부분을 국가와 공공의 책임 영역으로 설정함으로써, 국민 개개인을 시장과 경쟁의 야만성에서 보호하는 것이 그 구체적인 과업이었다.

그러나 이명박 정부가 과연 그러한 시대적 과업을 수행하려 하는가, 이를 수행하기에 적절한 정치철학과 복지정책 기조를 가지고 있는가 하는 질문에 대해, 특히 2009년 3월 미래기획위원회에서 발표된 휴먼뉴딜(Human New Deal)을 통해 답해보기로 한다.

2. 이명박 정부의 복지정책 기조와 휴먼뉴딜

1) 이명박 정부 복지정책 기조의 변천사

(1) 후보 시절의 복지 부문 공약

이명박 대통령 후보가 2007년 대선 정국에서 내세운 복지 분야 공약은 '생애희망 7대 디딤돌 프로젝트'로 대변된다. 이는 국민 모두가 건강하고 행복한 사회를 만들기 위해 생애주기별 맞춤형·예방형 복지서비스를 실현한다는 것이었다. 이때 7대 디딤돌이란, ① 출산에서 취학 전 단계의 아동과 어머니에 대한 복지, ② 취학 단계 아동에 대한 교육복지, ③ 청년기의 일자리와 결혼 지원, ④ 40~50대 중장년의 평생교육과 창업 지원, ⑤ 노년층의 소득과 일자리 보장, ⑥ 저소득층의 생계와 자활 지원, ⑦ 장애인에 대한 희망프로젝트 등이었다.

(2) 대통령직인수위원회 시절의 복지 관련 국정과제

2008년 2월 5일, 이명박 대통령 당선자의 대통령직인수위원회에서는 5개 국정지표와 192개 국정과제를 발표했다. 여기에서 '능동적 복지'라는 국정지표와 42개 세부 국정지표를 열거하고 구체적인 전략과 국정과제를 제시해, 이명박 정부가 이끌어갈 복지정책의 전망을 내놓았다. 당시 발표한 전략은 ① 평생복지 기반 마련, ② 예방형·맞춤형·통합형 복지, ③ 시장기능을 활용한 서민생활 안정, ④ 사회위험으로부터 안전한 사회 등이었으며, 각각의 전략에 상응하는 42개 국정과제를 통상적인 사회복지 분야 영역별로 재구성해보면 <표 2-1>과 같다.

이에 대해 이태수(2009)는 첫째, '능동적 복지'라는 정체불명의 개념이 지닌 모호성, 둘째, 양극화·저출산·고령화 등 사회적 위기에 대한 해결 의지가 국정과제에 드러나지 않은 점, 셋째, 후보 시절 제시한 핵심공약에 비해 복지정책 기조가 후퇴한 점, 넷째, 전략으로 밝힌 '평생복지'나 '예방형·맞춤형 복지'와 같은 적극적 태도가 구체적인 정책에서는 잘 드러나지 않는다는 점 등을 지적한 바 있다.

(3) 출범 이후 복지정책 기조

이명박 정부가 2008년 2월 25일 정식 출범하고 나서 보건복지가족부(현 보건복지부)는 업무보고에서 '능동적 복지'에 대해 다음과 같이 규정했다. 즉, "능동적 복지는 빈곤과 질병 등 사회위험을 사전에 예방하고, 위험에 처한 사람들이 일을 통해 재기할 수 있도록 돕고, 경제성장에 기여하는 복지정책을 의미"한다는 것이었다. 이로써 능동적 복지가 사전 예방 중심

〈표 2-1〉 복지 영역별 국정과제의 분포

영역 \ 분류		핵심과제	중점과제	일반과제
공공부조		-	• 맞춤형 개별급여, 부양의무자 기준 완화 • 빈곤층 공직 진출 확대	• 사회서비스를 통한 자활 지원
사회보험	연금	• 국민연금 재구조화	• 특수직역연금 개선 • 공적연금 연계	• 국민연금 기금 운용체계 개선
	건강보험	• 지속 가능한 의료보장 체계	-	-
	산재보험	-	-	-
	고용보험	-	-	-
복지서비스	노인	-	• 노인장기요양보험제도 적용 확대	• 농어촌 재가노인복지시설 설치
	아동 청소년	• 드림스타트사업	• 수요자 중심 보육정책	• 양육수당 도입 • 청소년 사회 역량 강화
	장애인	-	-	• 장애인 삶의 질 개선
	여성	-	-	• 양성 평등 수준 향상 • 여성 폭력 취약층 보호
농촌복지		-	-	• 농어업인 소득 안정 • 농어촌 생활 여건 개선
보건·의료	보건	-	• 국민건강안전망 개혁 • 예방적 건강체계 구축 • 안전 수돗물 공급	• 아토피 등 환경성 질환 예방·퇴치
	의료	-	• 취학 전까지 의료서비스 지원 • 신성장동력으로서 의료산업 육성*	-
	식·의약	-	-	• 식품 안전 관리 강화
주거복지		• 주택 공급 확대 • 지분형 분양주택제	• 주택양도세 경감 등 • 신혼부부 주택 공급	• 서민 주택담보대출 부담 완화
복지재정		-	-	• 지방 이양 사업 재분류
복지 전달체계		• 희망복지129센터*	-	• 종사자 처우 개선

* 다른 국정지표에 포함된 복지 관련 과제임.
자료: 대통령직인수위원회(2008)에서 재구성.

〈그림 2-1〉 업무보고에 나타난 보건복지가족부의 연간 계획

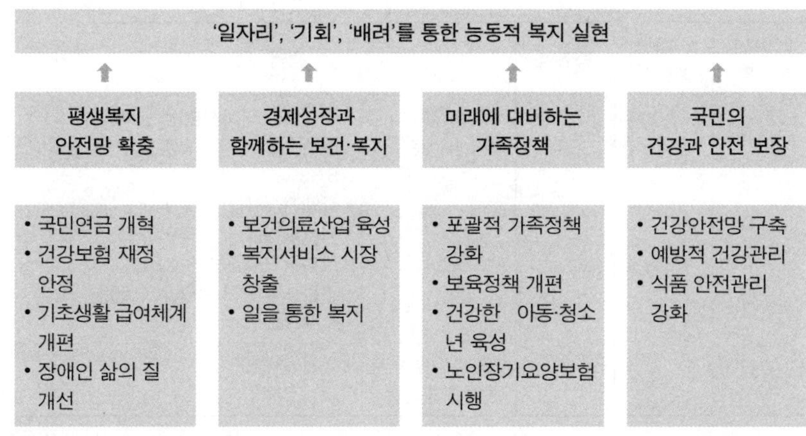

자료: 보건복지가족부(2008).

의 복지정책, 일을 통한 자립정책, 경제성장에 부응하는 복지정책임을 밝혔다고 할 수 있다.

한편 2008년 보건복지가족부는 '일자리, 기회, 배려로 능동적 복지 실현'이라는 연간 정책 목표를 세우고, '평생복지 안전망 확충', '경제성장과 함께하는 보건·복지', '미래에 대비하는 가족정책', '국민의 건강과 안전 보장' 등 4대 목표와 함께 연간 계획을 제시했다(<그림 2-1> 참조).

그러나 해당 부처의 의욕과는 달리, 2008년 4월 말에 열린 2009년 예산편성을 위한 재정전략회의에서 발표한 「2009년 예산편성지침」을 보면 실제 예산편성 기조에서 복지정책의 적극성은 드러나지 않는다. 「2009년 예산편성지침」에서는 제도 개선 사항으로 복지 부문의 유사·중복 업무 통폐합, 복지 전달체계 효율화, 복지서비스 질 제고를 위한 경쟁시스템 확산, 수혜자별 사례관리를 통한 서비스 질 향상 등을, 그리고 재원배분의 중점 사항으로 '일을 통한 복지' 구현을 위한 저소득층 근로의욕 고취 및 일자리 창출 관련 분야 지원 확충, 저소득층 위주의 재정지원, 민간

〈표 2-2〉 보건복지 관련 예산의 증액 사유 분석 결과

(단위: 억 원)

2008년 예산액	2009년 예산액	증가액	증액 사유	
676,516	737,104	60,588	제도 확대에 따른 자연 증가분	• 국민연금 급여지출 등 증액: 24,168 • 산재, 실업급여, 보훈연금 등 증대분: 5,830 • 주택전세자금: 5,579 • 기초노령연금: 8,749 • 노인장기요양보험: 1,917 • 건강보험 재정 부담금: 6,566 • 소계: 52,809
			이명박 정부 의지에 따른 증가분	• 소계: 7,779

복지자원 적극 활용 등을 열거했다(기획재정부, 2008: 50~51).

이에 앞서 기획재정부 장관이 기자회견에서 "그간 복지재정이 너무나 빠르게 확대되었으므로 더 이상 복지재정 확충은 없다. 다만 효율화를 통해 수혜 폭은 늘릴 수 있다"는 취지로 발언하여, 많은 국민은 이명박 정부가 복지를 확충할 의사가 없는 것이 아니냐며 우려의 목소리를 냈다.

이러한 우려는 2009년 복지 관련 예산편성에서 현실화되었다. 2008년 10월 정부가 국회에 제출한 예산(안)을 보면, 일반 예산 전체 증가율이 6.0%이며 보건복지 관련 총예산(보건복지가족부, 노동부, 국토해양부 등의 복지 관련 예산을 모두 포함)은 9.0% 증가해 모두 6조 588억 원이 늘어난 73조 7,104억 원이었다. 그러나 이는 참여정부 때 이루어진 제도 설계에 따라 저절로 늘어날 수밖에 없는 예산이 포함된 것이어서, 그 부분을 제하면 기껏해야 8,000억 원 정도가 늘어난 것으로 분석되었다(<표 2-2> 참조). 결국 이명박 정부의 의지가 담긴 복지정책의 예산 증가율은 1.2% 정도에 지나지 않는다고 볼 수 있다.

보건복지가족부 예산으로 한정해서 보더라도 결과는 다르지 않다. 보건

복지가족부 자료에 따르면, 보건복지가족부의 일반회계와 특별회계를 합친 예산의 2009년 증대분은 추경 불포함 시 2조 2,000억 원(전년 대비 14.0% 증가), 추경 포함 시 1조 7,000억 원(전년 대비 10.7% 증가)이 늘어난 것으로 나타난다. 이를 두고 보건복지가족부는 적극적인 예산 배정이라고 말하지만, 보건복지가족부 소관 자연 증가분만 합쳐도 1조 7,000억 원에 달해, 실제 보건복지가족부 예산으로 의욕적인 사업을 전개하기는 어려운 것이 현실이다.

이런 가운데 2008년 하반기에 미국발 세계경제위기가 불어닥쳤고, 한국도 이에 큰 타격을 받아 경제 회생과 민생 안전을 위한 대규모 추경예산 편성이 필요해졌다. 이때 대통령자문기구인 미래기획위원회는 '휴먼뉴딜'과 '녹색뉴딜'이라는 개념을 제시했고, 사람들은 그것이 이명박 정부의 복지정책 기조에 어떤 변화를 줄 것인지 주목하게 되었다.

그렇다면 휴먼뉴딜의 구체적인 내용을 살펴보자.

2) 휴먼뉴딜의 핵심 내용과 의미

사실 휴먼뉴딜의 내용에 대해 정부의 공식적인 자료는 극히 제한되어 있다. 2009년 3월에 미래기획위원회는 그 얼개만을 발표했고, 이후에도 후속적인 세부 실천계획을 발표하지 않아 이명박 정부 내에서 정책의 핵심 기조로 유효한지조차 불분명한 측면이 있다. 더욱이 '친서민 중도실용'이라는 정책 구호가 더 부각되면서 '서민정책', '서민 생활 안정', '서민예산'과 같은 표현이 더 자주 등장하는 형국이다. 그럼에도 휴먼뉴딜이 현 정부 복지정책의 전체 얼개와 기조를 드러내는 개념 중 가장 최근에 발표된 것이라는 측면에서 그 의의를 인정한다면, 이명박 정부의 복지정책을 다시 한 번 진단해보고 전망하는 데 휴먼뉴딜이라는 개념을 유용하게 활용할 수 있을 것이다.

휴먼뉴딜을 처음 발표한 2009년 3월 23일, 대통령자문 미래기획위원회에서 배포한 보도자료를 보면, 휴먼뉴딜의 키워드는 '중산층 키우기'에 있음을 알 수 있다. 다분히 정치적 목적을 감안한 표현인 듯한데, 정치적으로 가장 두터운 표밭인 중산층을 직접적인 대상으로 하여 그들을 키우고 육성하겠다는 것으로 해석된다. 미래기획위원회는 이에 대해 다음과 같이 세 가지 정책 방향을 제시했다. 첫째는 '중산층 탈락 방지'로서, 구체적 과제로 일자리 유지·창출 지원, 주거·교육·의료 등에 대한 가계 부담 경감 등을 제시했다. 둘째는 '중산층 진입 촉진'으로서, 직업교육 및 훈련 강화, 저소득층의 근로 유인 강화, 1인 창조기업 등 창업 촉진을 세부 과제로 제시했다. 셋째는 '미래 중산층 육성'으로서, 공교육의 경쟁력을 높이고 아동·청소년에 대한 투자를 확대하며 인적자본에 대한 투자를 강화해 가난의 대물림을 끊고 인적역량을 강화하는 데 초점을 맞춘다(대통령자문 미래기획위원회, 2009: 1~5).

IMF 경제위기 이후 신자유주의적 경제정책과 노동정책으로 해고의 유연성이 높아지고 비정규직이 확대되면서 노동자층의 양극화 현상이 뚜렷해졌다. 아울러 자영업이 포화한 상태에서 창업과 도산이 이어지는 가운데 결과적으로 사회 전체적으로 양극화 현상이 심화되었다. 그 결과 한국에서 중산층은 그 입지를 위협받고 있다. 휴먼뉴딜의 정책 방향은 이러한 한국 사회의 현실을 고려했을 때 타당한 것이라 할 만하다.

'양극화(polarization)'는 '소득불균형(income inequality)'과는 다른 개념이며 소득분배의 불균형의 특성을 보여주는 보조적 지표로 간주할 수 있다. 이러한 양극화에 대해 울프슨(Wolfson, 1994), 에스테반과 레이(Esteban and Ray, 1994), 뒤클로와 에스테반, 레이(Duclos, Esteban and Ray, 2004) 등은 양극화 지수의 개념을 구체적으로 제안하고 있으며, 이 개념에 의거해 민승규

〈그림 2-2〉 한국의 양극화 지수 추이

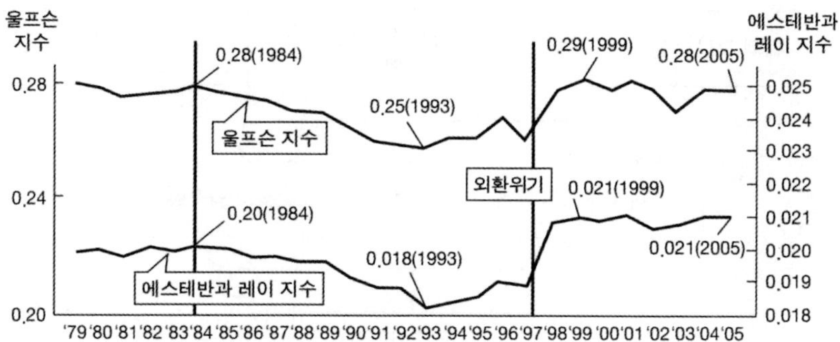

주: 소득은 소득 10분위별 도시 근로자 소득을 기준으로 함.
자료: 민승규 외(2006).

외(2006)는 울프슨 지수와 에스테반과 레이 지수(ER 지수)를 이용해 한국의 양극화 지수를 추정해보았다. <그림 2-2>는 이를 보여준다.

그런데 현재의 양극화 현상을 불러오는 구조적 원인은 매우 중층적이다. 이태수·홍훈·홍종학(2006)은 이를 <그림 2-3>과 같이 도식화했다. 결국 양극화를 불러일으키는 근본적인 원인은 세계화로 대변되는 세계 자본주의 질서의 재편과 한국 경제의 구조적 문제점, 경제정책의 신자유주의적 전개 등이라 할 수 있다. 물론 세계화 경향은 경제에서 하나의 외생변수로 받아들여야 하는 것이기도 하며, 신자유주의적 경제정책도 불가피한 측면이 없지 않다는 측면에서, 양극화 해소를 위해 그러한 원인을 모두 없애야 한다는 주장으로 이어지지는 않을 것이다.

이러한 원인이 기업 간, 산업 간에 경제적 양극화를 불러오는 동시에 정규직과 비정규직 간 노동 양극화를 일으키며, 이것이 소득과 자산의 양극화를 가져와 가장 직접적인 양극화의 양태를 표출한다. 소득과 자산의 양극화는 결국 소비의 다양한 측면을 포함한 생활의 양극화를 불러오는 것이다.

〈그림 2-3〉 양극화의 전개 과정에 대한 종합 구도

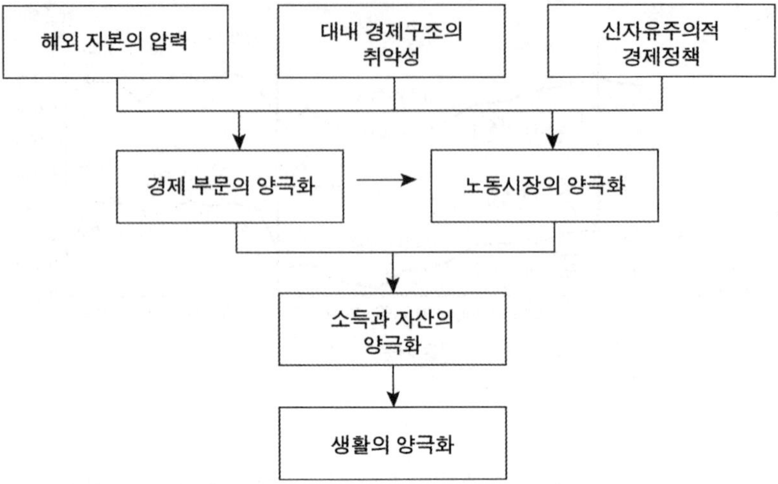

자료: 이태수·홍훈·홍종학(2006).

이러한 거시적이고 구조적이며 전 세계적인 경제질서와도 연동된 한국 사회의 양극화를 해소하기 위해서는 상당한 사회적 노력이 요구된다. 그러므로 휴먼뉴딜에서 제시한 10여 가지 정책 과제가 중산층 보호·육성 효과를 낼 수 있을지는 결코 쉽게 확신할 수 없는 문제이다. 더군다나 구체적인 정책 실행 방안과 재정 확보 방안이 전혀 제시되지 않은 상황에서 휴먼뉴딜의 단순 구상을 평가하는 것은 무의미할 수 있다.

한편 이봉주(2009)는 휴먼뉴딜의 다른 측면을 강조한다. 그는 휴먼뉴딜의 추진 원칙으로 예방적·투자적 접근, 수요자 중심의 복지·노동·교육의 융합적 접근, 생애주기별 접근 등 세 가지를 제시하는데, 이를 통해서 휴먼뉴딜에 대해 좀 더 구체적인 내용을 접해볼 수 있다. 구체적으로는 건강보험이나 장기요양보험 등 1차 안전망 보완, 개별급여 도입 등 기초생활보장제도 급여체계 개편, 근로능력자 대출 조건 완화 등 저소득층 생계비 융자제도 개편, 근로 인센티브 제공 등 자립 촉진 지원제도, 드림스타트 확대

등 빈곤의 대물림을 없애는 복지정책, 지출 효율화를 위한 전달체계 개편 등 여섯 가지 방안을 제시했다.

사후적 개입보다는 선제적 투자를, 잔여적이고 소극적인 개입보다는 적극적이고 능동적인 인적 자원에 대한 투자를, 결과적 평등보다는 기회의 평등을 추구함으로써 전체 사회구성원의 사회이동성을 높이고, 이를 통해 중산층이 두터워지게 한다는 것이다.

앞의 미래기획위원회 발표가 구체적이지 못한 데 비해 이봉주의 자료에서는 정책 과제를 비교적 소상히 거론했다는 점에서 휴먼뉴딜을 판단하는 준거로 삼기에 좀 더 적절하다고 볼 수 있다.

이러한 휴먼뉴딜 구상은 크게 세 가지 측면에서 문제점을 안고 있다. 첫째는 정책의 실효성이며, 둘째는 정권 차원에서의 구체적인 집행 의지이고, 셋째는 정책의 실현 가능성이다. 이에 대해 절을 바꾸어 논해보자.

3. 휴먼뉴딜의 평가

1) 정책의 실효성

오늘날 한국 사회가 처한 현실은 매우 엄중하다. 앞에서 본 것처럼 양극화와 저출산·고령화의 추이가 도를 넘고 있다. 다른 한편으로는 그간 산업사회에서 소득의 중단을 불러오는 전통적인 사회위험[1]이 가시지 않은 상태에서, 다시 지식기반사회에서 등장하는 신사회위험(new social risks)[2]까

1) 실직, 질병, 노령, 장애, 출산, 가구주의 사망, 빈곤 등 전통적인 사회위험은 20세기 서구의 복지국가 수립에서 주요한 복지정책 대상이었다.

2) 신사회위험에 대해서는 학자마다 견해가 다르지만, 가족해체로 인한 돌봄노동의

〈표 2-3〉 휴먼뉴딜과 '비전 2030'의 비교

비교 항목	휴먼뉴딜	비전 2030
정책적 목표	• 중산층 육성	• 국가 운영 패러다임 변환
근거 이론	• 사회투자국가	• 사회투자국가
경제와 복지와의 관계		• 동반 성장
구체적인 정책	• 1차 안전망 보완 • 기초생활보장급여체계 개편 • 저소득층 생계비 융자제도 개편 • 자립 촉진 지원제도 • 빈곤 대물림 해소 • 전달체계 개편	• 성장동력 확충, 인적자본 고도화, 사회복지 선진화, 사회자본 확충, 능동적 세계화 등 5대 전략을 위한 50개 과제
재정 소요 및 동원		• 2030년까지 약 1,000조 원 소요 • 국민 합의를 통한 동원

자료: 정부민간합동본부(2006), 이봉주(2009).

지 등장하는 이중의 위험이 존재하는 상황이다. 서구 선진 복지국가가 20세기 들어 거의 100년 동안 전자에 어느 정도 대응할 수 있는 복지체제를 구축한 것과 달리, 한국은 복지재정과 복지제도를 제대로 마련하지 못한 채 그 위험을 방어하는 데 성공하지 못함으로써 결국 이중의 위험부담을 떠안은 상황인 것이다.

이른바 친복지 성향이 강했던 지난 김대중·노무현 정부 기간에 복지의 제도적·재정적·담론적 측면에서 상대적으로 많은 진전이 있었던 것은 사실이다. 그러나 결과적으로 그러한 사회위험에 대응할 만한 전환점은 만들어내지 못했다는 평가를 받는다. 이를 볼 때 그 대응 정도가 매우 대담하고 파격적이어야 함을 알 수 있다.

그렇다면 이명박 정부의 휴먼뉴딜 구상은 이전 두 정부의 복지정책이 보여준 대응 수준을 뛰어넘는 것일까? 결코 그렇지 않다. 한 예로 노무현

위기와 더욱 빨라지는 기술 발전 속도에 의한 직업의 불안정성 가중이 핵심이다.

정부에서 2006년 10월에 의욕적으로 내놓은 '비전 2030'과 비교해보면, 휴먼뉴딜은 복지정책의 위상, 포괄 범위, 구체성 등에서 오히려 더 부실하다. 휴먼뉴딜과 '비전 2030'은 사회투자국가이론에 근거를 두었다는 점에서 공통적 측면이 있지만, 나머지 정책적 목표나 경제와의 관계, 구체적인 정책 내용, 소요 재정 등 몇 가지 측면에서는 매우 큰 차이를 드러낸다(<표 2-3> 참조). 즉, 휴먼뉴딜은 '비전 2030'과는 비교할 수 없을 정도로 단편적인 복지정책임을 알 수 있다.

2008년 하반기부터 세계경제 위기가 새로운 차원에서 불어닥쳤고, 이 때문에 한국 경제도 큰 타격을 입어 2009년 무려 29조 원에 달하는 추경예산을 편성할 정도로 심각한 대응이 요구되는 국면을 맞았다. 이에 따라 한국 사회복지체계에 더욱 대담한 구상과 발상이 필요하다는 자각이 사회적으로 확산되었다. 한 예로 참여연대 사회복지위원회(2009)는 경제위기에 대응하기 위한 정책 대안으로서 실업부조 도입, 고용보험 전면 확대, 50만 사회적 일자리 창출, 기초생활보장제도의 부양의무자 기준 대폭 완화 등이 필요하다고 주장했다. 이러한 상황에서 앞서 언급한 휴먼뉴딜의 6개 과제가 한국의 경제적·사회적 위기를 극복하고 더 나아가 중산층을 살리는 정책으로 기능하기에는 부족하다. 특히 참여연대 사회복지위원회가 자료에서 언급한 대로 최근 한국 사회의 저소득층이 이른바 '박탈의 악순환구조'에 처해 있는 상황이라고 보면(<표 2-4> 참조), 휴먼뉴딜의 정책 구상이 이들에게 어떤 도움을 줄 수 있을지 의심스럽다.

<표 2-4>에 나타났듯이 최근 경제위기의 여파로 노동시장에서 주변화되고 있는 저소득층의 경우에는 ① 저임금 비정규직(2008년 382만 명 추정),[3]

---

3) 유럽연합(EU)의 저임금고용연구네트워크(Low Wage Employment Research Network: LoWER)는 '임금노동자 중위임금의 3분의 2 미만'을 저임금 계층, '중위임금의 3분의 2 이상 3분의 2 미만'을 중간임금 계층, '중위임금의 3분의 2 이상'을 고임금 계층으로

〈표 2-4〉 저소득층 노동이동의 악순환구조

비경제활동 인구	경제활동 인구		
	비취업자	취업자	
		비임금근로자	임금근로자
학생, 주부, 노약자, 실망실업자 등	실직자 (78만 명, 2008년)	저소득 자영자 (578만 명, 2007년)	저임금 비정규 근로자 (382만 명, 2008년)

자료: 참여연대 사회복지위원회(2009: 1).

② 저소득 자영업자(2007년 현재 209만 세대, 578만 명 추정),[4] ③ 실직자(2008년 12월 현재 78만 명) 등 3개 집단에 총규모 1,039만 명이 존재하고, 이들은 세 개 집단 사이를 반복적으로 배회하는 노동이동의 악순환을 나타낸다는 것이다. 이러한 악순환의 삼각구조에 빠진 개인은 계층의 수직적 상승을 기대하기 어려운 저계급(underclass)이 되어 박탈의 악순환 삼각구조를 몇 번씩 반복하다가 실망실업에 빠지거나 질병 또는 장애 등의 이유로 노동능력을 상실한 취약 계층으로 전락한다.

정의했다. 이를 한국에 적용했을 때, 중위임금(7,675원)의 3분의 2인 시간당 임금 5,117원 미만을 저임금 계층으로 분류하면 전체 노동자 1,610만 명 가운데 432만 명(26.8%)이 저임금 계층이고, 정규직은 49만 명(6.4%), 비정규직은 383만 명(45.6%)이 저임금 계층이다(김유선, 2008).

4) 자영업 종사자 전체의 소득분포 자료는 없기 때문에, 건강보험 지역가입자 중에서 3개월 이상 체납해 피보험자 자격을 박탈당한 209만 세대를 저소득 자영업자로 추정하고, 평균 가구원 수가 2.79명이므로 577만 5,000명으로 산출했다.

중산층이 저소득층으로 전락하는 것을 막겠다고 한다면 이러한 문제의식을 바탕으로 휴먼뉴딜에는 좀 더 실효성 있는 정책을 담아내야 했다.

2) 정부의 집행 의지

정부가 휴먼뉴딜을 강하게 추진할 의지가 있는지에 대해서는 더욱 부정적이다. 사실 정부는 2009년 3월 23일 대통령이 참석한 자리에서 휴먼뉴딜 정책 추진 의사를 천명한 이후 지금까지도 구체적인 후속 계획을 제시하지 않고 있으며, 이후 발표한 주요 정책에 대해서도 휴먼뉴딜을 기조로 했다는 언급이 전혀 없었다. 특히 휴먼뉴딜이 이명박 정부의 복지정책, 나아가 사회정책의 핵심 기조라고 한다면, 적어도 2010년 정부예산편성에 그 용어가 적극적으로 등장하거나 아니면 주요 정책이 내용으로 등장해야 했다.

2010년도 정부의 예산(안)을 살펴본 결과, 휴먼뉴딜이라는 용어는 전혀 등장하지 않으며, 관련 정책으로서 증액이 이루어진 것으로는 자활사업 확대(2009년 3,284억 4,100만 원→2010년 4,637억 5,600만 원), 드림스타트 확대(2009년 225억 4,500만 원→2010년 301억 900만 원), 보육서비스 지원 확대(2009년 1조 2,820억 원 → 2010년 1조 6,320억 원) 정도인 것으로 보이며, 특별한 중산층 육성책은 눈에 띄지 않는다.

더군다나 2010년 예산편성 과정에서 복지예산이 많이 늘지 않았다는 점도 휴먼뉴딜 자체는 아니더라도 현 정부가 정책 기조에서 복지 부문에 어느 정도 우선순위를 두고 있는지 의심을 자아내는 대목이다.

그러나 정부는 복지 부문에 매우 많은 정책적 배려를 했다고 주장한다. 2009~2013년 중기재정계획에 따르면 복지 부문 예산이 연평균 6.8%씩 증가해 증가율이 총지출의 연평균 증가율인 4.2%보다 높으며, R&D 예산의 10.5% 증가율에 이어 두 번째 높다는 것이다. 또한 2010년 복지예산

〈표 2-5〉 복지지출의 비중 추이

구분	2007년	2008년	2009년 본예산	2009년 추경예산	2010년 예산안
복지지출(조 원)	61.4	68.8	74.6	80.4	81.0
복지지출/총지출(%)	25.8	26.2	26.2	26.6	27.8

자료: 기획재정부(2009).

증가율은 총지출 증가율보다 3배 가까이 높은 8.6%이며, 복지예산이 전체 예산에서 차지하는 비중은 27.8%에 달해 2008년 26.2%, 2009년 추경 26.6%에 이어 가장 높은 수준을 보인다고 주장한다(<표 2-5> 참고).

그러나 이러한 정부의 발표에는 많은 허점이 존재한다. 첫째, 복지예산 비중이 역대 최고라는 것은 세수 감소에 따른 반사효과일 뿐이라는 점이다. 2010년 복지예산 총액인 81조 원은 2009년 74조 6,000억 원에 비해 6조 4,000억 원이 늘어난 것으로, 그 규모는 역대 복지예산 증가 규모에 비해 많은 것이 아닌데도 세수가 감소한 탓에 전체 예산에서 차지하는 비중이 높은 것처럼 보이는 것이다. 둘째, 2010년 복지예산 증가율 8.6%는 노무현 정부 5년 동안의 증가율에 못 미친다는 점이다. 노무현 정부는 2003년 41.7조 원에서 2008년 67.5조 원을 복지예산으로 편성해 재임 기간 연평균 10.1%의 복지예산 증가율을 실현했다. 셋째, 복지 부문 총예산 중 전년 대비 순 증가분 6조 4,000억 원은 대부분 경직적 예산으로 구성되어 있다는 점이다. 제도 운영상 대상자 확대나 급여 수준 상승에 따라 추가로 소요되는 예산이 있어, 2010년에도 공적연금 2조 2,000억 원, 실업급여 2,000억 원, 기초노령연금 3,000억 원, 건강보험 2,000억 원 등 모두 3조 원 가까이가 사회보험 급여의 자연 증가에 따른 예산에 지나지 않는다. 여기에 이명박 정부가 추진하는 보금자리주택 13만 호 공급을 위해 2조 6,000억 원의 추가 투여분을 더하면 5조 6,000억 원에 달하여 순 증가분

6조 4,000억 원의 대부분을 차지한다. 더욱이 보금자리주택은 분양가가 높은 탓에 서민에게는 무용지물인 데다가 시세 차익을 노린 투기의 장이 될 것으로 우려된다.

이러한 정황으로 봤을 때, 이명박 정부에서 휴먼뉴딜을 정책 기조로 삼고 있다고 보기는 어렵고, 복지정책 또한 우선순위에서 뒤로 밀려나 있다고 볼 수 있다.

3) 정책의 실현 가능성

사실 이명박 정부하에서 대담한 복지정책이 추진될 수 있을지에 대해 근본적인 의문을 제기하게 하는 명백한 증거가 존재한다. 그것은 바로 이명박 정부의 재정정책 기조에서 찾을 수 있다.

잘 알려진 것처럼 이명박 정부의 재정정책 기조에서 핵심은 감세와 토목사업에 대한 지출이다. 그 가운데 감세정책의 영향력은 매우 지대할 수밖에 없다. 여야 합의의 형식을 빌리기는 했지만, 이명박 정부는 2008년 종합부동산세에서 1주택 보유자에 대해 3억 원의 기초공제를 허용하는 한편 세율을 0.5~2%로 대폭 인하했고, 소득세 세율도 8~35%에서 2010년 소득부터는 6~33%로 2%포인트씩 인하했다. 이와 더불어 양도소득세는 3%포인트, 법인세는 3~5%포인트 인하하기로 결정했다.

국회예산정책처의 추계를 볼 때, 이처럼 세율 인하 등을 통한 감세정책이 구현되면 2008년부터 2012년까지 96조 1,000억 원의 세수 감소가 있을 것으로 추정된다(<표 2-6> 참조).

그러나 중앙정부의 감세는 주민세와 부동산교부세, 지방교부금의 감소 등 연관 효과를 불러와 지방정부의 재정을 축소하게 마련이다. 이와 관련해 국회예산정책처는 2008년부터 2012년까지 총 30조 1,741억 원의 지방

〈표 2-6〉 감세로 인한 줄어드는 세수 규모

연도	2008년	2009년	2010년	2011년	2012년	합계
감세 규모(조 원)	6.2	13.5	24.6	26.0	25.8	96.1

자료: 국회예산정책처(2009a).

〈표 2-7〉 감세로 인한 지방 세수의 감소분

항목	감소분
주민세	6조 2,784억
지방교부세	13조 6,032억
부동산교부세	10조 2,925억
총계	30조 1,741억

자료: 국회예산정책처(2009b).

세수가 감소할 것이라고 추정했다(<표 2-7> 참조). 이러한 추정치에는 지방교육재정교부금과 분권교부금이 포함되지 않아 이를 합치면 40조 이상이 줄어들 것으로 예상된다.

한편 이명박 정부는 이러한 지방재정의 위기에 대응하는 방안으로 지방소비세와 지방상생협력기금 도입 등을 발표했다. 이는 부가가치세의 5%를 지방소비세로 전환하고 이를 2012년까지 10% 수준으로 올리기로 한 것이 핵심이다. 이 계획에 따르면 2010~2012년에 총 7조 3,000억 원의 세입 증가 효과가 있을 것으로 기대된다. 그러나 정부가 지방교부세율을 다시 0.27% 낮출 계획이어서 결국 1조 4,000억 원이 감소한 5조 8,000억 원의 순 증가 효과가 있는 셈이다. 이는 전체 30조 1,731억 원의 19%에 지나지 않는 것으로, 2012년까지 지방정부 세수는 25조 원 가까이 감소하는 것으로 귀결된다.

이러한 결과를 지방교부금으로 한정하면 <표 2-8>과 같다.[5] 이를 보면 지방교부금 총증가율이 김영삼 정부 58.4%, 김대중 정부 92.6%, 노무현

〈표 2-8〉 지방교부금의 연도별 규모 및 역대정권별 총증가율

연도	지방교부금			예산편성 정부별 5년간 증가율(%)
	총액(억 원)	증가분(억 원)	증가율(%)	
1993	44,131	-	-	-
1994	47,246	3,115	7.1	김영삼 정부 58.4
1995	54,382	7,596	16.1	
1996	63,777	8,935	16.3	
1997	67,569	3,792	5.9	
1998	69,892	2,323	3.4	
1999	63,608	-6,284	-9.0	김대중 정부 92.6
2000	82,155	18,547	29.2	
2001	122,315	40,160	48.9	
2002	119,734	-2,581	-2.1	
2003	134,624	14,890	12.4	
2004	144,256	9,632	7.2	노무현 정부 115.1
2005	194,845	50,589	35.1	
2006	213,665	18,820	9.7	
2007	245,134	31,469	14.7	
2008	289,567	44,433	18.1	
2009	287,673	-1,894	-0.7	이명박 정부 -8.2
2010	265,800	-21,873	-7.6	

주: 지방교부금 = 지방교부세 + 부동산교부세
자료: 홍헌호(2009).

정부 115.1%였던 것에 비해, 이명박 정부는 2년 동안만 오히려 8.2%나 감소한 것을 알 수 있다.

그런데 다른 한편으로는 토건사업에 막대한 예산이 지출될 예정이다. 대표적으로 4대강 살리기 사업은 본사업 16조 9,000억 원, 직접 연계 사업

5) 이 내용 중 2009년이나 2010년의 감소폭이 적은 이유는 자연 증가분까지 고려한 최종 교부금액을 기준으로 했기 때문이다.

〈표 2-9〉 2009~2013년 중장기 재정수지 관리 계획안

구분	2009년		2010년	2011년	2012년	2013년
	당초	추경				
실질성장률(%)	4.0	△2.0	4.0	5.0	5.0	5.0
재정수입(조 원)	291.0	279.8	287.8	309.5	337.6	361.7
재정지출(조 원)	284.5	301.8	291.8	306.6	322.0	335.3
재정수지(조 원)	△24.8	△51.0	△32.0	△27.5	△16.1	△6.2
(GDP 대비, %)	(△2.4)	(△5.0)	(△2.9)	(△2.3)	(△1.3)	(△0.5)
국가채무(조 원)	349.7	366.0	407.1	446.7	474.7	493.4
(GDP 대비, %)	(34.1)	(35.6)	(36.9)	(37.6)	(37.2)	(35.9)

자료: 기획재정부(2009).

5조 3,000억 원에 부처별·지자체별 사업까지 총 30조 원이 소요될 것으로 보인다.[6)]

결국 감세에 따른 세수 감소와 4대강, 사회간접자본(SOC), 국방 등에 대한 예산 확대 투여로 재정 상태는 심각하게 악화되었다.

이처럼 재정 상태가 심각한데도 2010년 예산(안)에서 4대강 사업에 6조 7,000억 원, 국방에 9,000억을 증액하고 그 밖의 사회간접자본 예산도 줄이지 못함으로써 재정 적자 규모는 32조 원에 이르렀다. 국민총생산 대비 국가채무 비율이 36.9%에 이르렀고, 중기재정계획에 의하면 2009년부터 2013년까지 모두 132조 8,000억 원의 재정 적자 누적치를 기록할 것으로

---

6) 본사업에 드는 비용인 16조 9,000억 원은 하천 정비, 댐·조절지, 하구둑(낙동강) 등에 13조 6,000억 원(국토해양부), 농업용 저수지 증설, 하굿둑(영산강) 등에 2조 8,000억 원(농림수산식품부), 수질 개선 사업 5,000억 원(환경부) 등이며, 직접 연계 사업에 배정된 5조 3,000억 원은 섬진강과 주요 지류 1조 7,000억 원(국토해양부), 농업용 저수지 증설 2,000억 원(농림수산식품부), 수질 개선 사업 3조 4,000억 원(환경부) 등으로 구성되어 있다.

예상된다. <표 2-9>에서 밝히고 있는 정부의 계획대로 재정 적자 규모가 줄어들어 2013년에 균형재정에 근접한다는 전망은 현재로서 신뢰할 만한 근거가 없다. 더욱이 만일 이를 실현하기 위해 재정 효율화와 건전화를 밀어붙인다면 중장기적으로 복지예산의 확대 재정정책을 구사할 여지가 없어져, 결국 근본적이고 과감한 사회정책을 구현하기가 더 어려워질 것이다.

결론적으로 감세정책과 대규모 토건사업을 밀어붙이는 한 휴먼뉴딜이 아무리 대담한 중산층 육성계획을 담고 있다 하더라도 그 실현 가능성은 희박할 수밖에 없다.

이상에서 휴먼뉴딜에 대해 정책으로서의 실효성과 정부의 집행 의지, 실현 가능성이라는 세 가지 측면에서 살펴보았다. 그 결과 어느 측면에서도 휴먼뉴딜의 의의를 적극적이고 긍정적으로 평가하기 어렵다는 것을 알 수 있다. 그러한 점에서 현재로서는 이명박 정부가 휴먼뉴딜을 통해 시대적 과제에 맞게 복지 부문을 확대할 것이라고 전망할 수는 없다. 오히려 이명박 정부의 전체적인 정책 기조와 현실에서의 복지정책 운영을 볼 때 복지 부문의 미래는 어둡다고 판단하는 것이 옳을 것이다.

4. 결론

1) 이명박 정부하의 복지국가 전망

이명박 정부의 전반적인 국가 운영 기조는 다음과 같이 정리해볼 수 있다.

첫째, '경제성장제일주의정책'이다. 현 정권은 태생적으로 시장주의와 경제지상주의를 바탕에 깔고 있고, 미국의 금융위기로 촉발된 신자유주의 위기 속에서 한국 경제도 큰 타격을 받으면서 더욱더 경제성장 자체에 집중하는 경향을 보일 수밖에 없었다. 따라서 지난 10년간 어렵게 조금씩 쌓아온 경제와 복지의 선순환 담론은 이 정부가 들어선 이후 그 기반을 거의 상실했다. '친서민 중도실용 정책'을 표방하고 있지만 서민정책의 실체나 구도는 구체적으로 드러나지 않은 상태이다.

둘째, 부유층 위주 정책이다. 이는 부유층에 대한 감세 및 종부세 환급 등으로 대변된다. 이를 굳이 좋게 보자면 적하효과(滴下効果, trickling-down effect)를 노린 것이라 할 수 있다. 그러나 실제로 이 정책은 이른바 '강부자'로 대변되는 상위층을 지지기반으로 확고히 다지면서, 이들의 여론 선도 기능을 통해 계급의식이 약한 서민을 끌어들이는 효과를 노리는 것이다.

셋째, 구시대적 정책 패러다임을 노골적으로 보이고 있다. 즉, 물적 투자에 기초하는 이른바 '토건국가 시대'의 발상에 그친다는 것이다. 대운하나 녹색성장 등에서 그 전형이 드러난다. 지식기반사회에 필요한 인적 투자에 대한 개념 자체가 실종되어 있다.

이명박 정부 들어 복지 부문에서 발견할 수 있는 정책상 특징은 다음과 같이 정리할 수 있을 것이다.

첫째, 복지재정의 확대보다는 효율화를 더욱 강조한다. 무엇보다도 이명박 정부의 복지정책이 지닌 취약성을 그대로 보여주는 것은 재정 확보 방식에서 찾을 수 있다. 전체적으로 세수의 감소와 토목사업에 대한 재정 지출이 복지지출을 늘리는 데 족쇄가 되고 있고, 따라서 재정 효율화의 관점이 실질적으로는 지지될 수밖에 없다. 복지제도를 확대하는 데 재정 확충이 중요한 관건이라는 점, 그리고 OECD 선진국에 비해 여전히 왜소한 한국의 복지재정을 생각할 때, 이처럼 복지재정이 정체되거나 소극적으로 운영되는 현실은 한국 복지제도 발전의 지체로 직결될 것이다.

둘째, 복지 부문의 공공적 성격에 초점을 맞추기보다는 시장과 경쟁의 원리를 더욱 강조한다. 지금까지 국가 운영 기조를 봤을 때, 이명박 정부가 복지 부문에 시장과 경쟁의 원리를 적극적으로 도입할 것이 분명해 보인다. 따라서 그간 복지 부문에서 요구되었던 공공성의 원칙은 훼손되거나 퇴보할 수밖에 없을 것이다. 특히 보건의료 부문에서 시장을 통한 영리화, 경쟁을 통한 효율화의 논리가 거세게 등장할 것으로 예측되며, 보육·자활·복지서비스 등 대부분의 복지 분야도 이러한 원리에 따라 공공성의 입지가 좁아질 것이다. '시장화 = 산업발전', '경쟁화 = 효율화'의 등식을 복지 부문에도 경직적으로 적용하며, 시장화와 경쟁화를 위해서라면 영리기업이나 개인까지도 사회복지 분야에 진출하는 것을 허용하는 상황이 더욱 강화될 것이다. 배경이 조금 다르지만, 경쟁체제를 도입해 기부를 활성화한다는 관점에서 「사회복지공동모금회법」 개정을 추진하고 있는 모습에서도 그 일면을 확인할 수 있다.

셋째, 보편적 복지보다는 기초생계 보전 위주의 잔여적 성격의 복지를 추구할 것이다. 이명박 정부는 빈곤층의 복지는 국가가 책임지지만 그 이상의 계층은 개인의 자조 능력을 키워줌으로써 문제를 스스로 해결하게 하는 것을 복지정책의 기본 방향으로 잡을 것이다. 이는 이명박 정부의 전반적인 정책 기조가 성장 중심이며 재정의 자생적 확충을 전제하는 데다 제한적인 재정을 의식하는 가운데 나올 수 있는 필연적인 대응책일 수밖에 없다. 따라서 보편적 복지를 통해 탈상품화 정도를 높이고 신구(新舊) 사회위험에 능동적으로 대처해야 한다는 주장과는 거리가 멀 수밖에 없다.

넷째, 국가보다는 민간 중심의 기조에 서 있다. 특히 이명박 정부는 복지의 전달체계에서 바우처(voucher) 사업 확대, 구매계약제 시도 등을 통해 사회복지의 영리화를 가속화하고 민간 주도의 방식을 선호하고 있다. 이는 시장화와 경쟁을 통한 복지 효율화를 추구하는 데 필연적으로 제시될 수밖에 없는 정책이기도 하다. 그러나 이미 의료와 보육 등에서 민간 부문이 차지하는 비중이 90%를 넘는 상황에서, 민간 중심 전달체계로의 개편이 가속화한다면 복지제도의 공적 성격이 더욱 약화될 것이다. 더욱이 상당수 복지서비스를 민간 위탁 형태로 운영하여 정부의 재정이 민간 법인과 시설에 흘러들어가고 있는 시점에서, 영리를 목적으로 한 기업이나 개인까지 복지 부문에 뛰어들면 그 부작용이 적지 않을 것이다.

2) 사회복지계의 대응 과제

앞서 살펴본 대로 이명박 정부의 복지정책과 제도는 한국 사회에 내재한 엄청난 복지 욕구의 해소 압력에 적절히 대처하기 어려운 수준이다. 결국 이에 따른 부담은 민간 사회복지계에 전가될 가능성이 농후하다. 특히 아직 완전히 가시지 않은 경제위기와 고질적인 양극화에 따른 불완전 취업자, 비정규직, 영세 자영자, 만성 실업자 등이 겪는 생활상의 고통을 완화하는 데 민간의 역할이 우선적으로 요구될 것이다.

한편 감세의 여파로 이미 일부 지자체에서 복지사업비 조달에 어려움을 겪고 있는 가운데, 2009년에는 분권교부세[7] 제도를 5년 연장하기로 발표하면서 지방정부의 복지재정 확대 여력이 더욱 줄어들었다. 이에 따라 복지관 등 복지시설에 대한 재정지원이 동결 또는 축소될 가능성이 크다.

또한 구매계약제 도입 등 전달체계의 효율화라는 관점에서 복지시설의 기능 개편 압력이 지속될 수도 있다. 굳이 그렇지 않더라도 경쟁과 효율의

---

7) 분권교부세 제도는 사회복지 분야의 국고보조사업을 지방정부에 이양하는 성격의 제도로서, 국고보조금 대신 내국세의 0.93%를 분권교부금 명목으로 지방정부에 지원하는 것을 핵심 내용으로 한다. 2005년 참여정부 시절에 시행되었으나 2009년까지 한시적으로 적용된 후 2010년부터는 일반교부금으로 전환될 예정이다.

논리를 엄격하게 적용해 정량 평가 기준에 따른 면밀한 성과 측정과 서비스 질 향상에 대한 압박이 커질 것으로 예상된다.

이러한 사회복지계에 미치는 영향력을 예상할 때 사회복지계의 적절한 대응이 필연적으로 요구된다.

첫째, 사회복지시설과 시설 종사자의 혁신이 요구된다. 현재 사회복지 현장 인력과 복지시설, 복지제도 삼자 사이에는 선순환관계보다 악순환관계가 더 강하게 남아 있다. 시설 및 인력에 대한 정부의 과감한 투자정책과 대학의 사회복지교육 혁신도 요구되지만, 동시에(또는 그보다 앞서) 시설과 인력의 자기 혁신이 필요하다.

둘째, 지역사회에 좀 더 초점을 맞출 필요가 있다. 지방분권화를 계기로 지역사회를 둘러싼 환경이 변화되고 있으므로, 중앙정부의 정책 왜곡 가능성을 줄이기 위해 지방정부와 지역사회의 역할에 더욱 주목할 필요성이 제기된다. 이때 지역의 복지시설은 지역사회 내에서 지역주민의 조직화를 주도하고, 무엇보다 복지담론 형성과 복지 확대의 주체를 육성하는 데 앞장서야 한다.

셋째, 민간기관들 간의 네트워크와 협력을 중시해야 한다. 지역사회 내 다양한 민간기관들 간 협력관계를 이끌어냄으로써 이명박 정부가 강조하는 경쟁과 효율의 논리에 대한 대항논리로서 상호 협력적 관계를 더욱 공고히 할 필요가 있다.

넷째, 거시적 실천, 즉 복지운동에 대한 새로운 모색이 필요하다. 사회복지계는 '임상'에 치중하는 경향에서 복지운동과 균형을 이루는 방향으로 이동하기 위해 의식적 노력을 기울여야 한다. 또한 다양한 방식으로 복지운동 과정에 합류해야 하며, 지방정부의 복지재정 확대를 위해 대체 예산 편성을 요구하는 운동에 동참하거나 중앙정부의 복지 축소나 왜곡을 강력하게 견제하는 운동에 참여해야 한다.

참고문헌

국회예산정책처. 2009a.「세법개정에 따른 세수효과 측정에 관한 연구」.

_____. 2009b.「감세의 지방재정 영향 분석」.

기획재정부. 2008.「2009년도 예산안 편성 및 기금운용계획 작성 지침」(2008. 4. 30).

_____. 2009.「2010년도 정부예산(안)」(2009. 10. 1).

김유선. 2008.「비정규직 실태와 규모」. 한국노동사회연구소 mimeo.

대통령자문 미래기획위원회. 2009.「중산층 키우기 휴먼뉴딜」(2009. 3. 22 배포자료).

대통령직인수위원회. 2008.「이명박 정부 국정과제」(2008. 2. 25).

민승규 외. 2006.「소득양극화의 현상과 원인」. 삼성경제연구소.

보건복지가족부. 2008. 보건복지가족부 대통령 업무보고자료(2008. 3).

정부민간합동본부. 2006.「비전 2030」(2006. 10).

이태수. 2009.「이명박 정부 1년에 대한 평가: 복지 분야」. 민주당·한겨레신문사 주최, 이명박 정부 1년 평가 워크숍 자료(2009. 2. 18).

이태수·홍훈·홍종학. 2006.「양극화 극복을 위한 국가전략 수립에 대한 연구」. 국무총리실 산하 경제인문사회연구회.『2006년 국정과제 연구보고서』.

이봉주. 2009.「복지 분야 경기도 휴먼뉴딜을 위한 정책방향」.

참여연대 사회복지위원회. 2009.「경제위기하의 사회복지정책」(2009. 4. 9).

홍헌호. 2009. 11. 24. "지방예산지원 역대최악, 퇴행하는 지방정부". ≪프레시안≫.

Duclos, J., J. Esteban and D. Ray. 2004. "Polarization: Concept, Measurement, Estimation." *Econometrica*, Vol. 72.

Esteban, J. and D. Ray. 1994. "On the Measurement of Polarization." *Econometrica*, Vol. 62, pp. 819~851.

Wolfson, M. C. 1994. "When inequalities Diverge." *American Economic Review*, Vol. 84.

복지국가를 향한 보편적 의료보장체계의 구축

이상이 | 제주대학교 의학전문대학원

1. 한국 의료보장체계의 현황과 문제점

1) 건강불평등의 현황과 문제점

한국에서 사회양극화 추세는 계속되고 있고, 이러한 상황은 시간이 지날수록 더욱 나빠지고 있다. 국민들 사이에서 건강에 대한 염려와 의료불안이 가중되는 것은 당연한 이치이다. 이 절에서는 한국 사회에 구조화되고 있는 건강불평등의 현황을 간략히 살펴본다.

첫째, 한국 사회는 부자일수록 건강하고 가난할수록 건강하지 못한 것이 현실이다. <표 3-1>에서 보듯이 2005년 조사에서 자가 응답 건강수준, 즉 주관적 건강수준은 최상위 소득계층인 10분위에서 약 56%가 양호한 것으로 나타났지만, 최하위계층인 1분위에서는 약 22%만이 양호한 것으로 조사되었다. 소득계층 간의 이러한 건강수준의 양극화는 1998년 이후 해를 거듭할수록 심화되고 있다는 점에 유의할 필요가 있다.

이러한 소득계층 간 건강수준의 차이는 다음의 <그림 3-1>에서 볼 수 있다. 1998년에는 10개 소득계층별 막대그래프가 울퉁불퉁한 모양을

〈표 3-1〉 건강수준이 양호한 인구(20세 이상)의 소득분위별 비교

연도	1998년	2001년	2005년
사례 수	8,823개	7,454개	24,575개
전체	42.57%	44.26%	46.52%
1분위	34.67%	29.73%	22.08%
2분위	36.53%	38.74%	33.76%
3분위	26.24%	37.65%	40.74%
4분위	46.05%	40.83%	47.01%
5분위	39.56%	45.41%	49.00%
6분위	43.92%	47.29%	51.59%
7분위	41.72%	44.07%	54.03%
8분위	47.39%	47.04%	54.98%
9분위	42.82%	54.42%	56.70%
10분위	52.00%	56.31%	56.18%

자료: 한국보건사회연구원·보건복지부(2006).

〈그림 3-1〉 소득계층별로 건강수준이 양호하다고 응답한 비율

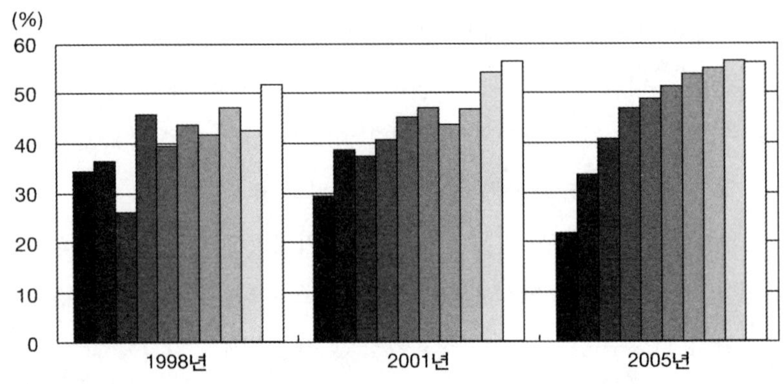

주: 짙은 색 막대부터 오른쪽으로 갈수록 소득이 높은 계층임.
자료: 한국보건사회연구원·보건복지부(1998, 2001, 2005).

보였지만, 2001년, 2005년으로 갈수록 계단 모양으로 변화하고 있다. 이는 해가 갈수록 건강수준의 불평등이 더욱 심해지고 있음을 의미한다.

둘째, 가난할수록 병에 더 잘 걸리고 이로 인한 사망률도 높다.

〈그림 3-2〉 소득계층별 연령 표준화 암 발생률(1999년 암 발생자 대상)

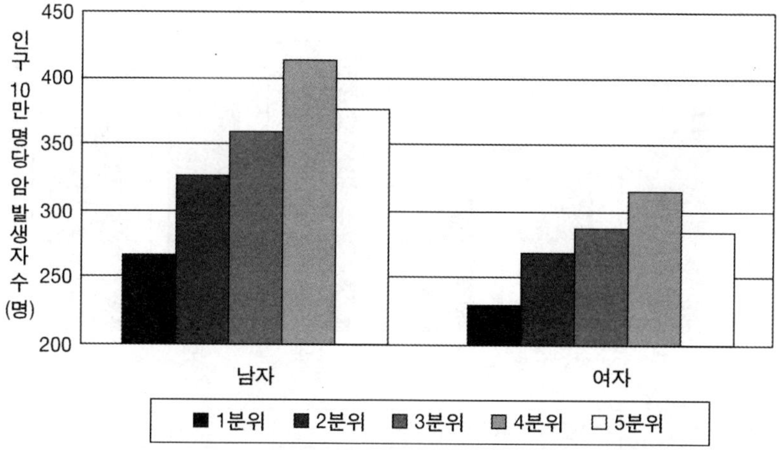

자료: 이상이 외(2006).

한국의 소득계층별 암 발생의 불평등에 관한 연구(이상이 외, 2006; Kim et al., 2008)에 의하면, 가장 높은 소득계층 대비 낮은 소득계층의 암 발생 위험이 남자에서 1.65배, 여자에서 1.43배인 것으로 나타났다. <그림 3-2>에 나타난 것처럼 소득계층을 5개 구간으로 나누어 각 소득계층 구간별로 연령 분포가 동일하다고 가정한 상태에서 암 발생률을 살펴보면, 소득계층이 낮을수록 암 발생률이 뚜렷하게 증가하고 있음을 알 수 있다.

한편 사망 위험률을 분석한 자료에서 남자는 전체 암 환자 중 소득 1계층(상위 20%)에 비해 소득 5계층(하위 20%)에서 사망 위험이 2.06배 더 높았고, 여자도 소득 1계층에 비해 소득 5계층에서 사망 위험이 1.49배 더 높은 것으로 나타났다. 같은 암에 걸렸더라도 가난한 사람은 부자에 비해 훨씬 더 많이 사망한다는 것이다.

<그림 3-3>에 나타난 것처럼 암이 발생한 사람들을 대상으로 이들이 얼마나 오랜 기간 생존하는지를 1년 생존율, 3년 생존율, 5년 생존율로

〈그림 3-3〉 소득계층별 암 발생 후 생존율(1999년 암 발생자)

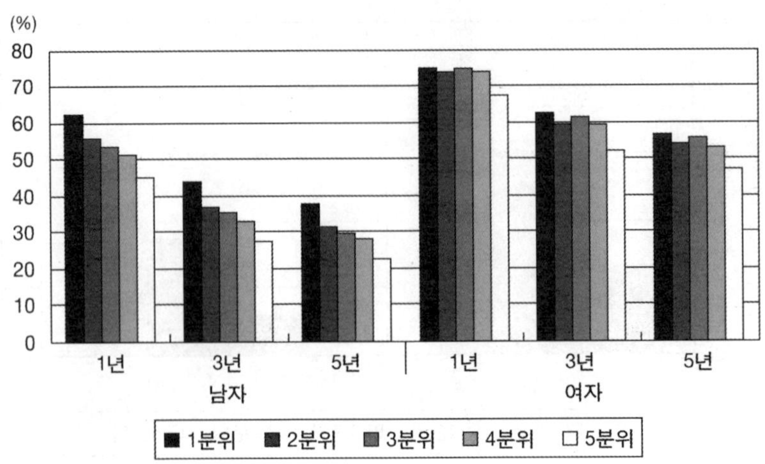

자료: 이상이 외(2006).

나누어 각각 살펴보면, 남성과 여성 모두에서 낮은 소득계층일수록 생존율이 떨어짐을 알 수 있다. 즉, 소득수준이 낮을수록 암이 발생할 가능성이 크고 암에 걸렸을 때 생존 가능성은 적은 이중의 고통을 겪게 된다.

특히 저소득계층에서 암 환자의 생존율이 이처럼 낮은 것은 이들이 암이 많이 발생하는 생활환경에 노출되어 있기도 하지만 암을 늦게 발견하여 치료할 적기를 이미 놓쳤거나 치료비 부담 때문에 고소득계층과 달리 적극적인 치료를 받지 못하기 때문이다.

셋째, 국민건강보험제도라는 보편적 의료보장제도가 있는데도 의료이용의 불평등이 선진국 수준만큼 해결되지 않고 있다. 건강불평등의 한 이유가 되는 의료이용의 불평등은 주로 부실한 의료보장체계에 기인하며, 한국의 국민건강보험 보장성[1] 수준은 2006년 61.8%, 2007년 64.3%에 이

1) 국민건강보험의 보장성은 의료이용 시에 발생하는 전체 의료비 중에서 국민건강보

〈그림 3-4〉 암 환자의 사망 전 1년간 교육수준별 월 의료비 지출 분포

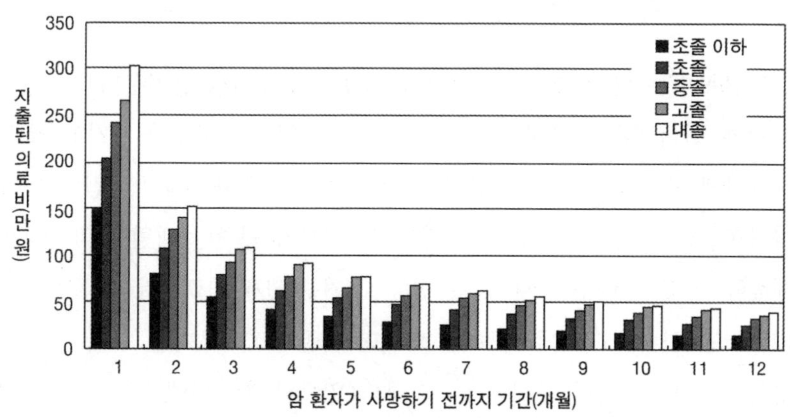

자료: 이상이 외(2007).

르렀으나, 안타깝게도 이명박 정부가 들어선 이후 62% 수준으로 보장성이 낮아지고 있다. 건강보장제도의 보장성이 낮으면, 의료를 이용할 시점에 환자가 직접 부담하는 의료비 부담이 그만큼 커져서, 소득수준이 낮은 사람들이 경제적 장벽으로 인해 의료이용에 더 어려움을 겪을 것이므로 의료이용의 차이, 즉 형평성 문제를 야기하게 된다. <그림 3-4>는 사망 전 1년 동안 암 환자가 사용한 월별 의료비를 암 환자의 교육계층별로 분석한 것이다. 이를 보면 교육계층(여기에서 교육계층은 소득계층과 함께 한국에서 유력한 사회계층 변수이다)이 낮을수록 전 기간에 걸쳐 일관되게 의료비를 적게 사용함을 알 수 있다.

험이 부담하는 부분의 크기를 백분율로 표시한 것을 말한다.

2) 의료제공체계[2)]의 현황과 문제점

지금부터는 한국 의료공급체계의 현황과 문제점을 살펴본다.

첫째, 한국 의료공급체계는 민간 의료 위주의 소유구조를 가지고 있고, 지나치게 이윤 추구 성향이 강하다. 한국은 병의원 구성에서 민간 부문이 절대적으로 우세하다. 2009년 보건복지가족부가 민주당 백원우 의원에게 제출한 「2003~2008년 기관 수 및 병상 수 기준 전체 의료기관 중 공공보건의료기관 현황」 자료에 따르면, 2003년 공공보건의료기관의 기관 수와 병상 수 비중은 각각 전체의 7.2%, 14.0%였으나 2008년엔 6.3%, 11.1%로 줄어들었다(≪청년의사≫, 2009년 10월 5일자). 이는 유럽 선진국의 공공병상 비율 60~95%에는 견줄 바가 못 되며, 시장주의 의료체계를 가진 '식코

---

2) 오늘날 모든 국가는 나름의 국가의료제도를 가지고 있다. 다음의 그림에 나타난 것처럼, 국가의료체계는 의료자원의 개발, 조직, 서비스의 전달, 재정체계, 관리체계 등 다섯 개의 하위요소로 구성되어 있다. 이를 크게 나눠보면 국가의료체계는 의료자원을 개발해 의료서비스를 생산하고 이를 필요로 하는 국민에게 전달하는 일련의 과정인 '의료제공체계(Health Care Provision)'와 의료서비스의 구매와 사용에 필요한 재원을 조달해 필요한 때 적절히 지출하게 하고 이를 관리하는 '의료재정체계(Health Care Financing)'로 구성된다.

국가의료체계의 개념도

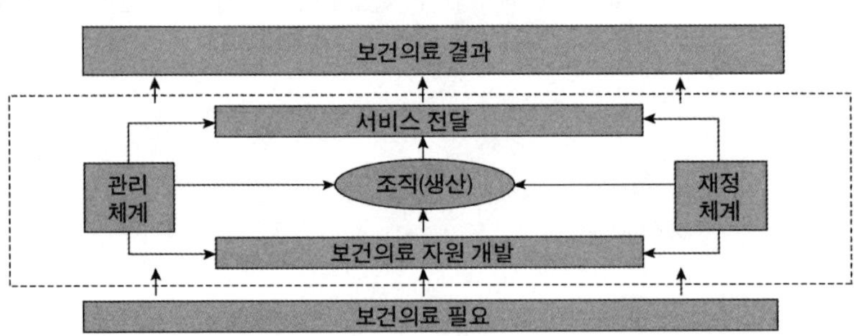

자료: Kleczkowski et al.(1984).

(Sicko)'의 나라 미국의 30%보다도 크게 낮은 수치이다. 그러므로 한국은 세계 주요 국가 중에서 의료제공체계의 공공성 수준이 가장 낮은 나라인 것이다.

한 가지 특이한 점은 한국에는 유럽의 많은 나라에도 있고 미국에서는 전체 병원 수의 15%나 차지하는 영리법인병원이 하나도 없다는 것이다. 영리법인병원은 돈벌이를 목적으로 자본시장에서 투자를 유치하는 투자자 소유 병원(Investor Owned Hospital)인데, 의료사업을 통해 돈을 벌고 이 돈을 투자자에게 배당하는 것을 목적으로 하는 주식회사병원을 말한다.

한편 한국의 민간병원들은 형식적으로는 비영리 의료법인이지만, 사실상 개인의 소유 및 지배관계가 관철되고 있어서 서구의 비영리 병원과는 달리 이윤을 극대화하려는 행태를 보인다. 이윤을 극대화하기 위해서 병의원의 설립이 사람이 많고 소비수준이 높은 도시지역에 집중되고, 상품(보건의료서비스)이 건강 증진이나 질병 예방보다는 치료서비스 위주로 구성되며, 건강보험에 적용되지 않는 고가의 진단의료장비를 중심으로 비급여 진료를 증가시키고 있다.

둘째, 한국은 급성기 의료병상이 과잉 공급되어 있다. 한국의 급성기 의료병상 수는 2005년 인구 1,000명당 6.5개로, OECD 국가 평균인 4.1개보다 훨씬 많은데(<그림 3-5> 참조), 이것이 2007년에는 한국 7.1개, OECD 국가 평균 3.8개로 그 차이가 더 벌어졌다(OECD, 2009). 해가 갈수록 상황이 악화되고 있는 것이다.

급성기 의료병상 수는 불필요한 진료를 유발해 국민의료비를 증가시키므로(세워진 병상은 반드시 환자로 채워진다는 법칙) 선진국 대부분에서는 줄어드는 추세이지만, 한국에서는 지난 10년 동안 가파르게 증가했다. 1991년과 2005년 사이 인구 1,000명당 급성기 의료병상 수는 OECD 국가 평균 12.7% 감소했지만, 한국은 같은 기간에 124.1%나 증가했다.

〈그림 3-5〉 2005년도 인구 1,000명당 급성기 의료병상 수(23개국)

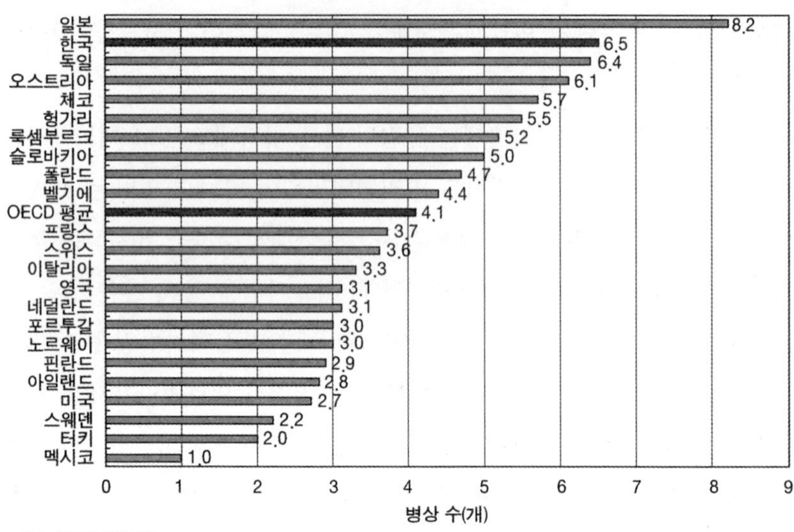

자료: OECD(2007).

셋째, 고가 의료장비의 경쟁적 도입과 시술이다. 2007년도 기준으로 한국의 인구 100만 명당 CT 수는 37.1대로 OECD 22개 국가 평균인 20.2대보다 훨씬 많으며, 호주와 벨기에에 이어 세계 3위이다(OECD, 2009). 한국의 인구 100만 명당 MRI 수도 16대로 OECD 평균인 11대보다 높아 미국과 일본에 이어 상위권에 속한다.

이러한 고가 의료장비의 지나친 확산은 국민의료비의 팽창을 불러온다. 고가 의료장비가 경쟁적으로 도입되어, 의학적으로 반드시 필요하지 않거나 다른 저가의 진단 또는 치료방법이 있는데도 의료기관의 수익성을 이유로 과도하게 사용되고 있는 것이다. 고가 의료장비를 사용한 의료서비스는 건강보험 적용 대상 항목에서 제외되므로, 이러한 현상은 영리를 추구하는 민간의료 중심의 의료전달체계를 가진 한국에서 당연한 귀결이라 하겠다.

넷째, 한국은 1차 의료의 왜곡과 3차 의료기관의 과잉 팽창의 문제를 안고 있다. 원래 1차 의료(primary health care)는 국민이 건강과 질병의 문제를 가지고 최초로 접촉하는 곳으로 간단한 질병의 치료뿐만 아니라 건강 증진, 질병 예방, 상담, 건강 위험의 정기적 평가, 왕진 서비스 제공 등 포괄적(comprehensiveness) 서비스를 지속적으로(continuity) 제공하면서 지역사회 주민과 밀접한 관계를 유지하는 책임성(accountability) 있는 주치의체계를 말한다. 당연히 치료보다는 예방과 건강 증진이 중요한데, 한국에서는 1차 의료가 과당 경쟁과 자원의 과잉 투입으로 인한 낭비적 구조를 가지고 있으며, 질병의 치료에 국한된 의료서비스 제공으로 국민의 기대와 보건학적 요구에 제대로 부응하지 못하고 있는 것이다.

원래 의료전달체계는 1차(의원, 동네 수준), 2차(종합병원, 기초 지방자치단체 수준), 3차(대학병원, 광역 수준)로 지역화되어 있어야 한다. 1차 의료는 의료필요는 크나 간단한 질병을 다루는 곳이며, 반대로 3차 의료는 의료필요는 적으나 고난도의 시술과 의료기술을 요하는 질병을 다루는 곳이다. 그러나 한국은 이러한 지역적 의료전달체계가 정립되어 있지 못해 1·2·3차 의료기관 상호 간에 무질서한 낭비적 경쟁이 벌어지고 있는 것이다.

3) 의료재정체계의 현황과 문제점

지금부터는 한국 의료재정체계의 현황과 문제점을 살펴보겠다. 이에 대해서는 국민의료비 중 공공재정의 비중, 건강보험의 높은 비급여 비중, 급증하는 건강보험 재정지출이라는 측면에서 각각 현황과 문제점에 대해 알아볼 것이다.

첫째, 한국은 국민의료비 중 공공재정이 차지하는 비중이 서구 선진국에 비해 과소하다. 국민의료비는 국가 차원에서 연간 소비된 보건의료비

〈그림 3-6〉 2005년도 국민의료비 대비 공공보건 지출 비율(25개 국가)

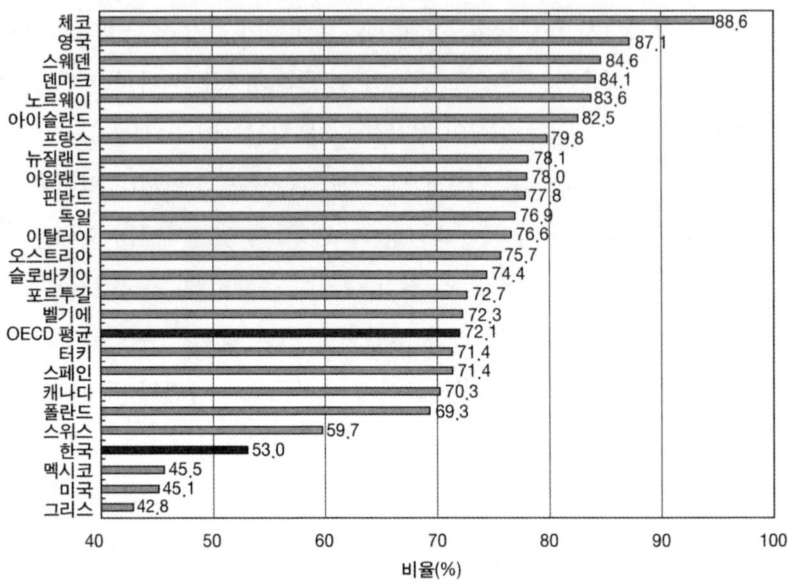

자료: OECD(2007).

의 총액으로, 보통 국제적 비교를 위해 '국내총생산(GDP) 대비 연간 국민의료비의 백분율' 지표를 사용한다. 또한 국민의료비 구성의 공공성을 국제적으로 비교하기 위한 지표로 '국민의료비(보건의료비 총지출) 중 공공지출 비율'을 사용한다.

한국의 보건의료비 총지출 중 공공지출의 비율은 1990년에 37.4%였고 2001년에는 50%대로 진입했으나 2003년에 다시 49%대로 떨어졌다. <그림 3-6>과 <표 3-2>를 보면, 한국의 '보건의료비 지출 중 공공지출의 비율'은 2005년 53.0%, 2007년 54.9%에 이르는데, 이는 OECD 국가들 중 멕시코(45.2%)와 미국(45.4%) 다음으로 낮은 수치이다. 2007년 현재 OECD 국가의 평균은 72.8%이다(OECD, 2009). 그런데 이명박 정부 들어 국민건강보험의 보장성 수준이 축소되면서 '보건의료비 총지출 중 공공지출의 비

〈표 3-2〉 국민의료비 대비 공공지출 비율의 추이(단위: %)

연도	2000	2001	2002	2003	2004	2005	2006	2007
한국	44.9	51.7	50.6	49.8	50.8	53.0	54.6	54.9
OECD	72.1	72.4	73.0	72.8	72.3	72.1	72.5	72.8

율'이 더 줄어들고 있다.

둘째, 주요 선진국들의 보장성 수준이 85% 내지 90% 수준인 데 비해, 한국은 국민건강보험의 보장성이 2009년 현재 약 62% 수준에 머물고 있다. 이는 상대적으로 높은 법정 본인부담과 함께 비급여 본인부담의 영역이 지나치게 넓기 때문이다. 대만은 한국보다 의료보험을 늦게 도입했으나 비급여 영역이 더 작고, 중대 질병에 대해서는 거의 무상으로 진료를 받을 수 있게 하며, 환자가 부담할 연간 총진료비도 상한액이 비교적 낮게 정해져 있어 원화로 환산하면 연간 160만 원을 초과하지 못하게 하고 있다. 한국도 2004년 7월부터 이런 방식의 '본인부담금 상한제'[3]를 시행하고 있으나 비급여 영역이 제외되어 제도적 실익이 크지 못한 구조적 문제를 안고 있다(이상이 외, 2009). 더 큰 문제는 비급여 진료 항목들이 사실상 아무런 사회적 통제도 받지 않는다는 점이며, 이는 한국에서 국민의료비

---

3) 본인부담금 상한제는 과도한 의료비 부담을 덜어주고자 일정 기간 본인이 내는 금액의 상한선을 정하고 이를 초과하는 진료비는 보험자가 부담하는 제도이다. 한국은 2004년 7월부터 6개월간 본인부담액이 300만 원을 넘은 경우에 대해 상한제를 적용해왔으며, 건강보험 보장성 강화 정책의 일환으로 상한액을 2007년 6월부터는 6개월간 본인부담액 200만 원으로 인하했다. 2009년 1월부터는 의료이용의 형평성을 높이기 위해 소득수준별로 차등 적용하고 있는데, 적용 기준을 기존의 6개월간에서 1년간 본인부담액으로 바꾸었고, 소득계층별로 보험료 하위 50% 계층에게는 200만 원을 상한선으로 하고, 보험료 중위 30% 계층에게는 300만 원을 상한선으로, 보험료 상위 20% 계층에게는 400만 원을 상한선으로 각각 차등 설정하여 운영하고 있다.

가 급증하는 중요한 원인이 된다.

셋째, 한국의 보건의료재정의 취약성은 주로 낭비적 지출 구조에 기인하고 있으며, 양적인 측면에서 볼 때 한국의 의료는 이미 심각한 과잉상태를 나타내고 있다는 것이다.

한국 국민 1인당 의사에게 외래진료를 받은 횟수는 11.8회(2005년)로 2002년의 10.6회보다 1.2회나 증가했지만, 2007년 현재 OECD 회원국들의 평균 외래진료 횟수는 6.8회로 2002년 6.9회와 거의 변화가 없었다(OECD, 2009). 2007년 OECD 회원국 중에서 멕시코 2.5회(2004년), 스웨덴 2.8회(2006년), 미국은 3.8회로 외래진료 횟수가 적으며, 일본(13.6회, 2006년), 체코(12.6회)는 한국보다 많았다. 한국의 환자 1인당 평균 재원일수도 13.6일(2005년)로 2007년 OECD 회원국의 평균 재원일수 7.2일보다 6.4일이나 더 길어 OECD 국가 중 1위였다(OECD, 2009).

이는 상대적으로 낮은 수준에서 통제되는 현행 의료수가체계와 이러한 체계하에서 진료의 양을 늘리는 방법으로 의료수입을 극대화하려는(기대수익의 충족) 의료공급자 행태와 행위별 수가제라는 제도적 요인, 민간 공급자 중심의 시장과 경쟁의 과잉에서 오는 필연적 귀결이라 하겠다.

이 외에도 건강보험 재정지출이 급격히 늘어날 수밖에 없는 환경적인 요인으로는 소득수준 증가와 의료욕구 증대, 고가 의료기술과 의료장비 도입 확산, 노인 인구 증가 등이 있으나, 이것들은 사실상 통제하기 어려운 변수들이다.

한편 현행 행위별 수가제에서는 건강보험 의료수가(price)를 통제할 수는 있어도, 늘어나는 의료서비스의 양(volume)을 통제하기란 불가능하다. 더욱이 사회적 통제의 밖에 존재하는 비급여 의료서비스의 영역은 국민의료비의 급속한 증가를 초래하고, 의료자원의 배분마저 왜곡한다.

2. 보편적 의료보장체계의 구축을 위한 개혁 방향

1) 개혁의 방향

한국의 건강보험제도는 여전히 발전 단계에 있으나, 이미 그 성과는 상당히 큰 편이다. 첫째, 주요 OECD 회원국 중에서 가장 낮은 국민의료비를 지출하면서도 건강수준 개선 비율은 세계 최고 수준이다(기대수명 개선 비율 1위, 영아 사망률 개선 비율 5위). 둘째, 국민의료비 중 공공의료비 지출의 비중은 OECD 국가 중 최하위 수준이나, 공공의료비 지출 비중의 증가율은 1위이다. 한편 캐나다의 국제적 연구기관인 컨퍼런스 보드(Conference Board of Canada)가 OECD 24개 국가를 대상으로 의료체계 성과 평가연구를 한 결과 한국은 5위를 기록했다.

OECD의 자료에 의하면 출생아 1,000명당 사망자 수로 나타낸 OECD 국가의 평균 영아 사망률은 5.4명, 영국과 스웨덴의 영아 사망률은 각각 5.1명과 2.4명이고, 독일과 프랑스는 각각 3.9명과 3.6명이며, 미국은 6.8명이다. 한국의 영아 사망률이 5.3명이었으므로, 미국은 한국보다도 건강수준이 훨씬 낮은 것으로 나타났다(<표 3-3> 참조). 자료를 근거로 볼 때 미국은 세계에서 가장 많은 국민의료비를 사용하면서도 매우 저열한 의료체계, 즉 비효율적인 의료체계를 지닌 나라인 것이다.

한편 2002년에 한국의 평균수명은 77.0세로 OECD 국가 평균인 77.8세보다 0.8년 낮았으나, 2007년에는 79.4세로 OECD 평균인 79.0세를 넘어섰다. 2007년 미국의 평균수명은 78.1세에 그친다. 한국의 영아 사망률은 출생아 1,000명당 4.1명(2006년 현재)으로, 2007년 OECD 회원국의 평균 영아 사망률 4.9명보다 높음을 알 수 있다(OECD, 2009).

앞서 살펴본 것처럼 현재 한국의 국민건강보험제도는 아직 발전단계에

〈표 3-3〉 주요 국가의 건강수준과 의료비 지출(통계치는 2005년, 괄호 속은 2007년)

구분	미국	영국	스웨덴	독일	프랑스	한국	OECD 평균
평균수명(세)	77.8 (78.1)	79 (79.1)	80.6 (81.0)	79 (79.8)	80.3 (81)	78.5 (79.4)	78.6 (79)
영아 사망률(명)*	6.8	5.1 (4.8)	2.4	3.9	3.6	5.3 (4.1)	5.4 (4.9)
1인당 의료비 (US달러, PPP)**	6,401	2,724	2,918	3,287	3,374	1,318	2,759

* 영아 사망률은 출생아 1,000명당 사망자 수.
** PPP(Purchasing Power Parity): 구매력 반영 지수.
자료: OECD(2007, 2009).

있으나 이미 그 성과와 가능성이 대단히 큼을 알 수 있다. 이는 여러 제약조건 속에서도 보편주의 의료보장제도를 달성하려 한 10여 년에 걸친 시민사회의 운동과 사회적·정치적 노력의 결과라 하겠다. 이런 상황에서 참여정부 이후, 특히 이명박 정부가 직접 나서 '금융자본의 본격적인 의료서비스 분야 진출'을 의미하는 의료민영화를 추진하는 것은 곧 한국의 국민건강보험형 의료제도를 비효율적이고 반인권적인 미국식 의료시장주의 또는 그 아류로 전환하려는 것으로, 논리적 타당성과 사회적 수용성이 거의 없는 것이다.

지금 한국의 의료보장제도를 선진국형으로 더욱 발전시키기 위해서는 2008년 현재 약 53% 수준에 머물고 있는 '국민의료비 중 공공재정의 비율'을 OECD 평균인 72% 수준으로 끌어올려야 하고, 더불어 현재 10%를 조금 상회하는 한국의 공공병상 비율을 최소한 일본이나 미국 수준인 30% 이상으로는 끌어올려야 한다. 그래야 국가의료체계의 공공성이 일정하게 발현될 수 있기 때문이다.

2) 한국 의료제공체계 개혁 방향

첫째, 공공의료를 확충하고 강화해야 한다. 이는 공공의료기관의 파급효과(spill-over effect)가 중요하기 때문이다. 공공의료기관이 일정 규모로 확충됨으로써 민간 부문에 미칠 수 있는 잠재적 파급효과를 기대할 수 있는데, 보건의료의 질적 수준 유지, 비용효과적 의료서비스 제공, 제공자의 윤리적 행동 등이 그것이다. 이러한 파급효과가 나타나기 위해서는 공공의료기관이 민간의료기관과 '경쟁'할 수 있는 최소한의 규모로 확충되어야 한다. 그리고 한 사회에서 요구되는 최소 수준의 의료공공성 확보가 중요한데, 이를 위해서도 공공의료기관의 확충이 필요하다. 현재 한국에서는 응급, 재활 등 가장 필수적인 의료서비스조차 공공적 제공체계를 충분히 갖추지 못하고 있기 때문이다.

공공의료기관이 국민에게 양질의 의료서비스를 제공하고 '교과서적 진료'를 행함으로써 민간의료기관을 견인하기 위해서는 적어도 공공의료기관의 비율이 전체 의료기관의 30% 정도는 되도록 해야 할 것이다. 앞서 보았듯이 OECD 국가에서 상대적으로 공공의료 수준이 낮은 일본과 미국도 공공병상 비중이 30%에 달한다.

둘째, 급성기 일반 병상을 통제해야 한다. 급성기 병상은 전체적으로 강력하게 통제하여 줄이되, 지역적 편차를 고려해 병상이 부족하거나 시설이 영세한 농어촌 지역에는 300개 병상 규모의 지역거점 공공병원을 설립한다. 이때 지역의 부실한 민간병원을 인수해 지역거점 공공병원으로 삼는 것도 한 방법이 될 수 있다. 더불어 병원 간 승자독식 무한경쟁 구조를 합리적 경쟁 구조로 전환하기 위해서는 지역별 병상총량제를 시급하게 도입해야 한다. 지역별 병상총량제는 지역별로 급성기 병상의 총량을 정해두고, 특정 지역에 공급된 병상의 총량이 일정 기준 이상을 넘어설 경우

병상의 신·증설을 불허하는 제도이다.

셋째, 의료전달체계를 구축하고 국민주치의제도를 도입해 국민건강증진체계를 확립해야 한다. 의료전달체계를 1차(의원, 동네 수준), 2차(종합병원, 기초 지방자치단체 수준), 3차(대학병원, 광역 수준)로 정확하게 구분하고, 이를 지역화 개념으로 연계함으로써 의료의 질을 제고하고 비용효과적인 체계를 구축해야 한다. 무엇보다도 1차 의료를 담당할 동네의원이 현재의 모습에서 완전히 달라져야 한다. 지역사회 주민의 건강을 증진하고 질병을 예방하는 데 일차적 파수꾼이 되어야 하는바, 이를 위해 국민주치의제도를 도입해야 한다. 서구 주요 국가 대부분은 전통적으로 주치의제도를 운용해왔고, 2005년부터는 프랑스가 주치의제도를 전면적으로 도입했다. 독일도 의료보험 재정 기반을 이용하여 주치의제도를 장려하는 체계를 활성화하기 위해 수년 전부터 상당량의 보험재정을 투입하고 있다. 이 제도는 의료전달체계의 확립이라는 편익 이외에도 가장 확실한 건강투자 정책을 위한 인프라이기 때문에 그 중요성을 아무리 강조해도 지나치지 않다.

또한 국민건강검진체계의 질적 수준을 높이고, 건강검진 이후의 사후관리체계를 확립하며, 생애주기에 따른 맞춤형 국민건강증진사업의 활성화로 온 국민의 삶의 질을 높이고 건강수명을 연장해야 한다. 이 과정에서 국민주치의의 건강증진활동은 대단히 효과적일 것이다.

이 외에도 건강한 삶을 위해서는 지역경제 개발, 생활체육, 안전관리체계, 지역사회 건강증진체계를 종합한 이른바 '건강도시' 또는 '건강생활터' 개념을 활성화할 필요가 있을 것이다.

건강에 대한 사회적 투자전략(건강투자전략)이 성공을 거두기 위해서는 국민주치의제도와 같은 강력한 1차 의료 기반, 보건소를 중심으로 하는 튼튼한 지역사회 공공보건사업 기반, 지역 급성기 병원 및 만성기 요양형

병원, 요양시설(노인요양보장제도의 입소시설을 말함)의 적재적소 분포, 튼튼한 공공병원 네트워크, 높은 수준의 국민건강보장제도(국민건강보험과 의료급여)의 보장성, 열린 행정과 협력적 거버넌스체계 구축이 요구된다.

이와 더불어 지역의 거점 민간종합병원을 지역거점병원으로 지정해 재정적·행정적 지원을 제도화할 수 있게 하는 입법이 요구된다. 시·군 단위의 민간 지역거점병원은 정부의 재정지출을 통해 양질의 2차 병원으로 거듭나야 한다. 이는 의료전달체계의 확립에 따른 거시적 정책 효과를 기대할 수 있을 뿐만 아니라 지역 균형발전 논리나 의료이용의 지리적 형평성 개념에도 맞는 훌륭한 지역개발정책이기 때문이다.

넷째, 의료서비스의 질 향상과 함께 만족도를 높여야 한다. 이를 위해서는 우선 지역 간 의료서비스 질 격차를 최소화해야 하는데, 의료서비스 질의 상향평준화를 위해 광역 단위의 지역화 개념 설정과 의료전달체계 구축이 필요하다. 지역별 병상총량제와 공공투자전략(병원서비스 발전기금) 시행으로 지역 광역거점병원의 의료서비스 질을 서울의 재벌병원 또는 최고병원 수준으로 끌어올려야 할 것이다. 여기에서 핵심은 의사 인력의 질적 수준이다. 이 부분에 대한 전략적이고 차별적인 지원이 강구되어야 하는 이유이다. 의사 인력의 질을 높이고, 간호 인력 등 병원 인력의 수를 대폭 늘려야 국민이 체감하는 의료서비스의 질 향상과 의료서비스에 대한 만족도도 높아질 수 있다.

3) 한국 의료재정체계 개혁 방향

첫째, 국민의료비 중 공공의료재정의 비중을 확대해야 한다. 한국의 국민의료비 중 공공재정의 비중이 낮다는 것은 정부가 통제할 수 없는 민간의료재원의 비중이 큼을 의미하며, 이는 앞으로 국민의료비의 급증을 예고하는 것이다. 공공지출의 비중을 OECD 평균인 72% 수준으로 끌어올리기 위한 노력을 경주해야 한다. 당장 20%포인트의 공공지출 확대가 이루어져야 한다. 한국의 공공지출 비중이 낮은 데는 정부의 보건의료 부문 재정지출이 적은 탓도 있지만, 국민건강보험의 과도한 본인부담 비중(취약한 보장성)이 큰 원인이므로 국민건강보험의 본인부담을 줄이려는 정책적 노력이 각별히 요구된다.

이를 위해서는 건강보험의 보장성 수준을 OECD 평균 수준으로 끌어올려야 할 것이다. 건강보험의 보장성 수준이 현행 62%보다 훨씬 높은 85~90% 수준에 이르게 되면, 암이나 중풍, 심장병 등 중증질환뿐만 아니라 의학적 치료가 필수적인 질환에 대해서는 사실상 무상의료를 시행할 수 있게 된다.

둘째, 건강보험이 적용되지 않는 비급여 영역의 급여화를 통해 본인부담금 상한제의 작동이 완전하게 이루어지게 해야 한다. 급여서비스 영역의 의료수가(가격) 통제는 급여 영역 의료서비스의 양적 증가뿐만 아니라 비급여 영역의 기형적 증대(가격과 진료의 양에서)로 나타나는데, 이를 풍선효과(balloon effect)라고 한다. 이 때문에 비급여 항목을 신속하게 급여화해야 하는 것이다.

한편 한국은 2009년 1월부터 소득수준별로 본인부담의 상한을 차등 적용하고 있는데, 보험료 하위 50%에게는 연간 200만 원의 상한을, 중위 30%에게는 300만 원, 상위 20%에게는 400만 원의 상한을 적용한다. 여기에서 법정 본인부담금은 국민건강보험이 혜택을 주는 의료서비스(급여서비스)에서만 발생하는 것이므로 건강보험 비급여서비스는 이 제도에 해당하지 않는다. 즉, 비급여서비스 항목인 초음파 검사나 값비싼 진단 검사 또는 비급여 최신 의약품과 선택진료(특진)비, 상급병실 이용료(상급병실 차액) 등은 '본인부담금 상한제'의 혜택을 볼 수 없으므로, 이러한 진료로 인한 과중한 의료비 가계 부담을 막을 수는 없게 된다. 그러므로 건강보험 비급여 영역의 급여화 조치와 함께 '1년간 합산 법정 본인부담금 100만원'으로 본인부담금 상한제 혜택을 확대하는 방식을 도입해야 할 것이다.

비급여 영역을 없애는 데 노력을 기울여야 하는 것은 이를 통해 얻을 수 있는 정책 효과가 대단히 크기 때문이다. 그 효과를 열거하면 다음과 같다. ① 국민의료비의 통제 및 예측 가능성이 커진다. ② 국민건강보험제도의 보장성과 이 제도에 대한 국민적 신뢰가 높아진다(실손 민간의료보험이 불필요→서민 가계의 이중 부담 경감). ③ 모든 의료서비스의 내용과 질에 대한 제도적 모니터링과 적절한 통제 및 질 향상 정책의 실효성 제고가 가능해진다. ④ 저소득층의 의료이용에 대한 경제적 장벽이 낮아져 의료이용의 형평성이 제고된다. ⑤ 무엇보다도 본인부담금 상한제의 실질적 효과가 커진다.

셋째, 국민건강보험의 재정지출이 효율적으로 이루어지도록 보수지불방식 등 제반 제도개혁을 단행해야 한다. 한정된 의료자원이 국민이 필요로 하는 곳에 효율적으로 배분되어야 한다는 측면에서 전반적인 의료제도의 효율성을 함께 고려해야 한다. 한국에서 보건의료재정의 취약성은 주로 낭비적 지출 구조에 기인하며, 앞서 살펴본 것처럼 양적인 측면에서 한국의 의료는 이미 심각한 과잉 상태를 나타내고 있다. 결국 한국 의료체계의 낭비적 구조를 근원적으로 수술해야 하는데, 먼저 의료전달체계의 혁신이 필요하다. 이를 위해서는 대형병원의 무분별한 신설을 엄격히 통제해야 할 것이다. 다음으로는 1차 의료의 혁신적 강화를 위해 국민주치의 제도를 시행해야 하며, 원하는 국민은 누구나 주치의를 둘 수 있게 해야 한다. 이를 통해 치료 중심이 아닌 건강 증진, 질병 예방, 치료서비스가 어우러진 종합적이고 지속적이며 책임성 있는 국가적 건강돌봄체계를 수립해야 한다. 이에 덧붙여 건강보험제도를 적절하게 활용한 의료전달체계를 확립한다면, 의료공급체계 부분의 비효율과 낭비는 획기적으로 줄어들 것이다.

진료비 지불 방식에서는 행위별 수가제를 단계적으로 폐지하되, 입원진료에 대해서는 포괄수가제를 전면적으로 시행해야 한다. 이를 위해 국립대학병원을 포함한 모든 종류의 공공병원부터 먼저 입원진료의 전면적 포괄수가제를 시행해야 할 것이다. 단계적으로 요양기관 종별 연간진료비 총액계약제를 시행할 수도 있을 것이다. 이러한 방향은 세계적 추세이고, 국민의료비를 연간 총액 수준에서 효율적으로 관리하기 위한 것으로, 의료체계의 지속 가능성을 보장해줄 것이다. 대만은 1998년 치과를 시작으로 점차 총액계약제를 확대해 2003년에는 다른 병원까지 실시를 완료했다. 이에 대해 대만의 의료계는 큰 틀에서 의료계 스스로가 의료제공의 자율성(autonomy)을 가지는 긍정적인 측면을 중요하게 보고 있다. 포괄수가제나 총액계약제와 더불어 인두제의 단계적 도입도 추진할 필요가 있다. 필요하다면 원하는 곳에서 먼저 시범사업을 추진해볼 수 있을 것이다.

한편 1차 의료 개념에 충실한 동네의원체계를 구축해야 하며, 동시에 대형병원의 외래진료를 줄여나가는 정책 방향을 함께 강구해야 한다.

또 한국 건강보험 재정지출의 약 30%를 차지하는 약제비를 줄여야 한다. 이는 OECD 국가의 평균 약제비 수준인 17.8%보다 훨씬 높은 수준이다. 약제비를 줄이기 위해서는 의사들의 과다한 약물 처방 행태부터 다국적 제약사와 국내 제약사의 약가 결정 방식에 이르기까지 혁신적인 제도개혁이 불가피하다.

3. 의료민영화의 개념과 함의

1) 의료민영화의 개념적 논의

현재 영국과 스웨덴 등 국영의료제도(National Health Service: NHS)를 운영하는 국가는 의료제공체계의 공공성 수준이 90~95%에 이른다. 유럽의 선진국들 대부분도 공공병원의 비중이 60% 이상이다. 그리고 유럽의 많은 선진국에서는 영리법인병원을 법적으로 허용하고 있다. 종교적 성격의 지역사회 비영리병원도 많다. 유럽 선진국에는 적게는 1~2%, 많게는 10% 정도의 영리법인병원이 존재하지만, 그렇다고 해서 이를 의료제공체계의 민영화 또는 국가의료제도의 민영화로 간주하지는 않는다. 이 국가들에서 의료제공체계의 주도적 성격은 여전히 강력하게 공공이거나 공공의 통제하에 있기 때문이다.

그런데 한국은 어떤가? 공공병원의 비중이 7%에도 미치지 못한다. 의료민영화 체제인 미국도 공공병원의 비중이 25% 정도인데 이보다도 낮다. 그럼에도 의료제도를 제대로 연구한 학자들은 미국과는 달리 한국 의료제도를 '의료민영화 체제'라고 말하지 않는다. 민간의료기관이 압도적으로 의료서비스 제공을 주도하고 있고, 영리 추구 성향이 강하여 '시장과 경쟁의 과잉'으로 인한 폐해가 있다는 것은 문제로 많이 제기된다. 한국 의료제도가 의료제공체계의 압도적 민간 우위, 그래서 시장과 경쟁의 과잉이 존재하는데도 '의료민영화 체계'로 간주되지 않는 것은 보편적 국민건강보험이 민간 중심의 의료공급체계를 효과적으로 통제하고 있기 때문이다. 의료서비스 제공을 민간이 주로 담당하든 공공이 주로 담당하든, 바람직한 방향으로 통제될 수만 있다면 나머지 차이는 무시될 수 있는 수준의 것이 된다. 이렇게 민간의료기관들이 국민건강보험체계 속에서 효과적으로 통제될 수 있는 것은 주식회사병원인 '영리법인병원'이 한국에 존재하지 않기 때문이다.

만약 민간병원이 전체 병원의 90% 이상을 점하고 있는 한국에서 주식회사병원이 허용된다면, 그래도 국민건강보험이 민간 중심의 의료제공체계를 효과적으로 통제할 수 있을까? 이것이 핵심이다. 상식이 있는 사람이라면 이것이 불가능함을 잘 알 것이다. 민간병원이 압도적인 현 조건에서 주식회사병원이 허용되면, 그렇지 않아도 영리추구 성향이 강한 민간병원과 병원사업에 신규 진출하려는 대기업이 주식회사병원을 설립하려 할 것이고, 한 번 둑이 무너지면 주식회사병원은 급속하게 늘어날 것이다. 이러한 신규 주식회사병원들은 삼성의료원과 현대아산병원 등 기존 재벌병원들이 1990년대 초반 의료시장에 진입하던 당시에 그랬던 것처럼 '병원의 영리 및 고급화 경쟁'을 주도하며 국민의료비를 폭등시킬 것이다. 더욱 나쁜 것은 신규 진입한 주식회사병원들이 기존의 비영리병원이나 개인사업자병원까지 고급화와 과잉진료 경쟁으로 끌어들이고, 공공병원과 비영리법인병원을 포함한 한국 의료공급체계 전반이 이윤추구를 강화하는 방향으로 움직이게 된다는 점이다. 이것을 '뱀파이어 효과'라고 한다.

이런 상황에서는 국민건강보험이 재정적으로 견뎌낼 수 없게 된다. 보장성 수준은 시간의 경과와 함께 지속적으로 낮아지고, 결국에는 국민도 국민건강보험을 외면하게 될 것이다. 이와 반대로 민간의료보험에 의료법상 '알선 금지' 조항이 해제되는 기회가 주어진다면, 즉 민간의료보험이 의료기관과 의료수가, 의료서비스의 질 등에 대해 직접 계약을 맺고, 민간의료보험 가입자의 진료비를 보험회사가 의료기관에게 직접 지불하는 미국식 민간의료보험제도가 실현된다면, 민간의료보험은 급성장하면서 한국 의료재정체계를 주도할 것이다. 민간의료보험에게 이런 조건이 주어지지 않더라도, 주식회사병원이 많이 생겨만 주면, 그리고 '뱀파이어 효과'로 인해 건강보험의 보장성 수준이 더 떨어지기만 하면, 민간보험회사들은 주식회사병원과는 직접 계약을 맺고 국민건강보험 요양기관인 다른 의료기관들에 대해서는 국민건강보험의 보장성이 줄어든 공간만큼을 현재 출시되고 있는 '실손'형 민간의료보험상품으로 공략할 것이다. 이렇게 되면 앞에서 말한 경우와 마찬가지로 한국 의료체계를 민간보험이 주도하게 된다. 모두 알듯이 민간보험회사는 금융자본이다. 영리법인병원에 투자된 자본도 금융시장인 자본시장에서 조달된 것이다. 오직 돈벌이를 목적으로 하는 금융자본이 의료공급체계와 의료재정체계를 지배하는 상황이 오는 것이다. 이것을 '국가의료제도의 민영화 또는 약칭하여 의료민영화'라 부른다.

싱가포르는 가장 개방된 도시국가이다. 한국의 많은 의료시장주의자들과 경제부처 고위 관료들이 참고할 사례로 주로 인용하는 주식회사병원들의 탄생지이기도 하다. 현재도 파크웨이그룹이나 레플스병원은 아주 유명한 주식회사 영리법인병원이다. 그런데 이들은 싱가포르 병원의 약 80% 이상이 공공병원이라는 사실은 모르고 있거나 알더라도 애써 말하려 들지 않는다. 싱가포르는 전체 병원의 80% 이상이 공공병원이다. 나머지 20%도 채 안 되는 병원에 대해서 주식회사병원을 하든 비영리 병원을 하든 싱가포르 정부는 개의치 않는 것이다. 이 80% 이상의 압도적 공공성으로 의료제공체계의 공공 우위를 견지하겠다는 것이다. 앞서 수차례 언급되었지만, 한국은 공공병원의 비율이 10%에도 미치지 못한다. 이런 상황에서 주식회사병원의 설립을 허용한다면, 그것은 아마 OECD 국가들 중에서는 최초의 일이 될 것이다.

이제 한국 의료재정체계의 공공성을 중심으로 의료민영화의 개념을 살펴보자. 한국은 의료재정체계의 공공성 수준이 53%에 그친다. 이는 미국의 45%와 비슷하고 유럽 선진국의 70~90%에는 한참 뒤지는 수준이다.

그런데도 미국과 달리 한국 의료제도가 '의료민영화 체제'로 분류되지 않는 것은 전체 국민을 포괄하는 '보편주의 의료보장제도'를 채택하고 있다는 점 때문이다. 참으로 아슬아슬하다. 10%도 안 되는 공공병원에 53%의 공공재정이라니, 미국의 각각 25%와 45% 공공성 수준과 별 차이가 없지만, 하늘과 땅만큼의 차이(캐나다의 연구기관인 '컨퍼런스 보드'에 따르면, OECD 국가 중 국가의료제도의 성과가 한국은 5위, 미국은 꼴찌 수준)가 나는 것이다. 그 이유는 분명하다. 전체 국민을 포괄하는 국민건강보험 재정체계를 통해 민간 주도의 의료공급체계를 효과적으로 통제했기 때문이다.

그런데 현재 한국 의료재정체계에 위기의 징후가 나타나고 있다. 대형 생명보험회사들이 '실손'형 의료보험상품을 출시해 판매에 열을 올리고 있기 때문이다. 앞서 살펴보았듯이, 이명박 정부 들어 국민건강보험의 보장성은 줄어들고 국민의 의료욕구는 커지는데, 이 틈을 '실손'형 의료보험상품이 비집고 들어온 것이다. 생명보험회사들은 장차 이 틈을 더 벌리면서 '실손'형 의료보험상품을 국민 생활의 필수품으로 만들어버릴 것이다. 좋은 병원에서 좋은 의료서비스를 받고 싶으면, '실손'형 의료보험상품을, 그것도 비싼 것을 구매할 수밖에 없게 될 것이다. 현재 한국에서는 이렇게 의료재정체계를 중심으로 '의료민영화'가 차곡차곡 진행되고 있는 것이다. 이러한 방법은 금융자본의 입장에서는 다소 시간이 걸리는 '돌아가는 방법'이다. 따라서 좀 더 '급진적인 방법', 즉 영리법인병원이 많이 들어서게 하고 보험회사와 의료기관 간 직접 계약이 허용되는 방식을 가장 선호하는 것이다. 그러므로 이러한 금융자본과 경제부처의 관료들, 이에 영합한 정치세력 등은 앞으로도 계속 '영리법인병원의 허용'과 '민간의료보험 활성화 조치'를 시도할 것이다. 세상에는 급진적인 방법만 있는 것이 아니므로, 앞서 보았듯이 의료민영화 추진세력은 '실손'형 의료보험상품의 시장 영역을 지속적으로 확대하는 전략을 끈질기게 추구할 것이다. 여기에 큰 도움이 되는 것이 국민건강보험공단이 보유한 '개인별 질병정보'이다. 이는 2008년 봄, 대형 생명보험회사 회장이 이명박 대통령을 만난 자리에서 직접 개인 질병정보의 공유를 요청했을 정도로 중요한 것이다. 물론 이것이 없다고 '실손'형 의료보험상품의 영향력을 확대하는 일이 불가능한 것도 아니다. 더 중요한 것은 국민건강보험의 보장성 수준이다. 국민건강보험의 보장성 수준이 지금보다 더 낮아지기만 하면, 장차 승리는 '실손'형 의료보험상품에게 돌아갈 것이다. 국민건강보험의 재정 규모가 전체 의료비의 40% 수준에 머물고 민간의료보험의 재정 규모가 50%를 차지한다면, 이때에도 국민건강보험이 전체 국민을 포괄하고 있다는 이유 하나만으로 민간병원이 압도하는 의료제공체계를 효과적으로 통제할 수 있겠는가?

2) 의료민영화의 함의와 결론

1990년대 초부터 지금까지 한국의 재벌병원들은 의료제도에 긍정적 또는 부정적 영향을 모두 미쳤으나, 이것이 의료민영화를 의미하는 것은 아니었다. 오래전부터 손해보험사들이 '실손'형 의료보험상품을 판매해 왔지만, 그것은 한국 의료제도의 민영화와는 별 관련이 없었다. 그런데 참여정부 시기부터 모든 상황이 달라지기 시작했다. 참여정부의 경제부처와 일부 정치세력이 지속적으로 영리법인병원 허용과 민간의료보험 활성화를 주창했다. 그 결과 경제자유구역과 제주특별자치도에 외국인 영리법인병원 설립이 법적으로 허용되었고, 2005년에는 보험업법의 개정으로 손해보험사뿐 아니라 생명보험사들도 '실손'형 의료보험상품을 판매할 수 있게 된 것이다. 결국 의료민영화의 씨앗은 참여정부가 뿌렸고, 또 앞서 본 것처럼 일부 결실도 맺었다.

참여정부 시기에 있었던 경제자유구역의 외국인 영리법인병원 허용 과정을 잠시 반추해보자. 2002년 말 「경제자유구역지정및운영에관한법률」(이하 '경제자유구역법')이 제정되었는데, 이것이 영리법인병원 도입의 발판이 되는 구실을 했다. 당시 법률 제정의 취지는 경제자유구역에 투자하고 들어와 거주할 외국인들을 위한 진료 공간으로서 병원을 설립해야 한다는 것이었다. 결국 제정 당시에는 외국인 진료를 위한 전용 병원인데도 영리법인병원을 허용하지 않았던 것이다. 또한 외국인 전용 병원으로의 위상을 인정해 이 병원의 한국인 진료는 허용하지 않았다. 그러던 것을 2004년 말 시민사회의 거센 반대에도 참여정부는 외국인 전용 병원에서 한국인도 진료할 수 있도록 법률을 살짝 바꾸어놓더니, 2005년 1월 27일 경제자유구역법을 또다시 개정해 외국자본이 세운 병원에 '영리법인'을 허용하기에 이르렀다. 더군다나 그 병원이 내국인 진료까지 할 수 있게 허용하고 있었으니, 외국인의 영리병원 투자가 현실화한다면 내국인에게도 사실상 영리법인병원 시대가 열리는 것이다. 그리고 이러한 법률 조치는 2006년 2월 21일 제정된 「제주특별자치도설치및국제자유도시조성을위한특별법」에 그대로 반영되었다. 요약하자면 '외국인 전용 병원 설립'에서 시작한 것이 결국 '외국인 영리법인병원 허용'에까지 이른 것이다(이상이 외, 2008).

그런데 이명박 정부는 이에 더해 내국인 영리법인병원의 설립까지 허용하려는 것이다. 2008년 이후 지금까지 계속되고 있는 제주특별자치도 내국인 영리법인병원 허용 논쟁과 도민 사회의 갈등은 이것의 시발에 지나지 않는다. 의료민영화를 추진하는 세력이 한국 사회의 지배적 세력으로 존재하는 현재와 같은 조건하에서는 장차 이러한 시도와 이로 인한 사회적 갈등은 계속될 것이다.

이제 논의를 정리하자면, 한국 의료제도가 '민영화'의 길로 가는 것을 막기 위해서는 당장 다음과 같은 몇 가지 조치를 취해야 한다. 첫째, 내국인 영리법인병원의 허용 시도를 중단해야 한다. 둘째, 국민건강보험의 보장성 수준을 선진국 수준인 85~90%까지 끌어올려야 한다. 이를 위해서는 큰 틀에서 사회적·정치적 합의가 이루어져야 할 것이다. 이명박 정부가 단행한 대규모 감세에 비하면 이것의 사회적·정치적 합의는 비교적 쉬운 일일 것이다. 셋째, '실손'형 의료보험상품을 활성화하는 조치를 포기하고, 이를 적절하게 규제하는 법률을 제정해야 한다.

4. 마치며

지금까지 살펴본 바에 의하면, 의료공급체계의 압도적 민간 주도라는 조건하에서 한국 국가의료제도가 올바른 발전을 하기 위해서는 의료재정체계인 국민건강보험의 공공성 강화가 그 핵심이 되어야 한다. 그런 의미에서 국민건강보험은 한국 사회가 지키고 발전시켜야 할 매우 소중한 제도적 자산인 것이다. 또한 국민건강보험은 제대로 작동하는 축에 속하는 유일한 '보편주의' 복지제도이다.

복지제도는 크게 소득보장과 사회서비스 보장으로 나뉜다. 먼저 소득보장을 살펴보자. 세계적으로 사회보험 방식으로 소득을 보장하는 국가에서 이러한 프로그램은 보편주의 원칙을 채택하고 있다. 국민연금과 질병급여, 실업보험이 대표적이다. 이를 통해 사회구성원 누구나 소득보장의 혜택을 누리게 된다. 그런데 한국은 이러한 틀이 대단히 부실하다. 국민연금은 사각지대가 전체 대상 인구의 3분의 1을 넘고, 그나마 급여대체율도 40%에 못 미친다. 질병으로 소득이 단절된 사람에게 소득을 보장해주는 질병급여(또는 상병수당)는 한국에 아예 제도 자체가 존재하지 않는다. 실업보험 역시 사각지대가 지나치게 넓고, 급여 수준이 너무 낮아 제도의 실효성이 낮다. 실질적으로 보편주의 원칙이 제대로 지켜지는 소득보장제도가 없는 것이다.

다음으로 사회서비스 보장을 살펴보자. 사회구성원 누구에게나 요구되는 보편적 사회서비스로는 보육·교육·의료·노인요양 등을 들 수 있다. 이 중에서 보편주의 사회서비스 원칙을 가장 잘 견지하고 있는 것이 의료서비스 분야이다. 이는 물론 국민건강보험 덕분이다. 한국 국민이면 누구나 국민건강보험에 강제 가입되고, 건강보험증만 들고 가면 전국 어느 의료기관에서든 필요한 의료서비스를 이용할 수 있다. 소득에 따라 일정한 비율의 보험료를 부담하고, 혜택(급여)은 동일하게 누린다. 외형상으로는 '보편주의' 원칙이 잘 적용되고 있는 것이다. 그러나 속을 들여다보면 아직 갈 길이 멀다. 보장성 수준이 낮기 때문이다. 보험재정을 대대적으로 확충하여 선진국 수준의 실질적 무상의료를 달성해야 한다. 그래야 명실상부한 '보편주의'가 달성되는 것이다. '건강보험 하나로 모든 의료비'를 해결할 수 있는 여건을 국민의 힘으로 만들어야 하는데, 이것이 달성되면 굳이 값비싼 '실손'형 민간의료보험을 구입할 이유가 없어진다. 서민 가계는 불필요한 지출을 줄일 수 있고, 중산층을 포함한 국민 대부분은 이로 인해 많은 경제적 이득을 보는 동시에 건강과 의료 불안에서 어느 정도 벗어날 수 있다. 불안 해소와 사회적 연대의 동시 달성이 가능해지는 것이 보편주의의 매력이다. 의료가 중산층의 까다로운 입맛을 맞추어야 하므로 서비스의 질도 전반적으로 높아진다. 이것이 중산층 보편주의의 중요한 이점이다. 이를 중심으로 사회통합이 일어나고, 사회적 자본과 인적 자본이 강화된다.

시대적 요구와 관련 정황이 이러한데도, 이명박 정부는 국민건강보험과 공공의료체계를 무력화하는 정책 수단인 주식회사병원 설립 허용과 '실손'형 민간의료보험 활성화를 지속적으로 도모하고 있다. 온 국민의 거센 비판에도 개의치 않고 밀어붙이고 있는 것이다. 이것이 과연 누구를 위해서 그리고 무엇을 위해서인지 묻지 않을 수 없다.

참고문헌

이상이 외. 2006.『소득계층에 따른 암 환자의 암 종별 의료이용에 관한 연구』. 보건복지부 연구과제.

_____. 2007.『교육수준에 따른 사회계층별 2004년 암 사망자의 사망 전 1년간 의료이용의 차이와 정책적 함의』. ≪예방의학회지≫, 제40권 1호.

_____. 2008.『의료민영화 논쟁과 한국의료의 미래』. 도서출판 밈.

_____. 2009.「국민건강보험의 재정 확충 및 보장성 강화를 위한 전략 개발 연구」. 복지국가소사이어티.

≪청년의사≫. 2009년 10월 5일자. http://doc3.koreahealthlog.com/33269

한국보건사회연구원·보건복지부. 1998, 2001, 2005, 2006.「국민건강영양조사」.

Kim, Chul-Woung, Sang-Yi Lee and Ok-Ryun Moon. 2008. "Inequalities in Cancer Incidence and Mortality Across Income Groups and Policy Implications in South Korea." *Public Health*, Vol. 122, No. 3, pp. 229~-236

OECD. 2007, 2009. Health Data.

제4장

근로 저소득층을 위한 자산형성 지원제도 설계*

신동면 | 경희대학교 행정학과

1. 서론

한국의 대표적인 공공부조사업인 국민기초생활보장제도가 도입된 지도 10년의 시간이 흘렀다. 국민기초생활보장제도는 '모든 국민은 인간다운 생활을 할 권리를 가진다(「헌법」 제34조 1항)'라는 헌법상 권리를 실현하는 사업이라는 평가를 받을 만큼 한국 사회보장제도 발전에서 이정표가 되었다. 그러나 국민기초생활보장제도는 수급권자 선정 과정에서 부양의무자 기준과 재산 기준을 까다롭게 적용함으로써 기초생활보장의 광범위한 사각지대를 양산하여 '국민생활 최저선'의 기능을 무색케 한다는 지적을 받고 있다(노대명 외, 2007; 노대명, 2009). 실제로 2009년 3월 정부 발표에 따르면, 빈곤층인데도 기초생활보장제도 수급자가 되지 못하는 사각지대 규모는 410만 명으로 전체 인구의 약 8.4%에 이른다.[1] 이와 함께 국민기초

---

* 이 글은 2009년 ≪한국거버넌스학회보≫ 제16권 3호에 실린 글을 수정·보완한 것이다.

1) 전체 빈곤 인구는 585만 명으로 전 인구의 11.9%를 차지하며, 이 중 기초생활보장 및 긴급복지 수혜자는 175만 명으로 빈곤 인구 전체의 29.9%에 그친다. 나머지 70.1%인 410만 명은 공공부조의 사각지대에 놓여 있는 것이다. 특히 소득과 재산이 모두

생활보장제도는 수급자들이 근로능력자라고 할지라도 한 번 수급자로 선정되면 '덫(trap)'에 걸린 것처럼 수급자 신분에서 벗어나지 못한다는 문제를 안고 있다(김미곤 외, 2008; 구인회 외, 2009). 보건복지가족부 자료를 보면, 근로능력이 있는 수급자를 대상으로 시행하는 자활사업에 참여하는 이들 중 수급자 신분에서 벗어나 자활에 이른 사람의 비율은 2002년 6.9%. 2004년 5.4%, 2006년 6%, 2008년 6.1% 등으로 매우 낮은 수준을 보였다(보건복지가족부, 2009a). 이는 「국민기초생활보장법」 제1장에서 '이 법은 생활이 어려운 자에게 필요한 급여를 행하여 이들의 최저생활을 보장하고 자활을 조성하는 것을 목적으로 한다'고 밝힌 규정을 무색케 한다.

이처럼 근로능력자의 탈수급률이 낮은 것은 수급자의 개인적 특성에서 일차적 원인을 찾을 수 있다. 즉, 근로능력이 있는 수급자라 할지라도 대다수는 장기간 실직과 빈곤으로 불안정한 생활을 하면서, 구직을 포기하거나 미래에 대한 희망을 잃고 현재 상태에 체념하며 근로의욕을 상실하여 자활에 이르기가 실질적으로 곤란하기 때문이다(신동면, 2003; 노대명, 2009). 이와 함께 근로능력자의 낮은 탈수급률은 국민기초생활보장제도에서 채택한 수급권자 선정 및 급여 산정 방식으로부터 영향을 받는다고 할 수 있다. 즉, 근로능력이 있는 수급자는 '보충성의 원리'에 따라 최저생계비와 소득인정액의 차액을 보충급여로 지급받으며, 소득인정액이 최저생계비를 초과하면 바로 수급권자에서 탈락하고 모든 급여 지원이 중단된다. 그러므로 근로능력이 있는 수급자는 모든 급여를 계속해서 받기를 원하여 추가 근로에 대한 의욕이 떨어지고 자활을 위한 최선의 노력을 기울이지 않을 수 있다.

현행 기초생활보장 수급 기준에 해당하는데도 부양의무자 기준 때문에 수급자가 되지 못하고 사각지대에 속해 있는 사람이 100만 명으로 전체 빈곤 인구의 17%에 이른다(관계부처합동, 2009).

결국 지난 10여 년간 운영되어온 국민기초생활보장제도는 전체 국민을 대상으로 국민생활의 최저선을 보장하는 것뿐 아니라 자활을 조성하는 데도 효과적이지 못했다고 할 수 있다. 특히 저소득층이 빈곤에서 벗어나 자활에 이르기 위해서는 최저생계를 유지하는 데 필요한 소득을 제공하거나 자활사업의 일자리를 제공하는 것만으로 충분하지 않다. 빈곤층의 인간다운 생활을 보장하기 위해서는 국가에 의한 소득이전이 필요하지만, 근로능력이 있는 빈곤층이 여전히 수급자 신분을 벗어나지 못하고 빈곤 상태에 머물러 있는 현실을 고려할 때, 자활을 지원할 수 있는 새로운 대안이 요구된다.

이 글에서는 근로능력이 있는 수급자가 빈곤에서 벗어나기 위해서는 자산형성이 가능해야 한다고 본다. 자산형성은 근로능력이 있는 수급자가 미래에 대한 희망을 갖게 하고, 자녀 교육을 위한 투자를 확대할 수 있게 함으로써 수급자에서 벗어나 자활할 수 있는 결정적인 토대를 제공한다. 저소득 빈곤층의 자산형성을 지원하는 사업이 탈빈곤정책의 새로운 영역으로 자리 잡아야 할 필요가 있다.

이러한 인식을 바탕으로 이 글에서는 국민기초생활보장제도를 보완할 수 있는 새로운 공공부조사업으로 저소득층 자산형성 지원에 대해 논의하고자 한다. 먼저 복지수급자가 합리적 선택(rational choice)을 하는 개인이라는 관점에서 국민기초생활보장제도가 지닌 제도적 문제를 논의하고, 수급자의 자산형성에 미치는 부정적 영향을 살펴본다. 다음으로 자산형성에 관한 이론을 검토하여 저소득층 자산형성 지원의 필요성과 제도 설계에서 고려할 사항을 논의한다. 끝으로 국민기초생활보장제도를 보완하기 위해 저소득층 자산형성 지원을 도입하는 경우 적합한 제도를 설계해본다.

2. 복지수급자의 합리적 행동과 국민기초생활보장제도의 제도적 문제

1) 복지수급자의 합리적 행동과 정부정책

자유주의국가에서 사회복지를 이해하는 전통적 관점 중 하나는 사회복지가 의존문화(dependency culture)를 양산한다는 시각이다(Murray, 1984). 수동적 복지제도(passive welfare system)는 급여수급자들의 노동규율을 약화시키는데, 이는 수급자들이 복지급여를 받아 살아갈 수 있고, 이에 따라 수급자들이 일을 하기보다는 급여에 의존해 살아가는 것을 선택하기 때문이다. 의존문화와는 다른 시각이지만, 딘과 테일러-구비(Dean and Taylor-Gooby, 1992: ch. 6)는 복지급여수급자들이 수급 상태를 벗어나지 못하는 속박문화(captivity culture)를 경험한다고 지적한다. 복지수급자들이 노동시장에서 복지급여보다 월등히 높은 수준의 임금을 받을 수 있는 일자리를 구하는 것이 거의 불가능하기 때문이다. 그러므로 복지수급자들은 수급자 신분을 벗어나지 못하고 '급여의 덫(benefit trap)'에 걸린 것처럼 살아가고 있다는 것이다.

이러한 설명들은 인간이 합리적·개인적 동기에 따라 행동한다는 합리적 인간관에 기초한다. 합리적 개인인 수급자는 복지급여를 통해 받는 이전소득과 근로를 통해 벌 수 있는 임금소득을 계산해 양자 중에서 자기 이익을 극대화할 수 있는 방향으로 행동한다. 이러한 가정에 따르면, 복지급여를 통해 살아갈 수 있고 노동시장에서 복지급여보다 높은 임금을 받을 수 있는 괜찮은 일자리를 구하는 것이 불가능하다고 여기는 근로능력이 있는 수급자는 수급 상태를 벗어나려 하지 않을 것이다. 즉, 자기 이익의 극대화를 추구하는 수급자는 노동시장에서 임금소득을 올리려는 근로동기가 떨어지고, 결국 자활에 이르지 못하게 된다.

앞서 설명한 것처럼 수급자들이 자기 이익을 극대화하기 위해 행동한다면, 정부는 두 가지 방식으로 개인의 선택에 영향을 미칠 수 있을 것이다(Taylor-Gooby, 2009: 59). 첫째, 개인의 선택에 도움이 되는 정보와 대안을 제시해 선택에 영향을 미친다. 둘째, 정부가 원하는 방향으로 개인의 선택을 유인하기 위해 정책 목표를 명확하게 제시하며, 이를 위한 제도를 마련하고 서비스를 제공한다. 예컨대 최근 복지국가들에서 추진되는 복지개혁을 보면, '복지수급에서 일자리로'라는 정책 목표가 제시되고, 정책 목표를 실현하기 위해 수급자를 대상으로 교육 및 직업훈련을 시행하며, 욕구충족에 대한 개인 책임을 강조하고, 공공서비스를 통해 다각적인 지원노력이 강구되고 있다. 이 같은 정부의 제도 변화와 공공서비스 제공을 통해 수급자 개인의 동기 구조를 변화시키고 수급자들이 제도 및 공공서비스에 관해 적정한 정보를 얻을 수 있다면, 합리적 개인은 복지수급에서 벗어나 일자리를 선택할 수 있을 것이다.

요컨대 복지수급자가 자기 이익의 극대화를 추구하는 합리적 개인이라고 한다면, 정부는 사회복지정책 목표를 명확하게 제시하고 수급자 개인의 동기 구조를 변화시킬 수 있는 사회복지제도를 설계해, 수급자들이 적절한 선택을 할 수 있도록 유도해야 한다. 특히 공공부조나 실업급여와 같은 수동적·사후적 사회복지제도로 근로능력을 갖춘 수급자가 의존문화에 빠지거나 급여의 덫에 걸리지 않고 신속하게 일자리를 구하고 자활할 수 있도록 유도하려면 효과적인 제도 설계가 필요하다. 다음에서는 한국의 공공부조인 국민기초생활보장제도의 제도적 특징이 수급자의 개인적 선택에 어떠한 영향을 미치는지 살펴보고자 한다.

3. 국민기초생활보장제도의 제도적 문제

국민기초생활보장제도는 수급자의 근로동기를 떨어뜨리고 자산형성을 저해하는 제도적 문제를 안고 있다(신동면, 2008). 이는 국민기초생활보장제도에서 소득과 재산이 수급 자격 및 급여에 결정적으로 영향을 미치기 때문이다. 「국민기초생활보장법」 제5조에는 수급자의 자격 조건을 '부양의무자가 없거나 부양의무자가 있어도 부양 능력이 없거나 또는 부양을 받을 수 없는 자로서 소득인정액이 최저생계비 이하인 자'로 규정하고 있다. 수급자 선정을 위한 자산조사에서는 개별 가구의 소득평가액에 재산의 소득환산액을 합하여 소득인정액을 산정한다. 소득평가액은 실제 소득에서 가구 특성에 따른 지출 비용과 근로활동으로 얻은 소득에 대한 공제액을 제외한 금액이다.[2] 재산의 소득환산액은 일반재산, 금융재산, 승용차를 포함한 재산액에서 기본재산액과 부채를 공제한 금액에 소득환산율을 곱하여 계산한다. 기본재산액은 대도시, 중·소도시, 농어촌 지역에 따라 각각 차이를 둔다.[3] 소득환산율은 재산 종류별로, 즉 일반재산, 금융재산, 승용차에 따라 환산율이 다르게 적용된다.[4] 그리고 소득평가액에 재산의 소득환산액을 합산한 소득인정액이 가구 규모별로 정해진 최저생계비보다 적은 경우에 기초생활수급자 선정의 관문인 자산조사를 통과할 수 있다.

---

2) 가구 특성별 지출 비용은 경로연금, 장애수당, 아동양육비, 의료비, 중·고교생 입학금 및 수업료 등을 포함한다. 근로소득공제는 장애인, 학생, 자활공동체, 공공근로 참가자 근로소득의 30%를 공제한다.

3) 기본재산액은 수급권자가 기초적인 생활유지에 필수적인 지역별 재산가액을 말하며, 대도시 3,800만 원, 중·소도시 3,100만 원, 농어촌지역 2,900만 원으로 정한다.

4) 소득환산율은 일반재산 월 4.17%, 금융재산 6.26%, 자동차 월 100%를 적용한다. 단, 장애인용 자동차 등은 일반재산으로 분류해 월 4.17%로 환산한다.

수급 대상자로 선정되면, 보충성 원칙에 따라 급여가 제공된다. 즉, 정부가 발표한 최저생계비와 소득인정액의 차액을 급여로 지급한다. 따라서 기초생활수급자는 최저생계비 이상의 가처분소득을 향유할 수 없다. 이와 같은 급여체계에서 근로능력이 있는 수급자는 근로소득이 증가하면 급여가 감소하기 때문에 근로동기가 떨어질 수밖에 없다. 또한 재산의 소득환산제하에서 기초공제액을 초과하는 재산은 재산의 소득환산액을 증가시키기 때문에 급여를 감소시키고 수급자에서 탈락시키는 요인으로 작용한다. 이에 따라 수급자는 재산을 형성할 유인이 떨어질 수밖에 없다.

국민기초생활보장제도의 이러한 제도적 문제를 해결하기 위해 정부는 자활급여 특례와 근로소득공제를 도입했다. 자활급여 특례는 수급자가 자활근로, 자활공동체, 자활인턴 등 자활사업에 참가해 발생한 소득으로, 소득인정액이 최저생계비를 초과한 경우에도 수급자에게 자활급여를 계속 지급하고 자활사업에 참여할 수 있도록 예외를 인정한다. 근로소득공제는 소득평가액 산정 시 자활사업 참여자가 일을 통해 벌어들인 근로소득의 30%를 공제해주는 제도이다. 자활급여 특례와 근로소득공제의 도입으로 수급자들은 자활사업에 참여해 일하는 것이 급여에만 의존해서 사는 것보다 실질소득을 높일 수 있다는 것을 알게 되었다. 자기 이익의 극대화를 추구하는 수급자는 이제 동기 구조가 변화하여 근로에 대한 태도를 바꾸게 될 것이다.

그런데 근로능력이 있는 수급자들이 최저생계비를 초과하는 소득이 발생한다고 해도 한계소비성향이 높기 때문에 이를 저축하는 것은 거의 불가능하다. 더욱이 국민기초생활보장제도에서 시행하는 재산의 소득환산제는 수급자의 자산형성을 저해하는 제도적 문제를 안고 있다. 재산의 소득환산제하에서는 재산이 증가하면 소득인정액이 늘어나고, 소득인정액이 최저생계비를 초과하면 수급권자에서 탈락해 모든 급여 지원이 중단

〈그림 4-1〉 수급자의 재산 규모별 분포

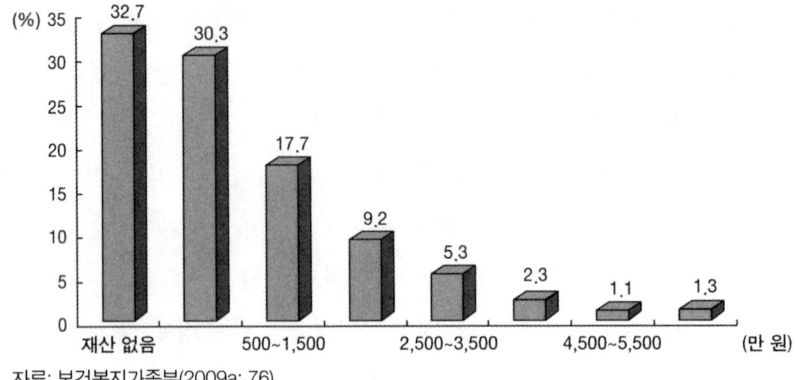

자료: 보건복지가족부(2009a: 76).

된다. 그러므로 수급자들이 근로소득이나 비정기적 수입의 일부를 저축해 자산을 형성하고, 이를 기반으로 빈곤에서 벗어날 기회를 얻기 어렵다. 이처럼 자산형성의 동기를 저해하는 국민기초생활보장제도의 제도적 특징 때문에 근로능력자가 있는 수급 가구조차 빈곤의 덫에서 벗어나지 못하고 있다.

실제로 기초생활수급자 대다수는 자산이 없거나 미미한 수준의 자산을 보유하고 있다. <그림 4-1>에 나타난 2008년도 공공부조 수급자의 재산 현황을 보면, 부동산·금융재산·자동차를 포함해 재산 규모가 1,500만 원 미만인 가구는 전체 수급 가구 중 80.7%를 차지한다. 이 중 재산이 없는 가구가 32.7%로 가장 많으며, 다음으로 0원 초과~500만 원 이하 가구가 30.3%, 500만 원 초과~1,500만 원 이하 가구가 17.7%였다. 수급자의 재산 규모가 비교적 높다고 할 수 있는 3,500만 원 초과 가구는 4.7%에 그쳤다(보건복지가족부, 2009a). 이는 기초생활수급자들이 자산 빈곤을 경험한다는 사실을 분명하게 보여준다.

기초생활수급자의 자산 빈곤은 자산 불평등 실태를 보여주는 사회현상

〈표 4-1〉 한국 사회의 순 자산 점유율 변화 추이

(단위: %)

연도	1998년	1999년	2000년	2001년	2002년	2003년	2004년	2005년
1분위	-4.59	-2.36	-2.45	-3.62	-4.39	-2.77	-2.58	-2.33
2분위	0.86	0.65	-0.11	0.55	0.41	0.34	0.36	0.27
3분위	2.13	2.02	0.13	1.85	1.59	1.46	1.48	1.31
4분위	3.40	3.32	1.01	3.14	2.83	2.69	2.67	2.42
5분위	4.85	4.67	3.48	4.64	4.25	4.14	4.04	3.73
6분위	6.61	6.43	6.49	6.45	6.08	5.89	5.79	5.29
7분위	8.88	8.73	9.68	8.72	8.27	8.09	7.88	7.46
8분위	12.07	12.13	13.50	12.22	11.85	11.74	11.51	10.98
9분위	18.12	18.65	20.01	18.28	18.27	18.30	17.86	17.18
10분위	47.67	45.77	48.25	47.77	50.84	50.12	50.98	53.68

자료: 황현일(2009: 15). 한국노동연구원 한국노동패널(2~9차) 자료 분석.

이다. 한국 사회에서는 IMF 이후 자산의 불평등 정도가 더 심화되고 있다.[5] 황현일(2009)에 따르면, IMF 경제위기 이후 한국 사회에서는 하위층의 자산 증가가 거의 없는 가운데 상위층의 자산이 증가하는 모습을 보여왔다. <표 4-1>에 나타난 각 분위 순 자산 평균의 합에서 각 분위가 차지하는 비율을 보면, 상위 10%의 순 자산 비중은 1998년 이후 계속해서 상승했고, 2005년 전체 순 자산 평균의 합에서 53.68%를 차지했다. 반면에 하위 10%의 순 자산 비중은 지속적으로 마이너스 상태를 기록해 자산보다 부채가 많다. 결국 경제위기 이후 한국 사회에서 자산 불평등은 지속적으로 심화

5) 2006년 정부가 처음으로 공식적인 자산조사를 시행해 2007년 발표한 「2006 가계자산조사 보고서」를 분석한 ≪내일신문≫ 기사에서, 자산 상위 20%는 하위 20%에 비해 자산이 60.8배나 많은 것으로 나타났다(≪내일신문≫, 2007. 4. 16). 그러나 하위 집단은 부채 때문에 자산이 마이너스로 나올 수 있어, 하위 10%에 비해 상위 10%가 몇 배 많다고 말하기 어렵다.

되어왔다고 할 수 있다.

한국 사회에 존재하는 자산 불평등의 심각성을 완화하기 위해서는 정부의 다각적인 정책적 노력이 필요하다. 특히 기초생활수급권자에 대해 단순히 소득을 지원하는 것을 넘어 자산형성을 지원하는 제도를 도입해야 한다. 기초생활수급권자의 자산 빈곤은 미래를 위한 투자능력이 상실된 상태에 놓여 있다는 것을 의미한다. 국민기초생활보장제도는 수급자가 자산을 형성하면 급여가 줄어들거나 수급권을 박탈하도록 설계되어 자산형성에 대한 동기를 떨어뜨린다. 그렇다고 국민기초생활제도에서 시행되는 재산의 소득환산제를 폐지하기는 어렵다. 재산의 소득환산제는 저소득층의 재산이 일정 금액 이상인 경우 국가의 도움을 받기 전에 먼저 자신의 재산을 처분해 생활하도록 유도하는 기능을 하기 때문이다. 개인의 자조를 우선시하고, 2차적으로 사회안전망을 갖출 것을 요구하는 공공부조의 기본 원칙에 비추어볼 때, 재산의 소득환산제는 정당한 요건이다.

그렇다면 수급자들의 자산형성을 막는다는 제도적 한계를 안고 있는 국민기초생활제도의 문제를 어떻게 개선할 수 있을까? 당연한 사실이지만, 저소득 빈곤층이 자산을 형성하지 못하는 것은 자산을 형성할 수 있을 정도의 소득이 없기 때문이다. 정부가 지급하는 생계비나 최저생계비를 약간 웃도는 소득을 가지고 하루하루 살아가는 빈곤 가구에게 자산을 형성한다는 것은 거의 불가능한 일처럼 보인다. 또한 대다수 저소득 빈곤 가구는 <표 4-1>에서 보았듯이 가계 부채로 순 자산이 마이너스 상태를 유지하고 있기 때문에, 자산을 형성한다는 것은 머나먼 목표로 보일 수 있다. 이와 같은 상황에서 저소득층이 자산을 형성할 수 있는 가장 효과적인 방법은 저소득층이 근로소득의 일부를 떼어 매월 저축할 수 있도록 적극적인 보상을 지원하는 자산기반 복지정책을 도입하는 것이다. 다음에서는 자산형성 지원을 주장하는 논의를 통해 자산기반 복지의 정당성과 제도 설계 시 고려할 사항을 살펴보겠다.

4. 자산형성 지원에 관한 이론적 논의

최근 서구 복지국가들에서 자산(asset: 주택과 토지를 포함한 부동산과 주식, 채권, 예금 등을 포함한 금융자산)이 사회정책 분야의 정책 의제로 부상하고 있다. 그리고 미국을 필두로 영국, 캐나다, 호주, 뉴질랜드, 독일, 스웨덴 등에서 자산형성을 지원하는 제도가 도입되었다(Sherraden, 2002; OECD, 2003). 제2차 세계대전 이후 서구 국가들이 복지국가의 발전 과정에서 소득 유지에 관심을 기울이고 자산 문제를 소홀히 다루어왔다는 것을 고려하면, 최근 들어서 등장하는 자산에 대한 관심과 자산형성 지원제도의 확산은 복지국가의 변화한 모습을 보여준다. 자산형성 지원제도는 소득이전처럼 개인에게 제공되어 소비되는 자원의 이전에 관심을 두는 것이 아니라, 저축 또는 주택처럼 개인이 소유한 자원의 축적에 관심을 둔다. 이는 한 사람이 소유한 자산이 개인의 안녕(well-being)에 중요한 영향을 미친다는 인식에서 비롯된다. 자산은 개인의 필요에 따라 소득으로 전환할 수 있으므로, 소득과 자산은 가구 구성원의 효용을 창출하고 소비를 유지하는 데 사용될 수 있다(OECD, 2003: 9).

자산형성 지원을 목적으로 도입된 각국의 제도를 살펴보면, 장기저축계좌를 개설하고 저축을 장려하기 위해 정부가 저축액에 비례하여 대응금(matching money)을 수급자에게 제공하는 방식이 가장 일반적이다(OECD, 2003; 이태진 외, 2005). 그런데 정부가 자산형성을 지원하는 경우 여러 가지 문제가 제기될 수 있다. 자산형성 지원 대상을 누구로 할지, 즉 전체 국민 혹은 특정 집단에 속한 모든 사람으로 할지, 아니면 특정 집단에 속한 사람들 중에서도 일부만을 대상으로 할지, 다시 말해서 보편주의와 선별주의는 자산형성 지원제도를 설계할 때 결정해야 할 사항이다. 또한 자산형성을 지원하기 위한 정부 지원금의 규모는 어느 정도로 할지, 그 재원은 어떻게 충당할 것인지 등의 문제도 쟁점이 될 수 있다. 이와 더불어 저축계좌가 만기가 되었을 때 계좌 소유자가 저축액을 자유롭게 사용할 수 있게 할지, 아니면 사용처를 특정 항목으로 제한할지 등도 중요하게 다루어야 할 문제이다.

자산형성 지원의 제도 설계 과정에서 부딪히는 이와 같은 문제들에 대해 논자마다 다른 대안을 제시할 수 있는데, 이는 사회정책 과정에서 자산을 어떻게 이해하는지에 따른 논리적 결과이다. 프라하카(Prabhakar, 2009)에 따르면, 자산을 사회정책 의제로 다루어야 한다는 학자들의 주장은 사회정책 관점과 시민권 관점으로 구분할 수 있다. 사회정책 관점에서 자산이 경제적·사회적 발전을 촉진하기 위한 수단이라면, 시민권 관점에서 자산은 시민권을 구성하는 주요 요소라고 본다. 여기에서는 프라하카의 구분에 기초해 자산에 관한 논의를 검토한다.

1) 자산형성에 대한 사회정책 관점

사회정책 관점에서 자산의 중요성을 강조하는 학자들은 자산기반 복지(asset-based welfare)를 주장한다. 자산기반 복지는 개인에게 자산형성의 기회를 제공해 개인의 행동을 변화시킴으로써 경제적·사회적 발전을 촉진하는 것을 목적으로 한다. 자산형성을 통해 개인의 행동을 변화시킬 수 있다는 주장은 두 가지 접근을 통해 이루어진다(Prabhakar, 2009: 56). 첫째는 개인이 자산을 형성하게 되면 기존 세계관에서 벗어나 새로운 세계관을 지니게 되어 행동이 변화한다는 자산효과(asset-effect) 접근이다. 둘째, 자산의 소유는 개인의 동기유인 구조를 변화시켜 생산성과 효율성을 높이게 된다는 동기부여(incentive framework) 접근이다.

자산효과 접근을 주장한 대표적 학자로 미국의 개인발달저축계좌(Individual Development Account: IDA)에 이론적 토대를 제공한 쉐라든(Sherraden, 1991, 2000, 2002)을 꼽을 수 있다. 쉐라든(Sherraden, 1991: 44)은 개인 복지에서 소득이 단기적인 효과를 지닌다면 자산은 장기적인 긍정적 복지효과(positive welfare effects)를 지닌다고 주장하며, 소득과 함께 자산의 중요성을 강조한다. 그는 자산이 지닌 긍정적인 복지효과를 아홉 가지로 설명한다. 자산은 ① 경제적 안정을 높이며, ② 미래에 대한 희망을 갖게 하고, ③ 인적 자원 개발과 자산 증식을 가능하게 하며, ④ 사회통합을 촉진하고, ⑤ 모험적(risk-taking) 사업을 추진할 수 있게 하며, ⑥ 자기효능감을 높이고, ⑦ 사회적 영향력을 증대시키며, ⑧ 정치 참여를 높이고, ⑨ 후세대의 복지에 영향을 준다(Sherraden, 1991: 150~166). 열거한 자산효과에 근거해 쉐라든은 자산을 형성하는 것이 소득을 이전하는 것보다 중요하다고 주장한다. 소득이 사람들로 하여금 현재의 소비욕구를 충족할 수 있게 해주는 것이라면, 자산은 사람들의 세계관을 변화시키고, 미래를 위한 계획을 세울 수 있게 해주는 것이기 때문이다. 소득이 사람들의 배를 채워준다면, 자산은 사람들의 머리를 변화시킨다(Sherraden, 1991: 6). 자산이 지닌 긍정적 복지효과는 대부분 인적 자원 개발 효과와 관련되며, 자산 소유 상태에 따라 '미래를 위한 투자능력'이 결정된다. 개인은 자산을 소유해야 인적 자원 개발을 위한 투자를 촉진할 수 있고, 이에 따라 세계관을 재정립하고 선호를 새롭게 형성하며 행동의 변화를 가져올 수 있다(Brooks and Tivol, 2008). 자산효과 접근에서는 자산형성 지원의 수급 범위와 관련해서 저소득층을 수급자로 선정하는 선별주의 원칙을 강조한다.

동기부여 접근에서는 개인의 선호가 고정되며, 자산 소유에 따라 개인의 비용·편익 균형 구조가 변화하고, 그 결과 개인의 행동이 변화한다고 본다. 동기부여 접근을 주장하는 대표적 학자로 볼스와 긴티스(Bowles and Gintis, 1998)를 꼽을 수 있다. 이들은 평등이 어떻게 효율성을 높일 수 있는지를 실증적으로 분석하며, 특히 자산 분배의 평등 정도가 높아지면 효율성이 높아진다고 주장한다. 이러한 주장을 뒷받침하기 위해 이들은 주인-대리인 이론(principal-agent theory)을 활용한다. 주인-대리인 이론에 따르면, 주인과 대리인은 각각 자기 이익을 극대화하려고 하여 상충된 이해관계를 가지게 된다. 그러므로 주인이 대리인과의 위임관계에서 자신의 이익을 극대화하려면 능력 있는 대리인을 골라야 하고, 그 대리인이 자신을 대신해 업무를 적절히 수행했는지를 관찰하고 업무 수행에 따른 보수를 지급해야 한다. 그러나 주인은 대리인보다 그 과업에 관해 지식이 부족하고, 또 실제로 대리인의 업무 수행 과정을 관찰하기 어려우므로, 만일 대리인이 자기 이익의 극대화를 추구한다면 대리인이 주인의 이익을 위해 적절한 행동을 취한다는 것을 보장할 수 없게 된다.

볼스와 긴티스(Bowles and Gintis, 1998)는 이러한 대리인 문제를 해결하기 위해서 주인이 소유한 생산자산을 대리인에게 이전하는 것이 효과적이라고 주장한다. 이를테면 기업주(주인)가 근로자(대리인)의 생산활동을 높이기 위해서 근로활동을 강화하는 쪽으로 근로계약을 갱신하는 것만으로는 한계가 있다. 근로자가 기업주보다 생산활동에 대한 정보를 더 많이 가지고 있고, 기업주가 생산과정을 효과적으로 관찰·감독할 수 없으므로 근로계약을 통해서 대리인 문제를 해결할 수 없다. 대리인 문제를 해결하기 위해서는 기업주가 회사 주식을 근로자에게 배당하여 근로자의 동기부여 구조를 바꿈으로써 그들의 생산활동 노력을 효과적으로 동원할 수 있다. 즉, 자사 주식 소유권은 근로자가 더 열심히 일할 물질적 동기부여를 제공한다. 그러나 이들의 분석과는 달리, 현실에서 근로자가 자사 주식을 소유해 노사가 공동으로 기업을 소유한 사례는 매우 드물다. 자산효과 접근과 마찬가지로 동기부여 접근에서는 자산형성 지원의 선별주의 원칙을 강조한다.

앞서 살펴본 두 가지 접근은 개인적 선호의 변화에 대해 서로 다른 주장을 펴기 때문에 자산형성 지원사업의 세부적 내용에서 차이를 보인다. 자산효과 접근에서는 개인의 선호가 변화한다고 보고, 선호의 변화를 이끌 수 있는 공식적 교육의 중요성을 강조한다. 반면에 동기부여 접근에서는 개인의 선호는 불변하므로 교육을 통해 선호를 변화시킬 수 없으며, 개인에게 자산형성 프로그램의 정보를 제공하면 된다고 본다.

그러나 두 가지 접근 모두 자산형성 지원제도가 기존 소득정책과 사회서비스를 대체해서는 안 되며 보완적 역할을 담당해야 한다고 주장한다. 자산효과 접근에서 예방적 성격의 자산기반 복지가 사후적 복지에 비해 우선시되어야 하지만, 예방적 복지에 투자할 자산이 없는 사람을 위해서 소득정책과 사회서비스와 같은 사후적 성격의 복지가 필요하다고 본다. 동기부여 관점은 주인에서 대리인으로 자산을 재분배하기 위해 국가가 지속적인 노력을 기울여야 하지만, 자산 소유권을 통해 동기 구조를 변화시킬 수 없는 아동이나 정신장애인 등과 같은 특정 집단에 대해서는 소득정책과 사회서비스를 제공해야 한다고 본다.

2) 자산형성에 대한 시민권 관점

자산형성을 시민권을 구성하는 하나의 요소로 주장하는 논의는 자유주의 접근(liberal approach)과 시민공화주의 접근(civic republican approach)으로 구분해서 살펴볼 수 있다(Prabhakar, 2009: 60). 자유주의 접근은 마셜(Marshall, 1950)의 시민권 이론에서 볼 수 있는 것처럼 자산 소유를 사회구성원이 누려야 할 개인적 권리로 이해한다. 반면에 시민공화주의 접근에서는 자산 소유를 사회구성원이 누려야 할 개인적 권리라고 이해하는 동시에 이에 대응하는 개인의 의무를 강조한다. 1980년대 이후 부각된 시민공화주의 접근은 자유주의 접근이 시민의 권리와 개인의 이익을 일방적으로 강조한다고 비판하면서, 시민의 의무를 강조하는 동시에 개인 이익은 공동선을 위해 희생될 수 있다고 보고, 시민이 활동하는 공공 영역을 강조한다 (Oldfield, 1990).

자유주의 시민권에 따르면, 자산은 특정 집단만이 소유하는 것이 아니라 모든 사람이 소유하고 있어야 한다. 자유주의 시민권을 주장하는 대표적 학자인 애커먼과 앨스토트(Ackerman and Alstott, 1999)는 미국의 모든 시민들을 대상으로 그들이 21살이 되었을 때 정부가 8만 달러의 자본금을 제공할 것을 주장한다. 비록 빈곤을 퇴치할 수 있는 다른 효과적 방법이 존재한다고 하더라도, 21세의 모든 청년들에게 자산 소유의 평등을 추구하기 위해 8만 달러의 금융자산을 제공해야 한다는 것이다. 즉, 8만 달러의 금융자산을 제공한다는 것은 탈빈곤 프로그램이 아니라 시민권 프로그램으로 이해한다. 아울러 8만 달러의 사용에 대해서는 어떠한 조건이나 제약도 부과해서는 안 된다고 주장한다. 정부가 자산 사용과 관련해 특정 제약을 부과하는 것은 공동선의 개념을 개인이 아닌 정부가 정하는 것이기 때문이다(Ackerman and Alstott 1999: 197).

시민공화주의 시민권에 따르면, 모든 사회구성원은 자산 소유의 권리와 함께 이에 상응하는 개인의 의무를 지닌다. 시민공화주의 전통을 가장 잘 보여주는 학자로 화이트(White, 2003)를 꼽을 수 있다. 그에 따르면, 정의(justice)가 실현되기 위해서는 두 가지가 충족되어야 한다. 첫째, 모든 사람이 자신의 안녕과 직결된 재화(goods)뿐 아니라 자신의 목적을 달성하기 위한 재화에 접근할 수 있어야 하며, 이를 위해서 자신이 통제할 수 없는 불운(brute luck)의 영향에서 자유로워야 한다. 이때 불운이란 개인이 출생과 함께 어쩔 수 없이 획득하게 되는 지위·유산·재산의 불평등을 의미한다. 둘째, 호혜 원칙(reciprocity principal)이 지켜져야 한다. 호혜 원칙은 사회적 산물을 공유하기를 원하는 사람은 이에 대한 대가로 사회에 적절한 생산적 기여를 해야 하는 의무를 지닌다는 것이다(White, 2003: 5).

화이트(White, 2003)는 자신이 제시한 정의관에 기초하여, 개인이 통제할 수 없는 불운의 영향으로부터 자유로울 수 있도록 모든 사람들에게 '기본 자본금(basic capital grant)'을 제공해야 한다고 주장한다. 기본 자본금에 대한 주장은 기본 소득(basic income)에 대한 주장과 마찬가지로 자산 소유권을 시민권 차원으로 이해한다는 점에서 유사하다. 그러나 기본 자본금이 한 번에 큰 금액을 지급하는 것이라면, 기본 소득은 정기적으로 생계비 수준의 급여를 지급한다는 점에서 다르다. 따라서 기본 자본금을 제공하는 목적은 사회구성원 간에 부의 평등을 높이고, 가난한 환경에서 태어난 사람의 불운을 교정하는 것이다. 정부가 모든 개인에게 기본 자본금을 제공함으로써 자산 소유에 대한 시민권을 실현할 수 있으며, 개인은 호혜 원칙에 근거해 정부가 부과하는 의무를 이행해야 한다(White, 2003). 그러므로 기본 자본금의 사용처를 숙련 기술을 습득하기 위한 교육훈련, 창업, 자원봉사활동 등으로 제한할 것을 주장한다. 시민공화주의 시민권 관점에서 자산의 사용처에 대해 제한 규정을 두는 것은 축적된 자산의 사용처에 어떠한 제한도 부과하지 않을 것을 주장하는 자유주의 시민권 관점과 구별된다.

지금까지 자산에 관한 논의를 사회정책 관점과 시민권 관점으로 나누어 살펴보았다. 물론 사회정책 관점과 시민권 관점을 결합해 자산형성 지원제도를 개발할 수도 있다. 예를 들면 정부가 15세 미만의 모든 아동을 대상으로 장기저축계좌를 개설해 일정 금액의 지원금을 제공하고, 이에 더해 저소득층 아동에게 추가적인 지원금을 제공할 수 있다. 이는 자산 소유에 대한 보편주의적 권리와 저소득층을 대상으로 한 선별적인 자산효과를 추구한다는 점에서, 시민권적 관점과 사회정책 관점을 결합한 것이다. 자산에 대한 사회정책 관점과 시민권 관점을 엄격하게 구분해 적용하기 어려울 수 있다. 그러나 이 두 관점은 자산형성 지원을 둘러싼 여러 문제에 대해 다음과 같이 서로 다른 주장을 펼친다.

첫째, 자산형성을 지원하기 위한 급여액에 차이가 있다. 사회정책 관점에서는 자산형성을 지원하기 위해 정부가 제공하는 지원금은 자산효과를 지닐 정도로 대략 수백 달러 수준의 금액이다. 반면에 시민권 관점에서는 자원의 공정한 분배와 평등을 위해서 정부가 상당히 많은 금액을 제공할 것을 주장한다.

둘째, 자산형성을 지원하는 정책의 수급 범위에서 차이가 있다. 시민권 관점에서는 사회구성원 전체를 대상으로 권리와 의무를 강조하기 때문에 보편주의 자산형성정책을 강조한다. 반면 사회정책 관점에서는 특정 집단을 대상으로 선별주의정책을 활용할 것을 제안한다.

셋째, 자산형성을 지원하기 위한 재원에서 차이를 보인다. 사회정책 관점에서는 자산형성을 지원하기 위한 재원에 대해서 유연한 입장을 견지한다. 예를 들어 쉐라든(Sheraaden, 2000)은 개인발달저축계좌(IDA)의 재원에 대해 연방정부와 주정부가 새로운 세원을 만들기보다는 예산을 절약하거나 자산 관련 역진적 조세를 개혁해 충당하는 방안을 제시한다. 그리고 정부의 재원뿐 아니라 지역사회의 민간자원을 재원으로 활용할 수 있다고 본다. 반면에 시민권 관점에서는 자산형성을 지원하기 위해 부유세(wealth tax)를 부과할 것을 주장한다. 애커먼과 앨스토트(Ackerman and Alstott, 1999)는 기본 자본금의 재원을 정부의 소득세나 정부 지출 감축을 통해 조달할 수 있으나 부유세를 징수하는 것이 더 바람직하다고 주장한다. 화이트

(White, 2003)는 자산형성을 지원하기 위한 정부정책이 평등, 호혜성, 민주적 상호 존중을 높이기 위해 개인 간 자산이전에 부과하는 세금인 상속세, 증여세, 양도세 등을 통해 재원을 마련하는 것이 바람직하다고 주장한다.

넷째, 자산에 대해 관심을 기울이는 맥락이 서로 다르다. 사회정책 관점에서 자산에 대한 관심은 복지국가의 주요 제도인 소득정책과 사회서비스를 보완하기 위한 것이다. 시민권 관점에서 자산에 대한 관심은 사회정책 관점과 마찬가지로 복지국가의 주요 제도인 소득정책과 사회서비스를 보완하기 위한 것이지만, 한 걸음 더 나아가 좀 더 큰 정치 프로젝트라고 할 수 있는 자산 소유권을 둘러싼 정치를 창출하고자 한다.

5. 저소득층 자산형성 지원제도 도입을 위한 제도 설계

국민기초생활보장제도에서는 소득과 재산이 수급 자격과 급여 산정에 결정적인 영향을 미치기 때문에 수급자의 근로동기를 떨어뜨리고 자산형성을 저해하는 문제가 발생한다. 자산이 없는 수급 가구의 구성원이 최저생계비 수준의 급여소득을 이용해 하루하루 살아갈 수 있을지는 몰라도 현재보다 발전된 미래를 꿈꾸며 희망을 품기는 어렵다. 이들은 자산이 빈곤한 탓에 미래를 위한 투자능력이 결핍되어 있으며, 이에 따라 빈곤의 덫에서 빠져나오지 못하고 있다. 이들이 기초생활수급자에서 벗어나 자활하기 위해서는 자산형성을 통해 미래를 위한 투자능력을 갖춰야 한다.

저소득층이 자산을 형성하는 가장 효과적인 방법은 근로소득의 일부를 떼어 매월 저축하는 것이며, 이를 위해 정부가 저축액에 비례하여 대응금(matching money)을 제공해야 한다. 앞서 살펴본 자산에 관한 논의에 비추어 보면, 이는 자산에 대한 사회정책 관점을 따르는 것이다. 저소득 빈곤층은 저축을 통해 금융자산을 형성해가면서 무력감에서 벗어나 미래에 대한 희망을 갖고 세계관을 재정립하며, 자신을 포함한 가구 구성원의 인적 개발에 투자할 수 있다. 정부의 선별적 지원을 통해 축적된 자산은 저소득 빈곤층의 행동을 바꾸는 자산효과를 나타낼 수 있다. 그러므로 보편주의에 입각해 모든 사회구성원에게 일정 금액 이상의 자산 소유에 대한 권리를 부여할 것을 주장하는 시민권 관점은 저소득 빈곤층을 위한 선별주의 자산형성 지원의 이론적 근거가 되기에는 부적절하다. 단, 시민공화주의 시민권 관점에서 정부로부터 대응금을 받는 수급자에게 호혜 원칙에 입각해 이에 상응하는 의무를 부과해야 한다는 주장은 저소득층을 위한 자산형성 지원제도 설계 과정에서 고려되어야 한다.

그런데 최근 이명박 정부는 2009년 하반기부터 4개 광역자치단체(경기, 인천, 부산, 전북)에서 저축을 통해 빈곤층의 빈곤 탈출 기반 조성을 돕는 자산형성 지원 시범사업을 시행하겠다고 발표했다(보건복지가족부, 2009b).[6] 여기에서는 정부가 밝힌 자산형성 지원 시범사업의 제도적 특징을 대상자, 급여, 재원, 전달체계를 중심으로 살펴보고, 사회정책 관점과 시민공화주의 시민권 관점을 결합해 자산형성 지원의 제도적 내용을 설계해본다. 특히 자산 축적을 저해하는 국민기초생활보장제도의 제도적 한계를 극복

---

6) 보건복지부에서 발표한 사업계획이 국내 저소득층을 위한 자산형성 지원사업의 효시는 아니다. 서울시는 2007년 2월부터 2009년 말까지 '서울형 자산형성 지원사업(Seoul Family Development Accounts: SFDA)'을 시범으로 시행했으며, 2009년에 저소득층 1,000명을 대상으로 희망플러스통장 사업을 시행했다. 희망플러스통장은 근로를 하고 있는 저소득층이 목돈을 마련할 수 있게 지원하기 위한 프로그램이다. 통장에 가입하고 3년간 매월 근로소득 중 5만 원, 10만 원, 20만 원 중 하나를 선택해 저축하면, 저축액과 동일한 금액을 서울시와 민간기관이 함께 대응금을 적립한다. 희망플러스통장의 가입 조건은 국민기초생활수급자나 차상위복지급여자 또는 가구 규모별 소득과 재산이 별도로 정한 기준 이하이면서 최근 1년간 10개월 근로소득이 있고 현재 재직 중인 자로 제한했다.

하기 위해, 자산형성 지원이 신규 공공부조사업으로 도입되어야 한다는 인식 위에 바람직한 제도 방안을 논의한다.

첫째, 시범사업에서 자산형성 지원을 위한 자격 조건은 일을 통해 소득이 있는 수급자 및 차상위계층에서 청년 가구주와 부양 아동이 있는 가구주 중 약 2,000가구로 한정했다. 자산형성 지원이 국민기초생활보장제도를 보완하는 공공부조사업으로 자리를 잡기 위해서는 수급 범위를 확대해야 한다. 자산형성 지원은 가구 경상소득이 최저생계비 미만인 빈곤 가구의 근로능력자들 중에서 만 15세 이상의 경제활동 인구에 속하며 일반 노동시장에서 근로소득이나 사업소득이 있는 사람을 대상으로 도입되어야 한다. <그림 4-2>에 따르면, 2006년 가구 경상소득이 최저생계비 미만인 가구는 기초생활수급 빈곤 가구, 비수급 빈곤 가구, 경상소득 기준 비수급 빈곤 가구를 포함해 전국 가구 수의 14.1%에 이른다. 이 중 만 15세 이상의 근로능력자가 한 명이라도 있는 가구가 127만 9,000가구이며, 근로능력이 있는 가구원이 전무한 가구가 99만 3,000가구이다(한국보건사회연구원, 2009: 6).

한국보건사회연구원의 추정 방식에 따라 근로빈곤 가구의 평균 근로능력자 수를 1.83명으로 계산하면(한국보건사회연구원, 2009: 7), 최대 234만여 명(127만 9,000가구 × 1.83명 ≒ 234만 명)이 자산형성 지원사업의 대상자가 될 수 있다. 그러나 보건복지가족부(2009: 19) 자료를 보면, 기초생활수급자에 속하는 만 15세 이상 인구 중에서 가사종사자, 학생, 군인 등 비경제활동 인구를 제외한 경제활동에 종사하는 인구는 22.1%에 그친다. 편의상 이 비율을 비수급 빈곤 가구와 경상소득 기준 비수급 빈곤 가구에도 동일하게 적용하면, 자산형성 지원사업의 대상은 52만여 명(234만 명 × 0.221 ≒ 52만 명)으로 추정할 수 있다. 따라서 자산형성 지원을 전국적으로 시행하는 경우에 대상자는 52만여 명으로 추정할 수 있다.

〈그림 4-2〉 최저생계비 기준 취약 계층의 분류

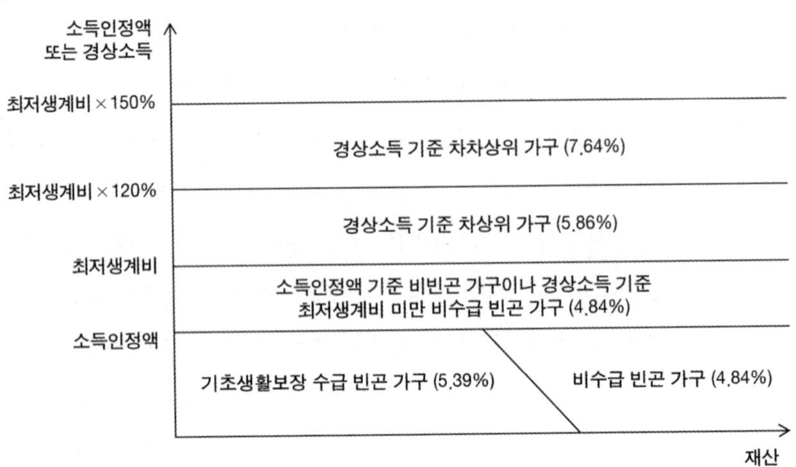

주 1: %는 전국 가구 수(2006년 기준 1,615만 8,000가구) 대비 비율을 나타냄.
주 2: 기초생활수급 빈곤 가구는 소득인정액이 최저생계비 미만인 수급 가구를 말함.
주 3: 비수급 빈곤 가구는 소득인정액이 최저생계비 미만이나 부양의무자 기준을 충족하지 못하는 비수급 가구를 말함.
주 4: 경상소득 기준 비수급 빈곤 가구는 소득인정액이 최저생계비를 초과하지만, 월평균 경상소득이 최저생계비 미만인 가구를 말함.
자료: 한국보건사회연구원(2009: 6) 참고해 재구성.

둘째, 시범사업에서 자산형성 지원 급여는 3년간 매달 10만 원을 저축하는 경우 지방자치단체와 사회복지공동모금회가 10만 원을 대응금으로 지급하게 했다. 자산형성 지원을 통해 저소득 빈곤계층이 저축 습관을 지니고 금융자산을 형성할 수 있도록 유인하기 위해서 급여는 시범사업에서 계획한 것처럼 저축액에 대한 대응금 형태로 지급해야 한다. 저축 기간은 저소득층이 저축을 통해 미래에 대한 희망을 갖고, 이와 동시에 계좌를 만기까지 유지했다는 성취감을 통해 자기효능감을 높일 수 있도록 적정 기간으로 설정되어야 한다. 이러한 요구를 수용하기 위해 저축 기간을 3년 만기로 정하는 것은 적절하다. 그러나 매월 저축액은 최대 20만 원을 상한액으로 본인이 자유롭게 예금액을 정할 수 있게 하며, 저축액에 대해서 1대 0.5의 비율로 대응금을 매월 계좌에 적립한다. 계좌 개설자는 중도에 개인 사정에 따라 저축액을 인출할 수 있도록 허용하지만, 다음 달에 저축한 예금액에서 우선적으로 인출액을 채우고 남은 예금액에 대해서만 대응금을 계좌에 지급한다. 이와 같은 방식을 따를 경우 가입자는 3년간 최대 720만 원을 저축하고 360만 원의 대응금을 지급받을 수 있다. 이때 대응금은 저축계좌가 만기가 되는 시점에 제공해 가입자가 저축계좌를 만기까지 유지하도록 유인해야 한다. 계좌 만기 시 가입자는 예금액, 이자, 대응금을 합하여 지급받는다. 만기 지급된 금액에 대한 사용 용도는 개인 선택권을 존중해야 하지만, 정부의 대응금을 지원받았기 때문에 이에 상응하는 의무를 부과해야 한다. 따라서 저축액의 사용 용도를 본인과 자녀의 교육훈련비, 소규모 창업 자금, 주택 구입 및 임대 비용 등으로 제한하는 것이 필요하다.

셋째, 시범사업에서 자산형성 지원의 재원은 지방자치단체가 조성한 자활기금과 사회복지공동모금회가 충당한다. 그러나 자산형성 지원이 새로운 공공부조사업으로 전국적으로 시행되기 위해서는 국민기초생활보장제도와 마찬가지로 중앙정부와 지방정부가 재원을 분담하는 방식을 따라야 한다. 자산형성 지원 수급자 범위에서 논의한 대로, 수급 인원을 52만여 명으로 보면 연간 약 6,200억 원(52만 명 × 12개월 × 10만 원 = 6,200억 원)이 소요될 것으로 추산된다. 그런데 저소득 빈곤층에 속하는 계좌 개설자들이 매월 저축 상한액인 20만 원을 예금할 수 있을 정도의 근로소득을 올리기는 어렵다. 예컨대 월 소득이 30만 원 이하인 가구가 전체 기초생활보장 수급 가구의 74%를 차지한다(보건복지가족부, 2009a: 52). 이러한 현실을 고려한다면, 정부가 지급하는 대응금의 연간 규모는 앞서 계산한 6,200억 원보다 훨씬 줄어들 것으로 예상된다.

넷째, 시범사업에서는 지역 사회복지공동모금회가 자산형성 지원을 담당한다. 그러나 자산형성 지원이 전국적 사업으로 도입되기 위해서는 기존 공공부조 전달체계를 활용해 사업 운영의 효율성을 높여야 한다. 일반 노동시장에서 근로소득과 사업소득이 있는 수급자에 대한 정보는 공공부조 전달체계에서 이미 파악되어 있다. 따라서 이들에 대해서는 자산형성 지원 가입 대상자임을 통보하고, 자산형성계좌와 운용 과정에 대한 설명서를 우편으로 송부해 저축계좌에 가입하도록 유도한다. 다음으로, 가구의 소득인정액이 최저생계비보다 낮지만 부양의무자가 있어 비수급 빈곤 가구이거나, 가구의 소득인정액이 최저생계비보다 높지만 월평균 경상소득이 최저생계비보다 낮은 비수급 빈곤 가구에 속해 있는 근로능력자는 본인이 자산형성계좌 개설을 읍·면·동사무소에 직접 신청하게 한다. 읍·면·동사무소의 사회복지사는 행정전산망을 통해 국세청 근로소득세 납부 개인 자료를 열람해 가구의 경상소득을 확인하고, 자산형성 지원의 수급 여부를 결정하여 통보해준다. 자산형성 지원 수급자로 선정된 개인은 정부가 지정한 금융기관에서 저축계좌를 개설한다. 금융기관은 정부의 감독과 통제하에 자산형성계좌를 운영하며, 매월 자산형성계좌 개설자와 계좌 만기자, 예금액에 관한 정보를 정부에 제공하고, 계좌 개설자에게 계좌의 잔액과 인출액, 예상 대응금에 대한 정보를 분기별로 제공한다. 계좌 만기가 되면, 금융기관은 가입자에게 예금액과 이자, 대응금을 지급한다. 금융기관은 예금자에게 지급한 대응금을 매월 지방자치단체에 일괄 신청해 돌려받는다.

6. 결론

이 글에서는 자산에 대한 사회정책 관점과 시민공화주의 시민권 관점을 결합해 자산형성 지원제도를 제시했다. 자산형성 지원은 경상소득이 최저생계비 미만인 빈곤 가구의 근로능력자 중에서 만 15세 이상의 경제활동인구에 속하고 근로소득이나 사업소득이 있는 사람을 대상으로 도입해야 한다고 제안했다. 자산형성 지원을 통해 저축계좌를 개설한 사람은 3년간 최대 1,080만 원에 이자액을 더한 금융자산을 형성할 수 있다. 만기 시 인출할 수 있는 이 금액을 가지고 빈곤 가구가 단기간에 빈곤에서 벗어날 수는 없다. 그러나 저축계좌를 개설한 빈곤층이 3년간 저축계좌를 지니고 정기적으로 저축하면서, 무기력감에서 벗어나 미래에 대한 희망을 키우고 근로활동에 대한 태도 변화를 경험할 수 있을 것이다. 그리고 저축액을 본인과 가족구성원의 교육훈련, 주택 구입 및 임대, 소규모 창업 등에 사용함으로써 장기적으로 긍정적 복지효과를 나타낼 수 있을 것이다.

저소득 빈곤층이 빈곤의 덫에서 벗어나기 위해서는 최저생계비 수준으로 제공되는 소득 지원만으로는 충분하지 않으며 자산형성이 필요하다. 자산형성을 통해 저소득 빈곤층은 미래에 대한 희망을 갖고 자녀 교육의 기회를 확대해 빈곤에서 벗어날 수 있는 토대를 마련할 수 있기 때문이다. 그런데 국민기초생활보장제도는 수급자 선정과 급여 산정 방식과 관련된 제도적 한계로 수급자의 자산형성을 저해하는 문제를 안고 있다. 국민기초생활보장제도의 목표가 빈곤을 완화하는 데 그치는 것이 아니라 수급자의 자활을 통해 빈곤을 감소시키는 것이라면 소득 지원으로는 충분하지 않고 자산형성 지원이 필요하다.

참고문헌

구인회 외. 2009. 「탈수급 및 수급 예방을 위한 공공부조 개선 방안 연구」. 한국보건사회연구원 주최, 공공부조포럼 발표자료.

관계부처합동. 2009. 「민생 안정 긴급 지원 대책」(2009. 3. 12).

김미곤 외. 2008. 「근로능력 수급자의 탈수급에 관한 연구」. 한국보건사회연구원.

노대명·이은혜·원일. 2007. 「기초생활보장제도 효과성에 관한 연구」. 한국보건사회연구원.

노대명. 2009. 「국민기초생활보장제도 도입 10년 평가와 발전 방향」. 한국사회복지정책학회 주최 추계학술대회 발표논문(2009. 11. 6).

보건복지가족부. 2009a. 「2008년도 국민기초생활보장 수급자 현황」. 보건복지가족부.

_____. 2009b. 「자산형성 지원으로 빈곤층에게 자립의 기회를!」. 보도자료(2009. 9. 1).

서울복지재단. "알기 쉬운 희망플러스통장!"(www.welfare.seoul.kr).

신동면. 2003. 자활사업에 대한 평가와 발전방안. 명지대학교 사회과학연구소. ≪사회과학논총≫, 제20호, 191~212쪽.

신동면. 2008. 『동아시아 국가의 공공부조』. 집문당.

이태진 외. 2005. 「저소득층 자산형성 지원 프로그램 시행 방안」. 한국보건사회연구원.

한국보건사회연구원. 2009. 「경제 위기에 따른 사회안전망 구축 방안」. 한국보건사회연구원.

황현일. 2009. 「IMF 이후 자산 불평등 추이」. 금속노조정책연구원 연구보고서.

Ackerman, B. and A. Alstott. 1999. *The Stakeholder Society*. New Haven, C.T.: Yale University Press.

Bowles, S. and H. Gintis. 1998. "Efficient Redistribution: New Rules for Market, States and Commodities." in E. O. Wright(ed.). *Recasting Egalitarianism: New Rules for Commodities, Stats, and Markets*. New York: Verso.

Brooks, J. and L. Tivol. 2008. *The Role of Public Policy in Reducing Poverty and Expanding Economic Opportunity: The Case for Building and Protecting Assets*. Washington D.C.: CFED.

CFED(Corporation for Enterprise Development). 2002. "Federal IDA Briefing Book: How

IDAs Affect Eligibility for Federal Programs." from www.cfed.org

_____. 2007. "Individual Development Accounts: Providing Opportunities to Build Assets." from www.cfed.org.

Dean, H. and P. Taylor-Gooby. 1992. *Dependancy Culture*. London: Harvester Wheatsheaf.

Marshall, T. H. 1950. "Citizenship and Social Class." in T. H. Marshall and T. Bottomore. *Citizenship and Social Class*. London: Pluto Press.

Murray, C. 1984. *Losing Ground*. New York. N.Y.: Basic Books.

OECD. 2003. *Asset Building and The Escape from Poverty*. Paris: OECD.

Oldfield, A. 1990. *Citizenship and Community, Civic Republicanism and the Modern World*. London: Routledge.

Prabhakar, R. 2009. "The Assets Agenda and Social Policy." *Social Policy & Administration*, Vol. 43, No. 1, pp. 54~69.

Sherraden, M. 1991. *Asset and the Poor: A new American Welfare Policy*. New York, N.Y.: Armonk and London: M.E. Sharpe, Inc..

_____. 2000. *Perspective From Research to Policy: Lessons form IDAs*. St Louis: Center for Social Development at University of Washington.

_____. 2002. *Individual Development Accounts: Summary of Research*. St Louis: Center for Social Development at University of Washington.

Taylor-Gooby, P. 2009. *Reframing Social Citizenship*. Oxford: Oxford University Press.

White, S. 2003. *The Civic Minimum: On the Rights and Obligations of Economic Citizenship*. Oxford: Oxford University Press.

복지국가를 위한 한국 사회의 새로운 과제, 사회서비스

사회서비스를 둘러싼 논란을 중심으로

윤홍식 | 인하대학교 사회과학부

1. 문제 제기

이명박 정부의 중심 화두는 시장을 통한 효율성 증대이다. 복지 분야도 이러한 현 정부의 국정운영 원칙에서 예외일 수 없다. '능동적 복지'로 표현되는 정부의 복지정책은 시장의 역할을 강화함으로써 효율성을 높이겠다는 것으로 모아진다. 그러나 현 정부가 지향하는 작은 정부하에서 효율성은 시민의 복지의 질을 높이는 것이라기보다는 국가의 책임을 최소화할 수 있는 방안을 찾는 것인 듯하다. 정부는 복지 제공의 주체가 중앙에서 지방정부로, 국가에서 민간으로 이전됨으로써 다양한 선택이 보장될 수 있을 것으로 기대하고 있다. 그러나 역사적으로 중앙정부의 적극적 역할 없이 시장과 지방정부로 책임을 이전해 사회의 불평등을 감소시킨 전례를 찾기 어렵다는 사실을 기억할 필요가 있다. 더욱이 분배 중심의 국정운영으로 한국 경제를 어렵게 만들었다는 보수세력의 비판을 받고 있는 참여정부하에서조차 불평등과 양극화가 심화되었다는 점을 고려하면, 성장 중심의 이명박 정부하에서 불평등과 빈곤이 급격하게 심화될 것이라고 우려하는 것은 지극히 상식적인 판단이다.

더욱이 시장을 통한 복지 확대가 사회서비스를 중심으로 이루어지므로 불평등의 문제는 사회서비스 영역에서 심각하게 나타날 것으로 예상된다. 물론 공적 사회서비스가 아동보육과 같은 일부 영역에서 매우 제한적으로 제공되었다는 점에서, (이명박 정부하에서) 시장을 통한 사회서비스의 확대조차 큰 틀에서 볼 때 복지(사회서비스) 확대로 이해될 수 있을 것이다. 실제로 신자유주의의 확산을 주도하는 세계은행과 국제통화기금도 1997년 경제위기 이후 한국에서 공공부조의 확대와 사회보험의 확대를 요구했다(조영훈, 2002; 김연명, 2002). 그런 점에서 시장을 통한 사회서비스 확대가 반드시 시민의 복지에 부정적 결과를 초래할 것으로 단언하기는 어렵다. 더욱이 한국의 취약한 복지수준을 고려했을 때 이명박 정부하에서 복지수준이 급격히 감소할 것으로 예상되지는 않는다. 그러나 이는 이명박 정부의 '능동적 복지'가 복지 확대를 의도했기 때문이 아니라, 산업화된 서구 복지국가와 달리 한국에서는 축소할 복지가 거의 없기 때문이다.[1)]

더불어 산업화된 서구 복지국가에서 (부분적으로) 진행되는 민영화·시장화의 논리를 한국 사회에 동일하게 적용하는 것은 적절하지 않다. 산업화된 서구 복지국가들과 달리 한국에서 시장(민간)을 통한 사회서비스의 확대는 서비스 제공의 주체가 공적 주체에서 민간 주체로 전환되는 것이 아니다. OECD 국가들 중 가장 낮은 수준의 복지인프라를 지닌 한국에서 사회서비스에 대한 정부의 어떠한 행위(민간 또는 시장을 통한 복지 확대조차)도 외형적으로는 복지 확대로 비칠 수밖에 없다. 그러므로 현재 한국 사회

---

1) 여성가족정책 영역에 국한해서 보더라도 2005년 기준으로 아동이 있는 가족에 대한 지원 규모는 현금, 서비스, 세금 지원 등을 모두 포함해 GDP 대비 0.3%를 조금 넘는 수준이다. 이는 OECD 24개국 평균인 2.4%에 미치지 못하는 것은 물론이고 상대적으로 경제수준이 유사한 남부 유럽 국가들의 3분의 1에도 미치지 못하고 있는 실정이다(OECD, 2009).

에서 복지 확대, 특히 사회서비스 확대와 관련된 논쟁은 예산의 총량적 규모와 함께 확대의 방향에도 초점을 맞출 필요가 있다.

사회서비스 확대에서 총량적 규모와 함께 그 방향에 관심을 가지는 것은 사회서비스가 복지국가의 전통적 역할인 소득보장과는 다른 성격을 가지고 있기 때문이다. 대표적 사회서비스 영역이라고 할 수 있는 돌봄은 시장에서 거래되는 일반 재화 및 용역과 성격이 다르다. 그것은 돌봄을 제공하는 사람과 돌봄을 받는 사람 사이의 관계에 기반을 두며, 그 관계는 제공자와 받는 사람 사이의 '감정적 교류와 우애'를 전제하기 때문이다. 우리는 시장에서 상품을 구매하지만, 그 상품에 다른 사람의 감정과 우애가 내재해 있다고 생각하지 않는다. 그러므로 사회서비스 제공을 단순히 시장에서 거래되는 상품과 용역으로 간주하는 것은 적절하지 않다. 즉, 사회서비스 확대의 최종적 목적은 후기산업사회에서 시민과 시민 간의 연대와 우애를 높이는 과정으로 이해하는 것이 타당하다.

이 글은 이러한 문제의식을 바탕으로 최근 사회서비스 확대를 둘러싸고 벌어진 몇 가지 주요 과제를 정리하면서, 한국 사회서비스 확대의 원칙과 방향을 검토하려는 의도에서 작성되었다. 먼저 다음 절에서는 산업화된 서구 복지국가의 사회서비스 변화에 대해 개괄했다. 정부가 시장을 통한 사회서비스 확대를 추진하는 중요한 논리 중 하나가 산업화된 서구 복지국가에서 이미 사회서비스의 민영화가 거스를 수 없는 대세로 자리 잡고 있다는 암묵적 전제에 근거하고 있기 때문이다. 이어서 사회서비스를 둘러싼 몇 가지 주요 쟁점에 대해 다루었다. 여기에서는 사회서비스의 지위, 국가, 시장, 가족의 역할, 자유선택, 바우처, 일자리 창출에 대해 간략하게 문제의식을 정리했다. 마지막으로 한국에서 사회서비스 확대의 원칙과 방향에 대해 다루었다.

2. 산업화된 서구 복지국가의 경향: 사회서비스를 중심으로2)

일반적 기대와 달리 사회민주주의(이하 사민주의) 복지국가에서도 민영화의 양상은 다양한 모습으로 나타나고 있다(Blomqvist, 2004). 사민주의 복지국가를 대표하는 스웨덴에서는 아동과 노인 돌봄서비스에서 서로 다른 민영화의 양상이 목격된다. 노인 돌봄서비스에서는 자격 기준과 돌봄서비스 제공 수준에 대해 여전히 지방정부가 결정권을 행사하고 있지만, 실질적 서비스 제공은 공적기관 또는 민간기관과 계약을 통해 이루어진다(Blomqvist, 2004). 그런데 공적 서비스 제공 기관이 감소하면서 노인의 돌봄서비스 이용에서 소득계층에 따른 차이가 심화되고 있다(Szebehely, 2000. Blomqvist, 2004에서 재인용). 문제는 공공 부문이 감소하면서 상대적으로 소득이 낮은 계층에서 여성의 무급 돌봄노동이 증가하고 있다는 사실이다.

반면에 스웨덴의 아동 돌봄서비스에서는 비영리기관(부모협동조합 등)이 서비스 제공의 중요한 주체로 부각되고 있다. 이러한 경향은 1980년대 중반부터 본격화되었다. 1984년 사민당은 민간 비영리기관이 공적 재원을 이용할 수 있도록 제도화했고, 1992년에는 보수당 연립정부가 이를 영리기관까지 확대 적용했다. 이 때문에 아동 돌봄 영역에서 민간이 차지하는 비율은 1990년 5%에서 1997년 15%로 불과 7년 만에 세 배나 높아졌다(Bergqvist and Nyberg, 2002). 그런데 문제는 단순히 서비스 제공에서 민간 부문의 비율이 높아지고 있다는 사실에 있지 않다. 전체적으로는 민간 부문이 차지하는 비율이 15% 수준에 머물지만, 민간이 제공하는 서비스의 비율은 지방정부에 따라 낮게는 1%에서 높게는 47%로 매우 큰 차이를

2) 이하에 실린 내용은 2009년 보건복지가족부의 『사회서비스 관리 행정체계』 용역과제 자료집에서 필자가 작성했던 글의 일부를 수정·보완한 것이다.

보인다(Blomqvist, 2004). 단순히 서비스를 제공하는 주체가 공공에서 민간으로 이전되는 문제를 넘어, 서비스 제공과 관련해 계층적 차이와 지역 간 차이가 확대되고 있다.

교육 부문에서는 노인 돌봄과 유사한 현상이 발생하고 있다. 교육서비스를 보면 바우처 제도를 도입한 것을 계기로 중산층 아동을 대상으로 하는 사립학교가 점차 늘어나고 있다(Klitgaard, 2007; Blomqvist, 2004). 바우처 제도는 사민주의 복지국가의 특성을 반영하듯 보편적으로 도입되었지만, 바우처 제도의 보편적 도입이 오히려 교육서비스의 계층화를 촉진하는 모순적인 결과를 보이고 있다. 물론 스웨덴은 가족을 제외하면 여전히 공적 부문이 서비스 제공의 가장 중요한 주체이다. 그러나 민영화가 진행되면서 서비스 수요자의 부담이 늘어나고 노인에 대한 서비스와 교육서비스에서 시장적 요소가 강화된 것은 분명한 사실이다. 실제로 아동보육 비용에서 부모가 부담하는 비중은 1990년에 10%였던 것이 2000년에는 18%로 거의 80%나 늘었다(Bergqvist and Nyberg, 2002; Blomqvist, 2004).

자유주의 복지국가를 대표하는 영국에서는 국가가 재원을 담당하고 지방정부가 민간기관과의 계약을 통해 서비스를 제공하는 방식을 취한다(Bode, 2006). 이러한 사회서비스 제공 방식은 보수당 집권 이래 지속되어왔다. 그러나 신노동당 정부가 등장하고 나서 중요한 변화가 일어났다. 중앙정부가 지역사회에서 제공되는 서비스에 대해 통제와 관리를 정교화·강화했다는 점이다. 예를 들어 보수당 정부에서 민간 부문의 경쟁을 강화하기 위해 고안된 강제입찰제와 같은 제도는 폐지되었지만, 개인예산제도와 사회보호조사위원회 구성처럼 중앙정부의 통제를 강화하는 새로운 방식이 도입되었다(강혜규 외, 2007). 또 한 가지 주목할 현상은 과거에는 정책 대상 밖에 위치하던 비공식 돌봄에 대한 지원을 확대하고 있다는 점이다. 이러한 시도는 가족 돌봄에 대한 사회적 가치를 (부분적으로) 인정했다는 점에서 긍정적으로 볼 수도 있다. 그러나 가족 내에서 발생하는 돌봄 욕구에 대해 가족의 책임을 제도적으로 강화하고 있다는 점에서 많은 논란을 야기할 수 있다. 정리하면, 현상적으로는 분권화가 이루어지고 있지만, 이전(보수당 정부)과 비교해 중앙정부의 통제와 지원[3)]이 강화·확대되고 있고(Bahle, 2003), 가족의 책임 역시 강화되고 있다.

한편 보수주의 복지국가를 대표하는 독일에서는 일반적 이해와 달리 공적기관의 역할이 상대적으로 강화되고 있다(Bahle, 2003). 전통적으로 헌법에서 보장하던 비영리기관의 사회서비스 제공과 관련된 독점적 지위를 철폐하고 다양한 집단의 사회서비스 제공을 허용하고 있다. 그러나 현실적으로 사회서비스 시장이 발달하지 않았기 때문에 (민간과 시장을 대신해) 국가 역할의 확대가 이루어지는 것으로 보인다. 아동 돌봄과 관련해서는 1992년 「아동청소년법(the Children and Youth Act)」을 제정하여 1999년부터 3세 이상 취학 전 아동의 보육시설 이용에 대한 보편적 권리를 보장했다(Scheiwe, 2000).[4)] 연방법에 따라 아동보육의 보편적 권리가 제도화되면서 비영리기관만으로는 아동 돌봄서비스를 적절히 제공할 수 없게 되었다. 이 때문에 아동 돌봄서비스에서 공적 부문의 역할이 상대적으로 더욱 중요해졌다(Bahle, 2003).

프랑스에서도 1980년대 중반 이후 지방분권화와 함께 사회서비스와 관련된 개혁이 진행되었다. 이를 통해 지역에서 공적기관과 민간기관의 긴밀한 관계가 형성되었다. 그러나 프랑스에서는 사회서비스 개혁의 필요가 민영화를 주도했다기보다는 사회당의 정치적 필요가 중요하게 작용했던 것으로 보인다. 1981년에 집권한 미테랑의 사회당 정부의 정치적 토대

---

3) 분명한 사실은 신노동당 집권 이후 3세 이상 취학 전 아동에 대한 서비스의 절대량이 증가했다는 점이다.

4) 1996년에 시행하려던 것을 재정적 이유로 1999년으로 연기했다.

가 지방에 있었기 때문에, 중앙정부의 보수적 관료의 힘을 약화시키고 통제하기 위해 지방분권을 적극적으로 추진할 필요가 있었던 것이다(Bahle, 2003). 그러나 공적기관이 지역시장에서 유일한 사회서비스의 공급자로 남았기 때문에 공적기관의 역할은 여전히 지배적이라고 할 수 있다.

이처럼 서구 복지국가에서 사회서비스 제공은 다양한 모습으로 나타난다. 현재까지는 어떤 방식이 최선의 길이라고 단언하기 어렵다. 다만 분명한 것은 사회서비스의 민영화가 진행되었는데도 여전히 공적기관이 사회서비스에서 핵심적 역할을 담당한다는 점이다.

3. 사회서비스를 둘러싼 쟁점

1) 사회서비스의 역할

최근 한국 사회에서 벌어지고 있는 사회서비스 확대를 둘러싼 논의는 본질에서 벗어나 있다. 사회서비스 확대를 통해 한국 사회가 궁극적으로 지향하는 정책 목표가 무엇인지 분명히 할 필요가 있는데도, 현재 논의는 일자리 창출과 효율성 등과 같은 현상적인 문제에 집중되고 있다. 물론 일자리 창출, 효율성, 지역사회의 사회서비스에 대한 욕구 충족은 사회서비스 확대 과정에서 성취해야 할 과제이다. 그러나 그것이 사회서비스 확충의 궁극적 과제는 아니다.

한국 복지국가 확대 과정에서 사회서비스의 지위와 역할에 대한 문제의식이 전제되지 않는 사회서비스 확대 논의는 복지국가의 궁극적 과제인 연대와 통합을 통한 평등의 과제를 간과할 것이다. 더욱이 이러한 현상적 문제로 사회서비스 확대와 관련된 담론이 만들어질 때, 그 논의는 효율성이라는 시장이 만들어놓은 틀을 벗어나기 어렵다. 예를 들어 참여연대가 제기한 '바우처'에 관한 비판을 보자(참여연대, 2008; 김종해, 2008). 그 비판의 핵심은 전자바우처가 카드수수료와 같은 추가적 부담 때문에 비용효과적이지 않다는 것이다. 쟁점이 이러한 문제로 옮겨가면, 논의는 비용 대비 효과를 높이기 위한 최적의 대안을 찾는 것으로 이어진다. 그런데 이처럼 비용효과의 관점에서 보면 경쟁을 통해 최적의 효율을 달성한다는 시장논리를 대체하기 어렵다.

많은 문헌에서 언급하고 있듯이 서구 복지국가에서 이루어지는 것과 같은 사회서비스는 인구, 가족, 노동시장의 변화 등 이른바 후기산업사회의 변화 과정에서 야기되는 새로운 사회위험에 대한 복지국가의 대응을 총화한 것이라고 할 수 있다(Bonoli, 2005; Taylor-Gooby, 2004). 과거 복지국가의 주요한 역할이 노동시장에서 생계부양자가 직면한 실업, 질병, 노령 등과 같은 소득 상실의 위험에 대응하는 것이었다면, 현대 복지국가의 역할은 노동시장 유연화, 돌봄 제공자의 노동시장 진입으로 발생한 돌봄의 공백 등과 같은 새로운 사회위험에 대응하는 것이라 할 수 있다. 과거 산업화 시대의 복지국가가 소득보장정책을 통해 사회적 연대와 통합을 이루었듯이, 후기산업사회에서 복지국가는 사회서비스 확대를 통해 새로운 연대와 통합을 성취해야 한다. 즉, 사회서비스는 새로운 사회위험에 직면한 현대 복지국가가 시민적 연대와 통합을 이루기 위한 핵심적 정책 대응인 것이다. 이러한 문제의식에 동의했을 때 비로소 한국 사회는 통합과 연대라는 사회서비스의 본질적 목적을 달성하기 위해 가장 적절한 정책 수단이 무엇인지를 논의할 수 있다.

2) 국가·시장·가족의 역할

한국 사회에서 누가 얼마만큼의 사회서비스를 제공할 것인지에 대한 합의는 없다. 다만 참여정부에서 이명박 정부에 이르기까지 현실 정책에서 사용한 주된 방식은 국가가 제한된 공적 자원을 제공하고 민간(영리 또는 비영리기관)이 서비스를 제공하는 것이다. 그리고 이 과정에서 정부는 지역사회 내 서비스 제공 기관 간에 경쟁을 유발해 비용을 절감하고 효율성을 높이는 것을 주요한 정책 목표로 제시해왔다(이재원, 2008a). 또한 산업화된 서구 복지국가 대부분에서 진행된 탈중앙화와 민영화를 언급하면서, 사회서비스 확대에 관한 정부의 정책 방향에 정당성을 부여하고 있다.

그러나 서구 복지국가의 사회서비스 민영화 경향은 단순한 형태로 나타나지 않는다. 더욱이 에스핑-안데르센(Esping-Andersen, 1999)이 지적했듯이 국가-시장-가족-제3섹터의 관계에서 어떤 하나의 주체가 다른 주체의 역할을 완전히 대체하는 것은 논리적으로나 현실적으로도 불가능하다. 실제로 공적 사회서비스가 가장 발달한 북유럽 국가에서도 가족은 여전히 가장 중요한 사회서비스 제공 주체이다(Munday, 2003: 5; Esping-Andersen, 1999; Bahle, 3003: 8). 영국의 경우를 보면 돌봄이 필요한 노인의 80%가 가족, 이웃 등으로부터 돌봄을 제공받는 것으로 보고된다(Pickard, 2001). 서비스 제공 주체의 관계는 과거에도 그러했던 것처럼 현재와 미래에도 서로의 장점에 근거해 상호보완적인 역할을 할 것으로 기대된다. 실제로 서구 복지국가는 자신의 조건과 현재의 필요에 따라 경로에 의존하거나 경로에서 벗어나는 방식으로 자신의 특수한 복지혼합모형을 만들고 있다. 예를 들어 다른 유럽 국가처럼 제2차 세계대전이 일어나기 전 스웨덴에서도 사회서비스 제공은 민간기관을 중심으로 이루어졌다(Blomqvist, 2004). 그러나 전후 평등과 사회적 연대라는 원칙에 입각한 사민당 정부의 전략적 선택을 통해 사회서비스 부문에서 다양한 민간조직의 역할은 사라지고 공적 영역이 주요한 역할을 하게 되었다. 그러므로 민영화나 시장화 같은 어떤 특정한 방식이 한국 사회의 최선의 길이라고 단언하는 것은 바람직하지 않다.

현실적으로 한국은 대륙 유럽 복지국가와 달리 사회서비스를 제공하는 비영리기관이 잘 발달되어 있지 않고, 영미권 국가와 달리 영리를 목적으로 하는 사회서비스 기관의 역할도 매우 제한적이다. 또한 대륙 유럽 복지국가들과 달리 법적 권리에 근거해 민간조직이 국가를 대신해 공적 사회서비스를 제공하는 전통도 미약하다. 특히 한국에서 민간기관은 한국전쟁 이후 외국 원조단체에 의해 만들어진 경우가 많고(강혜규 외, 2007: 324), 공적 의무를 수행하는 기관이라고 인식되기보다는 설립자의 사유재산이라는 성격이 더 강하다. 물론 소수이기는 하지만, 1980년대 이후 빈민운동과 생활협동조합운동과 같은 사회운동을 주도했던 주요 세력들이 2000년 이후 자활사업에 참여한 경우도 있다(한상진, 2005). 그러나 이 기관들은 사회서비스를 제공하는 전체 민간기관 중 일부에 지나지 않는다. 이러한 현실을 고려하면 한국 사회에서 비영리기관의 역할 또한 서구 국가와 다를 것으로 예상된다.

영리기관의 문제도 유사한 맥락에서 이해할 필요가 있다. 서구 복지국가의 영리기관은 한국의 영리기관과는 역사적 연원이 다르다. 한국에서 영리기관 상당수는 사회서비스 확대를 위해 (정부가) 의도적으로 만들었다고 할 수 있기 때문이다. 반면 독일에서 영리기관은 자원조직에서 출발했으며, 영국에서는 영리기관 상당수가 공적기관으로 출발했다(Bode, 2006). 헌법을 바탕으로 사회서비스와 관련해 비영리기관에 권한을 부여한 독일과 공적기관이 영리기관으로 전환된 영국에서 민영화(영리기관화)는 공적으로 제공되는 서비스를 더 효율적으로 전달하기 위한 하나의 방안으로 시작되었다. 이 때문에 이 국가들에서 영리기관과 비영리기관의 구분은 현실적으로 모호하게 나타난다(Bode, 2006). 반면에 한국은 주로 공적인 사회서비스 전달 경험이 전혀 없는 기관이 새롭게 사회서비스 시장에 참여하고 있는 실정이다. 이러한 영리기관이 공적기관을 대신하여 공공의 가치를 추구하는 사회서비스를 효과적으로 전달할 것을 기대하기는 어렵다. 그렇다고 북유럽처럼 국가가 사회서비스 전달에 중심적 역할을 해온 경험도 일천한 것이 한국의 현실이다.

한국 사회서비스가 직면한 과제는 기존의 비효율적인 제공 주체를 효율적인 주체로 바꾸는 것이 아니라, 질이 담보된 서비스의 절대적 양을 확대하는 것이다. 현재로서는 어떤 주체가 가장 효율적으로 양질의 사회서비스를 제공할 수 있을지를 예단하는 것이 쉽지 않다. 다만 서구 복지국가의 경험을 고려했을 때, 어떤 한 주체가 다른 주체를 완전히 대체한다는 것은 불가능하고 바람직하지도 않다. 그러므로 현재 한국에서 시장을 사회서비스 확대의 유일한 대안으로 간주하는 것은 적절하지 않다. 시장과 국가 모두 각각의 장점과 단점이 있기 때문이다. 이런 측면을 고려한다면 사회서비스 전달 주체는 국가, 민간(비영리와 영리), 가족 세 축을 중심으로 균형있는 확대를 모색할 필요가 있다.

공적기관에서 제공하는 양질의 보편적 서비스는 유사한 지역사회 클라이언트를 대상으로 경쟁하는 영리기관과 비영리기관 간의 긍정적인 경쟁을 유도할 수 있을 것이라고 판단된다. 즉, 공적기관에서 사회서비스를 제공하면 비영리기관과 영리기관은 그와 유사한 또는 그보다 더 나은 서비스를 제공하기 위해 경쟁해야 하기 때문이다.[5] 그러므로 한국 사회서비스

5) 그러나 수익성을 고려하지 않고 서비스를 제공하는 공적기관과 달리 수익성을 고려해야 하는 민간기관이 동일한 질을 더 낮은 비용으로 제공하는 것이 가능할 것인지에 대해서는 매우 회의적이다.

제공체계에서 핵심적 과제는 공적기관이 사회서비스의 상당 부분(비영리 및 영리기관과 경쟁할 수 있을 정도)을 제공할 수 있도록 공적기관을 확대하는 것이다. 현재 한국의 상황과 같이 서비스 제공자와 수요자 간에 실질적 시장관계가 형성되지 못한 경우, 서비스 제공은 질이 아닌 비용을 줄이기 위한 경쟁에 집중될 수 있기 때문이다(Bahle, 2003: 12). 더욱이 국가, 비영리기관, 영리기관의 사회서비스 제공에 대한 역사적 경험이 거의 없는 상태에서 검증되지 않은 방식으로 사회서비스 제공이 확대되는 것은 어떠한 이유에서도 타당하지 않다.

3) 사회서비스 수요자의 선택권

(1) 선택권의 유형화[6)]

한국 사회에서 소비자의 선택권은 사회서비스 전달의 핵심적 이슈로 등장하고 있다. 사회서비스를 둘러싼 자유선택 논쟁의 핵심은 시장이 사회서비스 수요자 또는 소비자에게 더 다양한 선택지를 제공할 수 있는지, 그리고 그렇게 제공된 서비스의 질이 담보될 수 있는지에 대한 문제이다. 이러한 자유선택과 관련된 논쟁은 국가의 역할이라는 측면에서 논의가 필요하다. 자유선택의 정도는 사회서비스에 대한 국가의 지원 수준에 따라 다르게 나타날 수 있다. 명목적으로 사회서비스 수요자는 자신의 선호에 따라 자유롭게 사회서비스를 선택할 수 있다고 하지만, 국가가 사회서비스에 대해 실질적으로 지원하지 않는다면 수요자의 자유선택은 시장에서 지불능력이 있는 특정한 계층에게서 제한적으로 이루어질 수밖에 없기 때문이다(Esping-Andersen, 1999).

---

6) 이 내용은 이삼식 외(2007: 37~45)를 바탕으로 작성했다.

〈그림 5-1〉 자유선택의 정책 지향성

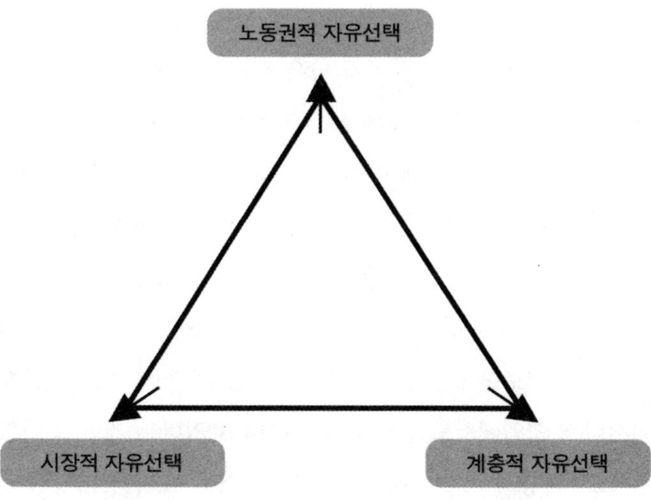

자료: 이삼식 외(2007: 39).

이러한 문제의식에 근거해 사회서비스와 관련된 선택권을 유형화해보면, '계층적 자유선택', '시장적 자유선택', '노동권적 자유선택'이라는 세 가지 정책 지향성으로 구분할 수 있다(<그림 5-1> 참조). 세 가지 정책 지향성은 사회서비스 제공에 대한 국가의 지원 형태와 수준에 따라 결정된다. 먼저 계층적 자유선택은 사회서비스 수급자의 선택에 대해 국가가 세금 혜택, 현금 지원, 직간접 서비스 제공 등 어떤 형태로든 지원하는 유형이다. 특히 국가가 직접 사회서비스를 제공하기보다는 비영리기관이 사회서비스 제공에서 지배적인 역할을 담당하고 영리기관은 제한적 역할을 하는 것으로 보인다(Bahle, 2003). 다양한 선택에 대한 국가 지원의 논리적 근거는 국가가 특정한 시민의 선택에 대한 지원이 아닌 모든 시민의 다양한 선택에 대해 동일하게 지원해야 한다는 데 있다. 계층적 자유선택 유형에 가장 가까운 사례는 프랑스의 아동양육정책에서 찾을 수 있다.

자녀양육에서 자유선택은 자녀를 민간보육시설(가정 놀이방 포함해서)에 보낼 것인지, 국공립시설에 보낼 것인지, 보모를 고용해 집에서 양육할 것인지, 직접 양육할 것인지 등 네 가지 양육형태와 관련해 나타나는데, 프랑스는 이 네 가지 양육형태에 대해 모두 (지원 수준은 다를지라도) 지원한다. 그러나 실제로는 소득계층에 따라 이용하는 서비스에 차이를 보인다. 다시 말해 중상층은 개별화된 형태(등록보육사 고용, 가정보육)를 이용하고, 중하층은 공적 보육시설을 이용하며, 하층은 아동양육수당을 이용하는 것으로 보고된다(Lanquentin, Laufer and Letablier, 2000). 결국 계층적 자유선택은 보수주의 사회보장체제의 기본 특성인 사회계층에 따른 차별적 제도화가 사회서비스 영역에서도 동일하게 나타나고 있다는 것을 의미한다.

다음으로 '시장적 자유선택'은 사회서비스 수요자가 다양한 사회서비스를 자유롭게 선택할 수 있지만, 국가가 이에 대해 직접적으로 지원하지 않거나 자산조사에 의해 제한된 집단에 대해서만 부분적으로 지원하는 유형이다. 여기에서는 실질적으로 사회서비스를 자유롭게 선택할 수 있는지 여부가 사회서비스 수요자의 경제적 지위에 따라 차등적으로 나타나고, 다른 유형에 비해 사회서비스 시장이 상대적으로 잘 발달해 있다. 국가의 지원 없이 시장에서 사회서비스를 구매할 수 있는 수요자는 자신의 능력에 따라 자유롭게 사회서비스의 양과 질을 결정할 수 있지만, 지불능력이 없는 수요자의 선택은 매우 제한적일 수밖에 없다. 대표적인 국가는 미국이다. 국가는 특정한 사회서비스 유형에 대한 강제나 지원을 하지 않음으로써 사회서비스 제공의 책임을 개인과 가족에게 일임한다. 특히 시장적 자유선택의 특성이라고 할 수 있는 잘 발달된 사회서비스 시장은 해당 사회의 저임금 노동력 규모와 밀접히 관련된다. 저임금 노동력의 규모가 상대적으로 작을 경우 서비스 비용이 높아지기 때문에 특정 계층만이 시장에서 서비스를 구매할 수 있고, 저임금 노동력 규모가 클 경우 시장에서 제공되는 값싼 서비스가 사회서비스 공급에서 주요한 역할을 하게 된다.

마지막으로 '노동권적 자유선택'[7] 유형에서는 사회서비스를 둘러싼 자유선택을 개인의 자유로운 선택으로 이해하기보다는 개인이 잘못된 선택을 하지 않을 권리로 이해한다. 또는 자유선택이 시장의 힘으로부터 자유로울 권리로 이해된다. 노동권적 자유선택은 소득수준이나 개인의 선택과 관계없이 모든 시민이 양질의 서비스를 제공받을 권리가 있다는 입장이다. 민간기관을 대신해 표준화된 공적 서비스를 보편적으로 제공하고 있는 스웨덴이 노동권적 자유선택을 실현하고 있는 대표적 사례라고 할 수 있다. 국가가 특정한 서비스(예를 들어 공적 아동보육서비스)에 대해서만 지원하는 것에 대해 시민의 선택권을 제한한다는 비판이 제기되지만, 스웨덴 사민당 정부는 형평성을 이유로 공공재를 이용하지 않는 사람들에게 보상적 차원의 지원을 확대할 수는 없다는 논리로 맞서고 있다(Leria, 2000).[8]

그러나 특정한 형태의 자유선택 유형이 특정한 국가에서 배타적으로 나타난다고 이해하는 것은 바람직하지 않다. 예컨대 스웨덴에서는 중산층의 사립학교 선택권을 보장하기 위해 바우처 제도를 도입했다(Klitgaard, 2007: 463). 반면 취학 전 아동 돌봄서비스는 일부 민간 비영리 부문이 담당하는 것 외에는 대부분 여전히 공적 기관을 통해 이루어진다(Blomqvist, 2004). 즉, 학교교육에서는 가구의 경제적 능력에 따른 선택권을 보장하는 시장적 자유선택으로 정책 변화가 이루어지고 있지만, 취학 전 아동보육

---

7) 노동권적 자유선택이라고 명명한 이유는 그것이 나타나는 스웨덴이나 덴마크와 같은 북유럽 복지국가에서 대부분의 복지(현금과 사회서비스를 포함해서)는 모든 시민이 노동시장에 참여한다는 전제하에 설계되어 있기 때문이다.

8) 예를 들어 공공재원으로 만들어진 공항은 비행기를 이용하는 사람에게 유용한 서비스를 제공하지만 비행기를 이용하지 않는 사람에게는 어떤 서비스도 제공하지 않는다. 상황이 이렇다고 해서 국가가 공항을 이용하지 않는 시민들에게 형평성을 이유로 보상할 필요는 없다는 주장이다.

에서는 여전히 노동권적 자유선택을 유지하고 있는 것이다. 그러므로 선택권에 관한 논의는 특정 유형을 배타적으로 구분하지 않고 정책 지향성으로 이해하는 것이 바람직하다. 이러한 관점에 따르면 선택권의 보장 유형은 서비스의 대상에 따라 다르게 나타날 수 있다. 즉, 사회서비스의 선택권과 관련된 특정 국가의 유형은 다양한 서비스 대상을 종합했을 때 수혜대상의 범위와 국가의 개입 수준, 시장과 비영리기관의 역할 등에 따라 <그림 5-1>에 나타난 것처럼 서로 다른 지향을 지닌 세 개의 원심력으로 구성되는 삼각형 안의 하나의 지점에 위치한다고 할 수 있다.

(2) **한국의 사회서비스 선택권 유형**9)

그렇다면 한국에서 사회서비스 수요자의 선택권은 어떤 모습을 보일까? 먼저 국가가 사회서비스 수요자의 모든 선택에 대해 지원하고 있다고 보기는 어렵다. 아동보육에서는 3세 미만 아동은 물론이고 3세 이상 취학 전 아동에 대해서도 보편적 서비스를 제공하고 있지 않다. 또한 국공립시설을 이용하기 위해서는 상당한 기간을 기다려야 한다는 점에서 아동보육서비스 수요자의 선택권은 제한적이라고 할 수 있다. 그렇다고 다른 형태의 아동양육형태에 대한 선택을 지원하는 것도 아니다. 정책적으로 가정보육사에 대한 정책이 검토되고 보육시설을 이용하지 않는 가구에 대해 월 10만 원의 아동양육수당을 2009년 7월부터 제공하고 있지만, 이 또한 자산조사를 기준으로 저소득층에게만 제한적으로 제공한다.

노인에 대한 사회서비스는 크게 두 가지 형태로 제공하는데, 하나는 2008년부터 시행된 노인요양보험제도로 전체 노인 중 중증질환이 있는 노인에 대해서만 부분적으로 지원을 하고 있다. 다른 하나는 보건복지부

---

9) 이 내용은 윤홍식(2010)에서 발췌한 것이다.

의 4대 바우처 사업 중 하나인 노인 돌보미 사업이다. 가구소득이 전국 월평균 가구소득의 150% 이하인 65세 이상 노인에 대해 월 27시간에서 36시간의 재가 돌봄서비스를 지원하는데, 이 역시 지원 규모가 제한적이다. 한편 중증장애인 활동보조서비스에 대해서는 자산조사 없이 재가서비스를 제공한다.

종합하면 한국에서는 노동권적 자유선택 유형처럼 국가가 제공하는 표준화된 서비스를 보편적으로 제공하지도 않으며, 계층적 자유선택 유형처럼 국가가 시민들이 선택한 모든 형태의 서비스를 지원하지도 않는다. 이러한 현상은 정도의 차이는 있지만 주요 사회서비스 대상인 아동, 장애인, 노인 모든 부문에서 나타난다. 그렇다고 시장적 자유선택 유형처럼 사회서비스를 구매할 시장이 충분히 발달해 있지도 않다. 다만 현재 정부의 정책이 국가가 일부 재원을 분담하고 민간이 서비스를 제공하는 방향으로 가고 있다는 점을 고려할 때, 시장적 자유선택 유형의 특성이 강화될 것으로 보인다. 특히 중증장애인 활동보조서비스를 제외하면 사회서비스에 대한 공적 지원이 자산조사를 바탕으로 특정 소득 이하 계층에게만 제한적으로 이루어지고 있다는 점은 시장적 선택권 보장과 유사한 특성을 보이고 있는 또 다른 근거가 될 수 있을 것이다. 이러한 정책 지향의 결과로 향후 사회서비스 시장이 활성화되는 과정에서 사회서비스 이용 형태가 소득계층에 따라 차이를 보일 것으로 예상된다. 중산층 이상은 시장에서 자신의 경제적 능력에 따라 서비스를 구매하고, 저소득층은 공적 지원에 기반을 두고 시장 또는 제한된 선택 범위 내에서 최저 조건만을 충족하는 서비스를 이용할 것으로 보인다. 특히 중산층과 저소득계층 사이에 위치한 소득계층은 공적 지원이 없는 상태에서 기존 가족구성원의 도움을 받거나 서비스 대상자를 집에 방치할 가능성이 크다.

4) 바우처 방식에 관한 논란

정부는 2007년 4월 도입된 사회서비스 4대 사업에 전자바우처를 성공적으로 도입했다고 자평하고, 전자바우처 방식을 아동보육에서 모든 사회서비스로 확대하고 있다(보건복지가족부 보육정책관, 2008). 정부는 전자바우처가 시장에서 경쟁을 통해 소비자 선택권을 높임으로써 사회서비스의 질을 높이고 사회적 일자리를 창출하는 데 매우 유용한 제도라고 평가했다. 또한 전자바우처는 기존 종이바우처에서 나타나는 행정비용과 오용 문제를 해결하고 제도의 긍정적 성과를 최대화할 수 있다고 주장한다. 이러한 주장을 근거로 정부는 2009년 1월 입법 예고된 「사회서비스관리법(안)」[10)]을 통해 바우처 제도의 법적 근거를 마련했다.

그러나 이러한 정부정책은 시민사회와 일부 정당으로부터 비판받고 있다. 진보신당의 분석보고서에서는 "사회서비스를 제공하는 국가, 지방자치단체 및 공공기관 등은 사회서비스바우처를 우선적으로 활용(법안 제5조)"해야 한다는 원칙에 대해 시장에서 민간(영리 또는 비영리)기관의 난립과 서비스 질을 떨어뜨릴 것이라는 우려를 제기했다(좌혜경, 2009). 참여연대는 보육바우처가 보육 부담을 높이고, 불필요한 재정지출을 야기하며(카드수수료), 카드회사의 수익을 보장하고, 저소득층 아동에 대한 역선택권을 강화한다는 비판을 제기하며 반대 입장을 분명히 했다(참여연대, 2008, 김종해, 2008). 문제의 핵심은 결국 바우처가 시장에서의 서비스 제공 기관 간의 경쟁을 통해 서비스 수요자의 선택권과 서비스의 질을 높일 수 있느냐에 모아지고 있다.

그러나 문제는 사회서비스(전자)바우처라는 제도 운영의 수단에 있기보

10) 「사회서비스바우처관리법」으로 제정되었다.

다는 사회서비스 제공의 구조에 있다고 보는 것이 타당할 것이다. 즉, 현재 바우처 문제로 야기되는 논란은 사회서비스정책과 관련된 현상적 문제이지 본질적 문제는 아니다. 정부가 바우처 도입의 근거로 주장하는 소비자 선택권은 선택할 수 있는 객관적 조건과 주관적 조건을 동시에 고려해야 하기 때문이다(Eustis, Fischer and Kane, 1994). 또한 시장을 통한 자유로운 선택이 사회적으로 용인되기 위해서는 수요자 선택의 결과가 전체 사회와 관계되기보다는 개인적 차원으로 제한되어야 하며, 이때 시장을 통한 선택이 사회 전체적으로 효율적이라고 할 수 있다. 특히 사회서비스는 전자제품, 자동차 등과 같은 상품처럼 마음에 들지 않으면 마음에 들 때까지 반납하거나 기다릴 수 있는 성질의 것이 아니다. 일상생활을 유지하기 위해 매시간 존재해야 한다. 현재 제공되는 또는 선택할 수 있는 서비스가 적절하지 않다고 해서 아동에게 필요한 돌봄서비스를 중단하거나 기다릴 수는 없기 때문이다. 그렇기 때문에 사회서비스에서 선택권은 앞서 자유선택 유형에서 언급한 것처럼 '잘못된 선택'을 하지 않을 권리로 이해해야 한다. 현재 한국 사회가 직면한 상황은 사회서비스 수요자와 공급자 모두 완전한 정보에 근거해 합리적 결정을 할 수 있는 조건이 마련되었다고 보기 어렵기 때문이다.

사회서비스의 목적이 새롭게 제기되는 사회위험에 대응해 한국 사회에서 통합과 연대를 높이기 위한 것이라면, 양질의 서비스를 제공할 수 있는 인프라는 사회서비스정책의 성패를 가르는 핵심적 준거라고 할 수 있다. 양질의 서비스가 소득계층과 관계없이 모든 수요자의 욕구에 따라 충분히 제공되지 않는 상황에서 서비스가 시장을 통해 제공된다면, 결국 앞서 제기된 비판과 같이 사회서비스 수요자의 구매력에 따라 서비스는 차별적으로 제공될 것이며, 사회서비스 제공의 양과 질의 불평등을 야기할 가능성이 크다. 실제로 정부는 4대 바우처 사업을 설명하면서 소비자 선택권이 강화되었다고 주장하지만(이재원, 2008a), 현실은 정부의 주장과는 다르다. 한 연구에 따르면, 수요자는 서비스 제공 기관을 직접 선택하는 경우가 드물고, 읍·면·동사무소에서 수요자에게 미리 공급자를 배정하거나 서비스 제공 기관이 직접 방문해 대신 사회서비스 이용을 신청하고 있는 것으로 보고된다(이재원, 2008b). 이러한 현실을 고려한다면 한국에서 바우처의 제도화는 사회서비스의 수요자 선택권을 확대하는 것이 목적이기보다는 부족한 사회서비스 공급을 시장 확대를 통해 달성하려는 전략으로 이해되는 것이 타당하다.

바우처라는 서비스 제공 수단 자체가 시민사회와 진보신당에서 제기한 부정적 결과를 야기하는 것이기보다는 사회서비스 제공 구조와 수요자의 특성과 관련해 그 유효성이 결정된다고 볼 수 있다. 실제로 스웨덴에서 학교 바우처의 보편적 도입은 사립학교를 확대하는 데 촉매가 됨으로써 학교교육의 계층적 차이를 증가시키고 있다(Klitgaard, 2007). 중산층 이상은 제공된 바우처에 본인부담금을 더해서 자신들이 원하는 사립학교에 자녀를 보내지만, 저소득층은 본인부담금을 낼 여력이 없어 공립학교를 이용한다. 한편 다양한 학교 바우처 프로그램의 정책 대상이 자산조사를 통해 저소득층으로 제한된 미국은 스웨덴과 달리 중산층의 이해를 반영하지 못하고 있는 것으로 평가된다. 이렇듯 바우처는 사회서비스 인프라와 수요자의 특성에 따라 다른 결과를 나타낼 수 있다.

그렇다면 현재 한국과 같은 상황에서 바우처 확대는 어떠한 결과를 불러올 것인가? 사회서비스 제공 기관의 절대량이 부족한 현실에서 바우처가 사회서비스 수요자의 선택권을 확대할 수 있다고 예단하기는 어렵다. 더욱이 양질의 서비스를 보편적으로 제공하는 공적기관이 거의 없는 상황에서 선택권 확대는 수사적 수준에 그칠 것이다. 다만 정부의 의도대로 향후 4대 바우처사업을 통해 저소득계층을 대상(노인 돌보미 사업은 일부 중산층 대상)으로 수익을 추구하는 민간 서비스 기관이 확대될 것으로 보인다. 또한 시·군·구 행정구역과 관계없이 사회서비스를 제공할 수 있다고 하지만, 사회서비스, 특히 대인서비스의 특성상 지역적 제한성을 극복하기 어렵기 때문에 민간기관 간의 경쟁은 제한적일 수밖에 없다. 정부의 의도와 달리 경쟁을 통한 서비스 질 향상을 기대하기 어려운 것이다. 만약 앞으로 바우처가 모든 소득계층으로 확대된다면, 시민사회단체에서 우려하는 것처럼 사회서비스 수요자의 구매력에 따른 사회서비스 이용의 불평등이 증가할 것이다. 이는 결과적으로 한국 사회의 통합과 연대를 저해할 가능성이 크다.[11)]

아동보육은 정부의 의도대로 보육 비용이 통제된 상태에서 민간기관 간에 경쟁이 이루어진다면, 서비스 질에 대한 경쟁보다는 비용을 낮추어 수익을 극대화하려는 경쟁이 더 거세질 것이다. 앞서 언급했듯이 사회서비스 제공자와 수요자 간에 실질적 시장관계가 형성되지 않은 상태에서의 경쟁은 질과 다양성(다양한 욕구에 대응)이 아닌 가격을 중심으로 이루어지기 때문이다(Bahle, 2003). 이는 결국 보육서비스의 질을 낮추는 결과를 불러올 것이다. 특히 아동의 인지능력 발달 과정에서 취학 전 시기가 매우 중요하다는 점을 고려한다면, 경쟁을 통해 수요자의 선택권을 확대하는 것은 그 선택의 결과가 개인이 아닌 사회 전체의 인적자본의 질을 낮추는 부정적 결과로 귀착될 것이다. 정리하면, 바우처에 대한 비판의 논점은 바우처 자체에 집중하기보다는 사회서비스 구조에 대한 대안을 마련하는

---

11) 상대적으로 소득이 높은 계층은 보편적으로 제공되는 바우처에 자신의 자원 일부를 사회서비스 구입에 할당함으로써 상대적으로 질 높은 서비스를 시장에서 구매할 수 있을 것이다. 반면 저소득층은 사회서비스 이용을 위해 추가적인 자원 할당이 어렵기 때문에 상대적으로 비용이 저렴한 질이 낮은 서비스를 이용할 가능성이 크다.

데 집중될 필요가 있다. 자유선택은 잘못된 선택을 하지 않을 권리가 보장되는 것에 초점이 맞추어져야 하고, 이를 위해서는 공적기관이 직접 제공하는 질 높은 서비스가 일정 수준에서 반드시 제공될 필요가 있다.

5) 사회서비스와 일자리 창출

이명박 정부와 일부 시민사회단체에서 일자리 창출에 대해 많은 제안이 쏟아지고 있지만, 그 내용을 보면 저임금 사회서비스 일자리를 벗어나지 못하고 있다. 일자리 창출은 단순히 현재의 위기를 벗어나기 위한 방편이 아니라 안정적이고 좋은 일자리를 만드는 것에 그 핵심이 있다. 좋은 사회서비스 일자리를 만드는 것은 사회서비스 일자리에서 일하는 것만으로도 가구의 독립적이고 안정적 생활을 보장할 수 있고, 일을 통해 사회보장이라는 사회연대의 틀에 포괄될 수 있는 일자리를 만드는 것이다. 특히 사회서비스 일자리 종사자 대부분이 여성이라는 점을 고려하면, 좋은 사회서비스 일자리를 만드는 것은 여성의 독립적 가구구성이라는 젠더평등의 사회적 목적에 복무하는 유력한 방안이 될 것이다.

그렇다면 현장과 일부 연구자가 제기하는 것처럼 제도를 부분적으로 개선함으로써 지금의 사회서비스 일자리를 좋은 일자리로 바꿀 수 있을까? 현재 사회서비스 노동자들이 제시하는 대안은 안정적 고용, 사회보험료 감면을 통한 사회보험체계로의 편입, 전문성 강화를 위한 직업훈련의 체계화, 근로자성 인정, 휴일 및 야간수당 지급, 노무관리의 강화 등이다(오은진, 2009; 채혜영, 2009). 에스핑-안데르센(Esping-Andersen, 1999)이 지적했듯이 시장을 통한 사회서비스 공급은 충분한 저임금 노동력을 전제하고 있다. 반대로 이야기하면 저임금 노동력의 장점이 사라지면 시장을 통한 사회서비스 제공이 어렵다는 이야기이다. 유럽 대륙에서 사회서비스 시장이 발달하지 못한 이유도 협소한 저임금 노동력의 규모와 관계된다. 특히 지금처럼 노동시장의 유연화가 진행되고 거시경제가 불안정한 상황에서 시장에서의 고용안정성을 담보하는 것은 어려운 과제이다. 통계청(2009) 보고에 따르면, 2009년 2월 여성 일자리 감소는 남성에 비해 70배 이상 높고 그 대부분이 비정규직인 것으로 나타났다. 또한 정규직 노동자를 대상으로 제도화된 사회보험을 이른바 근로자성 논란이 일고 있는 사회서비스 제공자에게 적용하는 것도 쉽지 않은 과제이다. 그리고 야간, 휴일, 시간 외 수당을 추가로 지급한다고 해서 현재 월평균 급여액이 40만 원에서 80만 원 정도(채혜영, 2009)에 그치는 사회서비스 일자리의 저임금 문제가 해결될 것으로 보이지도 않는다. 전문성 강화를 위한 직업교육도 마찬가지이다. 최대 80시간(신규 산모신생아 도우미)에서 최소 20시간(경력이 있는 중증장애인 활동보조인)의 양성교육을 받는 사회서비스 종사자들의 교육시간을 늘리거나 프로그램을 다양화한다고 해서 사회서비스 종사자가 높은 임금을 받을 것으로 기대하기란 더더욱 어려운 일이다.

4. 한국 사회서비스 확대의 원칙과 방향

앞서 살펴보았듯이 산업화된 서구 복지국가의 사회서비스는 다양한 민영화의 길을 걷고 있다. 또한 민영화의 방식이 반드시 시장의 힘을 강화하고 국가의 역할을 축소하는 것도 아니다. 현재로서는 어떠한 민영화 방식이 최선의 길이라고 단언하기는 어렵다. 한국 사회의 조건과 지향점을 고려해 판단할 문제이다. 현실적 조건을 고려하면 유럽 대륙 국가들과 달리 사회서비스와 관련된 비영리조직이 잘 발달되어 있지 않고, 북유럽과 달리 국가가 중심적 역할을 담당해온 경험도 일천한 것이 한국의 현실이다. 그렇다고 자유주의 복지국가로 지칭되는 미국처럼 사회서비스와 관련된 시장이 잘 발달한 것도 아니다. 더욱이 서구 복지국가의 경우를 보면 사회서비스의 질과 전달의 효율성을 높이기 위해 사회서비스 주체의 다양한 변화를 시도하고 있다. 그러나 한국은 사회서비스 제공 주체의 효율성 문제로 제공 주체를 다양화해야 하는 문제 이전에, 당장 제공할 양질의 서비스 자체가 절대적으로 부족한 것이 현실이다.

지금까지 가족의 책임으로 간주되었던 돌봄에 대한 사회적 분담 방식에서 어떤 주체가 가장 효율적으로 양질의 사회서비스를 시민에게 제공할 수 있을지를 예단하는 것은 쉽지 않다. 그러나 분명한 원칙은 있다. 사회서비스의 확대가 한국 사회에서 새롭게 제기되는 사회위험에 대응해 사회적 통합과 연대를 높이는 역할을 해야 한다는 것이다. 이를 위해 한국에서 사회서비스를 확대할 때 지켜야 할 원칙은 다음과 같다.

먼저 사회서비스 제공에서 국가·비영리·영리 부문의 균형 있는 확대를 모색할 필요가 있다. 서구 복지국가의 경험을 고려해보아도 민간 부문(영리와 비영리)이 공적 부문을 완전히 대체하는 것은 불가능하다. 그렇기 때문에 국가가 주도적으로 시장을 이용해 사회서비스를 확대하는 것은 적절한 정책 대응이 아니다. 시장과 국가 모두 각각 장점과 단점을 지니고 있기 때문이다. 공적기관에서 양질의 보편적 서비스를 제공하면, 그와 유사한 지역사회 클라이언트를 대상으로 경쟁하는 영리·비영리기관의 서비스 질도 개선될 것이다. 일반적으로 시장에서 3개 이하의 사업자가 특정 상품 공급의 75% 이상을 점유할 때 해당 사업자를 시장지배적 사업자로 분류할 수 있다. 이러한 논리를 따르면 공적기관의 사회서비스 제공 비율은 사회서비스 수요자가 접근 가능한 지역 내에서 사회서비스 제공과 관련해 일정 정도 지배력을 유지할 수 있는 수준인 적어도 35~40% 이상이 되는 것이 바람직하다.[12] 즉, 새롭게 사회서비스를 확충하는 단계에 있는 한국에서는 국가, 영리, 비영리 각 부문의 장점을 최대화하기 위해 각 부문이 실질적 지배력을 행사할 수 있을 정도의 서비스 제공 규모가 보장되어야 한다. 물론 공공부문에도 스웨덴처럼 효율성 증대를 위해 시장적 경영전략을 도입해야 할 필요성을 배제할 수는 없다.

다음으로, 앞서 언급한 사회서비스 제공의 다양화 방식에는 사회서비스 수요자 특성에 따른 차별적 접근이 필요하다. 이때 중요하게 다뤄야 할 것은 먼저 사회서비스 수요자가 자신의 이해와 요구를 사회적으로 받아들일 수 있는 수준에서 판단할 수 있는지, 그리고 사회서비스 수요자의 선택이 사회적으로 영향을 주는지, 아니면 상대적으로 개인 차원에서 머무는지에 대한 판단이다. 구체적으로 보면 <그림 5-2>처럼 크게 세 집단으로 구분할 수 있다.

첫째는 1사분면에 위치한 아동(특히 취학 전 아동)은 스스로 판단하기가 어렵고 선택의 결과가 사회 전체에 영향을 미친다. 최근 유엔 보고서에서는 취학 전 아동기가 사람의 인적자본이 형성되는 가장 중요한 시기라고 밝혔다(Chun et al., 2005). 스웨덴에서 진행되는 (학교교육) 민영화가 사회적 불평등을 확대하고 있다는 점 또한 고려할 필요가 있다(Klitgaard, 2007). 양질의 서비스를 모든 아동이 보편적으로 제공받는 것은 아동 자신은 물론 해당 사회 전체의 지속 가능한 발전과 연대, 통합을 위해서도 반드시 필요하다. 이러한 경우 사회서비스 제공 주체는 수익을 목적으로 하지 않고

---

12) 공적기관이 지역사회에서 일정 정도 지배적 지위를 점함으로써 해당 시장에서 제공되는 서비스 전체의 질을 일정 수준에서 통제할 수 있을 것이다. 물론 일부 민간기관은 서비스 대상을 고소득층과 같은 특정 집단에 맞춤으로써 지역사회에서 공적기관과의 직접적 경쟁을 피하려고 할 수도 있다. 그러나 이러한 예외적인 경우가 지역사회에서 사회서비스 제공의 지배적 지위를 점할 수 있을지에 대해서는 경험적 검증이 필요하다.

〈그림 5-2〉 선택과 결과에 따른 사회서비스 대상 영역

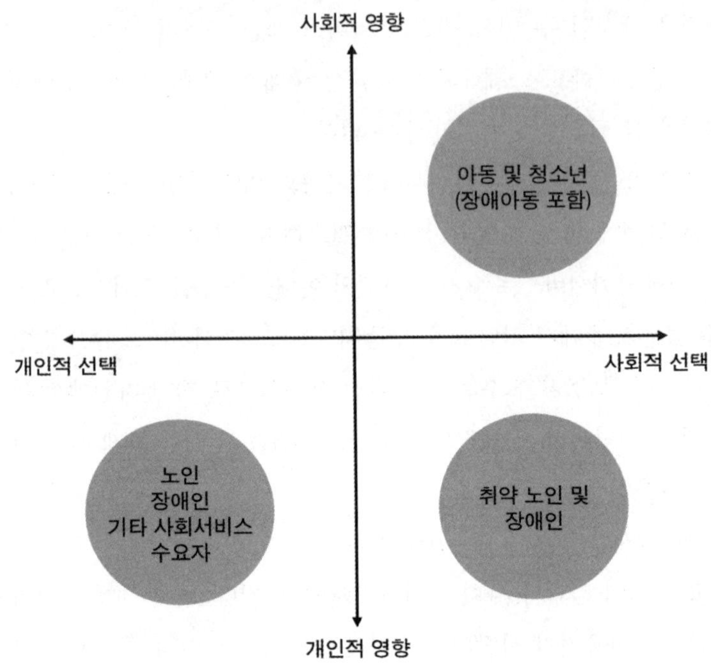

질 높은 서비스를 보편적으로 제공할 수 있는 국가가 재원은 물론 서비스 제공을 직접(현물) 책임지는 것이 바람직하다. 다시 말해서 수용자가 아동 돌봄서비스를 선택할 때 잘못된 선택을 할 가능성을 원천적으로 배제할 필요가 있다는 것이다. 또한 서비스 선택에서 잘못된 선택을 하지 않을 권리가 중요한 과제로 등장한다. 민간 부문 중 영리 부문의 확대를 효과적으로 제어하고 기존 비영리 부문도 공익성을 강화할 수 있는 제도적 방안도 마련될 필요가 있다. 이러한 측면에서 서울시가 추진하는 민간보육시설의 준공영화 방식에 대해 비판적으로 검토할 필요가 있다(서울시, 2008). 아동보육시설이 국공립과 공공성이 강화된 비영리기관으로 재편된다면 현재 정부가 도입한 전자바우처 방식이 효율성을 높이는 긍정적 기능을

할 수도 있을 것이다. 그러나 현재와 같은 조건에서 바우처 제도가 서비스의 질을 높이고 효율성을 증대시킬 것으로 기대하기는 어렵다.

둘째는 3사분면에 위치하는 경우이다. 일상적 생활이 가능한 노인과 장애인 등은 스스로 판단할 능력이 있고 선택의 결과도 개인적 차원에 머무는 경향이 있다. 이러한 사회서비스 수요자에 대해서는 개인의 다양하고 세밀한 욕구 충족이 중요한 정책 과제가 된다. 이때 적용할 수 있는 것이 장애모델(disability model)이라고 일컫는 방식으로, 서비스 수요자의 삶의 질을 높이기 위해 최대한 독립성을 보장하고 개인과 가족에게 선택권과 유연성을 제공하는 방식이다(Stone, 2004). 이러한 방식에서는 현금 또는 바우처를 직접 서비스 수요자에게 제공함으로써 시장 또는 이에 준하는 지역사회에서 직접 서비스를 이용하게 할 수 있다. 현재 서구 복지국가에서 이러한 서비스 제공 방식은 지역사회에 거주하는 65세 이하의 장애인과 많은 노인에게 지지를 받고 있다. 이러한 서비스 제공에서는 국공립기관, 비영리기관, 영리기관 간에 균형적 분점이 요구된다. 이때 영국의 민영화 사례에서처럼 서비스 질에 대해 중앙정부가 강력하게 통제하는 것이 필요하다. 중앙정부는 직접 서비스의 제공자가 되기보다는 규제와 감독자로서 역할을 하는 것이 더 중요하게 요구된다. 물론 서비스의 질을 담보하기 위한 중요한 방편으로 일정 수준에서 공적기관이 직접 서비스를 제공하는 것도 필요하다.

마지막으로 4사분면에 위치한 대상은 스스로 선택하기 어렵고, 선택의 결과가 개인적 차원에 머무는 경우이다. 혼자서 일상적 생활과 판단이 어려운 노인과 장애인이 여기에 해당한다. 이 경우 첫 번째와 두 번째 경우의 중간 정도 수준에서 서비스 제공 방식을 혼합할 수 있을 것이다. 사회서비스 수요자에게 직접 선택권을 부여하기 어렵기 때문에 가족 또는 후견 기관과 협의해 적합한 서비스 제공 방식을 결정하는 것이 바람직하다. 다만 이러한 사회서비스 수요자는 서비스 제공자가 그 대상을 선별할 수 있으므로, 두 번째 경우보다 공적 서비스 기관의 비율을 더 높게 유지할 필요가 있으며, 수익을 목적으로 하는 영리기관에 대해 서비스 질과 관련된 규정을 두어 시장 진입 장벽을 높일 필요가 있다. 서비스 전달 방식은 수요자 개인의 판단이 필요한 현금 제공 방식보다는 바우처 또는 현물 지원 형태가 바람직하다.

다음으로 사회서비스 확대에서 고려해야 할 또 하나의 원칙은 좋은 일자리를 만들어내는 것이다. 역사적으로 보면 1980년대 이후 안정적이고 좋은 일자리를 창출할 수 있는 시장의 능력은 약화되고 있다. 실제로 시장에서 노인·장애인·아동 돌봄과 관련해 좋은 사회서비스 일자리가 만들어진 경우는 거의 없다. 북유럽 국가에서 안정적 사회서비스 일자리 대부분이 공적 부문에서 만들어졌다는 것은 누구나 아는 사실이다. 현재 한국에서도 사회서비스 일자리가 많이 창출되고 있지만, 이것이 좋은 일자리의 요건에 맞는다고 보기는 어렵다. 현재 한국 사회에서 사회적 일자리는 저임금은 물론 전통적 사회보장의 핵심 제도인 사회보험에서 배제되는 나쁜 일자리로 여겨진다. 더욱 심각한 문제는 사회서비스 일자리 대부분을 차지하는 돌봄노동은 시장에서 거래되는 재화와 달리 사람 간 감정의 교류와 우애가 매우 중요한 일이라는 점을 고려한다면, 지금처럼 열악한 노동조건에서 제대로 된 서비스가 제공될 것으로 기대할 수는 없다. 그렇다면 결국 공공 부문이 직접 또는 지배적인 역할을 통해 사회서비스와 관련된 안정적 일자리를 만드는 것이 유일한 해법일 것이다.

이러한 정책 목적을 현실화하기 위해서는 사회서비스 재원에 대한 정부의 적극적 개입과 책임이 필요하다. 산모신생아 돌보미 사업에서처럼 복권기금 등 불안정한 재원에 의존하기보다는 일반 조세를 통해 사회서비스를 확대할 필요가 있다. 사회서비스가 공공재의 성격이 강하다는 점을 고려할 때 비영리기관과 공적기관의 재원은 국가가 담당하는 것이 필요하다. 그러나 영리기관에 대해 국가가 지원하는 것은 적절하지 않다. 다만 사회서비스가 시민의 일상적인 생활과 관계되는 것인 만큼 영리기관에 대해서도 서비스 질에 대해 표준적 통제 방안을 마련해야 할 것이다.

사회서비스 영역에 진출한 영리기관이 공적기관과 비슷하거나 더 높은 질의 서비스를 제공하면서 수익성을 올리기 위해서는 구매력 수준이 상당히 높은 소수 계층을 대상으로 사업을 특화할 수밖에 없을 것이다. 이렇게 되면 보편적 사회서비스와 관련해 영리기관의 자생적 생존은 어려울 것이며, 공적기관과 비영리기관 간의 경쟁체제로 재편될 수 있을 것이다.

마지막으로 한국에서 사회서비스 확대와 관련해 가장 큰 어려움은 한국 사회가 처해 있는 특수한 상황에서 비롯된다. 사회서비스의 부족이 일상화되어 있는 상황에서 단기적으로 사회서비스 확대를 위한 효과적 방안이 무엇인가에 대한 논란이다. 현 정부와 일부에서는 시장을 통한 민간 부문의 확대가 단기간에 시민의 사회서비스 욕구에 대응할 수 있는 가장 유력한 대안이라고 주장한다. 그러나 서구 복지국가의 경험을 보면 반드시 그렇지는 않다. 스웨덴에서는 1960년대 여성의 노동시장 참여가 이미 60%에 이른 상황에서도 3세 미만 아동에 대한 보육 비율은 10%에도 미치지 못했다. 현재 한국의 상황적 논리를 적용하면 서비스의 부족은 시장 형성을 통해 충족하는 것이 타당했겠지만, 스웨덴은 오히려 공적 부문의 확대 전략을 선택했다. 독일에서도 1990년대 아동보육에 대한 보편적 권리를 법제화하면서 단기간에 보육서비스를 확대할 필요성이 제기되었다. 이때 전통적으로 아동보육서비스를 제공하던 비영리기관의 확대가 한계에 다다르자 공적기관을 확대하는 전략을 선택했다.

일부에서는 예산 제약을 이유로 공적 제공 기관 대신 민간 부문의 확대를 선호하지만, 예산 제약이 민간 부문의 확대를 정당화할 수는 없다. 영국의 학자들은 서비스에 대한 공공부문의 낮은 지출 수준이 역설적으로 공공부문의 지출을 확대할 수 있는 가능성을 반증하는 것이라고 주장한다 (Huber and Stephens, 2004). OECD 자료에 따르면, 현재 한국의 GDP 대비 공공사회복지지출 비율은 OECD 평균(20.9%)의 4분의 1에 그친다. 이러한 현실을 긍정적으로 해석하면, 국가의 직접 개입을 통해 사회서비스를 확대할 여지는 충분하다. 결국 문제는 국가의 직접적 책임을 강제할 수 있는 시민사회의 정치적 힘에 달려 있다. 그러나 사회서비스의 확대가 전통적 복지제도의 확대와 달리 노동자 대 자본가의 대립 구도로 진행되는 것이 아니라 전통적 계급과 계층을 가로지르는 방식, 예를 들어 여성과 자본가 연합 등과 같은 새로운 모습으로 나타나고 있다는 사실은 한국 사회에 사회서비스 확대를 위한 새로운 연대의 대상과 틀에 대한 고민과 전망을 요구하고 있다.

참고문헌

강혜규 외. 2007. 『사회서비스 공급의 역할분담 모형 개발과 정책과제: 국가, 시장, 비영리민간의 재정분담 및 공급참여방식』. 한국보건사회연구원.

김연명. 2002. 「김대중 정부의 사회복지정책: 신자유주의를 넘어서」. 김연명 엮음. 『한국 복지국가 성격논쟁 I』. 인간과 복지.

김종해. 2008. 「보육바우처 도입의 문제점」. 비교사회정책연구회 발표문(2008. 10).

김진욱. 2007. 「한국 사회서비스의 공사역할분담 개혁 방향에 관한 연구」. ≪사회복지정책≫, 제31권.

보건복지가족부 보육정책관. 2008. 「보육 전자바우처 도입 설명자료」. 보건복지가족부.

서울시. 2008. 「서울형 어린이집으로 보육걱정 없는 서울 만든다」. 보도자료(2008. 10. 15).

윤홍식. 2010. 「가구특성과 취학 전 아동 양육 형태: 직접양육, 가족자원, 보육시설」.

≪사회과학연구≫, 제26권 1호.
오은진. 2009. 「사회서비스의 일자리와 발전방향: 돌봄노동을 중심으로」. 신낙균 국회여성위원장 외 주최, 여성일자리 정책토론회: 경제위기속 여성일자리로서 사회서비스 일자리의 발전방향(2009. 4. 1).
이삼식 외. 2007. 『저출산 및 인구고령화 대응 연구: 출산·양육 분담체계 구축에 관한 연구』. 한국보건사회연구원.
이재원. 2008a. 『사회서비스 전자바우처』. 대영문화사.
_____. 2008b. 「사회서비스 바우처 사업의 현황과 전망」. 사회서비스 바우처 관련 세미나 발표문.
조영훈. 2002. 「생산적 복지론과 한국 복지국가의 미래」. 김연명 엮음. 『한국 복지국가 성격논쟁 I』. 인간과 복지.
좌혜경. 2009. 「사회서비스바우처 관리법(안) 분석초안」. 진보신당 내부자료.
참여연대. 2008. 「보육바우처 예산은 전액 삭감되어야 합니다」. 2008년 정기국회 참여연대 보육정책 브리핑자료.
채혜영. 2009. 「바우처 돌봄일자리의 현황과 개선방안」. 신낙균 국회여성위원장 외 주최, 여성일자리 정책토론회: 경제위기속 여성일자리로서 사회서비스 일자리의 발전방향(2009. 4. 1).
통계청. 2009. 「고용 축소: 19.5만, 실업자, 95.2만 명」. 3월 고용동향 통계 발표.
한상진. 2005. 『시장과 국가를 넘어서: 사회적 기업을 통한 자활의 전망』. UUP.

Bahle, T. 2003. "The Changing Institutionalization of Social Services in England and Wales, France and Germany: Is the Welfare State on The Retreat?" *Journal of European Social Policy*, Vol. 13, No. 1, pp. 5~20.
Bergqvist, C. and A. Nyberg. 2002. "Welfare State Restructuring and Child Care in Sweden." in Miche, S. & R. Mahon(eds.). *Child Care Policy at the Crossroads: Gender and Welfare State Restructuring*. New York: Routledge.
Blomqvist, P. 2004. "The Choice Revolution: Privatization of Swedish Welfare Services in the 1990s." *Social Policy and Administration*, Vol. 28, No. 2, pp. 139~155.
Bode, I. 2006. "Disorganized Welfare Mixes: Voluntary Agencies and New Governance Regimes in Western Europe." *Journal of European Social Policy*, Vol. 16, pp. 346~359.

Bonoli, Giuliano. 2005. "The Politics of The New Social Policies: Providing Coverage Against New Social Risks in Mature Welfare States." *Policy and Politics*, Vol. 33, No. 3, pp. 439~441.

Cunha, F., J. Heckman, L. Lochner and D. Masterov. 2005. *Interpreting the Evidence on Life Cycle Skill Formation*. IZA DP No. 1675. Institute for the Study of Labor.

Esping-Andersen, G. 1999. *Social Foundations of Postindustrial Economics*. New York: Oxford University Press.

Eustis, N. N., L. R. Fischer and R. A. Kane. 1994. "The Homecare Worker: On the Frontline of Quality." *Generations*, Vol. 18, pp. 43~48.

Huber, Evelyne and John Stephens. 2004. "Combating Old and New Social Risks." Presented at the 14th International Conference of Europeanists, March 11~13, 2004.

Klitgaard, M. B. 2007. "Do Welfare State Regimes Determine Public Sector Reforms? Choice Reforms in American, Swedish and German Schools." *Scandinavian Political Studies*, Vol. 30, No. 4, pp. 444~468.

Lanquentin, M., J. Laufer and M. Letablier. 2000. "From Equality to Reconciliation in France?" in L. Hantrais(ed.). *Gendered Ppolicies in Europe: Reconciling Employment and Family Life*. London: MaCmillan Press LTD.

Leria. A. 2000. "Combining work and family: Nordic policy reforms in the 1990s." in T. Boje and A. Leria(eds.). *Gender, Welfare State and the Market: Towards a New Division of Labour*. London: Routledge.

Munday, B. 2003. *European Social Services: A Map of Characteristics and Trends Council of Europe*.

OECD. 2007. Social Expenditure Database. from http://www.oecd.org/document/9/0,3343,en_2649_34637_38141385_1_1_1_1,00.html

Palier, B. and C. Mandin. 2004. "France: A New World of Welfare for New Social Risks?" in P. Taylor-Gooby(ed.). *New Risks, New Welfare*. New York: Oxford University Press.

Pickard, L. 2001. Carer Break or Carer Blind? Policies for Informal Carers in The Uk. *Social Policy and Administration*, Vol. 35, No. 4, pp. 441~458.

Scheiwe, K. 2000. "Equal Opportunities Policies and the Management of Care in Germany." in L. Hantrais(ed.). *Gendered Policies in Europe: Reconciling Employment and Family*

Life. New York: St. Martin's Press, INC.

Stone, R. 2004. "Providing Long-Term Care Benefits in Cash: Moving to a Disability Model the Cause of Patient Autonomy is Well Served by Cash Benefit Programs, Although Challenges Remain." *Health Affairs*, Vol. 20, No. 6, pp. 96~108.

Taylor-Gooby, P. 2004. "New Risks and Social Change." P. Taylor-Gooby(ed.). *New Risks, New Welfare*. New York: Oxford University Press.

제6장

한국 사회서비스의 공사 역할분담 개혁 방향*

공공책임성 강화를 전제로 한 공사 혼합모델을 중심으로

김진욱 | 서강대학교 신학대학원 사회복지학과

1. 서론

최근 사회복지 환경의 변화가 전통적인 소득보장정책으로는 감당하기 어려운 새로운 사회위험을 낳고 있다는 주장이 한국 사회복지학계에서도 상당한 설득력을 얻고 있는 듯하다. 여기에서 사회복지 환경의 변화란 일차적으로 저출산·고령화라는 인구학적 변동이 가장 대표적인 것이겠지만, 사실 전통적 제조업에서 서비스업으로의 산업구조 이행, 노동시장의 변화, 한부모 가족의 증가, 여성의 경제 참여 증가 등을 포괄하는 광범위한 것으로 이해된다(Esping-Andersen, 1999, 2002; Pierson, 2002; Taylor-Gooby, 2004). 또한 이러한 환경 변화는 복지국가 내부적 요인에만 국한된 것은 아니다. 요즘에는 상대적으로 논의가 덜한 편이지만, 복지국가를 둘러싼 외부환경의 변화, 즉 세계화의 거센 파고가 상대적으로 폐쇄된 내수경제를 가정하고 있는 전통적 케인시안·베버리지 복지국가모형의 적실성을 흔들어온 것도 사실이다(Mishra, 1999; Yeates, 2001). 요컨대 복지국가가 뿌리내리고

* 이 글은 2007년 ≪사회복지정책≫ 제31집에 실린 글을 수정·보완한 것이다.

있던 내부 토양이 서서히 그러나 근본적으로 변화하는 동시에 거센 외부적 폭풍에 함께 노출되어 있다는 현재의 이중적인 사회복지 환경 변화는, 복지국가의 지속 가능한 모델이 무엇인가에 대한 다양한 논의와 논쟁을 불러왔다.

이러한 사회복지 환경의 변화에 적응하고 복지국가의 지속 가능성을 높이기 위한 대표적 전략이 이른바 사회투자전략이며, 이를 복지국가라는 용어 자체를 대체하는 대안적 패러다임으로 끌어올리는 것이 최근 사회복지학계에서 상당한 논쟁을 불러일으키고 있는 사회투자국가론이다(Lister, 2004; Taylor-Gooby, 2004; 안상훈, 2006; 양재진, 2006, 2007; 김연명, 2007; 김영순, 2007; 신광영, 2007). 이 글은 사회투자전략이나 사회투자국가론을 둘러싼 논쟁의 한복판으로 뛰어들고자 하는 것은 아니다. 다만 이를 촉발한 사회복지 환경의 변화에 주목하고, 이것이 전통적 복지국가 프로그램에 의해 대처될 수 없는 신사회위험(new social risks)을 낳고 있으며(일부 환경 변화는 신사회위험 그 자체로 해석될 수 있다), 그 대안으로 보편적이고 포괄적인 사회서비스 체계의 확립과 이에 대한 국가 혹은 공공 부문의 책임성 강화가 필요하다는 사회투자국가론의 전략적 고려가, 한국 복지국가의 진로를 고민하는 현시점에서 중요한 전제가 되어야 한다는 인식에서 출발한다.

사회투자전략의 내용은 다양하다.[1)] 그러나 실제 복지국가를 구성하는

1) 이에 대해 김영순(2007: 88~89)은 최근의 사회투자국가론에 대한 광범위한 고찰을 통해 전통적 의미의 복지국가와 다른 사회투자국가의 주요 특징으로서 과세와 지출 대신 투자의 의미를 강조하는 담론, 경제정책과 사회정책의 통합성 강조, 인적 자본과 사회적 자본에 대한 투자, 권리와 의무의 균형, 기회의 평등과 사회적 포섭에 대한 강조 등으로 정리한다. 그러나 실질적인 프로그램의 유형으로는 현금소득이전 급여와 대칭점을 이루는 사회서비스에 대한 강조가 두드러진다. 최근 사회복지학계에서 가장 앞서 사회투자론의 유용성을 지적하고 있는 김연명은 사회투자전략의 주요 프로그램으로서 첫째, 근로연계복지와 적극적 노동시장정책을 포괄하는 활성

내용적 측면에서는 전통적인 현금소득보장급여 대신 생산연령층과 미래 근로 인구에 대한 사회서비스를 강화하는 전략이 그 요체라 할 수 있다. 안상훈(2006)은 사회서비스를 강화해야 할 필요성이 사회복지 수요 자체의 증가뿐만 아니라, 일자리 창출, 새로운 성장동력 확보와 같은 경제적 측면의 국가경영전략으로서도 적극 검토될 필요가 있다고 주장한다. 적극적 노동시장정책과 생애주기에 따른 공공 중심의 보편적 사회서비스 체계가 북유럽의 복지국가 모델을 사회투자전략의 원조로 이해하게 하는 핵심적 내용이라는 것은 주지의 사실이다. 새로운 사회위험이 가시화하면서 증가하는 복지수요에 어떻게든 대응해야 하는 상황이라면, 고용 탄성이 큰 사회서비스를 육성하는 것이 경제적 측면에서도 가장 효과적인 방안이 될 수 있다. 이것이 사회서비스 강화를 요구하는 사회투자전략의 핵심이라면, 우리는 어떻게 사회서비스를 강화할 수 있는가? 즉, 한국 복지국가의 발전 방향으로서 사회서비스 강화에 동의한다면, 바로 그다음에는 구체적으로 어떻게 사회서비스 공급을 늘리고 소요 재정을 마련하며 서비스의 품질을 관리할 것인가 하는 문제에 부딪히게 되는 것이다.

이 글은 사회투자전략의 유용성을 인정한다. 그리고 사회서비스 강화를 통한 사회투자전략이란 필수적인 사회서비스에 대한 보편적 보장체계를 확립하고, 이에 대한 실질적 공공책임성이 담보되는 것을 의미한다는 것을 전제하고자 한다. 그러나 이러한 기본 방향에 동의한다 할지라도, 서구의 복지국가들이 서로 다른 길을 걸어왔듯이, 그 구체적인 전달체계를 설계하는 방식은 다양할 수 있다. 보편적 사회서비스 체계를 확립하기

화 정책, 둘째, 아동과 여성 친화적 사회복지서비스, 셋째, 저소득층의 자산형성 접근법을 지적했다. 세 번째 프로그램이 비교적 최근에 논의·시행되고 있음을 감안한다면, 사회투자전략의 요체는 첫 번째와 두 번째 프로그램을 포괄하는 사회서비스의 확충임이 분명하다.

위해서는 사회서비스 공급 자체를 획기적으로 증가시켜야 하지만, 그 공급 주체를 반드시 공공 부문이 맡아야 할 이유는 없다. 공공책임성 강화가 곧 국가 공급을 의미하는 것도 아니다. 따라서 공공과 민간의 역할을 재설정하는 것이 무엇보다 중요하며, 민간 공급에 대한 공공 부문의 책임성을 어떻게 담보할 것인지 논의할 필요가 있다. 이 글에서는 그 방향을 가늠해보고자 한다. 즉, 사회서비스 강화전략을 실현하기 위한 전달체계 개편 방향의 여러 가능한 경로를 탐색하고, 우리 상황에서 그 적용 가능성을 검토하는 것이 이 글의 목적이다.

이러한 연구 목적을 달성하기 위해서 이 글은 먼저 공사 역할분담 논의가 진행되어온 배경과 함께 사회서비스 공사 역할분담과 관련된 이론적 논의를 간략하게 고찰해보고(제2절), 한국의 사회복지 환경 변화와 복지 공급, 특히 사회서비스의 공사 혼합구조의 현주소를 파악한다(제3절). 이어서 한국 사회서비스 공사 역할분담의 개혁 방향을 논의하기 위한 기초 사례로서 미국, 독일, 스웨덴의 공사 역할분담 구조를 살펴본 다음(제4절), 보편적 사회서비스 체계를 구축하고 이에 대한 공공책임성을 강화하는 것을 기본 전제로, 사회서비스 공사 역할분담 개혁 방향의 다양한 경로를 검토한다(제5절). 끝으로 결론 부분에서는 보편적 사회서비스 체계를 구축하기 위한 과제를 점검해본다.

2. 공사 역할분담의 이론적 검토

1) 공사 역할분담(복지 혼합)의 등장 배경 및 논의 경향

역사적으로 그리고 현실적으로 사회복지 공급 주체는 항상 혼합적이었다. 공공 부문이 주된 복지 공급 주체로 자리 잡은 것은 전후 전통적 복지국가의 발전기 이후에 이루어진 일로서 상대적으로 짧은 연원을 지니고 있다. 더욱이 가장 발전된 복지국가에서도 가족, 비영리 부문, 기업, 시장 등 다양한 민간 주체의 중요성이 훼손되었다고 보기는 어렵다. 그런데도 사회복지 공급에서 공사 역할분담(public-private mix)에 대해 이론적·정책적 차원에서 논의된 것은 최근의 일이다.

공사 역할분담에 대한 본격적인 논의는 복지다원주의(welfare pluralism) 또는 복지혼합경제(mixed economy of welfare)라는 개념의 등장으로 대두되기 시작했다고 볼 수 있다. 주지하다시피 완전고용, 높은 경제성장, 포괄적인 복지국가 프로그램이라는 세 축으로 정립(鼎立)된 전후의 복지자본주의에 대한 합의는 1970년대 들어서면서 크게 위축되었고, 전통적 복지국가 모델에 대한 다양한 이념적·실증적 비판이 제기되었다. 경직된 관료제, 클라이언트의 욕구에 대한 반응과 유연성의 부족, 클라이언트의 자유 침해, 자원과 권력에 대한 중앙집권화된 통제체제, 의사 결정 과정에서의 민주주의와 참여 부재, 과도한 전문가주의, 복지국가 프로그램의 비효과성과 비효율성 등이 복지다원주의자들이 제기한 주요 문제점이었다(Wolfenden Committee, 1978; Hadley and Hatch, 1981; Beresford and Croft, 1984; Johnson, 1987; Mayo, 1994).

이러한 전통적 복지국가의 문제에 대한 대안으로서, 복지다원주의들은 특히 사회서비스 분야에서의 탈중앙화(de-centralisation)와 참여(participation)의 가치를 강조하면서, 비영리 부문과 비공식 부문(informal sector)의 확대를 중심으로 복지 공급체계가 개편되어야 한다고 주장했다. 그러나 초창기의 복지다원주의자들은 사회서비스 부문의 민간 영역 확대가 사회복지 영역 전체에서 차지하는 국가의 역할을 궁극적으로 대체할 수 있다고 보지는 않았고, 또한 영리성의 원칙이 확대되는 것을 바라지도 않았다. 무엇보다도 국가는 여전히 서비스의 질을 규제하고 소요 재정의 대부분을 담당하는 역할을 해야 한다고 생각했기 때문이다(Johnson, 1987: chap. 3).

그러나 그들의 다소 '순진했던' 복지국가 비판은 신우파의 집권과 함께 새로운 국면을 맞았다. 비록 복지다원주의 그 자체는 국가 역할의 축소를 의미하는 것이 아니었지만, 신우파의 민영화 프로젝트의 중요한 논리적 근거가 되었다. 신우파에게 복지다원주의는 복지급여의 민영화(privatization) 또는 상업화(commercialization)와 동의어로 취급되었고, 1980년대 초반 미국의 레이건 행정부와 영국의 보수당 정부는 경제와 사회 영역에서 국가 역할을 축소하고 사회복지 부문에서 시장의 원칙을 재생하는 논리적 기반이었다. 비록 복지국가를 축소하려는 신우파의 노력이 보편주의 프로그램에서 성공적이지 못했지만, 공공부조제도가 실질적으로 후퇴했고 사회서비스 분야에서는 대규모 민영화가 이루어졌으며 민간 시장이 급격히 성장했다(Pierson, 1991; Pierson, 1994).[2] 비용효과성, 경쟁, 소비자의 선택 등과 같은 시장원리가 공공사회복지서비스 분야에 적용되었는데, 미국에서 사회복지서비스 공급의 상당 부분이 민간 공급자의 외주(contracting-out)로 충당되고 있으며, 영국의 보건 및 지역사회복지서비스 분야에서 유사시장(quasi-market)과 강제적 경쟁입찰제도(Compulsory Competitive Tendering: CCT)가 도입된 것 등이 대표적인 사례이다(Gilbert and Gilbert, 1989; Glennester, 1998; Glennerster and Le Grand, 1995; Le Grand and Bartlett, 1993). 이러한 경쟁시스템은 서비스 공급과 전달체계의 시장화를 촉진하는 대신, 국가의 역할

2) 민간 시장의 확장과 공공서비스의 시장화 경향은 경제적 효율성에 대한 사회적 관심이 높아진 것을 반영하기도 하지만, 동시에 신우파의 정치적 고려와 이데올로기적 선호가 상당 부분 반영되었다는 점을 부인할 수 없다. 이러한 측면에서 볼 때, 신우파 정권하에서의 복지다원주의(혹은 복지혼합경제)가 국가의 책임을 민간 영역으로 전가하는 것에 불과하다는 주장(Walker, 1993)은 상당한 설득력이 있다고 볼 수 있다.

을 재정 및 규제 영역으로 전환하는 경향이 확대되고 있음을 의미한다.

한편 높은 수준의 사회보험 현금이전급여와 상대적으로 발달이 지체된 사회서비스를 그 특징으로 했던 유럽 대륙의 복지국가에서도 1980년대 말과 1990년대 초 사이에 사회서비스 부문의 공사 혼합 논의가 활발히 개진되기 시작했다. 이러한 논의 이면에는 서유럽의 거의 모든 국가가 공통적으로 겪어야 했던 근본적인 환경의 변화가 있었다. 저출산·고령화로 요약되는 인구학적 변화는 사회서비스와 관련된 복지욕구를 팽창했지만, 폭증하는 사회서비스 욕구를 공공 부문이 흡수할 여력은 많지 않았다. 과도한 현금급여 위주의 사회보장제도는 경제적·재정적 측면에서 복지국가의 지속 가능성에 이미 엄청난 부담을 안겨주고 있었기 때문이었다. 여기에 더해 기존 공적 서비스제도의 관료제적 경직성은 급변하는 사회적 욕구에 사회서비스 시스템이 적절히 대응하지 못하고 있다는 구조적 위기감을 심화하고 있었다(Ranci, 2002).

그런데도 유럽 국가들의 사회서비스 공급체계 개편 방향이 국가 개입의 철회나 축소와 같은 영미식 신자유주의적 처방으로 향하지는 않았다. 오히려 영국의 초기 복지다원주의자들의 주장처럼 국가가 재정이나 규제의 측면에서 결정적인 역할을 하되, 과도한 공공의 비용 부담 없이 사회서비스 공급을 확대하는 동시에 서비스의 질을 향상시킬 수 있는 점진적 개혁 방안으로서 사회서비스 부문에서의 공사 혼합 시스템이 가동되기 시작했다. 이러한 공사 혼합 방향은 첫째, 국가의 직접 서비스 급여 비중을 축소하는 대신, 민간 및 비영리 부문의 역할을 점진적으로 늘리는 것이었다. 둘째, 민간 또는 비영리 영역의 확장으로 발생한 불가피한 결과는 바로 제3섹터가 사회서비스의 주된 제공자가 된 것이며, 이는 제3섹터에 대한 공공의 재정지원(public funding of outside providers)이 증가하고 사회서비스의 책임성이 상당 부분 국가에서 제3섹터로 이전되는 결과를 가져왔다.[3)] 그렇지만 셋째로, 서비스 수혜자와 공급자의 관계를 규제하기 위한 시장기제의 부분적 도입이 이루어졌다. 즉, 각 국가가 처한 상황에 따라 다소 차이가 있으나 민간, 공공, 비영리조직 간의 점진적 경쟁체제, 곧 사회서비스 공급체계의 시장화(marketization) 전략이 일종의 경향으로 자리 잡은 것이다.

사회서비스 영역에서의 공사 역할분담론은 1990년대 중반 이후 현실정치 영역에서 두각을 나타냈던 '제3의 길(The Third Way)'에 의해 다시 한 번 강조된 바 있다. 제3의 길은 신자유주의의 시장근본주의를 비판하고 정부 개입의 확장 필요성에 원칙적으로 동의하지만, 이와 더불어 국가의 개입과 규제가 시장의 역동성과 시민사회의 자율성을 침해해서는 안 된다는 점을 강조한다. 이러한 측면에서 제3의 길은 과거 신자유주의 정부가 추진해온 시장화와 탈중앙화 전략의 필요성을 인정하며, 이와 동시에 사회서비스 분야에서 민관 협력체계를 강화하고 서비스의 질을 높이기 위한 구조적 개혁을 표방한다(Blair, 1998: 15~17). 무엇보다 제3의 길은 복지급여에서 비영리조직을 비롯한 비영리 부문의 참여를 독려함으로써 시민사회의 기능을 강화하겠다는 분명한 목표를 명시하고 있으며, 보건 및 사회서비스 영역에서 민간 부문의 중요성을 강조하면서도, 국가가 규제 및 재정의 측면에서 가장 중요한 행위자로 남아 있어야 함을 주장한다.

3) 영국을 제외한 유럽에서, 제3섹터 및 영리 영역의 확대가 공공 부문의 사회적 급여를 축소하거나 복지재정의 감소를 야기하지는 않았다. 오히려 수혜 대상의 측면에서 사회서비스의 범위가 확장되었고, 공공 부문의 개입도 증가한 것으로 평가된다. 예를 들어 독일에서는 장기요양에 보편적 원칙을 도입함으로써 사회서비스 제공에 대한 공적 책임성이 확대되어 더 많은 계층을 포괄하게 되었고, 나아가 보편주의적 사회보험 프로그램으로까지 발전되었다(Ascoli and Ranci, 2002).

〈표 6-1〉 사회서비스 전달체계의 영역

영역	공·사 구분	영리·비영리	급여 원리	주요 재정	규제 주체
국가*	공공 부문	비영리	권리, 시민권	• 조세 • 사용자 부담	• 자기 규제 • 독립된 감독기관
시장	사적 영역	영리	구매력	• 요금, 사용자 부담 • 정부 보조, 세제지원	• 자기 규제 • 정부의 직간접 규제
비영리	사적 영역	비영리	멤버십, 연대성	• 민간 기부금, 사용자 부담 • 정부 보조, 세제지원	• 자기 규제 • 정부의 규제와 감독

* 중앙정부, 지방정부 및 기타 공공 부문을 포함하는 포괄적 개념임.
자료: 김진욱(2004: 14~15)에서 재구성.

2) 사회서비스 공사 역할분담의 영역과 차원

사회서비스의 기본적 기능이 가족의 보호와 보살핌의 책임을 공식적으로 보완 또는 대체(탈가족화)하는 것으로 정의한다면, 사회서비스를 공급하는 주체는 국가, 시장, 비영리 부문으로 구분될 수 있다. <표 6-1>에서 볼 수 있듯이 비영리 부문은 시장과 함께 사적 영역에 속하지만, 영리를 목적으로 하지 않는 특성을 지니므로 시장 영역과 구별된다. 급여 원리 측면에서 국가 영역은 권리, 시민권과 같은 국가와 국민 간의 관계성에 기초하지만, 시장은 개인이 지닌 구매력에 의존함으로써 시장 배분의 불평등이 사회서비스 부문에서도 유지된다. 비영리 영역은 멤버십이나 사회연대의 원리에 기초하고 있다고 볼 수 있다.

한편 사회서비스의 공사 역할분담 논의에서, 어떤 영역이 서비스를 생산·공급할 것인가 하는 문제 이상으로, 누가 그 비용을 부담하며 그 재정은 어디에서 나오는지, 다원화된 복지 공급체계를 어떻게 규제하며 서비스의 질을 어떻게 담보할 수 있을지에 관한 이슈가 끊임없이 제기되어왔다 (Glennerster, 1992, 2003; Le Grand and Barlett, 1993; Taylor-Gooby, 1998; Ascoli and

Ranci, 2002; Svetlik, 1993). 이러한 측면에서 사회서비스의 공급·재정·규제는 개념적으로 분리되어야 하며, 각각의 차원에서 공사 영역을 교차시키면 다양한 형태의 공사 혼합모델이 가능함을 알 수 있다.

그러나 개념적으로는 구분될 수 있으나, 실질적인 재정과 규제의 측면으로 들어가 보면, 국가와 시장, 비영리 영역 간 경계는 모호해진다. 비영리조직들은 직간접적인 세제 지원과 함께 정부의 보조금, 민간 기부, 사용자에 대한 요금 부과 등 다양한 재원에 의존하며, 시장 역시 정부의 보조금이나 다양한 세제 혜택의 대상이 되기도 한다. 이러한 정부의 민간 영역에 대한 직간접적인 재정지원은 시장과 비영리조직의 서비스를 규제할 필요성과 근거를 제공한다. 결국 규제나 재정과 관련된 이슈는 사회복지 영역에 대한 국가의 역할과 밀접한 관련이 있음을 알 수 있다.

여기에서 중요한 것은 국가의 직접적인 복지 공급이 축소되었다고 해서 사회복지에 대한 국가 개입 자체가 축소되었다고 볼 수는 없다는 점이다. 전달체계의 효율성을 담보하기 위해서 민간 부문의 복지 공급을 확대하지만, 국가는 여전히 가장 중요한 재정지원의 역할을 하는 한편, 핵심적인 복지서비스의 질을 유지·제고하기 위해 다양한 규제·감독 기능을 포기하지 않고 있음을 기억해둘 필요가 있다. 공·사 구분의 차원이 공급(생산 및 전달), 재정, 규제(관리)의 세 축으로 구성되는 것이라면, 개념적으로 사회서비스에서의 국가 개입 혹은 공공성은 직접 공급의 측면에만 국한되지는 않으며, 특히 사회서비스 복지혼합경제(mixed economy of welfare)라는 전반적 맥락에서는 공공 재원의 비중과 국가의 개입·규제·관리의 정도가 각 국가의 차이를 드러내는 핵심적 변수라 할 수 있다.

3) 공사 역할분담 체계 구축의 필요성과 쟁점

사회서비스 부문에서 공사 역할분담이 논의되는 것은 국가, 시장, 제3섹터 등 사회서비스 공급을 담당한 각 영역이 나름대로 한계를 지니므로 어느 한 주체에 의한 독점적 공급체계가 바람직하지 않다는 인식에 기초한다. 즉, 시장, 국가(정부), 비영리 부문은 각자 다른 영역에는 없는 장점을 지니고 있지만, 그 이면에 '실패(failure)'의 측면도 모두 존재한다는 점 역시 기억할 필요가 있다.

첫째, 시장의 실패(market failure)이다. 시장은 공급자 간의 경쟁을 촉진해 소비자의 선택권을 넓히고 비용효과적인 서비스 공급이 가능할 것으로 기대되었다. 그런데 시장은 구매력이 있는 개인에게는 적절한 공급량을 제공할 수 있지만, 그렇지 못한 소수 소외계층을 위한 서비스 공급은 시장에서 위축될 수밖에 없다. 결국 저소득 및 소외계층에 대한 사회서비스는 공공재의 성격을 띤다. 또 소비자들이 제공되는 서비스에 대해 완전한 정보를 가질 수는 없다는 정보의 비대칭성 역시 시장의 실패를 불러오는 근본적인 원인이 된다(Hansmann, 1987: 28~32).

둘째, 정부의 실패(government failure)이다. 시장의 실패는 국가에 의한 사회서비스 제공을 정당화하는 근거가 된다. 즉, 정부나 공공 부문이 제공하는 사회서비스는 규모의 경제를 달성할 수 있고 소외계층에 대한 적절한 서비스의 공급이 가능하다는 장점이 있다. 그러나 더글러스(Douglas, 1987: 46~50)는 공공 부문의 사회서비스에도 심각한 한계가 있으며 이것이 정부의 실패와 연관된다고 지적한다. 첫째, 민주주의 정부에서는 사람들 대다수가 필요로 하거나 바람직하다고 생각하는 서비스를 공급하기 쉽지 않고, 둘째, 공공 사회서비스의 획일성은 다원주의 가치를 침해하는 요소를 가지며, 셋째, 공공 부문의 규모의 경제는 실험(experimentation) 혹은 혁신

(innovation)의 한계를 의미하는 것이고, 넷째, 공공서비스의 거대한 관료제는 변화하는 욕구에 대한 반응성의 제약, 수혜자의 수동성, 참여의 부족 등 비효율과 비효과성을 불러오기 쉽다.

셋째, 자원 부문(비영리)의 실패(voluntary failure)이다. 자원 부문은 시장의 실패와 정부의 실패를 극복할 수 있는 대안으로 간주되어왔다. 소비자는 정보의 비대칭성 상황에서 이윤을 추구하지 않는 비영리기관이 상대적으로 높은 질의 서비스를 제공할 것이라고 기대하며(Salamon, 1987: 109), 선택의 확대, 다양한 가치관의 발현, 선도적·실험적 서비스, 참여의 기회 확대 등에서 장점이 있다(Krammer, 1981; Johnson, 1987; Salamon, 1987). 그런데 샐러몬(Salamon, 1987: 111~113)은 비영리 혹은 제3섹터의 본질에 내재된 성격으로 인한 네 가지 한계점이 존재함을 지적했다. 첫째, 자원 부문의 가장 큰 단점은 공공재를 생산하는 데 필요한 충분한 자원을 동원하는 데 내재적 한계가 존재한다는 불충분성의 차원(philanthropic insufficiency), 둘째, 종교·인종·이념 등 비영리기관이 지닌 특수주의 성격이 보편적 사회서비스의 걸림돌이 될 수 있다는 특수주의의 차원(philanthropic particularism), 셋째, 공동체 전체의 가치보다는 소수의 영향력 있는 기부자의 선호가 비영리기관의 활동에 불가피하게 영향을 미치는 후견주의 혹은 온정주의적 차원(philanthropic paternalism), 넷째, 자원봉사를 장려하는 전통과 불충분한 재정적 여건이 불가피하게 비전문적 자원봉사자에 대한 의존을 심화해 비영리조직 활동의 전문성이 저하되는 아마추어리즘의 차원(philanthropic amateurism) 등이다. 바로 이러한 자원 부문의 실패는 재정과 규제 측면에서 공공부문의 지원 또는 관여를 필요로 함을 보여준다.

이처럼 사회서비스의 세 주체인 시장, 정부, 비영리 부문 모두 고유한 장단점을 동시에 지니므로, 어느 한 영역에만 의존하는 독점적 공급체계를 구축하는 것은 바람직하지 않다. 결국 개별 영역의 독점적 공급 구조에 내재된 한계를 극복하기 위한 대안이 공사 협력체계 또는 민관 파트너십(public-private partnership)을 구축하는 것이다.

국가마다 여건은 다르지만, 사회서비스 부문의 공사 혼합체계의 구축 방향은 '민간 공급의 확대와 이에 대한 정부의 재정지원 확대 및 규제 강화'로 요약할 수 있다. 그러나 이러한 공사 혼합의 방향에 대한 비판도 만만치 않다. 민간 서비스 공급 비중 확대는 근본적으로 정부의 재정 부담을 감소하려는, 즉 국가의 사회서비스에 대한 책임을 회피하려는 전략이라는 비판과 함께, 정부에 대한 과도한 재원 의존 및 정부의 비영리 부문에 대한 감독 강화로 비영리 부문의 장점[4]이 훼손되고 독립성과 자율성이 침해된다는 점도 꾸준히 제기되어온 문제점이다.[5]

---

4) 크래머(Krammer, 1981)는 비영리 부문의 장점으로 선도적·실험적 서비스 제공, 옹호자 및 감시자의 기능, 다원주의적 가치의 확산 등을 제시한 바 있다.

5) 결국 사회서비스 공사 혼합체계 논의의 요체는 전반적인 역할분담의 측면에서 공공부문(정부)의 역할은 어디까지인가 하는 문제로 귀결된다고 볼 수 있다. 과연 정부가 사회서비스를 직접 공급하는 역할을 해야 하는가? 그렇다면 어느 정도를 직접 공급해야 하는가? 만약 사회서비스 인프라를 제공하고 민간에 위탁하는 방향으로 간다면, 재정지원 시 서비스 공급자에게 직접 보조금을 제공할 것인가, 아니면 소비자에게 제공할 것인가? 또 소비자에게 제공한다고 할 때 직접적인 보조금(바우처, 차등 요금 포함)을 줄 것인가, 아니면 간접적인 조세 혜택을 부여할 것인가? 한편 규제의 측면에서, 규제의 방법을 투입 부분(재정)의 투명성에 초점을 맞출 것인가, 아니면 산출 부분(효과성)을 평가할 것인가? 민간기관의 자율성을 보장해주는 것에 초점을 맞출 것인가, 아니면 객관적 평가 기준 설정에 의한 서비스의 표준화·책임성 제고에 초점을 맞추어야 하는가? 바로 이러한 질문들이 사회서비스 부문의 공사 혼합모형을 논의하는 데 필수적으로 고려되어야 할 요소라고 볼 수 있다.

3. 한국 사회복지 환경 변화와 복지 공급의 혼합구조

1) 한국 사회복지 환경의 변화

세계화(globalization)와 후기산업화(Post-industrialization)는 거의 모든 복지국가들이 공통적으로 적응·대처해야 할 거시적이고 구조적인 환경 변화로 인식되고 있다. 물론 논자에 따라 세계화의 직간접적 영향을 더욱 강조하는 경우(Mishra, 1999; Yeates, 2002)와, 대외적인 환경보다는 현재 복지국가들의 내부 변화(즉, 후기산업화)에 더 근본적인 분석의 초점을 맞추는 경우(Esping- Andersen, 1999; Pierson, 2002)가 있지만, 대체로 이 두 거대한 변수가 공통적인 환경 변화로 인식되고 있음은 분명해 보인다.

한국 역시 산업화의 성숙 단계가 무르익지 못했던 1990년대 초반을 기점으로 세계화와 후기산업화가 동시에 진행되기 시작했으며, 1997년 외환위기를 겪으며 그 속도는 가속화되고 있다고 볼 수 있다. 1980년대 후반부터 급속히 개방되기 시작한 금융시장 및 상품시장은 1990년대 후반까지 거의 자유화되었고, 외국인의 투자 및 국내자본의 해외 직접투자 비중은 지속적으로 확대되어왔다. 대내적으로도 저출산·고령화로 요약되는 인구학적 변동은 금세기 들어 그 위기적 징후가 표면화되었고, 산업구조와 고용구조도 빠르게 비정규직 서비스 고용으로 재편되어가는 과정에 있다. 이에 더해 한 부모가족, 독신자가구, 이혼율 등 가족해체를 나타내는 지표들도 후기산업화의 과정이 빠르게 진행되고 있음을 보여준다(Kim, 2004: chap. 3; 대한민국정부, 2006).[6]

---

6) 이 글이 세계화와 후기산업화라는 사회복지 환경을 논하는 글은 아니므로 이에 대한 이론적 동향이나 분석적 비평은 생략하기로 한다. 또한 지면 관계상 한국의 세계화와 후기산업화의 수준을 보여주는 실증적 자료의 제시도 생략한다. 이에 관한 자세한

〈그림 6-1〉 사회복지 환경의 변화와 사회복지의 수급 불균형

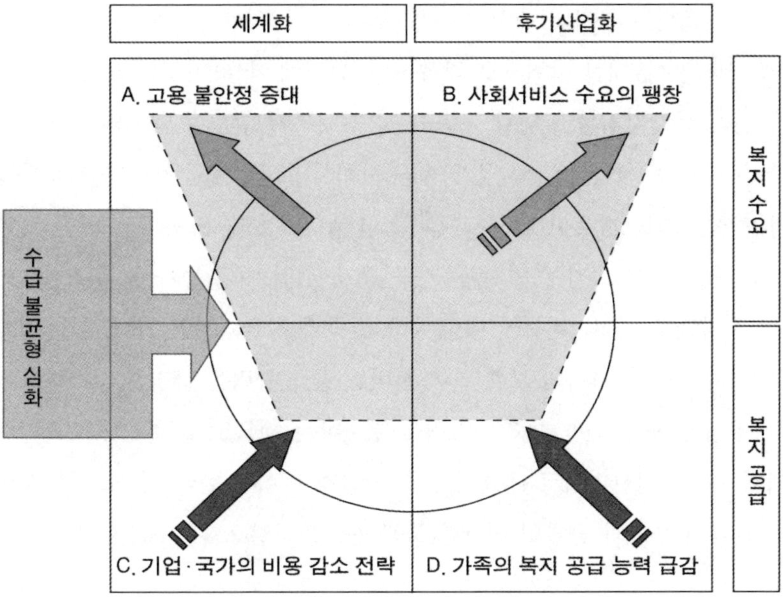

세계화 | 후기산업화

A. 고용 불안정 증대

B. 사회서비스 수요의 팽창

복지 수요

수급 불균형 심화

복지 공급

C. 기업·국가의 비용 감소 전략

D. 가족의 복지 공급 능력 급감

자료: Kim(2004: chap. 3)에서 재구성.

무엇보다 이러한 사회복지의 환경 변화가 시사하는 바는, 복지의 수요는 급격히 팽창되고 있지만 기존 복지 제공 주체의 공급 능력은 현저히 떨어지는 이중의 압력으로 작용하고 있다는 점이다. <그림 6-1>은 세계화와 후기산업화를 사회복지의 수요 측면과 공급 측면으로 나누어 교차시킴으로써 이러한 상황을 잘 요약해준다.

먼저, 세계화는 글로벌 경쟁으로 인한 기업의 노동비용 감소 전략으로 제조업 고용 규모는 감소하고 비정규직은 증가해 전반적으로 고용의 불안정을 일으키는 요인이다. 이러한 고용의 불안정성 확대는 근로계층에 대

사항은 Kim(2004: chap. 3), 대한민국정부(2006), 김연명(2007: 433~34)을 참조할 것.

한 복지수요의 증가로 이어지는 요인으로 볼 수 있다(A. 세계화, 수요 측면). 둘째, 세계화는 국가의 재정 건전성 및 국가 제공 서비스의 비용효과성(민영화·시장화)에 대한 압력으로 작용하며, 동시에 개별 기업의 노동비용 감소 전략으로 기업복지 대상 노동자 및 기업복지 수준이 축소되는 결과를 불러온다. 즉, 기업복지 및 국가 제공 사회서비스의 공급 비중을 축소하게 하는 압력으로 작용한다(C. 세계화, 공급 측면). 셋째, 노령화로 인한 노인 인구 증가, 한부모 가구 및 독신 가구 증가, 취업 여성 증가 등 후기산업화는 그 자체로 사회서비스에 대한 수요 급증과 직결되는 반면(B, 후기산업화, 수요 측면), 넷째, 가족의 보호 관련 서비스 공급 능력은 급격히 감소하는(D. 후기산업화, 공급 측면) 이중의 압력을 행사하는 것으로 볼 수 있다. 요컨대 세계화와 후기산업화로 대표되는 최근 환경 변화는 한국에서도 사회서비스 분야의 수요와 공급의 심각한 불균형을 불러일으키는 요인이 된다.

2) 한국 사회복지 영역의 공사 혼합구조 현황

그렇다면 한국 사회복지 분야의 공사 혼합구조 현황을 전체 사회복지지출의 측면과 사회서비스 부문의 역할분담을 통해 살펴보자. 먼저 한국 사회복지지출 구조에 관한 선행 연구 결과들은 한국 사회복지지출에서 차지하는 공공 부문의 비중이 상대적으로 매우 작다는 것을 보여준다(<표 6-2> 참조).

먼저, OECD의 사회지출 기준에 따라 사회복지지출을 추계한 고경환 외(2003)는 자발적 민간 지출의 범위에 시장, 비영리 및 가족 부문의 복지 공급 대부분이 제외되어 있는 상황에서 공공 부문의 사회복지지출 비중이 전체의 58% 정도에 머무르는 것으로 추계했다. 반면에 김진욱(2005)과 김교성 외(2006)의 추계치는 모든 자발적 민간 영역의 복지 공급까지 포함

〈표 6-2〉 사회복지지출 총량에서의 공사 분담구조: 주요 연구 결과의 요약·비교[1]

구분	고경환 외(2003)[2]			김진욱(2005)[3]			김교성 외(2006)[4]		
대상 연도	2001년			2000년			2004년		
	영역	(10억)	GDP 비율(%)	영역	(10억)	GDP 비율(%)	영역	(10억)	GDP 비율(%)
세부 영역별	공공 부문 법정 민간 자발 민간	33,774 14,221 10,232	7.1 3.0 2.2	국가 기업 시장 제3섹터 가족	31,863 28,855 18,034 1,815 48,227	6.1 5.5 3.5 0.3 9.2	국가 기업 시장 제3섹터 공동체	52,956 44,386 54,969 3,036 8,033	6.8 5.7 7.1 0.4 1.0
공공 대 민간	공공 부문	33,774	7.1	공공 부문	31,863	6.1	공공 부문	52,956	6.8
	민간 부문	24,453	5.2	민간 부문	96,931	18.6	민간 부문	95,249	12.2
합계	총량	58,227	12.3	총량	128,794	24.7	총량	148,205	19.0

주 1) 자세한 추계 방법은 각각의 연구 결과물을 참조할 것.
주 2) OECD 사회지출 기준에 의한 추계임.
주 3) 가족의 보호 및 돌봄서비스의 경제적 가치 추계가 포함되어 가족의 비중이 매우 높음.
주 4) 각 영역 간 지출 중복을 고려했기 때문에 영역별 지출의 합과 제시된 총량 지출 수준이 일치하지 않음.
자료: 고경환 외(2003), 김진욱(2005), 김교성 외(2006).

하려 했는데, 이 경우 공공 부문의 비중은 매우 미약한 것으로 나타났다. 김진욱(2005)은 전체 사회복지지출에서 차지하는 공공 부문의 비중이 약 25%, 김교성 외(2006)는 35.7%에 불과한 것으로 분석하고 있다. 이것은 사회서비스의 공공보장성이 매우 낮아 국민 대다수가 필요로 하는 보호 및 돌봄서비스 대부분을 가족, 시장, 비영리 부문 등 민간에서 공급받기 때문이다. 이러한 경향은 고경환(2007)의 최근 연구에서도 나타난다. 즉, 한국의 사회복지지출 수준이 경제규모(소득수준), 고령화 수준, 국민부담률 등 고려할 수 있는 모든 기준에 대해, OECD 평균에 훨씬 못 미치는 왜소한 지출 규모를 가지고 있을 뿐 아니라, 사회복지지출의 구조적 측면에서도 현금소득이전급여인 법정 지출 비율이 91%에 달하지만 서비스와 현물급여를 형성하는 재량 지출 비율은 9%에 불과해(OECD 평균은 19%),

〈표 6-3〉 주요 OECD 국가 (공공)사회복지지출 구조 비교(2003년도)

국가	복지지출 (GDP 대비 %)	지출 구조	
		법정 지출 비율(%)	재량 지출 비율(%)
OECD 평균	20.9	81	19
한국	5.7	91	9
덴마크	27.6	66	34
스웨덴	21.3	68	32
호주	17.9	71	29
영국	20.9	72	28
프랑스	28.7	82	18
독일	27.3	85	15
일본	17.7	87	13
미국	16.0	94	6

주 1) 법정 지출은 사회보험(노령·유족· 장애·실업급여, 산재보험 등 현금급여, 건강보험의 현물급여), 공공부조, 국가보상 급여 등)을 말함.

주 2) 재량 지출은 노령, 유족, 장애, 가족, ALMP 등의 현물(서비스)급여를 말함.

자료: 고경환(2007: 30).

사회서비스에 대한 지출이 매우 낮은 수준임을 보여준다(<표 6-3> 참조).

이러한 한국의 사회복지지출 구조는 한국의 복지국가가 현금소득이전 급여를 중심으로 구성되어 있어 사회서비스의 공급 자체가 매우 제한되어 있을 뿐 아니라, 기존의 사회서비스 공급 역시 민간 주도로 이루어져 있으며 이에 대한 정부의 재정적 지원 역시 상당히 미비함을 시사해준다. 주지하다시피 법정 사회복지서비스는 대부분 민간 비영리조직(사회복지법인 포함)에 의해 공급되며, 보육서비스는 시장(영리 부문)의 공급 비중이 대부분을 차지한다. 2002년을 기준으로 한 김영종(2003)의 연구에 의하면, 아동·노인·장애인·모자·부랑인을 대상으로 사회복지서비스를 제공하는 1,409개의 신고 시설 가운데 사회복지법인이 81.2%, 종교 및 시민단체를 비롯한 기타 민간 부문이 16.3%를 차지하는 반면, 지자체가 운영하는 시설은 전체

〈표 6-4〉 보육시설 현황(2006년 12월 기준)

구분		총계	국공립 보육시설	법인 보육시설	민간보육시설		부모협동	가정 보육시설	직장 보육시설
					법인 외	민간 개인			
시설	수	29,233	1,643	1,475	1,066	12,864	59	11,828	293
	비율	100%	5.6%	5.0%	3.6%	44.0%	0.2%	40.5%	1.0%
아동	수	1,040,361	114,657	120,551	58,808	582,329	1,238	148,240	14,538
	비율	100%	11.0%	11.6%	5.7%	56.0%	0.1%	14.2%	1.4%

자료: 대한민국 정부(2006).

의 2.5%인 35곳에 불과했다.[7] 또한 2006년 6월을 기준으로 전국 391개 종합복지관 가운데 지자체가 운영하는 것은 22곳으로 전체의 5.6%에 지나지 않았고, 나머지는 사회복지법인(73.9%), 비영리법인(14.8%), 학교법인(5.6%) 등 민간 비영리 부문에 의해 운영된다(보건복지부, 2007). 한편 영세한 개인사업자의 비중이 큰 보육에서는 민간 비영리 법인의 공급 비중이 크지 않지만, 국공립 보육시설의 비중 역시 아동 수를 기준으로 10% 정도에 머무른다(<표 6-4> 참조). 취약 계층 중심의 전통적 사회복지서비스 영역에서는 민간 비영리 부문이, 수혜 계층이 비교적 넓은 사회서비스인 보육 분야에서는 영리 영역의 비중이 압도적이므로, 현재 한국 사회서비스 공급 구조에서 차지하는 공공 부문의 위치는 매우 미약한 수준이다. 더욱이 보육을 포함한 국공립시설 대부분이 민간에 위탁 운영되고 있음을 고려한

---

7) 『2004 전국사업체기초통계조사』를 바탕으로 한 최근의 자료 역시 민간 사회복지서비스 대부분이 사회복지법인 및 각종 민간단체에 의해 운영되고 있음을 보여준다. 보육을 제외한 일반 사회복지사업의 사업체 수와 종사자 수는 각각 4,611곳, 5만 8,279명으로 조사되었는데, 이 가운데 개인사업체나 회사법인 등 영리 부문의 비중은 사업체 수로는 5% 미만, 종사자 수로는 3% 미만인 것으로 나타났다. 단, 보육에서는 개인사업체의 비중이 사업체 수로 67.7%, 종사자 수 기준으로 56.7%를 차지하는 것으로 나타났다. 더 자세한 사항은 김영종(2006)을 참조할 것.

다면, 공공 부문이 직접 사회서비스를 공급하는 역할은 사회복지전담공무원의 일상적 업무와 관련된 서비스(주로 공공부조 대상자)와 보건소가 제공하는 보건의료서비스 정도에 그치는 실정이다. 나아가 한국 사회서비스 공사 혼합구조에서 시장 부문의 역할이 커지고 있다는 점도 주목할 필요가 있다. 기존 보육 분야에서 영리사업자의 비중(민간 및 가정보육시설)이 매우 크다는 점과 함께, 최근 노인복지 분야에서 영리 부문의 직접적 공급 혹은 시장논리의 확대가 진행되고 있다. 노인주거복지 분야에서 무료양로시설의 비중이 감소하는 대신, 유료양로시설이나 유료노인주택 등 영리 부문의 비중이 크게 증가하고 있다. 요양서비스 부문에서는 노인장기요양보험 시행을 앞두고 급속히 확충되고 있는 요양시설이 대부분 유료시설·실비시설·노인전문병원의 증가를 통해 이루어지고 있음을 알 수 있다(<표 6-5> 참조).

사회서비스가 대부분 민간기관을 통해 공급된다고 해도 정부의 재정지원이 충분하고 서비스 품질에 대한 적절한 규제 및 관리체계가 마련되어 있다면, 후술할 독일의 경우가 그러하듯이, 사회서비스의 공적 책임성 수준이 결코 낮다고 할 수는 없을 것이다. 그러나 한국에서 사회서비스 대부분을 공급하는 비영리 부문의 재정구조나 정부와의 관계를 살펴보면, 사회서비스의 공적 책임성 수준은 매우 낮은 데다, 민간기관에 대한 합리적 규제나 품질관리는 미흡한 채 운영의 자율성을 많이 제약하고 있다. 사회복지시설에 대한 재원구조를 명확히 알 수 있는 자료나 연구는 매우 부족한 실정이지만, 김영종(2003)이 부산 지역 32개 시설의 결산 자료를 분석한 것에 따르면, 이용시설에 대해서는 정부 보조금의 비중이 47%에 그쳤고, 법인 전입금을 포함한 민간 후원이 18%, 이용료 수입 및 기타가 35%를 차지해 정부의 재정지원이 매우 미약한 것으로 나타났다.[8)]

〈표 6-5〉 연도별 노인복지시설 현황: 주거 및 의료복지시설

구분		시설 수(개)			입소 정원(명)		
		2004년	2005년	2006년	2004년	2005년	2006년
주거시설[1] (양로)	무료	78 (56.1%)	137 (48.6%)	145 (39.6%)	4,972 (52.8%)	6,051 (45.5%)	5,780 (36.0%)
	실비	12 (8.6%)	64 (22.7%)	132 (36.1%)	363 (3.9%)	1,126 (8.5%)	2,267 (14.1%)
	유료	49 (35.3%)	81 (28.7%)	89 (24.3%)	4,085 (43.4%)	6,112 (46.0%)	8,027 (49.9%)
	소계	139 (100.0%)	282 (100.0%)	366 (100.0%)	9,420 (100.0%)	13,289 (100.0%)	16,074 (100.0%)
의료시설[2] (요양, 전문요양)	무료	239 (62.6%)	288 (49.4%)	358 (39.9%)	17,923 (67.6%)	20,757 (59.0%)	24,991 (47.5%)
	실비	43 (11.3%)	128 (22.0%)	284 (31.6%)	2,410 (9.1%)	5,339 (15.2%)	10,617 (20.2%)
	유료	75 (19.6%)	127 (21.8%)	173 (19.3%)	2,549 (14.2%)	3,867 (11.0%)	4,981 (9.5%)
	전문병원[3]	25 (6.5%)	40 (6.9%)	83 (9.2%)	3,633 (13.7%)	5,209 (14.8%)	12,039 (22.9%)
	소계	382 (100.0%)	583 (100.0%)	898 (100.0%)	26,515 (100.0%)	35,172 (100.0%)	52,628 (100.0%)

주 1) 유료주거시설은 유료양로시설과 유료노인복지주택의 합으로 계산되었음.
주 2) 노인의료복지시설은 각각의 범주에 포함되는 요양 및 전문요양시설의 합으로 계산되었음.
주 3) 노인전문병원을 가리킴.
자료: 보건복지부(2007a).

3) 한국 사회서비스 공급체계의 문제점

지금까지의 논의를 종합하면, 경제규모에 비해 매우 낮은 수준을 보이는 한국의 사회복지지출 구조가 사회서비스보다는 현금급여 위주로 구성

---

8) 생활시설은 정부 보조 비율이 82%, 법인 전입금을 포함한 민간 후원이 13%, 이용료 수입 0.6%, 기타 3.8%로서 정부의 재정지원이 높은 편이지만, 정부의 법정 사회서비스 대상자를 위탁받고 있다는 점을 감안하면 그리 높은 수준은 아니다.

되어 있을 뿐 아니라, 수혜 대상이 크게 제약되어 있는 사회서비스의 공공책임성 역시 생산·공급의 측면과 재정지원 및 서비스 품질관리(규제) 측면에서 매우 낮은 수준에 머무르고 있다는 것이다. 여기에서는 한국 사회서비스 공급체계의 본질적인 문제들을 정리함으로써 사회서비스 공사 혼합구조의 현주소를 파악하고자 한다.

첫째, 수요에 비해 사회서비스 공급량이 턱없이 부족하다. 장애인 관련 서비스를 보면, 2005년 추정된 장애인 수(약 215만 명)의 1% 미만인 2만 명 정도만이 장애인 시설에 입소해 있고, 노인 인구(약 417만 명)의 재가 및 시설보호율은 각각 0.8%, 0.5% 미만(2004년)에 그친다. 보육의 경우 2005년 기준으로 전체 영유아(약 316만 명)의 47%인 148만 명 정도만이 육아지원시설을 이용해 아직 보편적 사회서비스로 간주하기는 어려운 실정이다.

둘째, 사회서비스 공급에서 국가 책임 수준이 미약하다(이혜경, 1998). 법률상으로는 보편주의를 지향하지만 실제 사회서비스의 대상은 빈곤계층에게 집중되며, 이용시설에 대한 재정지원도 미약하다. 보족성과 가족주의적 원칙에 근거해, 사회서비스 분야에서 국가책임최소주의가 계속 고수되어왔으며, 참여정부가 보육서비스 확충 및 노인장기요양보험 시행에 대해 논의하기 전까지는 국가가 사회서비스의 확대를 주도한 경우를 거의 발견할 수 없다.

셋째, 민간 비영리 부문이 취약하고 국가 규제가 편협하다. 사회서비스 공급 자원으로서 비영리 부문의 기능과 역할이 매우 취약하고, 사회서비스 전달체계에서 국가의 역할은 보조금 지급과 감사에 그칠 뿐, 서비스의 질 관리, 서비스의 연계·조정은 거의 찾아볼 수 없다. 행정적 규제는 있으나 서비스의 내용과 질에 대한 관리체계가 부실한 상황은 서비스 공급기관의 자율성을 크게 제약하는 동시에 직접적 서비스 제공과 상관없는 행정관련 업무의 과중으로 이어지며, 이는 민간기관으로서의 장점(선도적 서비스,

정부감시자, 유연하고 다양한 서비스) 역시 퇴색하고 있음을 의미한다.

넷째, 서비스의 책임성 문제(재정지원 방식의 문제)와 소비자 선택권의 제약 문제이다. 정부의 재정 보조는 소비자(이용자)에 대한 지원이 아닌, 주로 시설에 대한 보조금 성격의 재정지원이 대부분이다. 2007년부터 노인·장애인·산모 생활지원서비스, 지역사회서비스 혁신사업 등의 분야에서 바우처 사업이 시행되고 있지만(강혜규, 2007), 아직 그 결과를 평가하기에는 이르다. 이러한 시설에 대한 직접 재정지원은 민간 위주의 공급체계인데도 경쟁시스템을 갖추지 못했고, 정부의 규제는 강하지만 서비스 질을 제고하는 것에 대한 압력이 크지 않다는 고질적 병폐를 낳았다고 볼 수 있다. 더 나아가 시설서비스 제공자의 잦은 비리 때문에 국민의 신뢰가 결여되었다는 것 또한 근본적인 문제이다.

다섯째, 사회서비스 이용에서 계층 및 지역 간 형평성 문제가 있다. 빈곤층(수급권자)은 이용료 부담 없이 상대적으로 비교적 양질의 서비스(국공립시설)를 제공받고, 구매력이 높은 상위계층은 보육·양로·요양 등에서 영리사업자가 제공하는 고가의 고급 서비스를 이용할 수 있다. 그러나 차상위 및 서민계층은 높은 이용료 부담과 낮은 질의 서비스 가운데 하나를 선택해야 한다. 그나마 차상위계층이 주로 이용하는 미신고 시설에 대한 국가의 재정지원은 미약하다. 또 중산층도 영리 고급 서비스를 받기에는 경제적 부담이 크다. 나아가 최근 보건복지서비스의 지방이양사업이 증가하고, 포괄적 보조금의 비중이 확대되면서 사회서비스의 지역 간 격차가 심화되는 문제점이 많이 지적된다.

4. 주요국 사회서비스의 공사 역할분담

그렇다면 1970년대 이후 선진 복지국가의 사회서비스 공사 역할분담 구조는 어떻게 변화되어왔을까. 이 글에서는 한국의 공사 역할분담 방향을 본격적으로 논의하기 전에, 우리의 개혁 방향에 유의미한 시사점을 줄 수 있는 대표 사례를 검토해보고자 한다. 효율성과 민영화를 기치로 영리 부문이 확대되어온 미국, 비영리 부문 중심의 전달체계로 사회서비스 확대를 주도한 독일, 공공 부문 중심의 보편적 사회서비스 체계를 발전시켜온 스웨덴이 그들이다.

1) 미국: 효율성, 민영화와 영리 부문의 성장

미국의 사회서비스는 국가의 개입보다는 민간의 자발적 자선활동을 강조하는 미국 고유의 자유주의적 전통하에서 발전되어왔다. 따라서 미국의 사회서비스는 민간 비영리 부문을 중심으로 제공되어왔다고 볼 수 있지만(Salamon, 2002), 1935년 「사회보장법」이 제정된 이후 1960년대까지 미국의 공공복지 전달체계와 병행하여 확대되었다. 그러나 1970년대 중반 이후 보수주의 이념의 확대로 사회복지 전달체계의 민영화가 진행되었는데, 그 방향은 공공부조 및 사회서비스 분야에서 정부가 재정 및 규제의 역할만 수행하고, 직접적인 서비스 공급은 민간 부문, 즉 비영리 부문과 영리조직으로 이전하는 것이었다. 사회서비스 민영화는 주로 바우처 제도, 서비스 위탁계약, 프랜차이징 등을 통해 진행되었다.

1970년대 후반 이래 진행되었던 미국 사회서비스 공사 혼합구조의 가장 큰 변화는 사회서비스 영역에서 비용-효과성(효율성)에 대한 관심이 증대되어왔다는 것 외에, 사회서비스 전달체계에서 영리기관이 차지하는 비중이 지속적으로 상승하고 있다는 점이다. 고용 증가율을 기준으로, 1977년에서 1997년까지 20년 동안 전체 사회서비스 고용은 163% 성장했다. 그런데 여기서 비영리 부문의 고용 증가율은 134%였으나 영리 부문의 고용 증가율은 273%에 달할 정도로 영리 부문이 급속히 성장했다(Smith, 2002).[9] 특히 1996년 클린턴 행정부에 의해 통과된 일련의 복지개혁을 통해, 비영리기관 위주로 진행되었던 사회서비스 계약당사자의 범위를 영리기관으로까지 확대했다. 이 때문에 영리기관과 비영리기관 간의 정부 보조금을 둘러싼 경쟁이 심화되고, 사회서비스 공급에서 차지하는 영리 부문의 비중이 더욱 커졌다. 2002년을 기준으로 사회서비스에서의 영리 부문의 비중은 지속적으로 확대되어, 시설 수, 재정수입, 종사자 수에서 영리 부문의 비중은 비영리 부문에 근접하고 있으며, 보육과 요양·양로서비스에서는 영리 부문이 비영리 부문을 앞선다. 보육서비스에서 영리 부문은 시설 수의 65%, 재정수입의 55%, 종사자 수의 58%를 점유하고, 양로 및 요양서비스 부문에서는 시설 수의 54%, 재정수입의 58%, 종사자 수의 59%를 차지한다(US Census Bureau, 2002).

민영화의 과정과 함께, 연방정부는 주정부 및 지방정부의 자율성 확대와 지역 상황에 맞는 사회서비스 제공을 명분으로, 포괄적 보조금(Block

9) 미국의 사회서비스는 크게 보육, 대인 및 가족 관련 서비스, 직업훈련, 시설보호, 기타 사회서비스 등 다섯 개 세부 분야로 구분되는데, 영리 부문의 고용 증가는 특히 보육, 대인서비스, 시설보호 분야에서 두드러졌다. 대인서비스에서는 민간 비영리 부문과 영리 부문의 고용 증가율이 각각 313.7%, 351.9%로 두 부문 모두 많이 성장한 것으로나 나타났으나, 보육은 비영리 부문이 134% 성장한 데 비해, 영리 부문은 343% 증가했고, 시설보호는 각각 78%와 247%로 그 격차는 더욱 컸다(Smith, 2002). 결국 아동에 대한 보육과 노인을 주된 수혜 계층으로 한 시설서비스의 공급이 매우 증가했고, 그 증가분에서 차지하는 영리 부문의 비중은 더욱 가속화되었음을 알 수 있다. 이는 최근 한국의 보육 및 노인시설서비스 분야에서 나타나는 현상과 유사하다고 볼 수 있다.

Grant)의 비중을 높여왔다. 이를 통해 연방정부는 전체적인 사회서비스 예산 절감 효과를 거둘 수 있었다. 그러나 이것이 지방정부의 재정 부담 증가와 전반적인 복지재정 축소로 이어진 것은 당연한 결과였다. 또한 지역 간 불평등이 심화되었고 행정의 비효율성이 증가했다는 비판도 대두되었다(김정아, 2005). 또한 사회서비스 체계 내에 서비스의 책임성과 효율성이 강조되면서, 비영리 민간조직에도 TQM(Total Quality Management)을 비롯한 경영마케팅 전략이 적용되기 시작했다(김정아, 2006). 영리기관과의 경쟁이 심화되면서, 사회서비스 분야 비영리조직의 수입에서 차지하는 사용자 부담(요금)의 비중이 커지고 있는 반면, 비영리기관의 수입원 중에서 민간자원(기부금 등)이 차지하는 비중은 많이 줄었다. 1977년 사회서비스 비영리기관의 재정수입 구조의 절반 이상(54%)이 정부에서 지원받는 것이었고, 기부 및 자선의 비중은 약 3분의 1(33%), 이용요금 징수(fees and charges)는 13%에 지나지 않았다. 그러나 1997년에 이르면, 정부 보조금의 비중이 약간 감소하지만(52%), 자선의 비중은 5분의 1(20%)로 감소하는 반면, 이용료의 비중은 28%로 크게 높아졌다(Salamon, 2002). 사회서비스 영역에 경쟁과 비용효과성의 원칙이 강하게 투영되면서 민간 비영리조직들은 예전과 같은 정부의 지원을 기대하기 힘들어진 상황에서 재원의 상당 부분을 수익자 부담의 원칙에 의거해 해결해야 하는 환경이 변화를 반영하는 것이라 볼 수 있다.

2) 독일: 보족성, 민간 비영리 부문 중심의 전달체계

독일의 사회서비스 전달체계는 지역사회의 자생적 조직과 자원을 통합적으로 연결하는 것으로 시작되었다. 독일의 「사회법」은 지자체가 직접 사회서비스를 제공하기보다는 민간사회복지사업단(Verband der Wohlfahrtspflege)에 위임할 것을 촉구한다. 그 배경에는 독일의 독특한 사회정책 특성인 보족성 원칙이 존재한다. 이 원칙에 따라 민간 비영리 부문의 서비스 제공이 정부활동에 우선하며, 지방정부는 민간 비영리조직의 활동을 지원하는 특성을 갖는다. 민간사회복지사업단체는 원칙적으로 전국 조직망을 지닌 연합단체의 일부분으로 활동하는 경우가 많은데, 독일 비영리조직의 70% 이상이 연방 차원의 연합단체에 가입되어 있다. 보족성의 원칙이 「사회법」에 명문화되면서, 민간 사회복지사업 연합단체[10]는 정부의 지원금을 받을 수 있는 법적 권리를 인정받았으며, 사회서비스의 정책 과정에 상당한 영향력을 행사할 수 있도록 구조화되어 있다.

구체적으로 독일의 사회서비스는 공공기관과 비영리조직의 사회서비스 공급계약을 통해 전달된다(Evers and Strünck, 2002). 독일의 지방정부는 행정조직으로 사회복지사무소를 두고 있지만, 서비스를 직접 공급하는 영역은 아주 제한적이다. 대신 지역사회의 민간조직이 사회서비스를 전달하고, 지방자치단체는 재정 보조, 규제 및 감독, 정보제공, 서비스 알선·연계 등의 역할을 수행한다. 사회서비스를 제공하는 비영리 민간조직은 지방정부나 사회보험조합과 같은 공공기관과 공급계약을 맺는데, 이 공급계약에는 제공되어야 할 서비스의 종류, 내용, 범위에 대한 규정이 포함되며, 이에 대한 지방정부 또는 공공기관의 의무(특히 서비스 비용 지불) 역시 명확히 규정된다. 지방정부나 공공기관은 평가 기준을 공급자와 합의하에 만들고, 공급자를 평가하며, 한시적 공급계약은 평가 결과에 따라 갱신될 수 있다. 사회서비스의 영역별로 다소 차이가 있지만, 비영리 민간조직은 보육시설의 49%, 청소년시설의 62%, 노인시설의 56%, 장애인시설의 84%

10) 대표적인 단체로는 노동자복지단체, 독일 카리타스 가톨릭복지사업기구, 독일 평등복지연합, 독일 적십자, 독일 디아코니 개신교복지사업기구, 유대교 중앙복지기구 등이 있다.

를 차지해 사회서비스 공급에서 가장 큰 역할을 하고 있다. 그러나 동시에 정부의 지원금을 받을 수 있는 명문화된 법규정에 따라, 비영리 민간조직은 재정의 대부분(60~80% 이상)을 정부지원금으로 충당한다. 사회서비스 중 노인요양 및 양로시설이나 보육서비스는 지역주민에게 유료로 제공하지만, 그 요금을 부담할 수 없는 저소득층은 공공부조제도를 통해 지자체가 지원하는 체계를 갖추고 있다(박수지, 2006a).

결국 독일의 사회서비스 공사 혼합체계에서 직접 공급은 민간 비영리조직이 주로 담당하되, 재정의 측면에서 국가와 공공 부문의 책임성이 확립되어 있다고 볼 수 있다. 그러나 이러한 '민간 공급-국가 재정'의 사회서비스 공사 혼합구조가 정착되어 있다고 해도, 사회서비스 영역에서의 시장논리의 확대라는 경향이 독일을 피해 가는 것은 아니다. 최근 독일에서도 서회서비스 공급계약에서 민간 비영리조직에 부여했던 우선권이 사라졌으며, 영리기관과의 경쟁이 본격화되었고, 경쟁시스템의 강화와 더불어 비영리조직의 서비스 평가를 위한 모델(European Foundation for Quality Management: EFQM)이 모색되고 있다(박수지, 2006b). 그러나 사회서비스에 대한 국가의 재정지원 및 서비스 품질에 대한 관리가 실질적으로 이루어진다는 것에는 변화가 없으며, 이러한 측면에서 사회서비스에 대한 공적 책임 수준이 본질적으로 크게 축소되기 시작했다고 보기는 어렵다.

3) 스웨덴: 보편성, 국가주도의 사회서비스 전달체계

팔메 외(Palme et al., 2002)는 1990년대 스웨덴 사회서비스가 '소용돌이' 속에 있었다고 규정하며, 탈중앙화, 사용자 부담, 시장지향성(market orientation)이라는 세 가지 변화의 방향이 현실화되어왔음을 지적했다. 즉, 사회서비스에서 사용자 부담이 증가했고, 비록 공공의 재정 및 규제·감독 기능은 유지되었지만, 서비스 공급 일부가 민간(영리기업, 협동조합, 비영리 부문)으로 이전되었다. 또 민영화되지 않은 공공 부문의 서비스에도 시장지향적 경영 요소가 도입되었다(Eikas and Selle, 2002; Blomqvist, 2004). 하지만 스웨덴 사회서비스 부문이 민영화 경향을 보인다고 해도 아직 제한적인 수준에 그친다. 1990년과 1999년 사이에 민간 영역의 사회서비스 종사자는 전체 사회서비스 부문 고용의 4.4%에서 9.6%로 증가했을 뿐이다. 무엇보다 사회서비스에 보편주의 성향은 여전히 강하게 남아 있다. 오히려 적극적 노동시장 프로그램과 관련된 사회서비스는 1990년대 들어 더 확장되었다.

아동 분야에서도 같은 기간 보편주의 원칙과 공공책임성(public engagement) 수준이 강화된 것으로 보고된다(Palme et al., 2002: 339~340). 3~6세 미취학 아동의 보육서비스 수혜율이 64%에서 82%로 증가했고, 7~9세 학령기 아동의 방과 후 서비스 수급률은 49%에서 63%로 늘어났다. 이와 동시에 아동서비스 이용의 계층 간 격차도 많이 축소되었다. 비록 정부재정으로 운영되는 민간보육기관의 비율이 1990년 5%에서 1999년 15%로 늘어났지만, 이는 대부분 교육수준이 높은 중산층 부모가 협동조합(cooperatives) 형태로 운영하는 비영리조직이 증가했기 때문이다. 하지만 이러한 형태의 사회서비스 공급의 민영화 현상은 소비자 선택의 자유와 스웨덴의 전통적 평등주의(high-quality standardized solution) 간의 가치 충돌이 표면화되고 있음을 의미하는 것이었다(Blomqvist, 2004). 또한 보육에서 높은 공공책임성이 전제되어 있기는 하지만, 전체 아동서비스 재원 중 사용자 부담이 차지하는 비중이 같은 기간에 10%에서 18%로 증가했다.

노인 분야에서는 서비스 비용이 뚜렷하게 증가하는 모습이 나타났다. 이는 보건의료 분야에서 노인 침상(입원) 수를 반으로 줄이고, 대신 재가서비스를 확대한 데 기인한 것이었다. 정부의 보조를 받는 돌봄서비스를 이용하는 노인의 비중은 1990년대에 줄었지만, 이는 1980년대부터 계속된 현상이었다. 80세 이상 초고령 노인 가운데 생활시설서비스를 받는 비율은 1980년대 후반 24%에서 1990년대 후반 22%로 큰 변화가 없었고, 재가서비스 이용률은 같은 기간 27%에서 21%로 감소했다. 국가의 재정지원이 이루어지는 사회서비스 이용의 감소는 노인돌봄서비스의 비공식화(informalization)와 시장화(marketization)를 유발했다. 즉, 가족이나 친지에게 돌봄서비스를 의존하거나 노인이 스스로 부담해야 하는 영리서비스의 이용이 증가한 것이다. 한편 공공서비스 역시 경쟁입찰(competitive tendering), 외주계약(contracting-out) 등을 통해 민간기업이 운영하는 비중은 지속적으로 높아져, 1990년대 동안 4배나 급증한 것으로 보고된다. 2000년 현재, 영리부문은 노인생활시설의 11%, 재가서비스의 7%를 공급하는 것으로 알려진다(Palme et al., 2002: 340~341).

결국 스웨덴의 사회서비스 공사 혼합구조에서도 민영화(공급 및 재정) 양상이 나타나고 있음을 알 수 있다. 그러나 1999년의 입법으로 아동과 노인 분야 모두 사용자 부담에 대한 실질적인 상한제를 도입하게 되었고, 무엇보다 국제 비교의 시각에서, 스웨덴 사회서비스의 보편성과 포괄성은 여전히 견지되고 있다는 점이 부각되어야 한다. 즉, 사회서비스 공급의 절대 다수가 공공 부문에 의해 공급되며, 민영화의 영향은 장기적인 추세 속에서 관찰될 뿐이다.

5. 한국 사회서비스 공사 역할분담 개혁의 방향

1) 주요국 공사 혼합모형의 비교 및 시사점

<표 6-6>은 미국, 독일, 스웨덴의 사회서비스 공사 역할분담 현황을

〈표 6-6〉 주요국의 사회서비스 공사 분담 요약 및 공공책임성 수준

구분		미국(시장강화형)	독일(제3섹터 주도형)	스웨덴(국가주도형)
생산·공급	공사 분담구조	제3섹터 및 영리공급자 분담	제3섹터 주도	공공 부문 주도
	시장(영리) 부문	큼	작음	제한적
	제3섹터(비영리)	큼	주도적	작음
	국가(공공) 부문	작음	작음	주도적
재정	민간 재정지원 방식	서비스 구매	위탁계약	공공이 직접 운영 또는 보조
	공공 부문의 비중	중간~낮음	높음	높음
민영화의 방향		• 영리 부문 공급 확대 • 수혜자 부담 증가 • 국가 재정지원 축소	• 영리 부문 진입 • 전달체계의 시장화 • 국가 재정지원 유지	• 비영리 공급 증가 • 공급자 간 경쟁 도입 • 국가 재정지원 유지
전반적인 공공책임성		낮음	높음	높음

요약해서 보여준다. 미국은 서비스를 직접 생산·공급하는 측면뿐 아니라, 재정적 측면에서도 공공 부문의 책임성 수준이 독일이나 스웨덴에 비해 낮은 편이다. 특히 공공 부문의 역할은 주로 소비자에 대한 재정 보조나 서비스 구매계약(purchase of services) 등 시장원리에 따른 재정지원과 성과 중심 규제 시스템에 그 초점을 맞추고 있다. 사회서비스 공급에서 차지하는 비영리 부문의 비중도 상당히 큰 것이 사실이지만, 바로 이러한 시장친화적인 요소 때문에 미국의 공사 혼합모형을 시장강화모형으로 분류할 수 있다. 반면 독일은 서비스 생산과 공급에서 민간 비영리기관의 비중이 매우 높지만, 재정적으로 높은 공공책임성이 확보되고, 주로 공급자에 대한 직접적 보조가 이루어진다. 서비스 제공의 책임이 민간기관(비영리조직)에 이양되고 있지만, 보족성이라는 독특한 「사회법」 원칙에 의거해 서비스 공급자에 대한 규제 정도는 낮은 편이다. 오히려 비영리 부문이 연합조직 차원에서 정책 과정에 참여함으로써 다른 국가에 비해 비영리 부문의

자율성이 상당히 잘 보장되었다고 볼 수 있다. 스웨덴은 서비스 생산·공급과 재정 측면 모두에서 높은 공공책임성이 확보되어 있는 국가주도형 모델이다. 최근 확대되고 있는 시장주의적 요소는 공공기관의 성과관리 및 서비스 품질관리 측면에서 시장원리를 공공행정에 도입하는 정도의 시장화 전략으로 이해되며, 사회서비스에 대한 보편주의도 거의 훼손되지 않고 있다.

이상의 미국·독일·스웨덴의 사례 검토를 통해 알 수 있는 중요한 논점은 사회서비스에 대한 공공책임성 수준의 높고 낮음이 공공 부문의 서비스 직접 공급 비중에 달려 있는 것은 아니라는 것이다. 비영리 민간기관 혹은 영리기관에 의해 사회서비스가 제공된다 하더라도, 국가는 실질적인 재정 지원과 품질관리를 통해 사회서비스의 공공책임성을 강화할 수 있다. 반면에 사회서비스 공급 수준이 낮고, 재정에서도 공공책임성이 낮으며, 국가와 제3섹터 간 종속성이 관찰되고 있는 한국의 사회서비스 구조는 애스콜리와 랜시(Ascoli and Ranci, 2002)가 규정하고 있는 남유럽형에 가깝다.[11)]

2) 기존 복지국가모형에 의한 개혁 방향

그렇다면 한국이 지향해야 할 사회서비스 공사 혼합구조의 방향은 무엇일까? <그림 6-2>는 사회서비스에 대한 공공책임성의 수준과 제3섹터

---

11) 남유럽형은 사회서비스에서 제3섹터가 주도적 위치를 차지한다. 국가의 공적 서비스 수준은 낮으며, 서비스 제공에서 전통적인 가족의 역할을 강조한다. 국가의 사회서비스는 잔여적이고 주로 자산조사에 근거하며, 제3섹터에 대한 정부의 보조는 부분적이다. 서비스의 단편성, 전문적 재정적 자원의 부족, 국가 개입과 제3섹터 간의 조정 부재, 정책 결정 및 재정 분배 과정에서 특수이익 개입 등 애스콜리와 랜시가 규정한 남유럽 모형의 특징은 한국의 상황과 매우 유사하다(Ascoli and Ranci, 2002).

〈그림 6-2〉 사회서비스 공사 역할분담 개혁의 방향

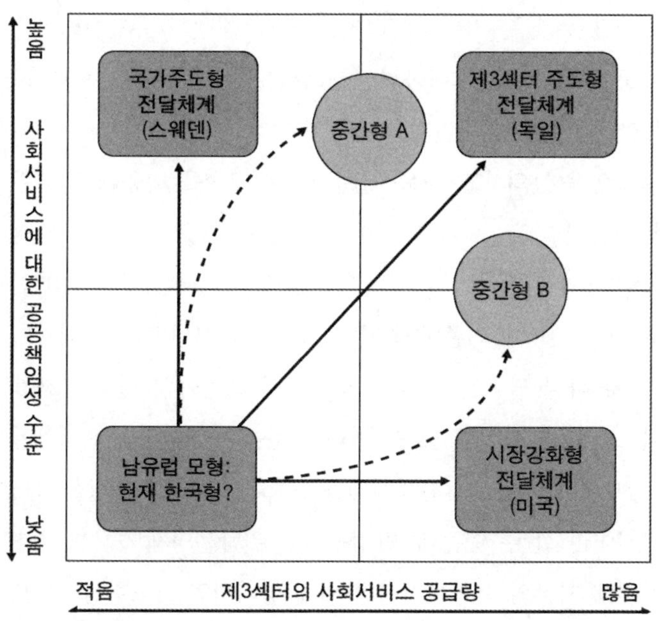

사회서비스의 공급량을 교차시켜, 앞에서 논의한 미국, 독일, 스웨덴의 공사 혼합모형의 위치를 가늠할 수 있게 해준다. 이와 동시에, 사회서비스의 공급량이 적고 사회서비스에 대한 공공책임성 수준도 낮은 한국이 검토해볼 수 있는 다양한 개혁 방향의 경로를 제시해준다.

서론에서 논의한 것처럼, 중산층 이상까지 사회서비스 적용 대상을 확대하는 것이 한국 복지국가가 지향해야 할 방향이라고 한다면, 어떤 형태의 개혁이든 사회서비스 공급 확대는 필수적 전제가 된다. 다만 이 공급 확대를 어떤 부문이 담당해야 하며, 또 정부는 어떠한 역할을 해야 하는지가 주요 논의의 대상이다. 미국 모형을 따를 경우 시장의 역할을 확대하는 방안이 되고, 독일의 모형을 벤치마킹한다면 제3섹터의 역할에 더 큰 기대를, 스웨덴 모형으로 가는 방향은 국가 부문에 의한 사회서비스 직접 공급의 획기적인 확대를 필요로 한다. 미국의 시장강화형은 국가의 재정 책임이 최소화될 수 있는 저위의 전략이라면, 스웨덴의 국가주도형은 사회서비스의 공공책임성을 극대화하는 고위의 전략이 되며, 독일의 제3섹터 주도형 전달체계는 양 극단의 중간형이 된다. 먼저 여기에서는 이 세 전략의 적용 방안을 논의하고, 다음에서는 이 세 모형을 절충한 전략 두 가지를 검토하고자 한다.

첫째, 미국의 시장강화 전략을 따른다면 사회서비스 공급의 신규 확대를 주로 시장 영역에 의존하게 될 것이다. 기존의 비영리조직 공급체계를 근본적으로 바꿀 필요는 없지만, 사회서비스 분야의 진입 규제를 완화하고 서비스 시장을 형성함으로써 영리 부문이 사회서비스 전달체계에 참여할 수 있도록 촉진한다. 경쟁체제를 도입해 서비스 품질을 향상시키는 것이 관건이라 할 수 있는데, 반영구적인 위탁운영제도를 폐지하고, 위탁계약 체결에 기존의 사회복지법인 외에 영리기업을 포함한 경쟁입찰제도를 도입하는 방안이 강구될 수 있다. 또 영리기업의 프랜차이징을 통해 규모의 경제를 확보할 수도 있지만, 이는 광역지자체나 중앙 수준에서의 계약일 때에만 가능하므로 지방분권의 추세와 역행할 수 있다. 중산층을 위한 사회서비스 시장 확대를 위한 재정 보조는 공급자에 대한 직접 보조가 아니라 바우처나 소득공제 또는 세액공제 등 이용자에게 지원하는 방식이 필수적이다. 그러나 영리공급자의 참여로 인한 서비스 질 제고의 가능성 자체가 논란이 있을뿐더러, 시장 중심의 공급 확대는 사회서비스 부문의 고용안정성을 더욱 취약하게 만들 가능성이 크다. 또 실질적 경쟁시스템 구축할 수 없다면, 정부의 개입 확대를 불러와 시장의 효율성을 기대하기 어려운 상황이 발생할 수 있다.

둘째, 독일의 제3섹터 강화형은 민간 비영리 부문의 공급을 확대하되 재정 및 규제에서 국가의 책임성을 강화하는 전략이다. 사회서비스 공급 확대를 기존 비영리 부문에 의존하기 위해서는, 독일이 그러했듯이 비영리조직의 시설 투자에 대한 국가의 적극적인 재정 보조가 요구된다. 이 모형에서는 비영리 부문 서비스의 품질관리를 어떻게 할 것인지가 관건이므로, 국가의 성과 감독 및 서비스 제공 기관에 대한 규제가 필요하다. 그러나 이 경우 비영리 민간기관의 자율성 확보나 소비자의 선택권은 상대적으로 제약될 가능성이 크다. 따라서 비영리 부문의 집단화·체인화를 유도하는 것이 필요하며, 이를 통해 비영리 부문 서비스 제공자와 재정책임자(정부) 간 서비스 내용 및 비용에 대한 협의·협상 틀을 마련하는 것이 바람직하다. 품질관리 및 재정지원의 방향은 정부의 프로그램 기준에 따른 표준화된 서비스를 공급하는 데 중점을 두고, 소득수준에 따른 서비스 이용료의 차등(이에 대해 국가 보조)이 바람직해 보인다. 그러나 비영리 부문에 의한 공급 확대는 중산층 이상의 계층이 서비스 품질에 만족하지 못할 가능성이 크므로, 시장원칙 도입과 같은 비영리조직의 서비스 책임성 제고 방안이 병행되어야 한다. 그러나 이 전략을 한국에 적용하는 것 역시 근본적인 한계가 있다. 이는 그러한 전략이 독일의 특수한 역사적 상황에 따른 것이므로 그것을 과연 한국에도 그대로 적용할 수 있을지의 문제인데, 현재 한국의 비영리 부문의 규모는 매우 작고, 정부의 전폭적인 지원으로 단기간에 제3섹터를 성장시키기에는 많은 부작용이 초래될 수 있기 때문이다. 기존의 사회복지법인, 종교단체에 대한 신뢰의 문제, 또 비영리조직과 정부와의 관계가 독일처럼 수평적이 될 수 있을지에 대한 가능성이 회의적이라는 점도 지적할 수 있다.

셋째, 스웨덴의 국가주도형을 따를 경우, 신규 사회서비스 공급 확대를 공공 부문이 직접 담당하게 될 것이다. 공공 부문의 적극적인 투자를 통해 서비스 공급기관을 대폭 신설하고 공공 부문의 고용 확대를 추구한다. 그러나 과도한 관료제, 지역격차(지역주민에 대한 서비스 공급 주체는 지방자치단체가 될 것이므로), 품질관리의 어려움, 과도한 재정 부담 문제 등으로 사회서비스의 공급과 전달, 재정, 규제 대부분을 공공 부문이 담당하는 순수한 스웨덴식 모형은 실현 가능성이 적어 보인다. 결국 한국 상황에서 '국가주도형'의 현실적 의미는, 국가(공공 부문)가 민간 서비스 공급자(비영리 및 영리)에게 서비스를 구매 혹은 위탁하되, 이에 소요되는 비용과 서비스의 품질관리는 공공의 사례관리(case management) 시스템을 통해 국가(공공 부문)가 책임지는 방향이 될 것이다. 사회서비스의 보편주의 확립이나 공공 부문에서의 안정적 고용 창출, 국가의 책임성 확대 등에서는 바람직한 모형이지만, 급속한 예산 팽창, 국민 정서, 기존 민간조직의 반발, 정부에 대한 낮은 신뢰 등의 측면에서 볼 때 한국의 정책환경에서 실현 가능한 대안으로 채택되기에는 무리이다.

3) 기존 모형의 혼합에 의한 현실적 개혁 방향

앞에서 미국, 독일, 스웨덴의 모형을 적용하는 안에 대해서 검토했지만, 이 중 하나를 한국 상황에 적용하는 것은 바람직하지 않거나 실현 가능성이 적어 보인다. 그렇다면 한국 사회서비스 공사 혼합구조의 현실적인 개혁 방향은 무엇일까? 먼저 사회서비스 공급체계 개혁의 기본 전제가 사회서비스 적용 범위의 보편주의, 사회서비스에 대한 공공책임성 강화임을 기억할 필요가 있다. 사회서비스의 공급을 확대해 중산층 이상까지 적용 범위를 확대하고, 이에 대한 국가의 실질적 재정지원과 품질관리가 병행될 때, 사회투자전략 전반에 대한 정치적 지지 및 정당성 확보, 국가기능에 대한 신뢰성 회복, 사회통합, 안정적인 서비스 부문 고용 창출 등이 가능하기 때문이다. 여기에서는 좀 더 현실적이고 바람직한 두 가지 개혁 방향을 제시한다.

(1) 중간형 A: 국가·제3섹터 혼합형(제3섹터 활성화·확대를 통한 공공책임성 강화)

<그림 6-2>에 표시된 중간형 A는 신규 사회서비스 공급 확대를 공공 부문이 일차적으로 책임지되, 공급 확대의 상당 부분을 민간 비영리조직의 공급에 의존하는 전략으로 요약된다. 이를 위해서는 비교적 표준화된 품질의 사회서비스 기준을 마련하고, 공공 부문의 직접 서비스 확대와 함께, 민간 비영리기관의 참여를 독려하기 위해 시설 투자비를 전폭적으로 지원해야 한다. 민간 시장 부문의 참여는 제한되지는 않으나 지원되지도 않는다. 제3섹터의 활성화를 통한 공공 영역의 확대(국가의 사회서비스 책임성 강화)를 가져올 수 있는 사회투자국가 전략이라는 점에서는 독일의 제3섹터 주도형과 같지만, 공공에 의한 직접 서비스 공급이 수반된다는 점에서는 서로 다르다. 제3섹터의 역할이 확대되나, 이것은 사회서비스 공급 확대의 대부분을 공공 부문이 맡을 수는 없다는 현실적 고려에 의한 것이다. 여기에서 공공 부문 대 비영리 민간 부문의 구체적인 공급량 분담률은 추가적인 논의가 필요한 부분이다. 즉, ① 공공 부문과 민간 부문 간 경쟁체제를 구축할 것인지, ② 아니면 대상·지역 등과 같은 정책적 고려를 통해 역할을 분담할 것인지(예를 들어, 저소득층과 농어촌 지역은 국공립, 도시지역 중산층은 비영리 부문)에 대한 고려가 필요하다.

이 전략의 핵심은 사회서비스의 수혜 계층을 중산층 이상으로 확대하는 보편주의 및 사회서비스의 공공성 강화이기 때문에, 비영리조직이 제공하는 서비스의 품질에 중산층이 얼마나 만족할 수 있는지가 관건이다. 이러한 측면에서 품질관리 및 서비스 제공 기관의 책임성을 높이기 위한 전략이 절대적으로 요청된다고 볼 수 있다. 즉, 표준화된 서비스를 보편적으로 제공하되, 소비자가 공공 부문과 민간 비영리 부문을 선택할 수 있게 하든지(공공기관과 비영리기관의 경쟁체제 확보, 앞의 대안 ①), 아니면 두 부문

〈그림 6-3〉 서비스 재정(이용요금)의 기본적인 차등화 구상

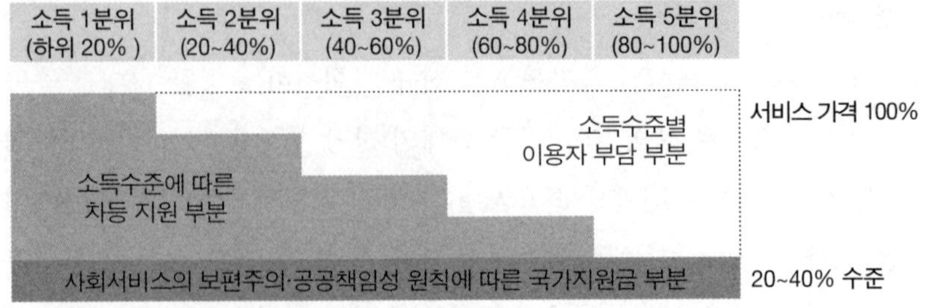

간 서비스 질의 차이가 크지 않도록 관리하는 것이 중요(앞의 대안 ②)하다. 앞의 경우 두 부문 간 실질적인 경쟁체제를 확보하려면 서비스 공급이 더욱 확대되어야 하므로 재정적 측면에서 부담이 크지만, 후자의 경우에는 국가가 위임하는 독립기구가 품질관리 및 사례관리를 담당하며, 서비스 인증체계를 구축하는 것이 필요하다고 판단된다. 공공 부문 공급자와 제3섹터 공급자 간의 공정한 '경쟁'이 불가능하다면, 공공과 제3섹터 간의 역할분담(대안 ②)이 현실적이라고 볼 수 있다.

재정 및 전달체계

이 모형은 기본적으로 보편적 사회서비스 체계를 구축하는 것을 목표로 한다. 따라서 공공부조 방식으로 소득 기준에 따라 이용 대상을 제한하는 것(예를 들어, 정부의 아동보육비 지원 확대 방안)은 고려되지 않으며, 정치적 지지, 사회통합 등과 같은 보편주의의 장점과 공공책임성이 기본 전제이다. 그러나 공공지출의 급증에 따른 정치적 부담과 재정의 합리적 집행을 위해 소득수준에 따른 차등이용료를 도입해 소요 재정을 안정화하는 방안은 적극 검토될 필요가 있다. 그 기본 방향은 정부가 해당 서비스의 표준가격을 설정하고, 소득수준과 관계없이 보편적으로 지원되는 요금과 소득수준에 따른 차등 부분을 구분하는 것이다(<그림 6-3> 참조). 구체적 대안

〈그림 6-4〉 징수 대행기관의 설치 및 서비스 바우처 차등가격제 시행에 따른 사회서비스 전달체계

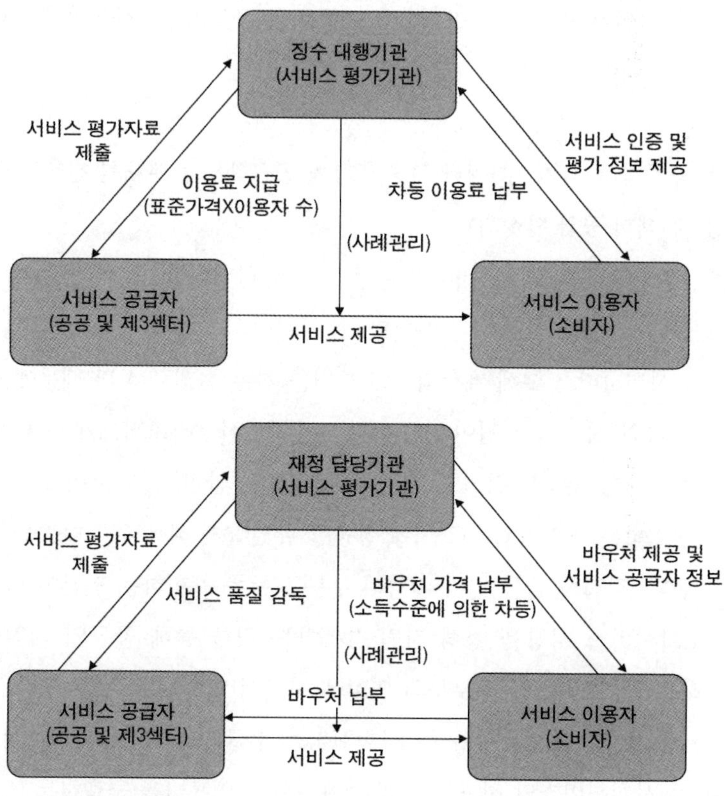

으로는, 징수 대행기관을 활용하는 것과 서비스 바우처에 대한 차등가격을 적용하는 방안을 생각해볼 수 있다. 전자는 이용료 부담의 차등에 따른 서비스 질의 차이 및 낙인효과를 없애기 위해 징수 대행기관을 설치하고 (또는 지자체 활용), 이 기관이 각 서비스 공급자에게 표준서비스 가격에 이용자 수를 곱한 만큼의 비용을 지원하는 것이다(<그림 6-4> 상단 그림 참조). 서비스 품질관리 역할을 동시에 할 수 있을지 여부에 대한 추가적 검토도 필요하다. 후자는 표준가격의 서비스 바우처를 이용자에게 제공하

되, 바우처 가격을 소득수준에 따라 달리하는 방안이다(<그림 6-4> 하단 그림 참조). 이는 소비자 주권, 서비스 책임성, 공급자 간 경쟁의 측면에서 바람직한 대안으로 볼 수 있다.[12)]

(2) 중간형 B: 국가·제3섹터·시장 혼합형(공공책임성 확대를 전제로 한 시장·제3섹터 공급 활성화)

중간형 B는 영리 부문, 비영리 부문 모두를 활성화함으로써 신규 사회서비스 공급 확대를 꾀하는 것이지만, 중간형 A와 마찬가지로 공공책임성 강화와 사회서비스 수혜 계층의 보편주의를 기본 전제로 하기 때문에 이를 위한 국가의 적극적 개입이 요구된다. 국가는 비영리조직에게는 시설 투자를 할 수 있도록 직접적인 재정지원을 하는 한편, 사회서비스 시장에 신규 진입하는 영리기업에도 이에 상응한 유인(조세 혜택, 우대 대출)을 제공해야 한다. 직접 공급은 영리·비영리 부문 모두를 포함하는 민간이 담당하되, 사회서비스 시장을 형성·지원·감독하는 것을 통해 공공의 책임성을 담보하는 전략이다. 공공 부문의 역할은 사회서비스 시설 확충 지원, 서비스 품질표준 및 인증체계 구축, 사회서비스 수급 조절 및 통합정보시스템 구축 등 사회서비스의 하드웨어 및 소프트웨어 인프라를 구축하는 것으로 규정된다. 특히 저소득층 등 취약 계층에 대해서는 보편적 사회서비스와 선별적 서비스 및 공공부조 급여를 통합·관리할 수 있는 공공복지 전달체계 내의 사례관리시스템 구축이 필요하다. 궁극적으로 사회서비스 공급자

---

12) 한편 이 전략에서 영리 부문은 아주 고급의 서비스를 제공하는 것으로 제한되는 것이 바람직하지만, 기존의 영리공급자(특히 보육 분야의 영세업자)들의 반발과 비영리 민간기관과의 형평성 문제가 예상된다. 또, 영리 부문의 역할이 고급 서비스를 제공하는 것으로 제한된다 해도, 보편주의의 관점에서 영리 부문 이용자에게도 최소 <그림 6-3>의 보편주의 적용 부분만큼은 지원하는 것이 바람직하다.

간 경쟁체제의 구축, 소비자 주권 및 선택권, 비용효과성에 대한 강조 등 시장경제의 원리를 사회서비스 공급체계에 구현하는 것이 주요 전략적 목표가 된다. 즉, 사회서비스의 공공책임성을 유지하면서도 효율적이고 시장지향적인 전달체계를 구성하는 것이 관건인 셈이다.

재정 및 전달체계

'중간형 A' 모형과 마찬가지로, 중산층까지 커버할 수 있는 비교적 양질의 표준화된 서비스 기준을 만들고, 표준가격을 설정하는 것이 이 전략의 출발점이다. 그다음으로 첫째, 공급자에 대한 직접적인 경상비 보조 대신 소비자에게 직접적으로 지원하고(경쟁체제 및 소비자 선택권 확보가 핵심이므로 '바우처 차등가격제'가 바람직함), 둘째, 영리 및 비영리조직 모두 서비스를 공급하게 함으로써 경쟁체제를 구축하며〔비영리 공급자는 공공 부문이 마련한 표준화된 서비스를 주로 공급하게 하고, 영리 부문 공급자에게는 차별화된 서비스 제공(추가 서비스 이용료 징수)을 허용. 즉, 가격, 비가격 경쟁 모두를 활성화〕, 셋째, 공공 부문은 해당 지역의 서비스 수요·공급을 연계하고 소비자에게 포괄적인 서비스 정보를 제공할 수 있는 정보창구를 마련하는 역할을 적극적으로 수행한다(<그림 6-5> 참조).

이 전략은 '중간형 A'에 비해 비교적 신속하게 공급을 확대할 수 있다는 측면에서 좀 더 현실적인 대안이라고 볼 수 있다. 다만 한국 상황에서 영리 부문은 대부분 영세한 개인사업자(운영자)를 의미하는바, 영리 부문이 적절한 시설 규모를 확보할 수 있게 하는 동시에, 프랜차이징·공동법인 설립 등을 통해 규모의 경제를 확보할 수 있도록 지원할 필요가 있다. 한편 최고급 영리사회서비스에 대한 국가의 재정지원 여부 및 정도에 대한 논의가 필요하나, 국가 책임의 보편성을 인정하는 측면에서 바우처 사용이 허용되어야 한다고 판단된다. 바우처 차등가격제를 적용할 경우, 고소

〈그림 6-5〉 영리-비영리 경쟁체제 구축에 의한 혼합형 전달체계의 방향

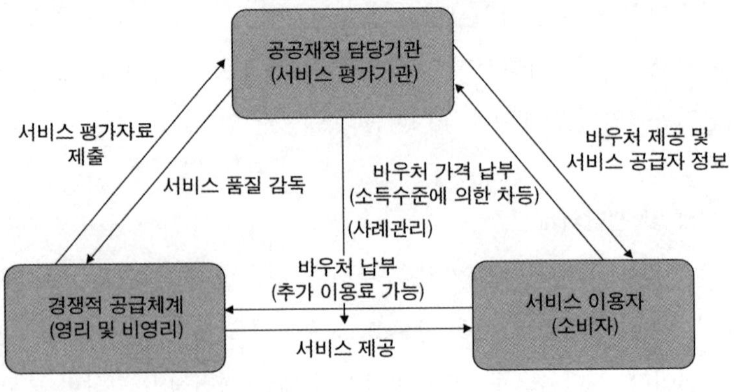

득층에게 돌아가는 실질적 혜택은 크지 않고, 이 부분 역시 소득으로 간주되어 조세제도를 통해 상당 부분 회수할 수 있기 때문이다.

6. 결론: 보편적 사회서비스 구축을 위한 제언

전통적인 소득보장체제의 제도적 외형이 완결된 상황에서, 이제 한국의 복지국가는 소득보장제도의 내실화와 함께 사회서비스를 확충하는 과제를 안고 있다. 이 글은 한국 복지국가가 성숙되어가는 과정에서 필요한 핵심전략이 사회투자전략임을 전제로 출발했다. 즉, 사회서비스의 확대가 저출산, 고령화, 가족해체, 산업구조의 변화 등에 의해 촉발된 새로운 복지수요에 대응하는 소극적 의미에 그치지 않고, 새로운 성장동력을 발굴하고 서비스 고용의 원천을 확대하는 적극적 의미를 지닌다는 사회투자론적 시각이 한국 복지국가의 발전 방향을 논의하는 데 적극 반영되어야 한다는 것이다. 이러한 시각을 바탕으로 이 글은 독일과 스웨덴의 중간모형(중간

형 A)과 독일과 미국의 중간모형(중간형 B)을 한국이 지향해야 할 사회서비스 공사 혼합체계의 기본 방향으로 제시했다. 물론 이 글이 제안한 사회서비스 전달체계 구성전략이 과연 지금 당장 현실화할 수 있는 전략인지에 대해서는 앞으로 많은 논의가 필요할 것이다. 개념적으로는 한국의 사회서비스 전달체계가 지향해야 할 방향이지만, 과연 우리의 상황에 적합한 것인지에 대한 실행 가능성 측면에서는 좀 더 신중한 검토가 필요하다는 점을 인정한다.

그러나 한국 사회복지학계가 사회서비스의 강화를 주장하고 있는 현시점에서 이러한 논의의 화두를 던지고 있다는 점에서, 이 글의 근본적인 의의를 찾아야 할 것이다. 무엇보다도 필자가 제안한 중간형 A와 B는 물론, 기존의 독일과 스웨덴 모형은 사회서비스에 대한 공공책임성이 확보되어 있으며, 기본적으로 사회서비스 수혜 대상을 중산층 이상으로 확장하고, 궁극적으로는 사회서비스의 보편주의를 지향하는 공통점을 지닌다. 결국 우리가 처한 현재의 상황에서 더욱 시급한 과제는 사회서비스의 보편화, 나아가 사회서비스 강화전략에 대한 사회적 합의를 이끌어내는 일일 것이다. 이 글의 결론에서는 사회서비스 강화전략을 현실화하는 데 필요한 과제들을 검토해보고자 한다.

첫째, 사회서비스에 대한 기본적 시각의 전환이 필요하다. 즉, 사회서비스를 근로능력이 없는 빈민에게 지출되는 경제적 비용이라는 시각에서 벗어나, 한국 사회의 인적자본과 장기적 성장잠재력을 높이는 사회적 투자로 인식해야 한다. 이를 위해서는 실질적으로 저소득층에 국한된 법정 사회복지서비스를 일반 국민을 대상으로 한 보편적 사회서비스로 확장할 필요가 있다.

둘째, 현실적으로 이러한 인식 전환을 이끌어내기 위해서는 선택과 집중 전략이 필요하다. 사회서비스의 공공책임성 강화를 위한 한두 개 전략 분야를 선정하고, 이 분야에 자원 투입을 집중함으로써 국민이 단시간에 '체감할 수 있는' 사회서비스 혜택을 부여하는 것이 필요하다. 일단 국민들이 보편적 사회서비스의 유용성을 체감하고 인정하게 되면, 사회서비스 강화전략에 대한 정치적 지지와 정당성을 확보할 수 있다. 이러한 전략을 적용하는 데 가장 적절한 서비스 분야는 보육과 방과 후 교실 등 아동 발달, 교육 복지, 여성 등 여러 분야가 중첩된 서비스이다.

셋째, 보편적 사회서비스 구축의 선결 과제로서, 서비스 책임성(품질) 강화를 위한 전달체계 개편이 필요하다. 사회서비스 품질을 표준화하고 표준가격을 설정하며, 사회복지기관 및 서비스에 대한 평가인증체계와 기준을 마련하는 것은 사회서비스 품질관리의 출발점이다. 정부가 지금까지 해왔던 행정적 규제 대신, 서비스 품질에 대한 명확한 규제 및 관리 기준을 마련하는 것이 시급하다. 이를 위해 독립된 평가인증기관을 설립해 실제적인 운영을 맡기는 것도 적극 검토해볼 수 있다.

넷째, 재정지원 방식에서 공급자에 대한 경상비 지원 방식을 철회하고, 원칙적으로 소비자를 직접 보조하는 방식(바우처, 이용료 지원 등)으로 전환해야 한다.[13] 물론 이것이 실효를 거두기 위해서는 사회서비스 공급자 간에 실질적인 경쟁체제가 도입되어야 한다.

다섯째, 사회서비스 수급 정보망을 구축해 간접서비스 분야에서의 공공 책임성을 강화할 필요가 있다. 서비스의 직접 생산 및 전달은 민간이 담당하지만, 공공 부문에서 사회복지정보망을 활용해 서비스 수요자·수혜자에 대한 사례관리체계를 구축하는 것이 필요하다. 취약 계층을 비롯한 전통적 사회복지서비스 대상자에게 우선 적용하되, 이를 점차 확대해 서비스

---

13) 2007년 들어 노인·장애인·산모 생활지원서비스와 지역사회혁신사업 등 총 네 개 분야에 대한 바우처 제도가 시범 운영되고 있다(강혜규, 2007).

지원 분야에 대한 공공 개입 수준을 높이는 것이 바람직하다. 사회서비스 직접 공급을 주로 민간이 담당한다면, 공사 혼합체계 내의 공공복지 전달체계의 역할은 사회서비스와 관련된 정보 인프라를 구축하고, 수급을 연결하며, 정보시스템을 운영하는 것으로 규정해도 무방할 것이다.

여섯째, 그렇더라도 취약 계층, 특히 중증장애인이나 무의탁노인 생활시설처럼 이용자 본인이나 가족이 선택권을 발휘하기 어려운 분야에서는 공공 부문의 직접 공급 기능이 강화될 필요가 있다. 여건이 갖추어지더라도 이용자가 공급자를 선택할 수 없는, 즉 경쟁과 선택이라는 시장의 장점이 발현되지 못하는 서비스 분야는 민간 영역의 확대에 한계가 있을 수밖에 없다. 보편적 사회서비스 분야에는 민간 부문 공급 우선의 원칙을 견지하더라도, 사회적 배려가 필요한 지역이나 영역에 대해서는 공공 부문의 직접서비스 공급을 확대할 필요가 있다.

일곱째, 정부의 재정지원 및 품질관리 강화는 민간 서비스 공급자의 운영자율성을 심각하게 침해할 소지가 크므로, 민간의 정부 종속성 심화를 견제할 수 있는 제도적 장치가 필요하다. 서비스 공급자가 연합단체를 결성해 정부의 서비스 표준가격 설정 및 평가인증체계의 기준 설정 등에 참여하도록 유도하는 것이 바람직하다.

참고문헌

강혜규. 2007. 「사회서비스 재정관련 동향과 과제」. 한국보건사회연구원. ≪보건복지포럼≫, 131권.

고경환 외. 2003. 『한국의 사회복지지출 추계: 1990~2001』. 한국보건사회연구원.

고경환. 2007. 「사회복지지출의 현황과 정책과제: 규모, 구조, 기능측면을 중심으로」. 한국보건사회연구원. ≪보건복지포럼≫, 131권.

김교성 외. 2006.『한국사회복지자원 총량조사연구』. 사회복지공동모금회.
김연명. 2007.「사회투자론의 한국적 적용가능성과 쟁점」. ≪사회복지정책≫, 제30집.
김영순. 2007.「사회투자국가가 우리의 대안인가?」. ≪경제와 사회≫, 2007년 여름호.
김영종. 2003.「한국 사회복지에서의 공공과 민간 부문의 협력체계」. 한국사회복지학회 주최, 2003년 춘계학술대회 자료집.
_____. 2006.「사회복지 노동시장의 현황과 과제.」 한국사회복지학회 주최, 2006년 추계학술대회 자료집.
김정아. 2005.「미국의 재정분권화: 포괄보조금과 관련된 문제점을 중심으로」. ≪계간 사회복지≫, 2005년 여름호.
_____. 2006.「사회복지와 경영마케팅 전략」. ≪계간 사회복지≫, 2006년 여름호.
김진욱. 2004.「복지혼합의 모형에 관한 이론적 연구」. 연세대학교 사회복지연구소. ≪연세사회복지연구≫, 제11권.
_____. 2005.「한국 복지혼합의 구조: 2000년도 지출추계를 중심으로」. ≪사회보장연구≫, 제21권 3호.
대한민국정부. 2006.『제1차 저출산고령사회 기본계획』.
박수지. 2006a.「사회복지서비스 전달의 민관협력과 지방자치단체의 조정양식」. ≪계간 사회복지≫, 2006년 봄호.
_____. 2006b.「유럽의 EFQM 모델: 비영리조직 서비스 평가를 위한 새로운 대안?」. ≪계간 사회복지≫, 2006년 여름호.
보건복지부. 2007a.『2007년 노인복지시설현황』.
_____. 2007b.『2007년 사회복지관 현황』.
신광영. 2007.「복지레짐과 복지국가」. 한국사회복지학회 주최, 사회투자국가포럼.
안상훈. 2006.「사회서비스투자국가로의 전환논리」. 한국사회복지학회 주최, 2006년 추계학술대회 자료집.
양재진. 2006.「사회투자국가론과 한국에의 적용가능성 검토」. 한국행정학회 주최, 동계학술대회 발표문.
_____. 2007.「사회투자국가가 우리의 대안이다: 사회투자국가 비판론에 대한 반비판」. ≪경제와 사회≫, 2007년 가을호.
이혜경. 1998.「민간 사회복지 부문의 역사와 구조적 특성」. ≪동서연구≫, 제10권 2호.

Ascoli, U. and C. Ranci(eds.). 2002. *Dilemmas of the Welfare Mix*. Kluwer Academy Plenum Publishers.

Anheier, H. K. and W. Seibel. 1998. "The Nonprofit Sector and the Transformation of Societies: A Comparative Analysis of East Germany, Hungary and Poland." in W. W. Powell and L. Clemens(eds.). *Private Action and the Public Good*. Yale University Press.

Bahle, T. 2003. "The Changing Institutionalization of Social Services in England and Wales, France and Germany: Is the Welfare State on the Retreat?" *Journal of European Social Policy*, Vol. 13, No. 1, pp. 5~20.

Beresford, P. and S. Croft. 1984. "Welfare Pluralism: the New Face of Fabianism." *Critical Social Policy*, Vol. 9, pp. 19~39.

Blair, T. 1998. *The Third Way: New Politics for the New Century*. Fabian Society.

Blomqvist, P. 2004. "The Choice Revolution: Privatization of Swedish Welfare Services in the 1990s." *Social Policy and Administration*, Vol. 38, No. 2, pp. 139~155.

Eikas, M. and P. Selle. 2002. "A Contract Culture even in Scandinavia." in U. Ascoli and C. Ranci(eds.), *Dilemmas of the Welfare Mix*. New York: Kluwer Academy Plenum Publishers.

Esping-Andersen, G. 1999. *Social Foundations of Postindustrial Economies*. New York: Oxford University Press.

Esping-Andersen, G.(ed.). 2002. *Why We Need a New Welfare State?* New York: Oxford University Press.

Evers, A. and C. Strunck. 2002. "Answers without Questions? The Changing Contract Culture in Germany and the Future of a Mixed Welfare System." in U. Ascoli and C. Ranci(eds.). *Dilemmas of the Welfare Mix*. New York: Kluwer Academy Plenum Publishers.

Gilbert, N. and B. Gilbert. 1989. *The Enabling State*. New York: Oxford University Press.

Glennerster, H. and J. Le Grand. 1995. "The Developments of Quasi-markets in Welfare Provisions in the United Kingdom." *International Journal of Health Services*, Vol. 25, No. 2, pp. 203~218.

Hadley, R. and S. Hatch. 1981. *Social Welfare and the Failure of the State*. Allen and

Unwin.

Hansmann, H. 1987. "Economic Theories of Nonprofit Organization." in W. W. Powell (ed.). *The Nonprofit Sector A Research Handbook*. New Heaven: Yale University Press.

Johnson, N. 1987. *The Welfare State in Transition: The Theory and Practice of Welfare Pluralism*, Harvester Wheatsheaf.

_____. 1999. *Mixed Economies of Welfare: A Comparative Perspective*. London: Prentice Hall Europe.

Mayo, M. 1994. *Communities and Caring: The Mixed Economy of Welfare*. St. Martin's Press.

Mishra, R. 1999. *Globalization and the Welfare State*. Edgar Elgar.

Kim, J. W. 2004. *The Welfare Mix in Korea: Dynamics of Environments, Institutions and Welfare Politics*. Unpublished PhD Thesis. The University of Bath.

Kramer, R. 1981. *Voluntary Agencies in the Welfare State*. University of California Press.

Le Grand, J. and W. Bartlett(eds.). 1993. *Quasi-Markets and Social Policy*. London: Macmillan.

Lister. R. 2004. "The Third Way Social Investment State." in J. Lewis and R. Surender(eds.). *Welfare State Change: Towards a Third Way?* New York: Oxford University Press.

Palme, J. et al. 2002. "Welfare Trends in Sweden: Balancing the Books for the 1990s." *Journal of European Social Policy*, Vol. 12, No. 4, pp. 329~346.

Pierson, P. 1994. *Dismantling Welfare State?* Cambridge University Press.

Ranci, C. 2002. "The Mixed Economy of Social Care in Europe." in U. Ascoli and C. Ranci(eds.), *Dilemmas of the Welfare Mix*, New York: Kluwer Academy Plenum Publishers.

Salamon, L. M. 1987. "Partners in Public Service: The Scope and Theory of Government-Nonprofit Relations." in W. W. Powell(ed.) *The Nonprofit Sector A Research Handbook*. New Heaven: Yale University Press.

_____. 2002. "The Resilient Sector: The State of Nonprofit America." in Salamon, L. M.(ed.). *The State of Nonprofit America*. Brookings Institution Press.

Smith, S. R. 2002. "Social Services." in Salamon, L. M.(ed.). *The State of Nonprofit America*. Brookings Institution Press.

Svetlik, I. 1993. "Regulation of the Plural and Mixed Welfare System." in A. Evers and

I. Svetlik(eds.). *Balancing Pluralism: New Welfare Mixes in Care for Elderly*. European Centre Vienna, Avebury.

Taylor-Gooby, P. 1998. *Choice and Public Policy: The Limits to Welfare Markets*. London: Macmillan.

Taylor-Gooby, P(ed.). 2004. *New Risks, New Welfare: the Transformation of the European Welfare State*. New York: Oxford University Press.

US Census Bureau. 2002. *2002 Economic Census: Health Care and Social Assistance*.

Walker, A. 1993. "A Cultural Revolution? Shifting the UK's Welfare Mix in the Care of Older People." in A. Evers and I. Svetlik(eds.). *Balancing Pluralism: New Welfare Mixes in Care for Elderly*. European Centre Vienna, Avebury.

Wolfenden Committee. 1978. *The Future Of Voluntary Organizations: Report of The Wolfenden Committee*. London: Croom Helm.

Yeates, N. 2001. *Globalization and Social Policy*. London: Sage.

제7장

여성복지의 새로운 방향

정재훈 | 서울여자대학교 사회복지학과

1. 여성복지 의미의 전환

1) 부녀복지에서 여성복지로

1990년대 중반까지 정부 차원에서도 공식적으로 사용하던 '부녀복지'라는 용어를 오늘날에는 '여성복지'가 대체하기 시작했다. '부녀(婦女)'라는 표현 자체는 성인 여성을 의미하는 것이지만, 1950년대 이후 정책 현실에서는 사별 여성, 성매매 여성, 미혼모, 가출 여성, 피학대 여성 등 이른바 '요보호 여성'을 지칭하는 개념이었다. 따라서 부녀복지정책은 요보호 여성 대상 정책이었을 뿐, 일반 여성을 대상으로 한 정책은 아니었다.

모든 여성을 대상으로 보편적 개입을 하지 않는(혹은 할 수 없는) 상황에서 정책을 도입하면서 그러한 정책이 모든 여성을 대상으로 하는 정책임을 표방하다 보니 부녀의 의미도 덩달아 '요보호 여성'으로 한정되는 결과를 낳았다고 볼 수 있다. 그 결과 부녀복지라는 용어는 여성을 '남성에게 의존하는 약한 존재, 문제를 스스로 해결하지 못하고 누군가의 도움을 필요로 하는 존재, 도덕적·윤리적으로 바람직하지 않은 문제를 일으키는 존재'라는 이미지를 연상케 하는 역할을 했다.

1990년대 이후 민주화·개방화·국제화의 분위기가 정책 현실을 지배하기 시작하면서, 협소한 의미의 '부녀복지'정책이 넓은 의미의 '여성복지'로 변화했다. 즉, 정책적 개입 대상으로서 여성의 범주가 요보호 집단에서 '일반 여성'으로 확대되는 정책 언어의 변환이 시작된 것이다. 이 과정에서 정책 대상으로서 여성의 문제가 단지 사별이나 이혼으로 인한 어려움, 성매매나 가출 등 사회적 규범으로부터의 일탈과 같은 차원을 벗어나, 성차별이나 불평등, 삶의 질과 같은 차원으로 확대되었다고 할 수 있다. 그 결과 부녀복지정책의 대상이 '문제를 일으키고 그 문제를 스스로 해결하지 못해 보호를 필요로 하는 여성'이었다면, 여성복지정책의 대상은 가사·돌봄노동 담당자, 배우자, 취업노동자로서 여성의 삶으로 확대되었다고 하겠다.

2) 여성복지의 의미

부녀복지에서 확장된 여성복지의 의미를 규정하는 경우를 소개하면 다음과 같다. 먼저 국책연구기관으로서 1990년대 당시 한국여성개발원은 연구보고서에서 부녀복지를 대체할 용어로 여성복지를 사용했다. 당시 보건사회부를 위시한 지방자치단체에서 여전히 '부녀복지과'가 존재하던 시기였고, 보건사회부 부녀복지과가 1997년에 가서야 여성복지과로 명칭을 바꾼 상황을 고려하면, 한국여성개발원의 여성복지 개념 규정 시도는 여성복지를 정책담론화하는 선도적 역할을 한 것이었다고 할 수 있다.

> 여성복지란 여성이 국가와 사회로부터 인간의 존엄성과 인간다운 생활을 할 권리를 동등하게 보장받음으로써 여성의 건강, 재산, 행복의 조건들이

만족스러워지는 상태를 의미하며, 동시에 기존의 가부장적 가치관과 이에 기초를 둔 법, 기타 사회제도를 개선하는 것 등으로 이러한 상태를 실현하기 위한 모든 실천적 노력(과정)을 포함하는 개념으로 보고자 한다(박인덕 외, 1990: 19).

이러한 여성복지 개념에서 설정하는 국가의 과제는 여성이 존엄성을 보장받고 인간다운 생활을 할 수 있는 권리를 보장하는 것이다. 이러한 권리 보장은 여성의 삶의 상태가 만족스러워지고 가부장적 제도와 문화가 사라지는 전제 조건이 되는 것으로 본다. 이 내용을 근거로 할 때 한국여성개발원에서 설정한 여성정책의 지향은 기회의 평등으로 볼 수 있다. 기회의 평등을 수단으로 하여 여성복지 달성의 장애 요인인 가부장적 가치관·법·제도를 개선해 육체적·경제적·정신적으로 여성이 만족할 수 있는 삶의 상태를 달성하는 것이 여성복지라고 추론할 수 있다.

한국여성개발원 연구보고서를 통해 등장한 여성복지 개념은 이후 여성복지 개념 규정 논의에서 거의 그대로 인용되고 받아들여지는 경향을 보인다. 즉, 한국여성개발원 연구보고서가 여성복지 관련 의제 설정에서 선도적·주도적 역할을 한 것이다. 여성복지 개념이 등장하기 시작한 1990년대는 민주화 운동의 전개와 더불어 여성운동이 활발하게 전개된 시기이기도 하다. 당시 여성운동의 흐름을 주도하던 주요 조직으로서 한국여성단체연합이 주최한 정책토론회에서도 한국여성개발원 보고서(1990)에서 규정한 여성복지 개념을 그대로 인용하기도 했다(이상덕, 1996. 김인숙 외, 2000: 34에서 재인용). 한국여성개발원 연구보고서에서 설정한 여성복지 개념을 그대로 인용하는 경향은 김미혜(1997: 39~40), 최선화(1995: 127) 등의 연구에서도 그대로 나타난다.

사회복지학의 한 분야로 자리 잡은 여성복지의 이슈가 '여성복지론'이라는 명칭으로 다뤄지면서 2000년대 들어 여성복지론 교재도 본격적으로 발간되기 시작했다. 그러나 여성복지 개념에는 그리 큰 변화가 보이지 않았고, 한국여성개발원 보고서에서 설정한 범주를 벗어나지 않은 채 인용되는 경향이 나타났다. 예를 들어 김인숙 외(2000)에서는 여성복지를 다음과 같이 정의한다.

> 여성복지란, 여성이 국가나 사회로부터 남성과 동등하게 권리를 보장받을 수 있도록 가부장적 가치관과 이에 근거한 각종 법과 사회제도를 개선하고 여성 개인의 능력을 고양함으로써 여성의 인간다운 삶을 보장하기 위한 정책적·실천적 차원의 모든 조직적 활동(김인숙 외, 2000: 35).

한편 양옥경 외(2002)에서는 여성복지를 다음과 같이 정의한다.

> 여성 복지를 인간으로서의 기본 권리와 존엄성을 보장하고 남녀평등을 실현하며, 여성의 문제를 예방하고 해결하여 여성의 삶의 질을 향상시키는 모든 활동이라고 개념 정리하고자 한다. 이러한 차원에서 여성 복지는 모든 여성을 위한 서비스 제공에서부터 정책 개발 및 법과 제도의 변화를 포함하고 있는 것으로 사회복지가 추구하는 궁극적인 삶의 질과 사회적 기능의 유지·향상과 일맥상통한다고 할 수 있다(양옥경 외, 2002: 7).

1990년 한국여성개발원 보고서에서 제안한 여성복지 개념을 10여 년의 시간차를 두고 비교해보면 다음과 같은 결과를 알 수 있다. 첫째, 여성복지 정책 시행 주체로서 국가와 사회를 설정하고 있다. 둘째, 여성복지정책 목적을 초기에 설정했던 건강, 재산, 행복 등 요소 등을 토대로 인간다운 삶, 삶의 질 향상으로 발전시키고 있다. 셋째, 정책 목표는 법·제도의 평등

〈표 7-1〉 여성복지 개념 비교

분류	박인덕 외(1990: 19)	김인숙 외(2000: 35)	양옥경 외(2002: 7)
시행 주체	국가와 사회	국가와 사회	
정책 목적	여성의 건강과 재산, 행복의 조건 충족	여성의 인간다운 삶 보장	여성의 삶의 질과 사회적 기능 유지·향상
정책 목표	인간의 존엄성과 인간다운 생활을 할 권리 보장, 가부장적 가치관과 이에 기초한 법과 사회제도 개선 등	남성과 동등하게 권리를 보장받을 수 있도록 가부장적 가치관과 이에 근거한 각종 법·사회제도 개선, 여성 개인의 능력 고양	인간으로서의 기본 권리와 존엄성 보장, 남녀평등 실현, 여성 문제 예방·해결
정책 수단	여성의 건강과 재산, 행복의 조건이 만족스러운 상태를 실현하기 위한 모든 실천적 노력(과정)	정책적·실천적 차원의 모든 조직적 활동	모든 여성을 위한 서비스 제공, 정책 개발, 법과 제도의 변화

자료: 박인덕 외(1990: 19), 김인숙 외(2000: 35), 양옥경 외(2002: 7)를 토대로 재구성.

보장, 즉 기회의 평등 보장에 초점을 맞춘다. 다만 양옥경 외(2002)에서는 여성 문제의 예방과 해결이라고 구체적으로 표현함으로써 삶의 기회 제공뿐 아니라 삶의 결과에 개입할 수 있는 정책적 여지를 남겨두었다. 넷째, 정책 수단 자체를 매우 추상적으로 표현하고 있다. 여성복지는 사회복지 정책 및 실천의 영역이면서도, 그것의 정책 수단은 사회복지 영역을 넘어 매우 포괄적으로 규정된다.

최근에 들어서도 이러한 여성복지의 개념 정의가 크게 변화한 것으로 볼 수 있는 문헌 자료는 찾기 어렵다. 다만 '김인숙·정재훈(2008: 49)'에서 다음과 같이 여성복지 개념을 규정함으로써 여성복지정책 수단으로서 사회복지정책과 사회복지실천을 제시하고 있으며, 정책 개입 대상도 사회복지 관련 법과 제도로 좀 더 구체화하여 변화를 보이고 있다.

> 여성복지란 여성이 국가나 사회로부터 남성과 동등하게 권리를 보장받을 수 있게 하기 위해, 가부장적 가치에 근거한 각종 차별적 사회복지 법과

제도를 개선하고 여성 개인의 능력을 고양함으로써 여성의 인간다운 삶을 보장하기 위한 사회복지 차원의 정책적·실천적인 모든 조직적 활동으로 정의할 수 있다(김인숙·정재훈, 2008: 49).

3) 여성복지에서 여성주의복지로

이른바 '요보호 여성'에서 '일반 여성'으로 정책 개입 대상을 확장하고 보편적인 정책 목표와 수단을 설정했다는 의미에서 부녀복지에서 여성복지로의 개념 변화가 지닌 의미를 찾을 수 있다. 그러나 여성복지가 사회복지실천의 한 분야 혹은 사회복지학의 한 분야로서 자리를 잡은 이후에 관찰할 수 있는 상황은 아동·청소년복지, 노인복지, 장애인복지 등과 같이 여성복지가 사회복지의 한 분야 정도로 인식되는 경향이다. 이는 여전히 아동, 노인, 장애인, 여성 등 인구학적 특성에 따라 범주적 정책 지원을 하는 대상 중 하나로서 여성의 존재를 부각할 뿐, 본래 여성복지 개념 설정의 중요한 토대가 되는 가부장적 가치와 문화, 사회구조의 문제에 개입하는 결과를 낳지는 않고 있다.

여성복지의 문제를 처음에 제기한 움직임의 토대는 복지국가의 구조 자체가 가부장적·성차별적이라는 문제의식이었다. 즉, 역사적으로 볼 때 개인 가부장(Familien-Patriarchat)에서 국가 가부장(Staats-Patriarchat)으로 변화(McIntosh, 1978)하는 과정에서, 국가가 가족 영역에 개입함으로써 가족 내 가부장적 관계를 약화시키면서 복지국가체제를 확립했지만, 사회적 차원에서 가부장적 구조는 그대로 남아 있다는 비판이 가능하다. 이렇게 이른바 성별화된 복지국가, 즉 남성적 영역으로서의 노동시장을 여성적 영역으로서의 가족과 분리하는 복지국가는 가부장제의 이익을 실현하는 도구로 기능한다. 복지국가 성립에 영향을 준 한 축으로서 노동운동 역시 여성을 배제한 채 전개되었다(McIntosh,1978. Kulawik, 1996: 39에서 재인용).

복지국가와 사회의 구조적 문제로서 가부장제를 비판하는 여성복지 관점이라면 여성 문제를 분리해 해결과 개입 대상으로 삼는 시도보다는 사회복지제도 전반을 여성주의 관점에서 분석하고 비판하며 해결책을 추구해야 할 것이다. 그렇지만 앞서 검토한 여성복지 개념에서는 여성이 주체가 되어 가부장적 사회복지 제도를 총체적으로 문제시하는 시각은 포함되어 있지 않은 것으로 보인다. 단지 여성 문제의 해결 주체로서 국가와 사회라는 표현을 사용하면서, 이와 동시에 기존의 사회제도가 가부장적이라는 전제를 하고 있을 뿐이다. 따라서 기존 사회제도는 가부장적인데, 거기에서 파생하는 여성 문제를 해결하는 주체는 (가부장적인지 아닌지 규정하고 있지 않는) 국가와 사회가 되는 것이다. 따라서 사회문제와 비복지를 해결하기 위해서 사회복지 각 영역이 필요하듯이 여성 문제를 해결하기 위한 한 분야로서 여성복지 분야가 필요할 뿐이다.

이러한 맥락에서 여성복지는 말 그대로 그동안 차별받아왔던 여성을 위한 복지 분야로서 존재할 수 있다. 국가와 사회가 사회복지 정책적·실천적 개입을 통해 해결할 수 있는 장애인복지 영역이 있듯이 여성복지 영역도 있다는 의미이다. 따라서 사회복지학의 한 과목 영역으로서 여성복지론도 성립할 수 있다. 그러나 성차별 문제는 한 과목의 영역으로 한정할 수 없는, 사회구조 전반에 걸친 문제이다. 즉, 장애인, 아동, 노인 등 인구학적 범주를 포함하면서도 초월하는 복합적인 문제인 것이다. 장애인, 아동, 노인이라는 각 범주 내에서도 여성이 남성보다 더 심각한 문제를 겪는 것이 현실이기 때문이다.

따라서 사회복지의 한 분야가 아니라, 사회복지제도를 분석하는 관점으로서 여성주의적 접근이 필요하며, 이러한 시각에 따른 분석과 문제 규명, 해결 방안 등을 제시하는 여성주의복지라는 개념이 필요하다. 여성주의복지 개념이 필요한 이유는 법·제도 차원에서의 평등이나 기회의 평등, 절차적 형식의 평등은 어느 정도 이루어졌지만 '유리천장 효과(Glass Ceiling Effect)' 개념으로 대변되는 보이지 않는 불평등은 여전히 존재하고 있기 때문이다.

여성주의복지가 필요한 이유를 세분해서 정리해보면 다음과 같다(김인숙·정재훈, 2008: 50~51). 첫째, 여성과 남성은 성차에 따라 서로 다른 삶의 경험을 하게 된다. 둘째, 이러한 차이가 여성에게는 차별로 다가오는 것이 사회적 사실로 존재한다. 개별 사례에 따라서는 남성이기 때문에 겪는 차별도 분명히 존재한다. 그러나 제도로서 사회에 존재하는 가부장적 가치와 문화는 차이를 차별로 받아들이는 삶의 경험 빈도가 여성에게서 여전히 더 많이 나타나는 원인이 된다. 셋째, 단지 여성 문제를 해결 대상 단위로 설정하는 정책적 접근으로는 여성을 정책 대상으로 설정할 수는 있지만, 성차별 문제 해결의 주체로 설정하기는 어렵다. 따라서 여성 문제에 대한 접근 과정에서 젠더 관점(gender perspective)이 필요하게 된다. 즉, 여성의 경험은 당장 해결해야 할 사회문제의 속성도 포함하지만, 사회복지 분야 전반을 비판적으로 분석할 수 있는 관점을 제공하는 기능도 한다. 따라서 기존의 여성복지를 문제 해결을 시도하는 분야가 아닌 관점으로 받아들이고 사회복지 전반을 분석할 수 있게 된다. 결국 사회복지의 한 분야가 아닌, 사회복지 전반을 분석하는 관점으로서 여성주의복지 개념을 도출하게 된다.

이상의 논의를 바탕으로 여성주의복지 개념을 이렇게 정의할 수 있다. 여성주의복지란 사회복지제도 전반을 여성주의적 시각에서 분석·비판하는 관점과 실천을 의미한다. 여성주의복지는 여성주의 관점과 실천을 토대로 하여 여성의 일상적 삶을 규정하고 통제하는 성차별 구조를 찾아내고, 젠더 관점에 토대를 둔 사회복지정책과 실천을 수단으로 문제 해결을 시도한다.

이러한 여성주의복지 관점을 전제로 한 현실 분석을 바탕으로 다음과 같은 문제를 제기할 수 있다. 현실에서 여성의 삶의 모습은 어떠하며, 남성적 삶과 어떤 차이를 보이는가? 이러한 차이가 여성의 배제로 이어지는 모습은 어떻게 나타나는가? 그렇다면 다음에서 여성의 삶의 모습이 어떠한지 살펴보자.

2. 여성의 삶의 모습

최근 한국에서 여성의 삶의 모습은 어떻게 변화했는가? 이러한 변화를 통해 우리는 어떠한 모습의 '여성의 삶'을 도출해낼 수 있을까? 인구학적 변동을 중심으로 우리 삶의 모습이 어떻게 변화했는지 알아보고, 이를 바탕으로 여성의 삶의 모습이 변화해온 양상을 추론해보자.

1) 인구학적 변동에 따른 삶의 모습 변화

한국 사회는 저출산·고령화 현상을 겪으면서 급격히 '늙어가는 사회'의 모습을 보인다. 반면 여성의 사회 진출은 경제적·사회적 차원에서 정체되는 양상을 나타내면서, 정치적 차원에서는 상대적으로 활발한 변화의 모습을 보이지만, 그러한 변화가 정치적 차원 전반에서 여성 배제를 극복하는 것으로 나아간다는 주장을 하기에는 아직 이른 상황이다.

(1) 저출산·고령화 현상

2009년 현재 65세 이상 인구 비율은 전체 인구의 10.7%로 증가했다.

〈그림 7-1〉 연령계층별(0~14세, 65세 이상) 인구구성비

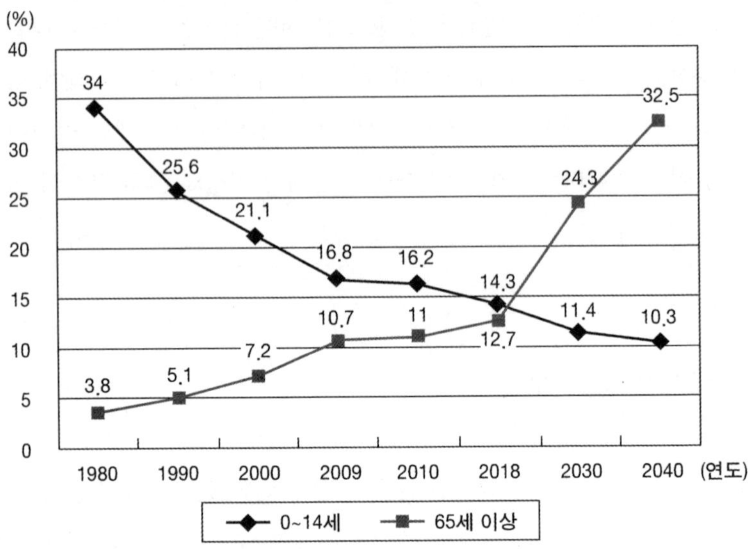

자료: 통계청(2010: 92)을 토대로 재구성.

〈그림 7-2〉 연도별 노령화 지수와 노년 부양비

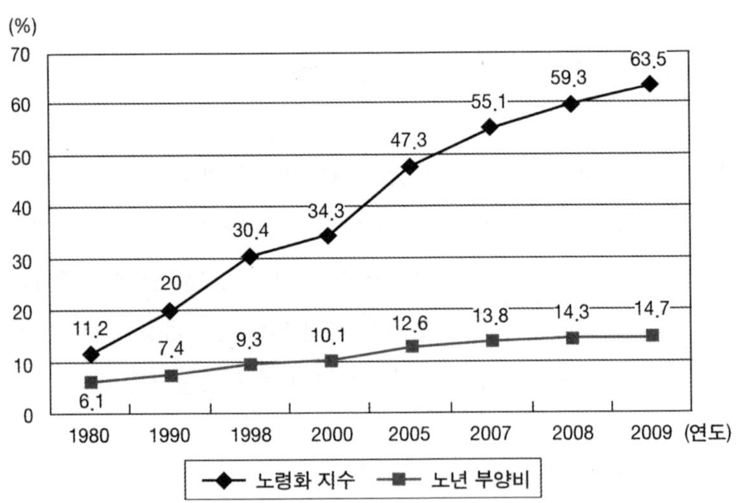

자료: 통계청(2010: 93)을 토대로 재구성.

이는 1980년의 3.8%에 비교하면 거의 3배 이상 늘어난 것이다. 이미 2000년에 전체 인구 중 65세 이상 인구 비율이 7% 이상인 고령화 사회에 진입했고, 2030년에 이 비율은 24.3%에 도달함으로써 본격적인 초고령화 사회가 될 것으로 전망된다.

한편으로는 저출산 현상 등으로 14세 이하 유소년 인구 비중은 지속적으로 줄어들고 있다. 2009년 현재 이 연령계층 인구가 전체 인구에서 차지하는 비중이 16.8%인데, 2018년에 65세 이상 인구 비율과 거의 같은 수준이 된 이후, 2030년에는 11.4%로 떨어질 전망이다(<그림 7-1> 참조).

노인 인구 증가와 유소년 인구 감소는 자연스럽게 노령화 지수[1)]와 노년 부양비 증가[2)]를 불러온다. 1980년을 기준으로 할 때 노령화 지수는 11.2%였고, 노년 부양비는 6.1%였다. 전자와 후자는 2009년 현재 각각 63.5%와 14.7%로 높아졌다(<그림 7-2> 참조). 이는 유소년 인구 100명당 노인 인구 수가 약 30년 사이에 11명에서 63명으로 늘어났으며, 취업활동 인구 100명이 부양해야 할 노인 수가 같은 기간에 6명에서 15명 정도로 증가했다는 것을 보여준다. 이는 곧 젊은 세대가 노인 세대를 부양해야 할 부담이 커지고 있음을 의미한다.

유소년 인구가 감소하는 상황은 1970년 이후 출생아 수 변화를 살펴보면 명백히 드러난다. 1970년에는 한 해에 100만 명 이상의 신생아가 출생했고, 1980년대까지도 출생아 수는 연간 70만 명 이상을 유지했다. 그러나 1990년대 말에 들어서 60만 명 이하로 떨어진 출생아 수는 2000년대에는 50만 명 이하까지 감소했으며, 2009년에는 47만 명 정도의 신생아가 태어났다(<그림 7-3> 참조).

---

1) 노령화 지수 = (65세 이상 인구 / 0~14세 인구) × 100.

2) 노년 부양비 = (65세 이상 인구 / 15~64세 인구) × 100.

〈그림 7-3〉 출생아 수 변화(1970~2008년)

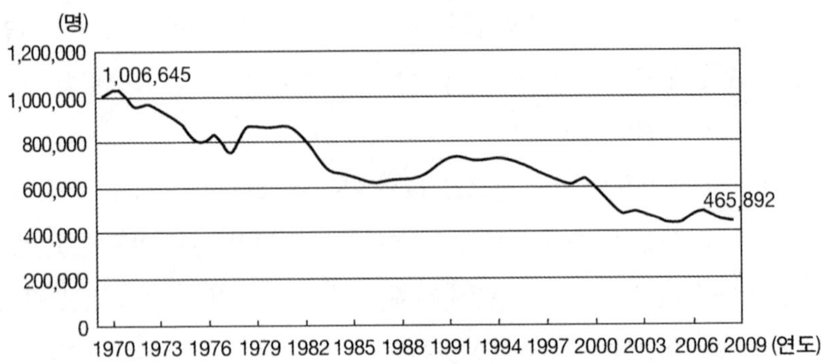

자료: 국가통계포털(http://kosis.kr/nsportal/abroad/abroad_01List.jsp?parentId=A)을 토대로 재구성.

출생아 수의 변화보다 더 극적으로 한국 사회의 저출산 현상을 나타내주는 지표가 가임 여성 1인당 출산율이다. 출산율은 정확히 말하면 연령별 출산율(Age-specific Fertility Rate: ASFR)을 의미한다. 이는 해당 연도의 출생아 수를 15~49세까지 가임 여성 인구로 나눈 비율을 1,000분비로 나타낸 것으로, 출산력 수준을 파악하는 가장 대표적인 지표로서 인구추계 작업에 이용된다(통계청 홈페이지).

연간 출생아 수가 100만 명을 넘던 1970년 당시 출산율은 4.53명이었다. 그러나 불과 10년 뒤인 1980년대에 들어서 출산율은 2명 이하 수준으로 급격히 떨어졌다. 2000년대에 들어서 1.4명 수준으로 떨어진 출산율은 2005년에는 1.07명 수준까지 떨어진 후 1.2명 수준으로 조금 올라갔지만, 2009년에는 1.15명 수준을 보였다(<그림 7-4> 참조).

저출산·고령화 현상을 통해 추론할 수 있는 여성의 삶의 모습은 다음과 같다. 여성은 더 이상 과거처럼 출산을 운명으로 받아들이지 않고 있다. 출산의 기회비용을 모성보다 더 중요하게 생각하고 취업이나 경력에 지장이 있거나 경제적인 어려움이 있다면 기꺼이 출산을 거부한다.

〈그림 7-4〉 출산율 변화 추이

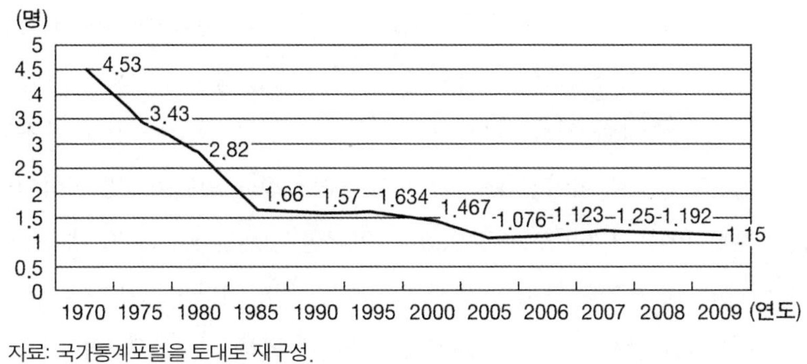

자료: 국가통계포털을 토대로 재구성.

1970년대 초반 급진적 여성운동의 이론적 토대를 제공했던 파이어스톤(Schulamith Firestone)은 다음과 같이 출산으로부터의 해방이 여성해방의 길이 될 것이라고 말하기도 했다.

> 남자는 이마의 땀으로 땅을 갈고 여자는 고통과 수고로 출산을 해야 하는 천벌은 처음으로 인간적 삶을 가능하게 하는 테크놀로지를 통해서 해소될 것이다. 여성해방운동은 20세기의 인류 생존을 위해서 필수적인 새로운 생태학적 균형을 받아들이는 문화를 창조한다는 중대한 사명을 가지고 있다(Firestone, 1983: 202).

그러나 파이어스톤이 희망했던 것처럼 여성을 출산으로부터 해방해줄 과학기술의 발전이 도래하기도 전에 한국 여성들은 출산과 양육, 가사노동, 취업노동 부담 등에서 오는 기회비용을 남성이 분담하지 않는 현실, 그리고 여성끼리 서로 조직된 운동의 부재 속에서 본능적으로 이른바 '출산파업'을 수년간 지속하는 것이라고 볼 수 있다.

(2) 가족구조 변동

저출산·고령화 현상은 가족구조에도 많은 영향을 준다. 한국에서는 평균 가구원 수 감소, 혼인 감소, 이혼 증가, 여성 가장 증가 등으로 나타난다.

노년 인구 증가와 저출산으로 인한 유소년 인구 감소는 평균 가구원 수의 지속적 감소로 이어진다. 2000년에 가구당 평균 인원이 3명 이상이었지만, 2009년에는 2.76명으로 감소했다. 이러한 추세는 앞으로도 계속되어 2030년에는 평균 가구원 수가 2.35명에 이를 전망이다(<그림 7-5> 참조).

한편 1970년 당시 혼인 건수는 약 30만 건에 달해 인구 1,000명당 9.2명이 혼인을 한 반면, 이혼 건수는 약 1만 1,000건에 그쳐 조이혼율이 인구 1,000명당 0.4명에 불과했다. 1980년에 10.6까지 올라갔던 조혼인율은 2000년대에 들어서 1,000명당 7.0명 이하 수준으로 떨어졌으며, 2009년에는 6.2명을 기록했다. 반면 이혼 건수는 해마다 급격한 증가세를 보이면서 1970년에서 2000년 사이에 10년씩 묶어 비교할 때 두 배 이상의 증가폭을 나타냈다. 2000년대에 들어서 이혼 건수는 해마다 12만여 건을 헤아리고 있다. 혼인 건수는 감소하거나 정체되는데 이혼 건수는 늘어남으로써, 2000년대에는 결혼한 세 쌍 중 한 쌍이 이혼하는 상황이다(<그림 7-6> 참조).

이혼율의 증가는 가족구조에도 영향을 주어 전체 가구 중 여성 가구주 비율의 증가로 이어지고 있다. 2009년 전체 가구 수는 1,691만 7,000가구이며, 이 중 여성이 가구주인 가구 수는 374만 9,000가구로 전체 가구의 22.2%를 차지했다. 이는 1980년 여성 가구주 가구 수의 3.2배, 1990년보다는 2배 이상 증가한 수치이다(통계청, 2009a: 3). 이에 따라 전체 가구 중 여성 가구주 가구가 차지하는 비율이 1980년 14.7%, 2000년 18.5%, 2009년 22.2%로 지속적으로 증가하는 추세를 보인다(<그림 7-7> 참조).

혼인 상태별 여성 가구주 비율을 보면, 1990년에는 사별의 비율이

〈그림 7-5〉 평균 가구원 수 변화 추세

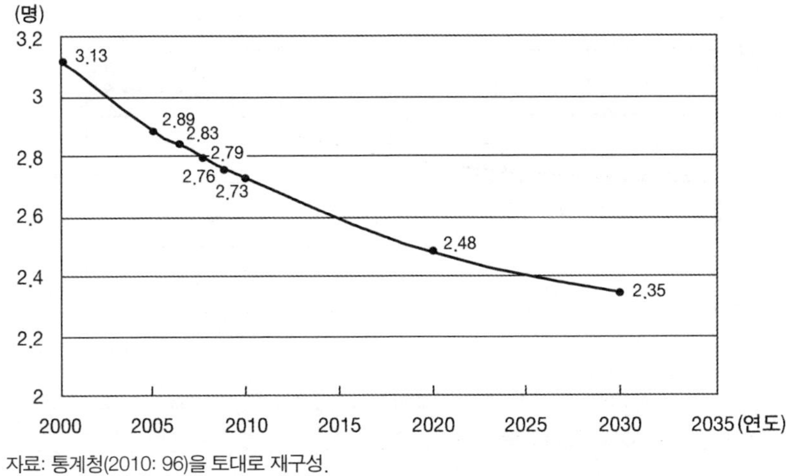

자료: 통계청(2010: 96)을 토대로 재구성.

〈그림 7-6〉 혼인 건수, 이혼 건수, 조혼인율, 조이혼율 추세

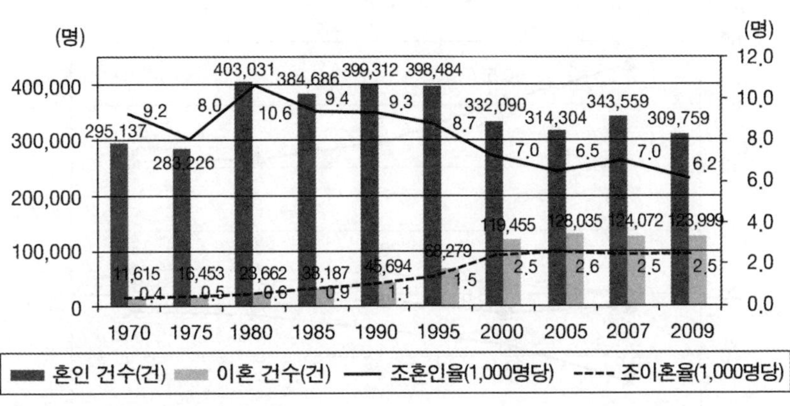

자료: 국가통계포털을 토대로 재구성.

56.3%, 미혼 20.4%, 유배우 17.7%, 이혼이 5.6%를 나타냈다. 2009년에도 여전히 사별이 여성 가구주 형성의 가장 큰 원인을 차지하고 있지만, 그 비율은 41%로 감소했다. 미혼이면서 여성 가구주인 비율은 1990년부터

〈그림 7-7〉 전체 가구 중 여성 가구주 비율 추이

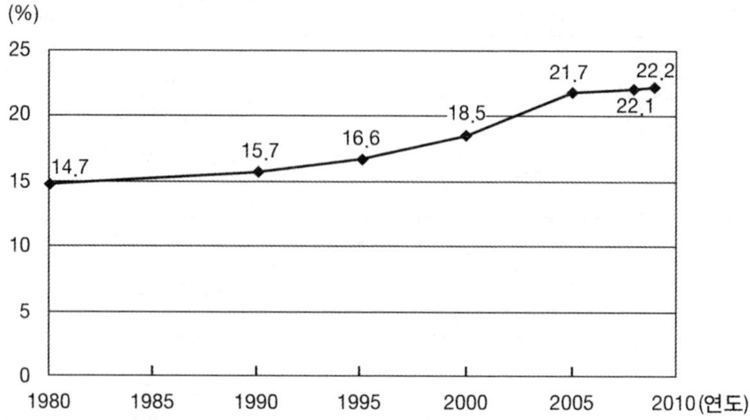

자료: 통계청(2009a: 3)을 토대로 재구성.

〈그림 7-8〉 혼인 상태별 여성 가구주 비율

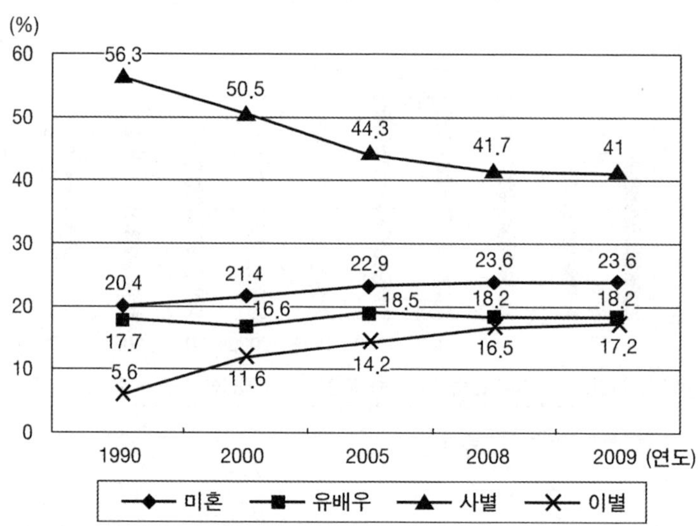

주: 1,000가구당 여성 가구주 비율임.
자료: 통계청(2009a: 4)을 토대로 재구성.

2009년 사이에 3.2% 정도 증가했다. 배우자가 있지만 가구주인 여성 비율은 같은 기간에 약 0.5% 증가했다. 그러나 이혼은 같은 기간에 5.6%에서 17.2%로 3배 이상의 증가율을 보였다(<그림 7-8> 참조). 미혼 여성 가구주 비율의 증가는 여성의 초혼 연령이 상승한 결과로 볼 수 있으며, 이혼 증가는 전통적인 배우자 역할을 거부하는 여성의 수가 늘어나는 결과가 반영된 것이라고 볼 수 있다.

혼인 건수와 혼인율, 가구 구성원 수는 감소하고, 이혼 건수와 이혼율, 여성 가구주 수는 증가하는 현상은 결혼 혹은 결혼생활 그 자체가 점차 절대적 사회규범의 지위를 상실해가고 있다는 것을 보여준다. 특히 "아무리 못났어도 서방이 있는 것과 없는 것은 천지 차이다"라는 사고가 여전히 남아 있는 것에서 알 수 있듯이 여전히 '결혼한 여자와 결혼하지 않은 여자' 간 차별이 심한 사회에서, 여성이 예상할 수 있는 온갖 어려움을 무릅쓰고 비혼이나 이혼을 선택하는 것은 그만큼 여성의 삶의 양식이 개인화되고 자립적인 생활을 추구하는 경향으로 변해가고 있음을 보여준다.

2) 사회 참여 양상에 따른 삶의 모습

경제와 정치 영역에서 여성의 삶의 모습이 어떤 변화를 보이고 있으며, 사회적 차원에서 볼 때 여성의 삶을 특징짓는 모습은 무엇일까? 이러한 질문에 답하기 위해 먼저 경제활동 영역에서 여성의 삶의 모습이 어떻게 나타나는지 알아본다. 그리고 이어서 정치적 영역으로서 여성의 공직 진출 현황을 살펴본다. 마지막으로 가족 내 여성의 삶은 어떤 변화를 보이는지 알아보고, 한국 사회에서 규정할 수 있는 '여성의 삶'의 모습은 무엇인지 정리해본다.

(1) 경제활동

경제활동 분야에서 알아볼 지표는 경제활동 참가율, 비경제활동 인구 추이, 연령별 여성 취업률, 성별 취업자의 종사상 지위 등이다.

2008년 기준 경제활동 인구는 2,434만 7,000명이며, 이 중 여성은 1,013만 9,000명으로 전체의 46.7%를 차지한다. '경제활동 인구'는 취업자와 실업자를 포함하여 '일정 기간 재화와 서비스를 생산하기 위해 노동을 제공했거나 제공이 가능한 만 15세 이상의 모든 사람(김민경 외, 2005: 131)'을 의미한다. 통계청 정의에 따르면 '일정 기간'은 매달 15일을 포함하는 1주일이다(통계청 홈페이지). 이 1주일 사이에 1시간 이상 일해서 수입을 얻거나, 직접적인 수입이 없어도 가사종사자로서 18시간 일을 했거나(무급 가사종사자), 질병이나 불규칙한 날씨, 휴가·연가·노동쟁의 등으로 일을 할 수 없었던 경우(자영업자와 취업근로자 모두 포함) 중 하나에 해당하면 취업자로 간주한다. 실업자는 같은 조사 기간과 이 기간을 포함한 4주 동안 적극적으로 구직활동을 했고 언제든지 취업이 가능한 경우, 혹은 조사 기간을 기준으로 30일 이내에 취업이 확실한 취업대기자를 의미한다. 즉, 취업활동 여부 조사 기간 기준은 1주일이지만, 실업 여부를 판단하는 조사 기간 기준은 경제활동 인구조사 기간 1주일을 포함해 4주가 된다.

취업자와 실업자를 합한 경제활동 인구가 구직활동을 포기하거나 하지 않는 비경제활동 인구를 포함한 전체 인구에서 차지하는 비율은 2000년대를 통틀어 큰 변화 없이 61% 수준을 유지하고 있다. 그러나 남성의 경제활동 참가율은 73% 내지 74% 수준을 유지하고 있는 반면, 여성의 경제활동 참가율은 꾸준히 50%를 조금 넘거나 그에 못 미친다(<그림 7-9> 참조).

남성과 비교해 20% 이상 낮은 수준을 보이는 여성의 경제활동 참가율을 설명할 수 있는 요인은 비경제활동 인구에서 높은 비중을 여성이 차지하고 있다는 점과 여성 취업률은 전형적인 'M자형 곡선'을 보인다는 것이다.

〈그림 7-9〉 성별 경제활동 참가율

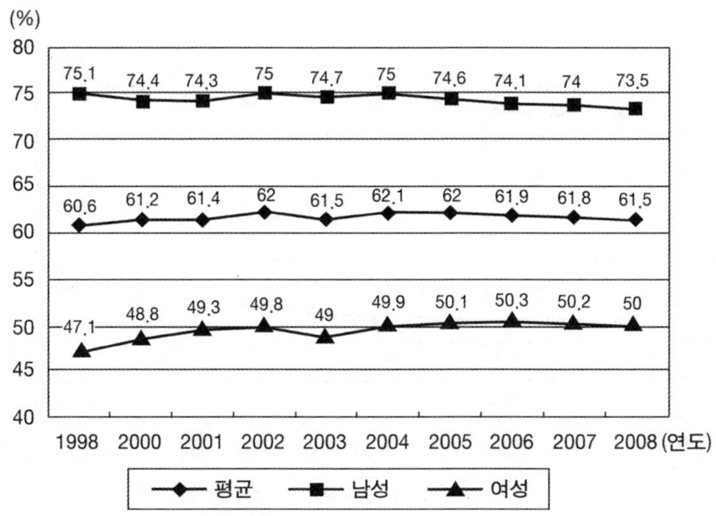

자료: 통계청(2009a: 13)을 토대로 재구성.

고용 불안정과 고용 없는 성장이라는 취업시장 여건의 변화를 배경으로 여성과 남성 모두 비경제활동 인구수가 증가하는 현상을 보인다. 그러나 비경제활동 인구 중 여성이 높은 비중을 차지하는 현상은 변화하지 않고 있다. 2009년 현재 비경제활동 인구 중 여성은 1,000만 명을 넘는 수준을 보이며, 반면 남성 비경제활동 인구수는 여성의 절반 수준인 약 530만 명 정도이다(<그림 7-10> 참조).

여성의 취업률이 낮은 또 다른 이유는 여성의 경제활동 참가가 임신, 출산, 육아 등으로 인한 전형적인 M자형 곡선을 보인다는 점이다. 최종 학교를 졸업한 후 취업시장에 진출하는 여성은 임신, 출산, 육아를 담당해야 하는 상황이 오면 남성과 달리 경제활동을 중단하는 경향이 강하다. 그러다가 자녀가 성장하여 양육 노동 부담이 줄어드는 것에 비례해 취업활동을 다시 하는 경향을 보인다. 그리고 노인이 되면서 취업활동을 중단하

〈그림 7-10〉 성별 비경제활동 인구 추이

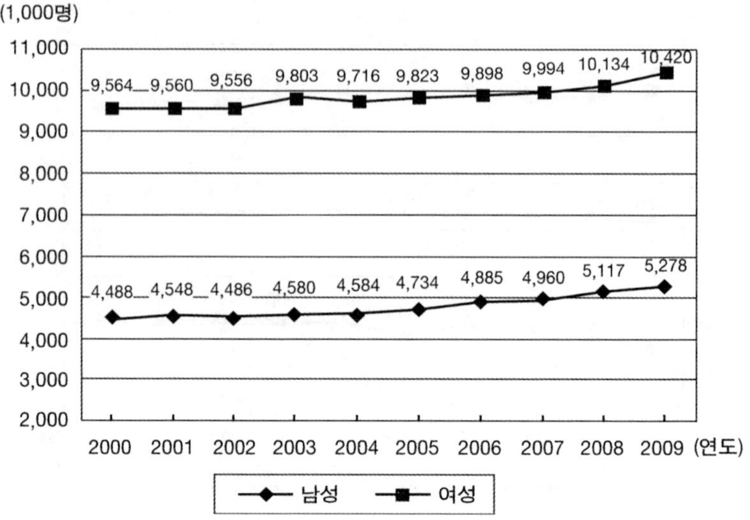

자료: 통계청(2009a: 13)을 토대로 재구성.

게 된다. 이러한 현상을 취업률 곡선으로 나타내면 M자에 가깝게 그려진다는 것이다.

2008년에도 여성의 경우에 경제활동 참가율이 25~29세에서 69.3%로 가장 높게 나타났다가 집중적인 자녀 양육 시기인 30~34세에 53.3%로 떨어지고, 자녀가 더 이상 집중적인 돌봄을 필요하지 않는 시기가 되었을 때, 즉 대체로 여성 연령이 40세 이상이 되면서 취업률이 65% 이상으로 다시 높아진다. 다만 10년 전인 1998년에 비교할 때 가장 낮은 경제활동 참가율(함몰점) 구간이 20~24세와 25~29세에서 25~29세와 30~34세로 옮겨가고 있는 것(<그림 7-11> 참조)은 여성의 최종학교 졸업 연령이 높아진 점, 즉 대학교 진학률이 높아진 점과 초혼 연령이 상승한 결과로 볼 수 있다.

여성 취업활동의 또 다른 모습 중 하나가 남성에 비해 불안정한 고용

〈그림 7-11〉 연령별 여성 취업률 변화(2008년)

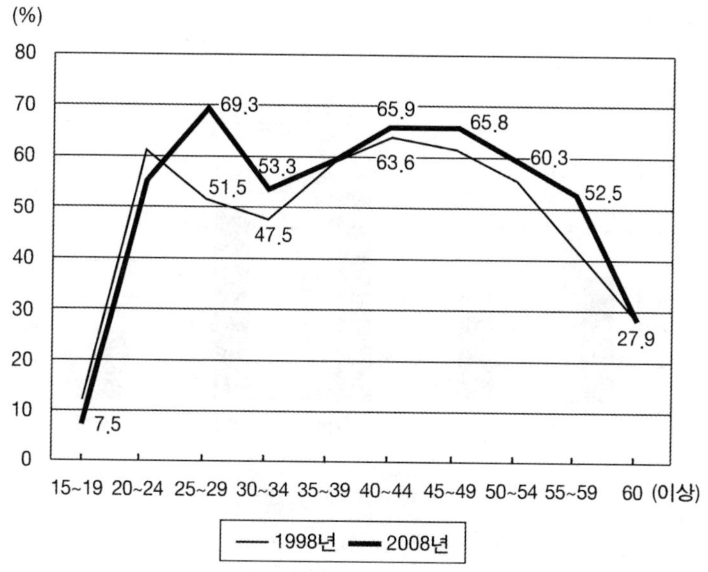

자료: 통계청(2009a: 14)을 토대로 재구성.

지위와 무노동 임금이다.

2006년 현재 여성 근로자 중 임시직과 일용직 근로자 비율이 남성 근로자 중 임시직과 일용직 비율보다 높게 나타난다. 여성 근로자 중 임시직 종사자 비율이 29.7%인 반면, 남성 근로자 중 임시직 비율은 15.6%이다. 일용직 근로자 비율도 여성은 9.9%, 남성은 8.3%로 나타난다. 반면에 고용이 안정된 상용직 근로자의 비율이 남성은 44.2%, 여성은 29.9%로 15%에 가까운 큰 차이를 보인다(<그림 7-12> 참조).

상용근로자는 명시적이든 암묵적이든 고용계약 기간이 1년 이상인 임금근로자를 의미한다. 즉, 상용근로자란 명시적 또는 암묵적 계약을 모두 포함해 1년 이상 장기 근무한 사람, 또는 고용계약 기간을 정하지 않고 정규직원으로 채용되어 인사관리규정을 적용받으며 상여금·퇴직금 등 각

〈그림 7-12〉 성별 취업자의 종사상 지위별 구성비(2006년)

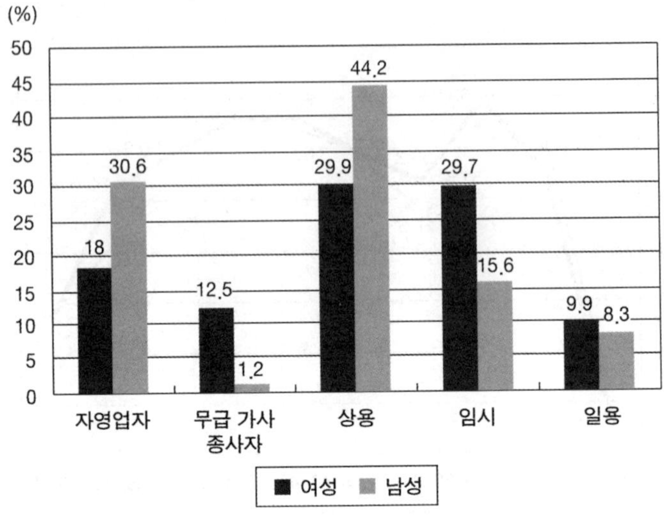

자료: 통계청(2009a: 21)을 토대로 재구성.

종 수당을 지급받는 사람, 그리고 사업체의 유급임원(사장, 대표이사, 전무, 상무, 상근감사 등)을 지칭하는 개념이다(국가통계포털).

임시직 근로자는 "근로계약 기간이 1개월 이상 1년 미만인 근로자거나 근로계약 기간이 없더라도 1년 이내에 이 일이 끝날 것이라고 예정된 경우를 의미한다. 단, 한 직장에서 오래 일했거나 앞으로도 계속 일할 것으로 예상된다 하더라도 근로계약 기간이 1년 미만이면 임시직 근로자로 간주한다"(국가통계포털).

일용직 근로자는 "근로계약 기간이 1개월 미만인 근로자이거나 매일 매일 고용되어 일당제 급여를 받고 일하는 경우, 또는 일정한 장소 없이 돌아다니면서 일한 대가를 받는 경우를 의미한다"(국가통계포털).

무급 가사종사자는 여성 중 그 비율이 12.5%로서 남성 중 비율 1.2%와 비교할 때 거의 10배 이상 높다. 무급 가사종사자는 "자기 가족(동일 가구

내)의 일원이 경영하는 사업체에서 일정한 보수 없이 적어도 주당 18시간 이상 일한 자를 의미한다. 따라서 가사종사자라도 일정한 봉급을 받을 때는 임금근로자로 분류한다. 또한 무급으로 동일 가구 내 비혈연 가구원의 일을 돕는 것, 또는 혈연관계라 하더라도 생활 근거를 달리하는 가구원의 일을 돕는 것은 무급 가사로 볼 수 없으므로, 이를 행하는 이를 무급 가사종사자로 분류하지 않는다(국가통계포털).

비정규직 근로자의 범주에 임시직, 계약직, 일용직, 파트타임, 파견, 용역, 개인도급, 재택근로, 자영노동자 등을 포함하는 개념(국가통계포털)을 토대로 보면, 한마디로 요약할 때 여성 중 비정규직 종사자 비율이 남성 중 비정규직 종사자 비율에 비해 월등하게 높은 현실을 볼 수 있다.

실업률은 여성과 남성 모두 낮은 것으로 나타난다. 남성은 지난 10년간 4% 수준을 넘는 양상을 보이며, 여성은 같은 기간 3% 수준을 유지하고 있다(<그림 7-13> 참조). 여성 실업률이 낮은 이유는 남성에 비해 구직을 포기한 비경제활동 인구 비율이 더 높기 때문이라고 할 수 있다. 실업률을 구하는 식은 다음과 같다.

실업률(%) = 실업자 수 ÷ 경제활동 인구 × 100

비경제활동 인구의 특성을 반영하는 경제활동 양상은 고용률을 살펴보면 뚜렷이 나타난다. 즉, 비경제활동 인구가 많기 때문에 여성의 실업률이 낮은 양상은 반대로 남성의 고용률이 여성의 그것보다 20% 이상 높은 현실로 나타난다(<그림 7-14> 참조). 고용률을 구하는 식은 다음과 같다.

고용률(%) = 취업자 수 ÷ 15세 이상 인구 × 100

〈그림 7-13〉 성별 실업률 변화 추이

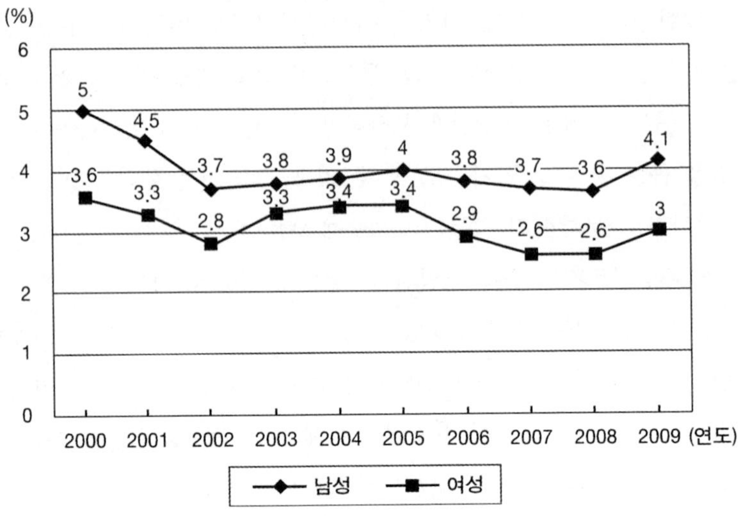

자료: 국가통계포털 원자료를 토대로 재구성.

〈그림 7-14〉 성별 고용률 변화 추이

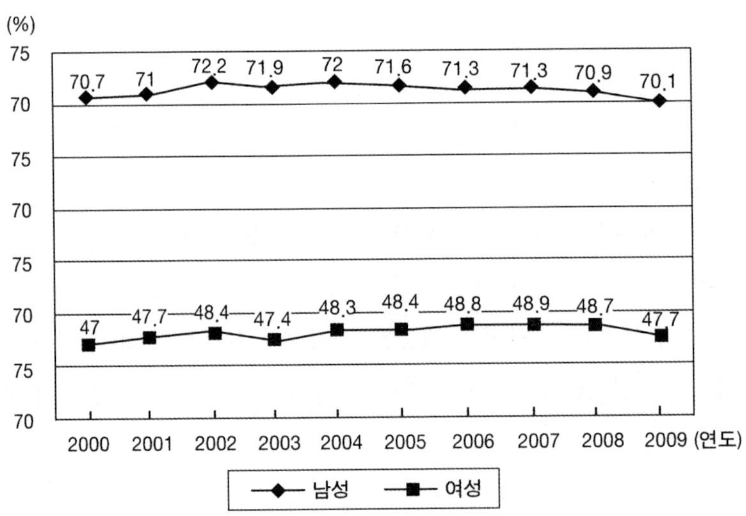

자료: 국가통계포털 원자료를 토대로 재구성.

이처럼 실업률은 경제활동 인구를 기준으로 하는 반면, 고용률은 만 15세 이상 인구를 기준으로 집계한다. 이는 곧 실업률에서는 고려되지 않는 비경제활동 인구가 고용률에서는 고려된다는 의미이다. 따라서 고용률은 비경제활동 인구를 포함함으로써, 실업률과 비교할 때 실망실업 등 비경제활동 인구의 상황을 더욱 사회적 현실에 가깝게 전달할 수 있는 장점이 있다.

지금까지 살펴본 경제활동 양상을 통해 유추할 수 있는 여성의 삶의 모습은 저출산 현상을 통해 추론해본 저출산 원인으로서 출산과 취업활동 사이에서 발생하는 기회비용이라는 분석이 무색할 정도로 여전히 낮은 경제활동 참가율과 고용률, 높은 비경제활동 인구 비중이라는 특징을 보인다. 또한 임신·출산 등으로 인한 취업활동을 일시 중단하는 함몰점이 과거보다 높은 연령으로 이동하고 있지만, 여전히 여성 취업은 M자형 곡선을 나타낸다.

그렇다면 아이도 낳지 않는데(저출산 현상의 지속), 여전히 전형적인 여성의 취업 양상(낮은 경제활동 참가율과 고용률, 높은 비경제활동 인구 비중, 출산·양육에 따른 M자형 곡선 양상)을 관찰할 수 있는 현실에서 어떠한 여성의 삶의 모습을 추론할 수 있을까?

첫째, 출산을 하되 1명으로 제한하는 모습을 짐작해볼 수 있다. 국가 차원에서 적정 인구 규모를 유지하기 위해 필요한 출산율을 2.1명으로 보지만, 개인적 차원에서는 출산 욕구를 충족하되 출산의 기회비용 때문이든 높은 사교육비 등 한국 사회 현실 때문이든 한 자녀 출산에 그치는 것이다. 이러한 한 자녀 출산은 지속적인 저출산 현상을, 출산 그 자체는 출산과 양육에 근거한 전형적 여성 취업활동 양상을 설명하는 근거가 될 수 있다.

둘째, 출산의 기회비용이 비교적 큰 중산층 전문직·관리직 여성은 출산을 포기하면서 취업시장 경력을 지속하는 반면, 출산의 기회비용이 비교적 크지 않은 중·하층 여성은 두 자녀 이상 출산하기도 한다는 것을 추측해 볼 수 있다. 이처럼 출산에도 양극화 현상이 나타나면 전체적으로 출산율은 낮은 상태를 유지하면서 취업시장에서도 경력을 지속하는 여성과 경력을 중단하는 여성 간 격차가 벌어지는 결과로 이어진다.

결국 경제활동을 통해서 본 여성의 삶은 임신·출산·양육의 부담과 이에 따른 경력 중단, 그리고 경력 중단에 따른 불안정한 고용 지위 등으로 요약할 수 있다. 이러한 여성의 삶의 모습은 또다시 저출산 문제와 상관관계를 갖는데, 다만 이러한 상관관계가 성차가 아닌 계층차의 영향을 받을 수 있다는 추론을 해볼 수 있다.

(2) 여성의 공직 진출

여성의 공직 진출과 관련해서는 여성의 정부 위원회 참여 비율과 5급 공무원 시험 합격률, 국회와 지방의회의 여성 의원 비율 등을 알아봄으로써 여성의 삶의 모습을 살펴본다.

1984년 한국은 유엔 '여성차별철폐협약'을 비준했다. 그리고 1995년 북경 세계여성대회에서 성주류화 개념을 천명한 것을 계기로 한국에서도 1995년 12월 31일 「여성발전기본법」을 제정함으로써 성주류화를 여성정책의 기본 개념으로 받아들였다. 1998년에는 대통령 직속 여성특별위원회와 정부 6개 부처에 여성정책담당관제도가 신설되고, 1999년 「남녀차별금지및구제에관한법률」이 제정되었으며, 2001년에는 여성부가 설립되었다.

이러한 정치적 움직임은 공직 사회에서 여성의 대표성을 높이는 데 많은 기여를 했다. 즉, 정부 산하 위원회나 조직에 여성 할당 비율을 설정하고 여성 진출을 촉진하는 정책적 움직임이 1990년대 중반부터 2000년대 초반까지 활발하게 전개되었다.

〈그림 7-15〉 정부 위원회 여성 참여율

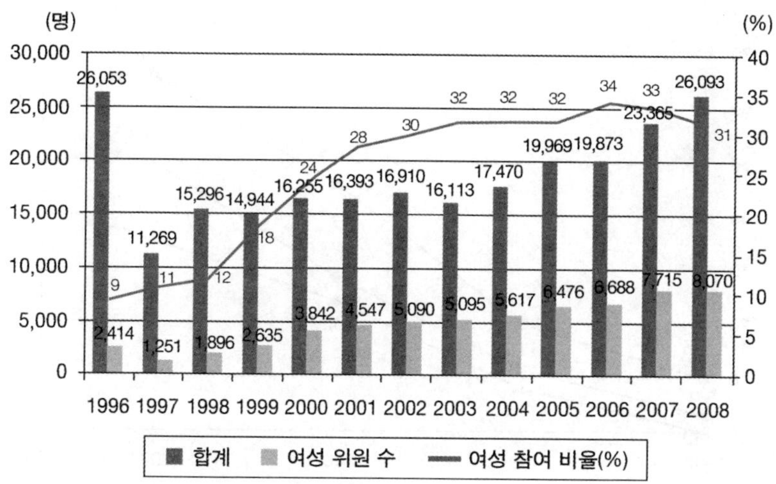

자료: 국가통계포털 원자료를 토대로 재구성.

1996년 「여성발전기본법」이 걸음마 단계에 있을 때 각종 정부 위원회에 대한 여성 참여 비율은 9% 정도에 그쳤다. 당시 남성 위원 수가 2만 6,053명이었던 것에 비해, 여성 위원 수는 2,414명에 지나지 않았던 것이다. 그러나 정부 위원회 여성 참여 비율을 30%까지 끌어올리는 것을 목표로 정책적 노력을 기울인 결과, 2000년대에 들어서면서부터 여성 참여 비율이 30%대 수준을 유지하고 있다(<그림 7-15> 참조).

또한 행정고시, 외무고시, 사법고시 등 5급 공무원 시험 합격자 중 여성이 차지하는 비율도 꾸준히 증가하고 있다. 1992년에 전체 합격자 중 여성이 차지하는 비율은 외무고시 10%, 행정고시 3.2%, 사법고시 0%였지만, 이는 2008년에 외무고시 65.7%, 행정고시 51.2%, 사법고시 38%로 증가했다(<그림 7-16> 참조).

합격자 비율로만 보면 외무고시와 행정고시에서는 여성이 이미 과반을 넘는 집단이 된 것이다. 물론 이러한 수치가 고위 공무원 집단에서 여성

〈그림 7-16〉 5급 공무원 시험 합격자 중 여성 비율 변화

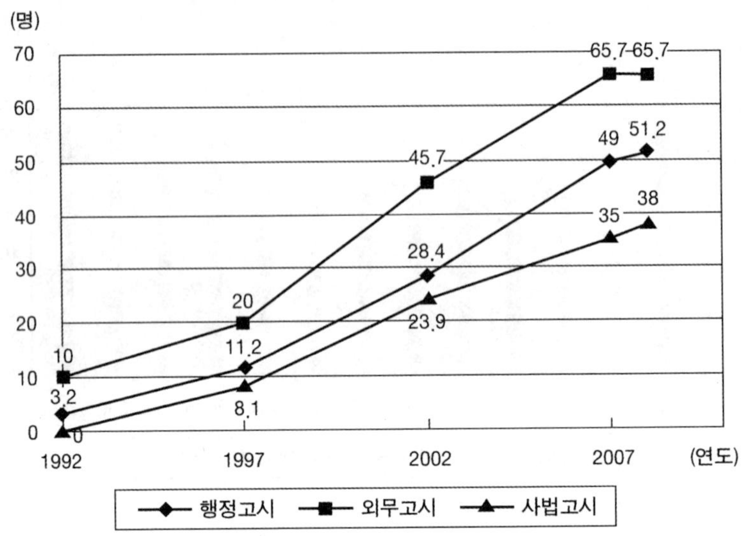

자료: 통계청(2009a: 36)을 토대로 재구성.

비율이 당장 높아졌음을 의미하는 것은 분명히 아니다. 여전히 고위 공무원 사회에서 여성이 차지하는 비율이 낮은 현실은 뒤에서 살펴볼 성별권한 척도(Gender Empowerment Measure: GEM)가 잘 보여준다.

여성의 정치적 힘을 상징적으로 나타내주는 분야가 국회와 지방의회에 진출한 여성 의원의 수이다. 각 정치 정당에서도 자신들이 표방하는 성평등 지향적 정치의 모습을 보여주기 위한 지표로서 여성 의원 수를 중요시한다. 여성친화적 정책의 가시적인 성과를 곧바로 보여줄 수 있기 때문이다. 그래서 여러 가지 이해관계가 복잡하게 걸려 있는 지역구 공천이 아니라 이해관계에서 비교적 자유로울 수 있는 비례대표 후보 배치에서 여성과 남성 비율을 50대 50으로 하든지, 아니면 최소 30%의 여성 비율을 보장하는 정도의 정치적 제스처는 이제 드문 일이 아니다.

그 결과 국회에서의 여성 의원 비율은 1992년 1%로 최저점을 기록한

〈그림 7-17〉 대한민국 국회의원 현황

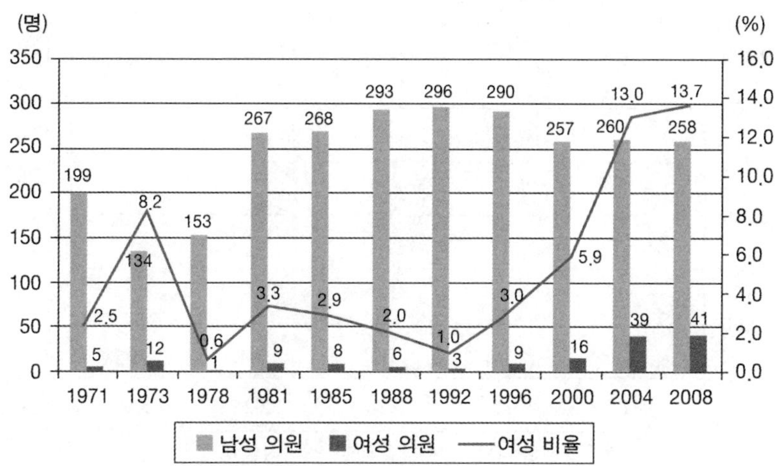

자료: 통계청(2009a: 22)을 토대로 재구성.

이후 1996년 3%, 2000년 5.9%, 2004년 13%, 그리고 2008년에는 13.7%로 꾸준한 증가세를 보이고 있다. 현재 18대 국회에서 전체 의원 299명 중 41명이 여성 의원이다(<그림 7-17> 참조).

1991년 지방자치제도가 다시 도입된 해에 지방의회 의원 5,169명 중 여성 의원 숫자는 48명으로 전체의 0.9%에 그쳤다. 1995년 여성 비율은 2.2%, 1998년 2.3%, 2002년 3.4%에 머물던 여성 의원 비율은 2006년에 14.5%로 급격히 증가했고, 여성 의원 수도 525명에 달하게 되었다(<그림 7-18> 참조).

이 분야에 진출한 여성의 출신 계급과 계층 특성을 자세히 분석해야 확실한 결론을 낼 수 있겠지만, 5급 공무원직, 정부 각종 위원회, 국회와 지방의회에 여성 진출이 늘어나는 양상은 최소한 법적 기회를 평등하게 보장하거나 여성 할당제를 적용할 경우 그러한 기회를 활용할 수 있는 중상층 여성 집단이 존재한다는 사실을 보여준다. 특히 공무원 시험 합격

〈그림 7-18〉 지방의회 의원 현황

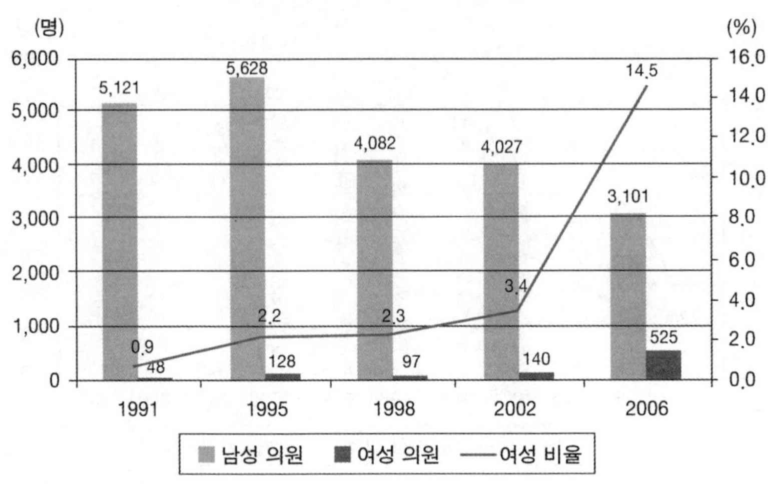

자료: 통계청(2009a: 22)을 토대로 재구성.

률 추이는 경제성장으로 형성된 중산층계급에 속한 여성에게 기회의 평등을 보장하면 남성과 똑같이 노력한 결과를 낼 수 있다는 자유주의 페미니즘의 명제를 증명해주는 결과이기도 하다.

그러나 국회와 지방의회, 정부 위원회에 대한 여성 진출은 여전히 할당제의 뒷받침이 있어야 어느 정도 가능하다는 것을 보여준다. 같은 조건에서 시험을 볼 때에는 여성이 남성과 거의 대등하게 경쟁할 수 있는 여건이 조성되었지만, 이해관계가 복잡하게 얽혀 있는 정치구조 속에는 여성이 더 높은 지위로 올라가는 것을 막는 보이지 않는 '유리천장'이 존재하기 때문이다. 결국 정치 분야에서 여성의 삶의 특징은 동등한 기회 보장을 토대로 한 본격적인 여성의 공직 진출 양상과 법적 조건이 아닌 보이지 않는 가부장적 가치 및 구조가 어떤 방식으로 충돌하느냐에 따라 결정될 것이다.

〈그림 7-19〉 여성 배우자의 가구소득 기여도

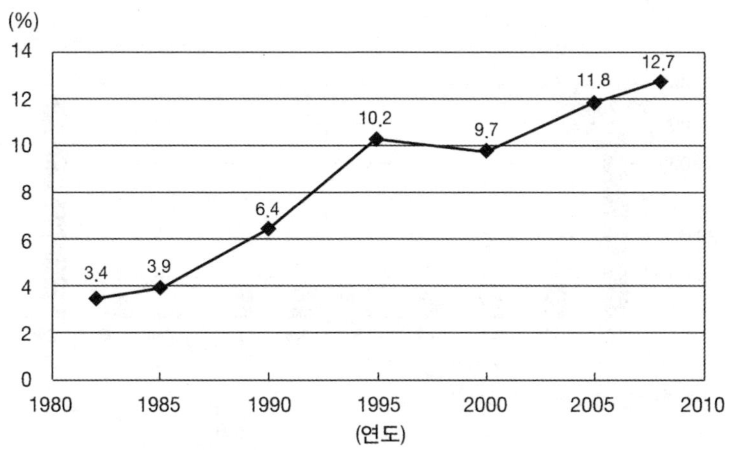

자료: 통계청(2009b: 14)을 토대로 재구성.

(3) 가족 내 여성 역할

한국 사회에서 여성은 가족의 주 소득자로서 인식되지 않는다. 실제로 가구소득에서 여성이 차지하는 비율도 그리 높은 편은 아니다. 즉, 소득활동은 남성이, 가사·돌봄노동은 여성이 담당하는 성별 역할 분리 현상이 아직도 보편적으로 관찰되는 것이 사실이다. 2009년 현재에도 가구소득에서 여성의 소득이 차지하는 비율은 12.7%에 그친다. 그러나 이 비율은 1980년과 비교하면 약 4배 증가한 숫자이다. 1995년과 2000년 사이에 경제위기를 겪으면서 그 비율이 감소세를 보이기도 했지만, 2000년 이후 가구소득에서 여성 소득이 차지하는 비율은 9.7%에서 12.7%로 다시 상승하는 추세이다(<그림 7-19> 참조).

지속적인 증가세를 보이기는 하지만, 가족의 주 소득자로서 역할을 하지 못하는 여성이 겪는 가족 문제의 경향은 그리 큰 변화를 보이지 않는다. 다른 통계와 달리 가족 문제를 국가 통계 차원에서 계량적으로 파악하는

〈그림 7-20〉 여성긴급전화 1366 상담 종류(2008년)

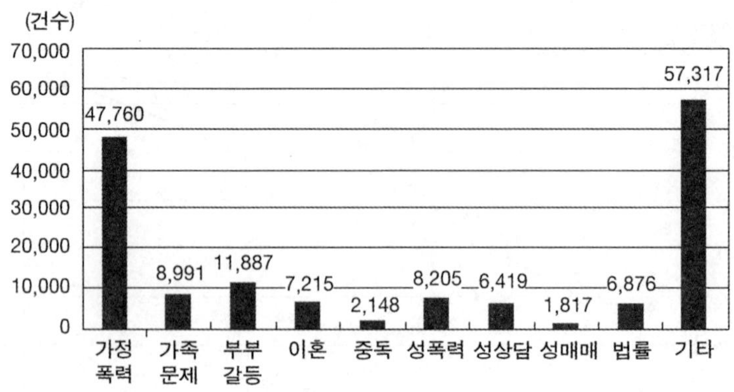

자료: 통계청(2009a: 21)을 토대로 재구성.

것은 사실상 불가능한 일이다. 일단 가족 내에서 발생하는 문제를 외부로 노출하게 하는 것이 어렵고, 설사 가능하더라도 어떤 시점을 정해 문제의 실체를 통계적으로 규명하는 작업의 효과가 그리 크지 않기 때문이다. 따라서 가족 문제의 양상이 노출되는 대표적 경로를 추적해 현황을 파악하는 작업을 시도하게 된다.

자신이 겪는 문제를 여성 입장에서 일단 긴급하고 신속하게 노출할 수 있는 경로로서 '여성긴급전화 1366'이 있다. 따라서 1366 전화 상담 내용은 한국 여성이 겪는 문제를 파악하는 데 유용한 정보를 제공해준다.

1366 전화 상담에서 기타 내용을 제외하고 가장 큰 비중을 차지하는 문제는 가정폭력이다. 「가정폭력방지및피해자보호등에관한법률」이 1997년 제정되어 시행되고 있지만, 여전히 가정폭력은 우리나라 여성이 가족생활에서 경험하는 가장 큰 문제 중 하나이다. 여기에 더해 성폭력 문제도 상담에서 중요한 비중을 차지한다(<그림 7-20> 참조).[3] 다른 어떤 문제보

3) 「성폭력범죄의처벌및피해자보호등에관한법률」은 1994년에 제정되었다.

다 폭력은 가부장적 젠더질서의 극단적 표현 방식이다.

폭력은 폭력 행사 주체가 육체적 차원에서뿐 아니라 심리적·정신적 차원에서 무엇이든 강제하는 공격적 행위라는 점에서 다른 어떤 문제보다도 심각한 결과를 초래한다. 남성은 가부장적 사회질서를 유지하기 위해 폭력을 매우 유용한 수단으로 사용해왔다. 이때 남성 개인이 폭력을 행사하고 하지 않고는 그리 중요한 문제가 되지 않는다. 개별 남성으로서 평생 여성을 상대로 폭력을 행사하지 않더라도 남성이 여성을 상대로 폭력이라는 수단을 통해 관계를 유지하는 구조가 존재하는 한 그 구조의 존재 덕분에 모든 남성이 얻는 이익이 존재하기 때문이다.

따라서 여성이 긴급하게 도움을 필요로 하고 상담을 요청하는 내용 중 폭력이 가장 높은 비중을 차지한다는 것은 가부장적 사회구조가 여전히 공고함을 보여주는 중요한 증거라고 할 수 있다. 결국 이러한 상황에서 도출할 수 있는 여성의 삶은 남성의 폭력에 노출되어 불안하고, 자기 결정권이 제한되며, 행동에 제약을 받는 모습이라고 할 수 있다.

여성은 가족생활에서 눈앞에 보이는 여러 가지 불이익을 감수하면서도 더 자주적인 역할을 선택하고 가장으로서의 지위를 마다하지 않는 경향이 있지만, 여전히 남성적 폭력의 억압구조에서 폭력의 피해자라는 문제를 안고 살아가는 모습을 볼 수 있다. 즉, 자주적이고 독립적인 인간으로서 살아가고자 하는 여성의 뒤를 늘 불안하게 쫓아다니는 폭력의 위협은 오늘날 여성의 삶의 한 단면이라고 할 수 있다.

3. 여성의 삶의 일반적 특징과 정책적 대응

1) 여성의 삶에 대한 오해와 실상

1990년대 이후 한국은 성차별 철폐를 시도하고 성평등을 추구하는 각종 법·제도를 도입해왔다. 남녀 고용 평등, 성폭력 처벌, 가정폭력 처벌, 성매매 처벌, 남녀에게 동등한 기회 보장과 같은 차원에서 1990년대 이전에는 존재하지 않았던 법과 그에 기반을 둔 정책이 도입된 것이다. 그 결과 남성들 사이에서는 물론이고 심지어 여성들 사이에서도 이 정도면 되지 않았나 하는 인식이 존재하는 것도 부인할 수 없는 사실이다. '여성부가 왜 존재해야 하는가'라는 논쟁에서 특히 그런 인식을 읽을 수 있다.

앞서 여성의 공직 진출 현황에서도 살펴보았듯이 중산층 여성을 중심으로 기회의 평등만 보장해주면 남성과 동등한 경쟁을 할 수 있는 여건이 형성된 것도 사실이다. 또한 정부 위원회나 국회, 지방의회 등에서 어느 정도 유무형의 여성 할당제를 적용함으로써, 이제는 오히려 역차별을 받는다고 인식하는 남성의 숫자가 늘어나는 것도 사실이다.

그러나 과거에 없던 법과 제도를 갖춘다고 해서 당장 성차별 문제가 해결되는 것은 아니며, 여론의 초점을 맞출 수 있는 일부 여성 집단의 사회 참여 확대를 과장되게 해석하는 태도도 지양해야 할 것이다. 여성의 삶의 일반적 특징은 여전히 '성차별' 그 자체이기 때문이다.

한국 사회에서 여성은 여전히 그리고 매우 심각한 수준에서 차별받고 있다. 그 증거로는 성별권한척도(GEM)를 들 수 있다. 일부 제도에 국한하지 않고 해당 사회 전반에서 남녀평등이 어느 정도 이루어졌는지 나타내는 성별권한척도를 보면, 한국은 60위권 밖을 맴돌고 있음을 알 수 있다.

1990년대에 우리 시각에서 볼 때 '그 많은' 여성친화적 법과 정책을 도입했는데도, 2007년에 성별권한척도 전체 순위가 64위, 2008년에는 68위에 머물고 있는 것이다(UNDP, 2007, 2008).[4] 2007년에는 여성 국회의원 비율 13.4%, 관리·경영직에서의 여성 비율 8%, 전문직에서의 여성 비율 39%, 남성 소득 대비 여성 소득 비율은 40%로서 성별권한척도가 0.51이었다. 그리고 2008년에는 여성 국회의원 비율 13.7%, 관리·경영직에서의 여성 비율 8%, 전문직에서의 여성 비율 40%, 남성 소득 대비 여성 소득 비율은 52%로서 성별권한척도가 0.54로 상승했지만, 다른 나라 상황이 더 개선되어 오히려 순위는 네 단계 떨어진 68위가 되었다.

이러한 결과가 한국에서 여성이 살아가는 모습을 단적으로 말해준다. 가사·돌봄노동을 담당하면서 취업시장에서의 차별은 여전히 존재하고, 남성적 폭력구조가 만들어내는 불안 속에서 여성은 점차 독립적 삶을 추구하고 출산을 거부하는 양상을 보여준다.

이러한 상황에 대응하려면 여성복지 시각보다 여성주의복지 시각을 토대로 한 정책적 대응을 할 필요가 있다. 그러나 지금까지 정책적 대응의 모습은 여성복지 차원에 머무르는 것으로 판단할 수 있다.

2) 정책적 대응 양상

지속적인 저출산 현상, 이혼 등 결혼 해체 현상의 지속적인 증가 등 가족 문제에 대한 정책적 대응으로서 대표적인 경우를 건강가정지원센터 사업을 들 수 있다. 이 사업은 전통적인 요보호가족 중심 복지제도 범위를 벗어나 이른바 일반 가정에서 발생할 수 있는 문제를 예방함으로써 '건강

4) UNDP. 2007. 「Human Development Report 2007/2008」. UNDP. 2009. 「Human Development Report 2009」.

한 가정'을 지킨다는 취지를 내걸고 2004년부터 시작해, 2010년 현재 전국에 약 100개를 헤아리는 건강가정지원센터가 존재한다. 또한 증가하는 한부모 문제에 대응하기 위해서 기존의 「모부자복지법」을 대체하는 「한부모가족지원법」이 2008년부터 시행되었고, 이에 근거를 둔 한부모 가족 지원사업이 시행되고 있다.

한편 지속적인 저출산 문제를 해결하기 위한 주요 정책적 노력의 일환으로 2003년부터 소득에 따른 보육료 지원이 시행되고 있다. 육아휴직 기간도 2007년부터 1년으로 늘었으며 육아휴직수당도 월 50만 원씩 지급된다. 남성의 육아활동 참여를 촉진하기 위해 2008년부터는 자녀 출생 후 아버지만 사용할 수 있는 3일의 남성 휴가를 보장한다. 또한 각 지방자치단체별로 출산율을 높이기 위해 출생에 따른 지원금이나 격려금 프로그램을 마련해 시행하고 있다.

가구 구성원 수 감소와 여성 취업 증가로 가족의 돌봄 부담, 실질적으로는 여성의 돌봄 부담이 늘어나고 있다. 이러한 부담을 덜어줄 수 있는 정책으로 2008년부터 노인장기요양보호제도를 도입해 운영하고 있다. 또한 2008년에는 저소득 노인을 대상으로 하는 기초노령연금제도가 시행되면서 가족이나 여성의 돌봄노동 부담을 줄일 수 있는 가능성도 열렸다.

3) 정책적 대응의 한계

여성의 돌봄노동과 취업노동에서 오는 이중 부담을 덜어주기 위한 정책적 대응은 다음과 같은 점에서 한계가 있다. 첫째, 앞서 규명한 여성의 삶의 모습을 고려한 포괄적 대책이라기보다 여전히 일부 사회적 약자층 여성을 대상으로 하는 선별주의적 접근을 하고 있다. 그리고 이른바 일반 여성을 대상으로 한다고 하더라도 일회성 교육이나 행사에 그칠 뿐 실제

여성의 이중 부담을 덜어주는 정책 수단은 존재하지 않는다. 보육료 지원에서는 대상이 저소득층으로 제한되어 있으며, 한부모 가족 지원 서비스 수준도 실제 한부모 가족의 욕구에 미치는 수준은 아닌 상황이다. 건강가정지원센터사업에서도 남녀 간 성별 역할 분리 극복을 통한 평등하고 민주적인 가족 관계를 추구하는 경향은 찾아보기 어렵다.

결국 저출산, 고령화, 가족의 위기 등 여성·가족정책적 개입의 확대를 정당화할 수 있는 많은 이유가 존재하는데도 가족정책이 국가정책의 주류로서 존재한다고 보기는 어렵다. 오히려 여성부에서 여성가족부(2005년)로, 여성가족부에서 여성부와 보건복지가족부(2008년)로, 보건복지가족부에서 보건복지부와 여성가족부(2010년)로 여성과 가족 업무가 혼합되면서도 정부 부처로서 안정된 지위를 확보하지 못하고 여성·가족정책은 국가정책의 주변 주제로 머물고 있을 뿐이다. 가족정책 전달체계로서 건강가정지원센터사업이 주로 교육과 계몽 수준에 정체되어 있는 것도 주변 주제로서 가족정책의 현실을 잘 대변한다.

아버지 출산휴가일이 도입되었지만(2008년) 사용 가능한 휴가 일수가 3일인 점도 성별 노동 분리에 따른 성차별 문제가 국가정책의 주된 관심사가 아니라 주변적 주제에 불과하다는 점을 다시 한 번 보여준다.

4) 정책 방향의 설정

기존 정책의 한계를 극복할 수 있는 정책적 대응의 방향 설정은 '여성복지에서 여성주의복지로의 개념 전환'이라고 볼 수 있다.

여성의 문제를 하나의 고립된 영역으로 간주하고 사회복지의 한 분야로서 여성복지 개념을 유지하는 한, 21세기에 들어서 한국 사회가 직면한 저출산 문제, 눈에 보이지 않는 이른바 여성의 '출산파업' 문제를 해결할 실마리를 찾기는 어려울 것이다. 요보호 여성에서 일반 여성으로 정책 대상이 확대되었다는 여성복지 개념은 '여성의 문제가 존재하지만 이것은 여러 가지 비복지 문제 중 하나일 뿐이고, 따라서 아동·청소년·노인·장애인의 문제를 사회복지정책이 발전하면서 해결했듯이 사회복지정책과 제도가 확대되면 여성 문제도 해결될 것이다"라는 단선적·수렴론적 발전 논리에 토대를 두고 있기 때문이다.

그러나 변화하는 가치관과 가족구조, 취업노동 형태, 무엇보다 집단으로서 여성의 욕구 등을 고려할 때, 여성 문제를 '여성만의 문제'로 보고, 법적 기회의 보장을 평등 실현의 완성으로 보는 시각을 유지한다면, 현재의 출산파업 문제를 해결하는 것은 어려울 것이다. 저출산 현상에는 변화해야 할 성별 역할에 대한 여성의 기대와 여성의 욕구에 부응하지 못하는 가족·취업생활의 현실이 그대로 반영되어 있기 때문이다. '여성복지'의 대상으로 설정한 이른바 '일반 여성'은 여성복지제도가 변화시키지 못하는 남녀 성별 역할 분리 모델을 본능적으로 거부하며, 그 결과가 비혼, 저출산, 비출산 등으로 나타나는 것이다.

따라서 새로운 정책 방향의 전제 조건은 남성은 밖에 나가 돈을 벌어오고 여성은 집에서 아이 낳고 돌보는 성별 역할 분리를 당연하고 자연스러운 현상으로 보는 시각에서 벗어나는 것이다. 그리고 새로운 정책을 마련해 남성에게는 현재보다 더 많이 가족 돌봄노동을 할 수 있는 권리와 기회를, 여성에게는 현재보다 더 많이 취업노동을 할 수 있는 권리와 기회를 보장함으로써, 남녀 간 성별 역할 분리 개념이 사회복지정책에서 사라지게 해야 한다. 그 결과 여성과 남성이 인생주기에서 취업, 배우자 만나기, 출산, 자녀 양육, 돌봄노동 등을 함께 경험하고 부담을 분담할 수 있는 가능성을 제공해야 한다.

결국 남성과 동등한 파트너 관계를 맺고자 하는 여성의 욕구를 충족시키는 복지제도 개혁을 위해 여성주의복지 개념이 도입되어야 한다. 즉, 여성 문제는 '여성과 남성이 함께 풀어가야 하는 문제'이며, 어느 한 분야로 제한할 수 있는 문제가 아니라는 인식이 전제되어야 한다. 여성 문제를 사회복지가 개입해서 '해결해주어야' 하는 하나의 분야가 아니라, 사회복지정책과 제도 전 분야를 여성주의적 시각에서 분석하고 정책적 개입의 우선순위를 사회복지 전반에 걸친 성차별 문제로 설정함으로써 기존 사회복지를 여성주의적 시각에서 재편하는 작업이 중요하다. 남성의 문제를 함께 고려해야 하지만, 현존하는 여성에 대한 성차별 문제를 우선 고려해 여성주의적 시각에 따른 여성주의복지 개념으로 전환하는 것이 먼저 이루어져야 한다는 의미이다. 여성주의복지 개념의 정착과 실천이 이루어진다면, 그 과정과 병행하면서 또는 약간의 시차를 두고 젠더복지 개념의 도입이 자연스럽게 이루어질 것으로 전망된다.

참고문헌

국가통계포털. http://kosis.kr/nsportal/abroad/abroad_01List.jsp?parentId=A

김미혜. 1997. 「여성의 생애주기와 사회복지」. 김미혜 외. 『양성평등이 보장되는 복지사회』. 미래인력연구센터.

_____. 2000. 「양성평등을 위한 여성복지 정책방향」. ≪여성건강≫ 제1권 1호.

김민경 외. 2005. 『국가통계의 이해』. 한국방송통신대학교 출판부.

김인숙 외. 2000. 『여성복지론』. 나남.

김인숙·정재훈. 2008. 『여성복지 실천과 정책』. 나남.

박인덕 외. 1990. 『여성복지 관계 법제에 관한 연구』. 한국여성개발원.

양옥경 외. 2002. 『여성과 사회복지』. 이화여자대학교 출판부.

이상덕. 1996. 「사회복지의 새로운 패러다임과 여성복지」. 한국여성단체연합 주최, 여성복지 확대를 위한 정책토론회 자료집.

최선화. 1995.「여성복지의 발달 방향에 관한 소고」. ≪부산여자대학교 논문집≫, 제39집.

통계청 홈페이지. "용어조회". http://kosis.kr/metadata/WordMain.do?word_kind=josa&KORA_GRP_CD=&ENGL_GRP_CD=&SCH_WORD=&page=1

통계청. 2009a.「통계로 본 여성의 삶」.

_____. 2009b.「한국의 사회 동향」.

_____. 2010.「한국의 사회지표」.

Firestone, Shulamith. 1971. *The Dialectic of Sex: The Case for Feminist Revolution*. New York: Bantam Books(슐라미스 파이어스톤. 1983.『성의 변증법』. 김예숙 옮김. 풀빛).

Kulawik, Teresa. 1996. "Modern bis maternalistisch: Theorien des Wohlfahrtsstaates." in Teresa Kulawik and Birgit Sauer(eds.). *Der Halbierte Staat: Graundlagen femministischer Politikwissenschaft*. Frankfurt: Campus Verlag.

제8장

복지담론과 사회투자의 가능성*

복지국가의 이중전략

김윤태 | 고려대학교 사회학과

1. 머리말

1990년대 후반 이후 새로운 복지담론으로서 '사회투자국가'가 경제성장에 기여할 수 있다는 주장이 많은 관심을 끌었다. 오랫동안 경제성장과 사회복지는 상호모순적인 개념으로 이해되었다. 경제성장은 생산성·이윤·축적과 깊은 관련이 있지만, 사회복지는 사회권·이타주의·재분배를 의미했다(Midgley, 1999). 그러나 1990년대 이후 선진 산업 경제에서 '사회투자(social investment)'라는 새로운 개념이 복지담론에 커다란 영향을 주었다. 사회투자의 관점에서는 사회정책과 경제정책이 서로 통합되어 경제성장에 긍정적 기여를 할 수 있다고 주장했다. 또한 공공 자원의 할당을 통한 재분배정책이 사회적 역량을 강화한다면 경제에 더 많은 자원을 제공할 수 있다고 강조했다.

최근 사회투자담론을 도입하는 복지체제의 변화는 다양한 국가에서 나타나는데, 특히 유럽연합(EU)에서 잘 나타난다. 새로운 사회투자전략은

---

* 이 글은 2010년 ≪사회와 이론≫ 제77호에 실린 글을 수정·보완한 것이다.

통화주의 경제학의 정책 처방에 대해 비판적이다. 통화주의는 복지국가가 경제성장과 아무런 관련이 없고, 오히려 경제 생산성에 나쁜 영향을 미친다는 입장이다. 그래서 복지국가는 필요악이며 최소한의 사회안전망을 제공하는 것에 그쳐야 한다고 주장한다. 그러나 사회투자전략은 복지재정의 지속적 압력을 인정하면서도 전통적 사회서비스를 효과적으로 제공할 수 있는 방안을 적극적으로 모색한다. 사회투자적 사회정책은 경제에 부담이 되는 '사회지출'이 아니라 경제에 도움이 되는 '사회투자'로서의 복지를 강조한다. 정부의 복지정책을 통해 노동시장의 유연성을 개선하는 한편, 노동력의 질과 적응성, 유용성을 개선하려는 적극적 노동시장정책(active labor market policy)을 추진한다. 이렇게 경제적 효율성과 사회적 형평성을 동시에 강조하는 정책 방향이 사회투자전략의 핵심 내용이다.

2000년대에 들어서면서 한국에서도 사회투자국가를 둘러싼 많은 논쟁이 벌어졌다(양재진, 2007; 신광영, 2007; 조흥식, 2007; 이주희, 2007; 김연명, 2009). 이에 관한 대표적 논쟁을 살펴보면 크게 '보편적 복지국가론'과 '사회투자국가론' 두 개의 견해로 나누어볼 수 있다. 먼저 보편적 복지국가론은 사회투자국가론에 대해 비판적인 견해를 제시한다(김영순, 2007; 이주희, 2007). 대표적으로 김영순은 한국의 사회투자정책 강화에는 동의하되 그것을 대안적 복지모델로 상정하고 그 담론을 유포하는 것은 바람직하지 않으며 위험하다고 지적한다(김영순, 2007: 86). 그는 사회투자국가가 영국에서 볼 수 있듯이 "빈곤과 불평등을 시정하기 어려운 복지국가의 최신판"이라고 지적한다. 더욱이 한국에서 사회투자국가론이 "신자유주의의 헤게모니를 강화하고 보편적인 제도적 복지국가를 '소비적' 복지국가로 매도"하여 한국의 국가복지에 장애가 될 것이라고 우려한다. 이에 대해 '사회투자국가론'을 주장하는 학자들은 복지국가의 사회투자정책이 복지지출을 축소하는 수단이 아니며, 영국 노동당 정부의 사회투자국가가 주목할 만한 성과를 이룩했다고 반박한다(양재진, 2007; 김연명, 2009). 그리고 사회투자국가담론이 신자유주의 이데올로기를 강화해 친복지담론을 약화하지 않으며, 오히려 "영국에서 보듯이 국민적 지지 속에서 친복지담론의 형성에 도움"을 줄 것이라고 본다(양재진, 2007: 333).

이 글은 한국의 사회투자국가를 둘러싼 복지담론의 논쟁을 검토하면서 사회투자전략의 성과와 한계를 살펴본다. 그리고 한국의 복지국가 모델을 전망하는 데 사회투자가 어떤 영향을 줄 수 있는지 검토한다. 이 글은 세 가지 주장을 제시한다. 첫째, 복지의 생산적·투자적 성격을 강조하는 사회투자담론은 원래 1990년대 후반 영국이 아니라 1950년대 스웨덴에서 먼저 출발했다. 현재 사회투자담론은 영국뿐 아니라 최근 대부분의 유럽 국가에서 다양한 수준과 방법으로 도입하고 있다. 둘째, 기든스(Anthony Giddens)가 말한 '사회투자국가'는 복지국가를 대체하는 모델로 제안되었지만, 사회투자담론은 한 가지 모델로 수렴되지 않고 국가별로 다양한 경로를 보인다. 사회투자담론은 고용 확대, 소득 불평등, 재정 압박의 트라일레마(trilemma)에 대응하는 방법에 따라 북유럽의 노르딕 모델, 중부 유럽의 대륙 모델, 영국과 미국의 모델 등 다양한 특징을 보인다. 셋째, 새로운 복지담론으로 사회투자전략을 적극적으로 도입한 영국에서 아동과 노인의 상대적 빈곤율이 감소하는 등 일정한 성과가 나타났다. 하지만 상층계급의 소득이 지나치게 많이 증가해 전반적인 사회 형평성은 악화되었다. 유럽 국가에서 사회투자전략의 성과는 아직 분명하게 나타나지 않지만, 사회복지와 미래 투자를 강조하는 국가에서는 높은 고용률과 낮은 빈곤율이라는 사회적 결과가 만들어지고 있다. 지난 수십 년 동안 선진 복지국가에서도 전통적 복지전략을 개혁하는 한편, 연구개발(R&D), 교육, 훈련 등 사회투자의 비중을 점차 확대하고 있다. 이러한 내용을 고려해볼 때 국가복지의 발전 수준이 매우 취약한 한국에서는 보편적 복지제도를 확대하는 정책과 사회투자를 강화하는 정책이 상당 기간 동시에 진행되어야 한다.

2. 사회투자의 기원과 발전

한국에서 '사회투자국가'에 관한 논쟁의 출발점은 사회투자국가의 기원이 영국인지 스웨덴인지를 둘러싼 논쟁이다. 보편적 복지국가담론을 제시하는 입장은 스웨덴 모델을 선호하며 '사회투자국가'를 영국 모델의 다른 표현으로 이해한다. 이러한 견해를 제시하는 김영순은 사회투자국가와 사회투자전략이 매우 다른 것이라고 주장한다. 따라서 사회투자전략 또는 사회투자정책은 수용할 수 있지만, 사회투자국가는 '앵글로색슨적 기원'을 지니므로 다른 유럽 복지국가에서 수용할 만한 모델이 아니라고 비판한다(김영순, 2007: 93). 이러한 견해는 복지국가를 사회투자국가로 '대체'해야 한다고 주장한 기든스의 제3의 길 정치에 대한 반박으로 보인다.

그러면 기든스는 어떤 의미로 '사회투자국가'를 제시한 것인가? 기든스는 전통적인 복지국가가 사람들이 자율적으로 적극적 투자를 결정하지 못하도록 막는 '수동적 위험체계'가 되었다고 비판했다(Giddens, 1998). 사람들이 질병과 실업 등과 같은 위기에 처했을 때는 복지국가가 작용하지만, 실제 빈곤 퇴치나 장기적인 부의 재분배를 위해서는 복지국가가 효율적이지 않다고 지적했다. 이와 더불어 국가는 사람들이 적극적인 투자자가 되도록 재원을 제공하는 동시에 사람들을 보호하는 안전 메커니즘을 제공해야 한다고 주장했다. 기든스는 이처럼 '사회보험으로서의 복지'가 시민의 생활에서 적극적인 역할을 하면서도 국가의 지나친 간섭은 줄이는 것을 '적극적 복지(positive welfare)'라고 불렀다.[1] 적극적 복지를 실현하는 사회의 가장 중요한 기준은 사회적 자본과 인적 자본에 대한 투자이다

(Dobrowolsky and Lister, 2008). 사람의 능력을 키우는 교육과 훈련을 위한 투자가 사회투자국가의 주요 과제가 되어야 한다.

기든스는 복지국가를 개혁해 적극적 복지를 제공하는 '사회투자국가'를 건설해야 한다고 강조했지만, 영국에서 사회투자국가가 복지국가를 실제로 '대체'한 것은 아니다. 기든스의 주장과 달리 영국 노동당은 '복지국가'라는 담론을 그대로 사용하고 있다. 이는 영국 노동당이 전통적인 복지국가를 그대로 유지하려고 했다기보다는 정치적 용어로서 복지국가가 지닌 대중적 지지를 고려한 것으로 볼 수 있다. 물론 블레어 정부의 복지정책은 과거의 복지국가와는 상당히 다른 점을 가지고 있다. 1998년 블레어 정부는 사람들의 직업과 개인적 삶이 힘을 갖게 하는 '적극적 복지'를 주장하는 백서를 발표했다(Department of Social Security, 1998). 블레어 정부는 더 이상 빈곤과 불평등에 대한 낡은 해결책이 적용되지 않는다고 주장하면서, 권리와 의무 모두를 기반으로 하는 국가와 시민 사이의 '복지협약(welfare contract)'이라는 개념을 제시했다. 블레어 정부가 추진하는 복지개혁의 핵심은 교육에 대한 투자, 국가보건서비스(National Health Service: NHS)의 개혁, 뉴딜(New Deal)정책이었다. 블레어 정부의 '복지협약'은 국가의 급여에 의존해 살아가는 데 익숙해진 사람들을 자립하도록 유인하고 격려하며 궁극적으로 급여를 받지 않고 살 수 있도록 만들겠다고 공언했다. 그리하여 국가 급여는 도움이 가장 필요한 사람에게 한정되어 지원될 것이

---

1) 기든스는 '새로운 평등주의'를 위한 방법으로 국가와 시장의 상호 결합, 개인의 역량을 강화하는 능력국가(enabling state), 기업을 감시하는 시민경제(civic economy), 시민과 국가의 책임 공유, 부유층과 빈곤층 사이의 사회적 협상, 사회적 불평등의 대물림 효과의 축소를 제시했다(Giddens and Diamond, 2005: 1~34). 이는 중앙의 권위에 의해 만들어지는 결과의 평등을 추구하는 대신 개인의 잠재력을 실현하는 기회를 좀 더 제공하려는 시도이다. 시장이 만든 불평등의 결과를 바로잡기 위해 국가의 개입을 다시 강조하기보다 교육, 재산의 소유, 문화에 대한 접근의 평등을 강조한다.

라고 강조했다.

이러한 복지담론의 전환은 과연 영국만의 독특한 경험인가? 그렇지 않다. 사회투자담론은 이미 1930년대 스웨덴에서 시작된 것이다. 스웨덴 경제학자 군나르 뮈르달(Gunnar Myrdal)은 1934년 유명한 저서 『인구문제의 위기(The Crisis in the Population Question)』에서 출산율 저하와 인구 고령화가 결국 경제의 쇠퇴를 야기할 것이라고 예측하면서 '인적 자본을 위한 투자'를 강조하는 새로운 사회정책을 제시했다. 그 후 스웨덴의 노동조합과 사회민주당은 케인스주의 경제정책을 채택하면서도 사회정책과 경제정책이 밀접하게 연결되어야 한다고 생각했다. 그리하여 실업자들에게 단순히 실업급여를 제공하는 것 이외에도 교육과 훈련의 기회를 제공하는 적극적 노동시장정책을 추진했다. 오랫동안 스웨덴은 사회정책이 생산적·투자적 관점에서 이루어져야 한다고 보았다(Lindert, 2004: 264~295). 이런 점에서 사회투자와 적극적 복지는 모두 스웨덴의 역사적 경험에서 비롯된 것이다.[2] 사실 이미 유럽의 복지국가들도 19세기와 20세기 초에 '생산적 관점'에 근거해 복지국가를 만들었다. 이러한 정책은 노동시장의 효과적인 운영을 통해 다른 국가와 전쟁을 할 수 있는 우수한 산업노동력과 군사력을 충원한다는 목표를 추구했다.

---

2) 스웨덴과 영국의 노동시장정책은 매우 대조적이다. 두 국가는 2007년을 기준으로 각각 81%, 74.6%에 달하는 높은 고용률을 달성했는데, 두 국가의 고용정책에는 큰 차이점이 있다. 스웨덴은 여성, 청년, 고령 노동자의 활성화와 사회통합을 추진하는 노동시장정책을 통해 가장 성공을 거둔 모델로 평가받는다. 영국도 스웨덴 모델을 따라 취약 계층의 활성화와 통합을 추진하는 노동시장정책을 추진했다. 그러나 두 국가의 구체적인 노동시장정책은 많은 차이를 보인다. 스웨덴에서는 활성화 정책과 함께 실업급여에 많은 비용을 지출하며, 아동양육과 다른 사회서비스에도 많은 예산을 지출한다. 이에 비해 영국은 노동시장의 탈규제를 추진하며, 자산조사 또는 소득공제를 통한 아동양육 지원정책을 도입해 취약 계층만 제한적으로 지원하는 정책을 추진한다.

사회투자담론은 스웨덴에서 최초로 등장했지만, 1990년대 이후 미국, 영국, 네덜란드, 독일 등 다양한 유럽 국가에 널리 확산되기 시작했다. 이는 1970년대 후반 이후 신우파(New Right) 정부의 복지국가에 대한 이데올로기적 공격에 대응한 것이라고 볼 수 있다. 신우파는 복지국가가 정부의 재정 부담과 개인의 조세 부담을 증가시켰다고 비판했다. 정부는 비대해지고 개인은 복지에 의존하게 되면서 복지국가는 지속 가능하지 않다고 지적했다. 신우파는 '의존문화(dependency culture)'라는 담론을 제시하면서 복지국가를 정면에서 공격했다. 그러자 온건한 사회민주당과 노동조합은 전통적 복지국가를 수정해 성장과 복지를 동시에 추구하는 사회투자담론을 채택하기 시작했다. 지금 새롭게 개편하는 현대 복지국가는 다시 경제적 목표를 달성하기 위해 복지국가가 기여해야 한다고 주장한다. 17세기 영국 빅토리아 시대의 구빈법(Poor Law)처럼 노동시장에 참여할 수 없는 빈곤층을 강제로 규제하는 대신 노동시장의 노동이동성(labor mobility)과 고용가능성을 중시하는 사회투자를 강조했다.[3)]

사회투자담론의 등장은 새로운 사회서비스 욕구가 증대하는 사회적 변화와 밀접하게 관련된다. 20세기 후반 이후 지식기반경제와 서비스산업의 비중이 점점 확대되는 탈산업사회의 복지체제는 새로운 구조적 긴장에 직면하고 있다(Pierson, 2001). 전통적 산업사회의 실직, 산재, 질병 등과 같은 '구사회위험(old social risks)'과 달리 '신사회위험(new social risks)'이 커지고 있다(Taylor-Gooby, 2004: 3~4). 서비스 경제의 확대, 고령화의 급속한 진행, 가족의 약화, 노동시장의 유연화가 진행되면서 새로운 사회적 욕구가 커졌다. 탈산업사회가 확대되면서 현대 복지체제는 비정규직 노동의 증가,

3) 지난 수십 년 동안 동아시아의 복지체제는 '발전적' 혹은 '생산적' 복지국가로 설명되었다(Goodman, White and Kwon, 1998). 1990년대 이후에 동아시아의 복지체제도 우수한 노동력이 노동시장에 참여하도록 지원하는 사회투자전략에 주목했다.

맞벌이 가정에서 일자리와 가족생활을 동시에 수행해야 하는 어려움, 노약자를 위한 요양과 돌봄의 필요성 증대 등 새로운 복지 영역의 출현이라는 변화에 대비해야 한다. 이에 따라 새로운 사회서비스에 대한 요구가 급격하게 늘어났다. 생애주기에서 고용의 단절을 겪는 노동자의 재취업을 지원하는 교육과 훈련, 맞벌이 가정과 한부모 가정의 여성이 일과 가정의 균형을 유지할 수 있도록 지원하는 공공보육, 노인에 대한 간병·간호·돌봄 체제의 지원 등이 대표적이다.

사회투자담론은 지식경제의 확대, 노동시장의 유연화, 가족구조의 변화에 적극적으로 대응하는 정책을 제시한다. 현재 경제협력개발기구(OECD)와 유럽연합 차원에서 제기하는 핵심적 사회정책은 노동시장의 이동성을 촉진할 규제 감축과 사회보장제도를 정비하는 한편, 연구개발·교육·훈련을 결합하는 데 집중한다(OECD, 2005a). 이는 단순하게 시장의 자유를 확대하고 복지의 삭감을 지지하는 정책이 아니다. 사회투자를 강조하는 사회정책은 사회의 빈곤율을 줄이고 삶의 기회를 확대하는 고용의 가치를 강조한다. 국가경쟁력을 강화하고 빈곤을 줄이는 수단으로서 유급노동에 참여하는 인구를 확대하기 위해서는 먼저 교육과 훈련 수준이 낮은 청년층과 고령자 집단을 우선적으로 선정한다. 실업 상태에 있거나 시간제 노동에 종사하는 여성 인구도 주요 대상이다. 이혼율의 증가로 한부모 가정이 늘면서 자녀의 양육을 책임지는 여성에게 고용 기회를 제공하는 정책도 필요하다. 여성의 경제적 능력을 지원하는 정책은 '사회적 대물림(social inheritance)'을 극복하기 위한 '아동 중심적 사회정책'과 밀접하게 관련된다(Esping-Andersen, 2002). 경쟁적 지식경제에서 지식자본을 극대화하기 위한 연구개발과 인적 자본에 대한 투자는 고용의 부가가치를 높이는 데 매우 유용한 전략이다. 이는 고용정책의 탈규제를 강조하는 동시에 수동적 정책에서 적극적 정책으로 전환하는 방향과 밀접하게 연결되어 있다. 이에 따라 유럽의 여러 국가는 노동시장의 유연화와 적극적 노동시장정책을 긴밀하게 결합하는 정책을 채택하고 있다.

3. 사회투자의 다양성

앞에서 지적했듯이 기든스가 제시한 '사회투자국가'라는 담론은 현재 유럽 어느 나라에서도 거의 사용하지 않는다. 보편적 복지국가를 강조하는 학자들이 사회투자국가의 '원조'로 지적한 영국에서도 사회투자국가라는 용어는 거의 사용하지 않는다. 정확하게 표현하면 보편적 복지국가를 강조하는 학자들은 사회투자가 아니라 '영국형 복지개혁 모델'을 비판하는 것이다. 그러나 한국의 많은 학자들은 사회투자국가와 사회투자전략을 혼용한다(양재진, 2007; 김연명, 2007; 조흥식, 2007). 사회투자국가를 강조하는 학자들 역시 '사회투자국가'라는 용어 대신 '사회투자정책'의 사례로 자유주의 모형의 영국과 사회민주주의 모형의 덴마크를 제시한다(양재진, 2008: 55~80). 양재진은 영국과 덴마크를 모두 '사회투자국가'라고 부르지 않는다. 두 나라는 사회투자정책을 도입한 공통점을 가지고 있지만, 전반적으로 복지체제의 성격은 매우 다르다. 공통적인 사회투자의 원칙에 입각한 정책도 다른 제도적 특징과 결합하여 매우 다른 효과를 낼 수 있다(안재흥, 2008).

최근 여러 학자가 사회투자국가라는 용어 대신 사회투자전략 또는 사회투자정책이라는 담론을 사용한다(Taylor-Gooby, 2007; 김연명, 2007; 신광영, 2007; 김교성, 2008). 이에 대해 보편적 복지국가를 강조하는 김영순은 담론의 '과잉 확장과 혼란'이라고 비판하면서, '사회투자국가'와 '사회투자전략'이 완전히 다른 담론이라고 강조한다(김영순, 2007: 97). 김영순은 사회투자국가란 바로 기든스의 제3의 길과 블레어 정부의 정책을 가리키는 용어라고 보는 반면, 사회투자전략은 유럽 대부분 국가에서 수용하는 새로운 사회정책으로 보는 듯하다. 이런 점에서 김영순은 유럽의 '적극적 복지국가(active welfare state)'와 '적극적 사회정책(active social policy)'에서 제시하는 사회투자를 어느 정도 유용한 것으로 파악한다.

이 글은 사회투자국가와 사회투자전략의 개념적 구분은 큰 의미가 없다고 본다. 굳이 정확한 용어를 사용한다면 영국형 복지체제와 스웨덴형 복지체제로 구분하면 될 것이다. 신자유주의적 경제정책의 영향을 많이 받고 잔여적 복지의 성격이 강한 영국보다 보편주의적 복지정책을 아직도 많이 유지하고 있는 스웨덴 모형의 복지체제를 더 선호한다고 말하면 될 것이다. 이는 사회투자전략을 찬성하느냐, 반대하느냐의 논쟁과는 별개의 문제이다. 영국과 스웨덴의 복지체제는 모두 사회투자의 성격을 강화하려는 노력을 기울이므로 사회투자라는 담론 자체를 거부하기는 어렵다. 다만 영국과 스웨덴이 서로 다른 제도적 조건에서 사회투자정책을 도입하면서 어떻게 다른 결과를 만들었는지 살펴봐야 할 것이다.[4)]

이런 점에서 이 글은 사회투자담론이 하나의 복지국가 모델로 수렴되지 않는다고 본다. 사실 유럽 각국에서 채택한 사회투자전략은 각국의 정치·경제 모델과 제도적 보완성을 가지며 상당히 다른 특징을 나타낸다(김윤태, 2007). 각국은 고유의 복지체제가 지닌 역사적 경로 의존성, 경제적 조건, 제도적 기반, 정치세력들 사이의 역학 관계에 따라 다양한 형태의 사회투자전략을 채택했다. 특히 제조업 부문이 쇠퇴하고 서비스 경제가 확대되면서 '새로운 사회위험'이 등장하자 전통적 복지국가에 대한 근본적 성찰

---

4) 양재진은 자유주의 모형 대 사회민주주의 모형의 사회투자정책을 두 가지로 분류해 영국과 덴마크의 사회투자정책의 성과를 비교했다(양재진, 2008: 55~92). 그러나 독일과 프랑스의 사례 역시 두 가지 모델과 다른 독특한 성격을 지닌다.

과 새로운 대응전략이 등장했다. 새로운 사회위험에 대응하는 복지체제를 유지하는 과정에서 선진 산업국가 대부분은 고용 확대, 사회적 형평성, 재정 긴축 사이의 트라일레마에 부딪혔다. 미국 정치학자 아이버슨(Torben Iversen)과 렌(Anne Wren)은 서비스 경제가 발전한 어느 사회에서나 지나친 불평등, 고용 악화, 재정 부담 증가 등 세 가지 문제를 동시에 해결할 수는 없다고 주장했다(Iversen and Wren, 1998). 특히 서비스 경제가 확대되면서 고용 확대와 고용의 질 문제가 서로 대립된다. 그리하여 서비스 부문의 발전을 통한 고용 확대는 소득 불평등을 확대하거나 정부의 재정 적자를 악화하는 사태를 야기했다.

이러한 서비스 경제의 트라일레마가 발생하는 이유는 다음과 같다. 먼저, 서비스 부문에서 이루어지는 고용은 대부분 국가 간 이동이 가능하지 않기 때문이다. 노동시장의 지구화는 충분하게 이루어지지 않았다고 볼 수 있다. 또한 노동집약적 서비스는 생산성이 제조업에 비하면 충분하지 않기 때문에 고용의 비중이 점점 커지고 있다. 그러나 서비스 부문은 생산성이 증가하는 속도가 느리기 때문에 고용의 질이 낮다. 그리하여 생산성의 수준에 따라 매우 편차가 큰 불평등한 임금구조가 형성된다. 더 큰 문제는 이러한 불평등한 노동시장이 성별, 교육수준에 따라 분리되는 경향이 있으며, 장기적으로 유지되는 경향이 크다는 점이다. 이처럼 서비스 경제가 증가하면서 발생하는 트라일레마는 선진 산업국가 대부분이 직면하는 공통적인 문제이다. 만약 서비스 임금이 하락하도록 방치하여 가격을 낮추고 고용을 증대한다면, 정부의 재정 부담 없이 고용을 확대할 수도 있지만 임금 차이와 사회적 형평성은 악화될 수 있다. 반대로 정부가 공공부문의 소비를 확대하여 노동자들을 상대적으로 높은 임금으로 고용하는 경우, 사회적 형평성은 증대될 수 있지만 정부의 재정 부담은 커진다. 이러한 정책은 서로 다른 목표를 추구하기 때문에 심각한 어려움에 직면한다.

서비스 경제의 확대로 복지체제가 변화하고 사회투자전략이 확산되었지만, 그렇다고 복지전략이 한 가지 모델로 수렴되는 것은 아니다.[5] 고용안정, 형평성, 정부재정 사이의 트라일레마에 대응하는 복지개혁의 방향에는 커다란 차이가 있다(Iversen, 2005: 217~278). 사회투자전략의 도입은 고용 확대, 소득 불평등, 재정 압박의 트라일레마에 대응하는 방법에 따라 영미권, 유럽 대륙, 북유럽 국가에서 서로 다른 특징을 보인다.[6] 첫째, 영미권의 신자유주의적 모형(neoliberal model)은 정부예산을 제한하고 공공서비스의 발전을 제한한다. 상대적으로 낮은 생산성에 따라 임금이 결정되는 민간 서비스 부문에서 고용이 성장해야 한다고 본다. 이 때문에 수입의 차이가 발생하여 중산층의 일자리와 급여가 낮고 불안정한 노동자 사이의 격차가 커진다. 미국과 영국이 대표적 국가이다. 둘째, 유럽 대륙의 기독민주적 모형(christian democratic model)은 시장이 유도하는 불평등의 심각성을 우려한다. 그리하여 국가는 가족과 공동체의 영역에 적절하게 개입한다. 정부는 긴축예산과 사회적 평등을 동시에 추구한다. 이 때문에 신규 고용이 제한되어 노동시장에 포함된 사람들과 노동시장에서 배제된 사람들 사이에서 대립이 발생한다. 독일과 유럽 대륙 국가 대부분이 이

---

5) 덴마크 출신 사회학자 에스핑-안데르센은 『복지 자본주의의 세 가지 세계(The Three Worlds of Welfare Capitalism)』에서 복지국가를 자유주의, 보수적 코포라티즘, 사회민주주의 등 세 가지 유형으로 분류했다(Esping-Andersen, 1990). 세계 각국의 복지체제가 반드시 세 가지 유형에 맞아떨어지기보다는 다양한 '혼합형'이 존재하지만, 에스핑-안데르센의 세 가지 유형론은 아직까지 가장 널리 사용된다.

6) 복지체제의 유형화가 정태적 분석에 머무른다면 복지체제의 성격이 변화하는 역동성을 제대로 이해하지 못할 수 있다. 실제로 영국은 신자유주의 유형에 가깝지만 1990년대 후반 이후 사회투자정책을 강화하면서 고용률, 빈곤율, 사회지출이 미국과는 일정한 차이를 보인다. 네덜란드는 기독민주적 유형에 가까웠지만 1990년대 중반 이후 노동시장의 유연성을 확대하고 사회투자정책을 도입하면서 재정 부담을 크게 늘리지 않은 가운데 실업률을 낮출 수 있었다.

모형에 해당한다. 셋째, 북유럽의 사회민주적 모형(Social Democratic Model)은 평등과 고용의 확대를 동시에 추구한다. 공공서비스를 확대할 필요성을 인정하고 정부의 긴축예산을 포기함으로써 정부재정을 둘러싼 문제가 발생한다.[7] 또한 공공서비스 부문과 민간 시장 부문의 노동자들 사이에 긴장이 발생한다. 스웨덴과 북유럽 국가들이 이러한 유형에 속한다. 이러한 세 가지 유형은 단순히 고용정책뿐 아니라 노사 관계, 기업 지배구조, 교육과 훈련, 사회정책과 밀접하게 관련된다(Bernard, 2007).

이 가운데 '신자유주의적 모형'은 김영순이 비판하는 '사회투자국가' 모델과 유사한 특징을 보인다. 이런 관점에서 영국의 사회정책학자 루스 리스터(Luth Lister)는 '사회투자국가'라고 부르는 새로운 복지모델의 주요 특징을 이렇게 요약했다(Lister, 2004: 160). ① 전통적 복지국가 모델의 '조세와 지출(tax and spend)'을 대체하는 사회투자라는 새로운 용어를 사용한다. ② 인적 자본과 사회적 자본에 대한 투자를 강조한다. 특히 아동과 지역사회를 위한 정책에 집중한다. ③ 아동을 미래 시민노동자(citizen-worker)로서 우선적으로 고려하고, 성인의 사회적 시민권은 노동의 의무에 따라 규정된다. ④ 미래지향적 사회정책을 추진한다. ⑤ 평등을 촉진하는 소득의 재분배보다 사회통합을 촉진하는 기회의 재분배에 초점을 둔다. ⑥ 국제경쟁력을 강화하고 지식경제의 성공을 위해 개인과 사회가 적응한다. ⑦ 사회정책과 경제정책을 통합적으로 고려하지만, 여전히 사회정책은 경제정책의 '시녀(handmaiden)'로 간주된다. ⑧ 표적집단(target group)을 우선적으로 고려하는 정책과 자산조사 프로그램을 선호한다.[8]

---

7) 북유럽 국가에서 복지체제의 트라일레마가 실제로 존재하지 않는다는 반론도 있다. 네덜란드의 사회학자 헤르메릭은 북유럽 국가가 불평등의 저하, 높은 수준의 고용, 적절한 공공지출을 동시에 유지하고 있다고 주장했다(Hermerijck, 2002).

8) 퍼킨스는 사회투자정책의 공통적 특징으로 경제정책과 사회정책의 통합, 소득재분

이와 같은 사회투자국가 모델은 영국에서 전형적으로 나타난다고 볼 수 있지만, 그렇다고 다른 나라에서 전혀 찾아볼 수 없는 것이라고 말할 수는 없다. 굳이 김영순의 표현대로 사회투자국가 모델이 영국의 사례에만 적용된다 하더라도 다른 나라에서 모두 사회투자전략과 정책을 거부했다고 볼 수는 없다. 실제로 스웨덴, 덴마크, 네덜란드, 독일 등 여러 나라에서 다양한 형태로 사회투자의 중요한 요소가 정책으로 채택되기도 했다. 나라마다 차이는 있지만, 대부분의 국가가 유연성과 개방성을 추구하는 동시에 효과적인 사회보장제도를 유지한다. 유럽 차원에서도 '유럽 사회모델(European Social Model: ESM)'을 전환하여 성공적인 경제를 확산하려고 시도했다(Ferrera, Hemerijck and Rhodes, 2001). 2000년 유럽연합은 포르투갈 리스본에서 유럽연합 각료이사회를 개최하고 유럽연합 발전을 위한 주요 의제를 제시하는 '리스본 전략(Lisbon Strategy)'을 발표했다. '리스본 전략'은 역동적 지식기반경제, 지속 가능한 경제성장, 일자리 창출을 통한 사회통합 등 유럽연합 차원의 새로운 전략적 목표를 제시했다. 또한 유럽 각국의 사회정책도 '개방적 조정'을 통해 서로 조율하기로 결정했다.[9] 유럽연합의 새로운 사회투자전략은 안정적인 경제 환경, 규제 축소, 수동적 급여 축소, 고위험 집단을 위한 지원 프로그램 확대를 추진하는 것이었다(European Union, 2004). 하지만 유럽연합과 회원국이 리스본 전략을 제대로 추구하지 못했다는 비판도 제기되었다. 이런 조건에서 리스본 전략의 목표를 실행하기 위한 적극적인 정책 프로그램의 실행이 필요하다는 지적이

배보다 기회의 재분배, 경제활동의 참여 등을 강조한다고 지적한다(Perkins, Nelms and Smyth, 2004).

9) 2000년 유럽연합 리스본 회의에서 유럽연합 회원국들은 유럽 사회모델이라는 관점에서 각국의 사회정책 실천 과정을 검증하고 본보기가 될 만한 실천 사례를 살펴봄으로써 서로 교훈을 얻기로 합의했다(Esping-Andersen, Gallie, Hemerijk and Myles, 2002).

대두하고 있다.

4. 사회투자전략의 성과와 한계

복지담론으로서 '보편적 복지국가'를 지지하는 학자들은 '사회투자국가'를 비판하면서, 사회투자를 적극적으로 옹호한 영국의 블레어 정부가 별다른 성과를 거두지 못했다고 지적했다. 이에 반해 사회투자담론을 옹호하는 학자들은 블레어 정부가 사회투자정책을 도입하면서 상당한 성과를 보였다고 반박했다. 이들은 1990년대 후반 영국 블레어 정부가 도입한 새로운 사회정책에 대한 평가에 관심을 가졌다(양재진, 2007: 322~338). 여기에서는 영국 정부가 추진한 사회정책의 성과를 조사하기 위해 빈곤율과 실업률의 변화를 중심으로 살펴보겠다.

1997년 블레어 정부가 집권하고 난 다음 영국의 상대적 빈곤율은 1996~1997년 25.3%에서 2004~2005년 20.5%로 하락했다(The Poverty Site, 2009). 존 힐스(John Hills) 외는 모델링을 통해, 보수당 정부가 계속 집권했다면 2008~2009년 빈곤율이 6% 상승하고 아동 빈곤율은 13% 상승했을 것이라고 분석했다(Hills et al., 2009: 44). 물론 아직도 영국의 상대적 빈곤율은 OECD 국가의 평균(약 16%)보다 높지만, 최근의 변화는 주목할 만하다. 이에 비해 같은 시기 사회민주당이 집권한 스웨덴의 빈곤율은 증가했다(<그림 8-1> 참조).[10]

---

10) OECD 국가 대부분에서 부유한 가구가 중간계급과 빈곤층 가구보다 소득이 더 많이 증가해 빈부격차는 지속적으로 커지고 있다. 지난 20년 동안 노동시장과 인구구조가 변화하면서 소득격차가 증가했다. 특히 청년, 교육수준이 낮은 집단, 한부모 가정의 빈곤율이 증가했다.

〈그림 8-1〉 OECD 국가의 상대적 빈곤율의 변화(1995~2005)

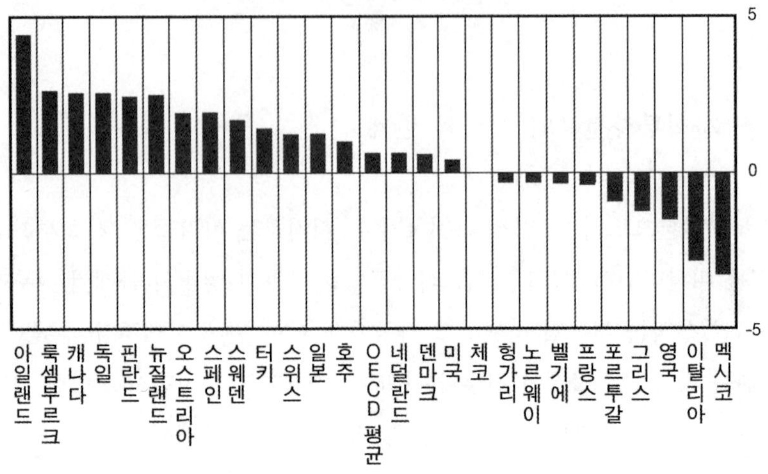

자료: OECD(2009).

그러면 보편적 복지국가의 대표적 사례인 스웨덴보다 영국의 빈곤율이 더 낮아진 이유는 무엇인가? 영국 블레어 정부의 사회투자전략은 보편주의적 접근법과 달리 주요 표적집단의 빈곤을 낮추는 전략을 강조했으며, 주로 아동 빈곤의 퇴치와 청년 실업자를 겨냥한 노동시장의 개혁에 초점을 맞췄다(김윤태, 2005; 박순우·최영, 2007). 1998년 블레어 정부는 고용을 새로운 사회정책의 기초로 강조했고, 적극적 노동시장의 역할이 복지개혁의 초점이 되었다. 블레어 정부가 추진한 실업 대책의 기본 방향은 실업자 개개인의 능력과 필요에 맞는 적극적 노동시장정책 프로그램을 제공하는 것으로, 실업자들의 지식과 기술, 교육의 수준을 향상시키는 교육훈련과 정비된 취업서비스, 공공 부문의 일자리 창출 등을 강조했다. 1995~2004년에 영국의 실업률은 3% 감소했는데, 이는 유럽연합 15개 국가 중 가장 높은 수치이다. 같은 시기 그리스, 스페인, 이탈리아, 프랑스, 핀란드의 실업률은 2% 감소했다(OECD, 2005b).

〈그림 8-2〉 영국의 사회보장급여 예산의 변화

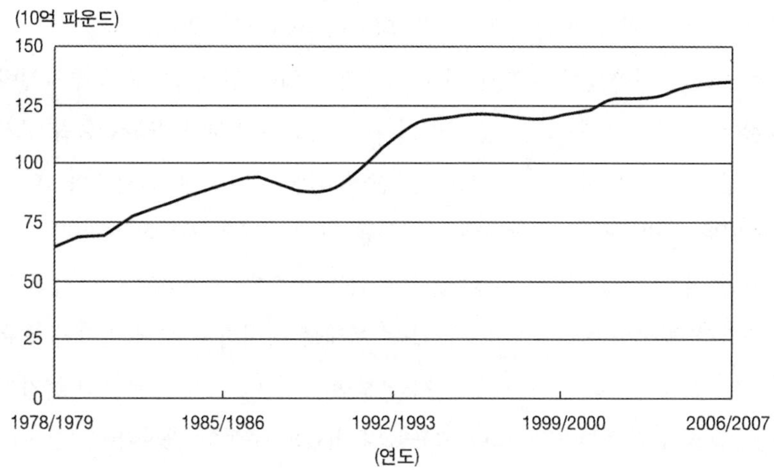

자료: Office of National Statistics(2008).

우리는 다른 질문도 살펴봐야 한다. 과연 영국의 적극적 노동시장정책이 소극적 복지 또는 전통적 사회보장을 위한 지출을 감소시켰는가? 경험적 증거를 보면 영국이 새로운 고용정책을 도입했던 시기에 오히려 사회보장 지출 비율은 증가했다. 영국의 복지재정 지출의 변화를 보면 1979~1997년 보수당 정부에서 1.6% 증가한 데 비해, 1997~2002년 블레어 정부에서는 1.8% 증가했다. 블레어 정부는 보수당 정부에 비해 보건과 교육 예산을 확대했지만, 사회보장의 증가 비율은 오히려 둔화되는 추세를 나타냈다. 보수당 정부에서 보건 지출은 3.1%, 교육 지출은 1.5% 증가한 데 비해, 노동당 정부에서 보건 지출은 4.7%, 교육 지출은 3.8% 증가했다(Glyn and Stewart, 2002: 13). <그림 8-2>에서 볼 수 있듯이 1999~2007년 블레어 정부 시기에 사회보장 지출이 증가한 사실을 보면, 적극적 노동시장정책을 비롯한 사회투자정책이 도입된다고 해서 사회보장 지출 총액이 반드시 감소하는 것은 아니라는 사실을 알 수 있다. 이렇게 보건과 교육의 지출이 확대되어 재정정책의 재분배 효과가 강화되면서 최하위 소득 계층의 상대적 지위가 실질적으로 개선되었다(Hills et al., 2009: 44).

실업률과 빈곤율을 낮추기 위해 고용과 훈련을 강조하는 사회투자전략을 영국에서만 볼 수 있는 것은 아니다. 실제로 사회투자정책은 유럽 국가 대부분에서 채택하며, 노동시장의 탈규제와 긴밀하게 연관된다. 이는 1990년대 중반 OECD가 강조했던 것처럼 취약 집단을 지원하는 복지 제공과 수동적 급여체계에서 유급노동으로 진입하도록 장려하고 적극적인 근로동기를 촉진하는 방향으로 사회보호체제를 정비하는 정책 변화와 깊은 관련이 있다.[11] OECD의 고용 통계를 보면, 1995년 이후 대부분의 국가에서 실업률이 감소해왔다. 또한 고용률의 변화도 주목할 만하다(<그림 8-3> 참조). 1990년대 중반 이후 2007년까지 유럽 국가의 15~64세 여성 인구의 고용은 53.2%에서 57.5%로 증가했고, 1995년과 2007년에 남성 인구의 고용은 75.4%에서 76%로 증가했다(OECD, 1997~2008).[12] 이러한 고용률의 상승이 반드시 사회투자정책의 결과라고 보기는 쉽지 않다. 각국의 고용률은 경기순환, 국제적 경쟁, 경제의 부문 간 연계 효과, 기술 혼합, 노동시장정책 등 다양한 요소의 영향을 받는다. 하지만 새로운 사회투자정책이 고용을 촉진하는 일정한 효과를 가지고 있다고 볼 수 있다(유희원·최영,

---

11) 최근 OECD는 인적 자본에 대한 투자가 장기적인 고용 전망과 일자리의 안정성을 강화하는 핵심 요소라고 강조했다. 이는 노동시장 유연화를 이루기 위해 탈규제만 강조하는 단순한 사고와는 다르다. 새로운 고용 전략은 실업자들에게 취업 기회와 사회보장을 동시에 제공한다. 또한 개인의 장기실업을 피하도록 도와주는 사회투자정책이 중요하다. 반면에 직업의 이동 비율은 고용 비율과 상당히 긍정적인 상관관계를 가지고 있다. 영국, 네덜란드, 덴마크처럼 고용률이 높은 국가에서 노동자의 이동 비율은 프랑스, 이탈리아, 벨기에처럼 고용률이 낮은 나라에서 나타나는 일자리의 이동 비율에 비해 두 배 정도 높다(OECD, 1997~2004).

12) 시간제 노동에 종사하는 비율은 여성이 남성보다 훨씬 더 높다. 남성의 시간제 노동은 7%인 데 비해, 여성의 시간제 노동은 31%이다.

〈그림 8-3〉 OECD 주요 국가의 고용률

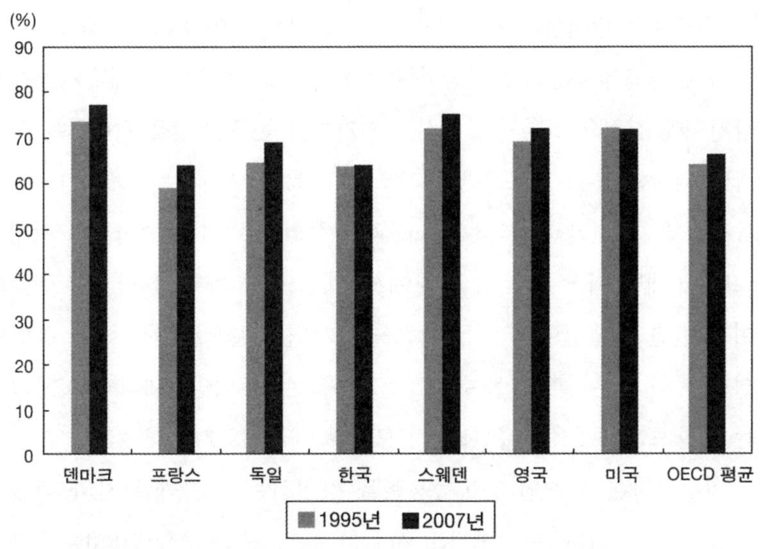

자료: OECD(2009).

2009). 특히 여성 고용률의 급속한 증가는 아동보육 지원과 여성을 위한 기회 평등 정책이 일정한 효과를 발휘했음을 보여준다.

실업률을 낮추는 데 성공한 일부 국가의 노동시장정책의 핵심 내용은 직접적 지원 대신 일자리 이동(job mobility)을 위한 '활성화(activation)' 전략이다. 청년층을 겨냥한 직업훈련 프로그램을 포함한 적극적 노동시장정책은 네덜란드, 덴마크, 아일랜드, 스웨덴, 벨기에 등의 국가에서 성공을 거두었다. 특히 노동자의 교육과 훈련 프로그램의 중요성은 1990년대 말과 2000년대 초에 네덜란드와 덴마크의 경험에서 잘 나타났다. 노동시장의 유연화가 확대되면서 노동자의 고용안정성은 약화되었지만, 활성화와 직업훈련을 통해 실업률은 점차 저하되었다.[13] 네덜란드와 덴마크에서 고용

13) 노동자의 견습, 해고 통지 기간, 해고의 직접 비용에 대한 권리를 측정하는 OECD의

보호 지표는 상대적으로 낮았지만, 2000~2004년 실업률은 각각 3.2%와 4.9% 정도로 유럽연합 국가들 가운데 가장 낮은 편이다(OECD, 2006a). 네덜란드와 덴마크에서는 노동시장의 유연화가 주요 정책으로 채택되었지만, 시장기제에 전적으로 맡기는 대신 부가가치가 높은 직업을 확대하는 사회적 급여와 직업훈련 프로그램을 강조했다. 특히 덴마크는 1990년대 이후 노동시장의 '유연안정성(flexi-security)'과 활성화 전략을 전면적으로 시행했다. 또한 6개월 이상 실업 중인 자에게 '개별 행동 계획'을 작성할 권리를 부여한 반면, 실업급여의 수급 기간을 10개월 수준으로 단축했다. 유연안정성을 통해 낮은 실업률을 유지하는 덴마크는 유럽연합과 OECD가 발간하는 정책보고서에서 자주 대안적 모델로 제시되었다.

사회투자담론은 개인의 노동능력을 강화하는 장기적 투자와 긴밀한 관련을 가지고 있다. 무엇보다도 사회투자담론은 연구개발(R&D) 투자의 비율과 고용률이 서로 일정한 긍정적 상관관계를 나타낸다고 강조한다. 교육과 연구개발 투자는 특히 인적 자본에 대한 투자와 긴밀하게 연관된다. 그래서 많은 OECD 국가가 사회적으로 취약한 집단, 특히 기술 수준이 낮은 청년층이나 여성층, 고령층을 지원하는 정책을 강조했다. 스웨덴과 노르웨이, 덴마크 등 북유럽 국가의 기술개발 투자는 다른 국가에 비해 높은 편이지만, 독일 등 코포라티즘 체제의 국가는 미국과 일본에 비해서도 낮은 편이다(OECD, 2006a). 최근 고용률의 변화를 살펴보면, 스웨덴이나

고용 보호 기준에 따르면, 이전에 높은 보호 기준을 가지고 있던 국가들의 기준은 하락한 반면, 낮은 기준을 가지고 있던 국가의 기준은 약간 상승했다(OECD, 2005b). 고용 보호 기준이 하락한 것은 주로 임시직이 늘어났기 때문이다. 특히 스페인에서 단기 노동은 전체 노동의 3분의 1에 해당한다. 임시직이 증가하면서 법률적 보호를 받지 않는 노동자들이 많아졌다. 이에 비해 원래 고용 보호가 약했던 영국은 유럽연합의 최소 기준에 맞추려는 블레어 정부의 노력으로 약간 개선되었다.

덴마크 등 사회민주주의 체제 국가들의 고용률이 가장 높으며, 미국과 영국의 고용률이 독일과 프랑스 등 유럽 대륙 국가의 고용률보다 높다. 일본과 한국, 싱가포르의 기술개발 투자 비율도 OECD 국가의 평균보다 높은 편이다. 그러나 아직 대부분의 OECD 국가에서 연구개발을 위한 재정 지출과 인적 자원을 위한 투자는 큰 성과를 거두지 못했다. 다만 산업 분야별 고용률의 추세는 일정한 차이가 있다. 일반적으로 유럽에서 지식 집약적 제조업 분야의 고용은 증가하고 있지만, 유럽연합 15개 국가의 서비스 분야 일자리는 1995년에서 2004년 사이 6.3%에서 5.8%로 감소했다(Taylor-Gooby, 2007: 95). 이런 점에서 볼 때 유럽에서 연구개발 투자는 지식집약적 제조업 분야의 고용률과 긴밀한 관계가 있음을 알 수 있다.

많은 나라의 사회투자는 사회복지예산의 효율적 지출을 통한 고용률 증가를 추구했다. 이러한 목표를 달성하는 최선의 방법으로 정부는 인적 자본에 대한 투자, 유급노동에 대한 적극적 지원, 노동시장의 유연화를 이루기 위해 탈규제 정책을 선택했다. 이러한 정책은 실업률과 빈곤율을 낮추기 위한 정책으로 관심을 끌었다. 현재 대부분의 OECD 국가는 사회투자를 강조하는 정책을 추진하는 것처럼 보인다. 먼저 전통적인 사회부조의 수동적인 수단보다 급여수급자의 근로동기를 촉진할 수 있는 능동적 수단을 선택한다. 둘째, 청년이나 여성, 노인 등 취약 집단을 통합하고, 더 많은 청년과 여성을 고용하도록 지원하는 사회정책을 도입한다. 그러나 고용률이 증가하면서 유급노동이 증가한 데 비해 부가가치와 생산성이 높은 산업 분야를 지원하는 연구개발과 교육훈련에 대한 투자는 충분하게 이루어지지 않았다. 이러한 정책 목표를 추구하는 과정의 경로와 속도는 국가에 따라 다르다. 유럽 각국 체제의 차이와 다양한 정치체제에서 발생할 수 있는 정치적 조건은 새로운 정책의 진로에 다양한 영향을 미친다.[14]

5. 맺음말: 사회투자담론과 복지국가의 이중전략

한국에서 사회투자 관련 담론에 관한 관심은 유럽 국가의 새로운 정책변화와 비슷한 사회적·정치적 맥락을 가지고 있다. 우리는 유럽의 경험에서 적절한 교훈을 얻을 수 있다. 그러나 다른 나라의 경험을 한국에 적용하기 위해서는 우리의 현실을 적절하게 고려하는 통찰력이 필요하다. 유럽의 복지국가는 오랜 역사를 가지고 있다. 일반적으로 수급 대상을 보편주의 원칙에 따라 결정하고, 조세 부담률과 정부예산 중 사회지출이 차지하는 비율이 매우 높은 편이다. 이에 비해 한국에서는 1990년대 후반 이후에야 복지제도가 본격적으로 도입되었다. 형식적으로는 보편주의를 유지하고 있으나, 사회보험 위주의 보수주의적 운영으로 정부의 사회지출 비중은 20% 정도에 그치며 유럽의 복지국가에 비해 매우 낮은 편이다. 또한 복지국가에 관한 담론이 충분하게 확산되지 않아 복지재정을 확보하기 위한 증세를 추진할 수 있는 사회적 합의가 매우 부족하다. 이런 조건에서 복지국가담론을 효과적으로 추진하기 위해서는 사회투자전략을 활용한 구체적 성과를 만들어 복지제도에 대한 정치적 지지를 강화해야 한다.

유럽과 한국의 사회투자담론이 추구하는 주요 목표에는 일정한 차이가 있다. 1990년대 이후 전통적 복지국가가 쇠퇴하면서 등장한 유럽 국가의

---

14) 유럽 각국의 노동시장정책의 차이는 국제적 경쟁에 대응하는 정부, 기업, 노동조합 등 다양한 사회세력의 정치적 관계와 밀접하게 연결되어 있다. 정부와 기업은 국제적 경쟁에 매우 민감하게 반응하다. 하지만 새로운 경제구조와 고용구조에 적응하는 노동시장정책에서 이익을 얻을 수 없다고 생각하는 사회집단은 노동시장정책의 개혁에 강력하게 저항할 수 있다. 독일, 프랑스 등 코포라티즘 체제의 국가에서 노동조합의 정치적 영향력은 매우 강력하며, 지속적으로 노동시장의 개혁에 반대했다. 이러한 정치적 역학 관계는 전통적 복지국가의 주요 제도를 그대로 유지하게 하기도 하며, 노동시장 개혁의 속도와 방향을 바꾸기도 한다.

사회투자는 주로 아동이나 청소년, 한부모 가정에 집중된다. 하지만 한국은 청년 실업과 비정규직, 여성에 대한 지원이 시급한 상황이다. 따라서 한국의 사회투자정책은 정부의 재정능력이나 전달체계의 운영, 정치적 지지의 동원 등 다양한 요소를 함께 고려해 선택과 집중의 전략에 따라 사회정책의 우선순위를 정해야 한다. 유럽에서 도입하는 사회투자정책을 여러 분야에서 한꺼번에 추진하려고 한다면 재원이 분산되어 효과적으로 집행하기도 어렵고, 성공적인 성과가 나타나지 않는다면 다른 사업을 추진하기도 어려울 것이다. 지식기반경제에서 고용 중심 사회정책을 강조하는 유럽연합의 '리스본 전략'과 폭넓은 계층의 국민을 포괄하는 미국의 '해밀턴 프로젝트'에서 볼 수 있듯이 각 국가의 조건에 적합한 사회투자전략이 필요하다. 결국 사회투자전략이 과연 바람직한 것인지에 대한 규범적 평가와 함께 한국의 현실에서 어느 정도 실현 가능한 것인지에 대한 냉정한 평가가 먼저 이루어져야 한다.

복지국가의 제도적 토대가 매우 취약한 한국에서는 보편적 복지국가와 사회투자담론을 동시에 강화하는 '이중 전략'이 필요하다. '한국형 사회투자국가' 논쟁에서 볼 수 있듯이 복지국가를 사회투자국가로 대체하려는 이론적·실천적 시도는 한국적 현실을 제대로 고려한 것이라고 볼 수 없다(임채원, 2007). 반면에 한국의 복지국가 모델이 1950~1970년대 중반의 스웨덴 모델 또는 전통적 복지국가로 복귀되어야 한다는 일부 진보적 학자들의 주장 또한 비현실적이다. 30년 전에 비하면 경제구조와 사회구조가 근본적으로 변화했다. 선진 산업국가에서도 국가가 모든 복지를 제공해줄 수 없으며, 전통적 재분배 장치의 수정이 불가피한 것으로 보인다. 이미 스웨덴에서도 개인의 책임을 강조하는 방향으로 복지국가의 개혁이 상당 정도 이루어졌다(타로, 2003). 이런 점에서 보면 보편적 복지국가를 강화하려는 담론 역시 개인의 능력을 강화하는 사회투자담론과 긴밀하게 연결되어야 한다. 따라서 사회투자에 대한 지지와 폐기의 견해 가운데 하나를 선택해야 한다는 논리를 제시할 필요는 없다. 두 가지 견해 모두 한국의 새로운 복지국가 모델을 설정하는 데 긍정적으로 기여할 수 있다.

복지국가의 보편주의적 확대는 장기적 목표로 추구하되, 제한적 재정을 효과적으로 사용하기 위해서는 단기적으로 '집중(focus)'의 원칙을 적용해 사회투자정책의 효과를 극대화해야 한다. 무엇보다도 한국의 사회투자전략에서는 인적 자본에 대한 투자로 고용률을 높이고 노동력의 이동성을 강화하는 적극적 노동시장정책을 실행해야 한다. 또한 많은 사람의 관심을 이끌어내는 고등교육 분야에 대한 사회투자정책을 집중적으로 고려해야 한다. 교육에 대한 국민적 관심이 크기 때문에 아동보육, 공교육 강화, 평생학습체제 등 생애주기별 사회투자정책이 핵심 과제가 되어야 한다. 특히 여론의 지지를 얻을 수 있는 교육 분야의 사회투자정책에 대해서는 이를 좀 더 과감하게 추진할 수 있는 정치적 동원능력을 강화해야 한다.

사회투자정책의 현실 가능성을 고려하면 보편적 복지국가를 즉각 도입하자는 주장보다 단기적으로 선별주의를 수용하자는 주장이 더 현실적인 전략으로 보인다. 하지만 사회투자전략을 선별주의 원칙에 따라서만 실행한다면 그 효과가 매우 제한될 것이다. 사회투자가 노동자의 생산활동을 주로 강조하기 때문에 노동시장에서 배제되거나 불리한 위치에 있는 취약계층을 위한 사회보호체제를 강화하려는 노력도 소홀히 해서는 안 된다. 노동시장에 진입하지 못하거나 권리가 제한된 사회집단이 방치된다면 사회적 불평등은 지속적으로 증가할 것이다. 적극적 노동시장정책과 활성화 조치가 전통적 소득 지원을 모두 대체할 수는 없다. 이런 점에서 노동시장 중심의 사회투자담론의 가능성과 한계를 동시에 고려해야 한다.

참고문헌

김교성. 2008.「사회투자전략에 기초한 복지국가의 유형과 성과」. ≪사회복지정책≫, 제31집, 29~60쪽.

김연명. 2009.『사회투자와 한국 사회정책의 미래』. 나눔의 집.

김영순. 2007.「사회투자국가가 우리의 대안인가?」. ≪경제와사회≫, 제74호.

김윤태. 2007.「자본주의의 다양성과 한국의 발전모델」. ≪동향과 전망≫, 제70호(여름호), 46~76쪽.

_____. 2005.「영국 복지국가의 전환: 사회정책의 한계와 전망」. ≪사회복지정책≫, 제21집, 189~216쪽.

김종일. 2002.『복지에서 노동으로: 노동중심적 복지국가의 비판적 이해』. 일신사.

박순우·최영. 2007.「영국 복지개혁의 사회투자전략에 관한 연구」. ≪사회복지정책≫, 제30권, 187~218쪽.

신광영. 2007.「복지레짐과 사회투자국가」. 한국사회복지학회·한국사회정책학회·한국행정학회·한국산업사회학회 공동심포지엄, 한국사회의 미래와 사회투자정책 발표문.

안재흥. 2008.「사회투자, 성장과 복지를 잇는 선순환의 필요조건인가?: 서유럽 6개국 비교연구」. ≪한국정치학회보≫, 제42집 3호.

양재진 외. 2008.『사회정책의 제3의 길: 한국형 사회투자정책의 모색』. 백산서당.

양재진. 2007.「사회투자국가가 우리의 대안이다」. ≪경제와 사회≫, 제75호.

유희원·최영. 2009.「사회투자정책의 경제적 상과에 관한 연구: 소득보장정책과의 상호작용효과를 중심으로」. ≪사회보장연구≫, 제25권 2호, 141~169쪽.

윤홍식. 2007.「사회투자국가와 한국 복지국가의 과제」. 참여연대 사회복지위원회·참여사회연구소 주최, 사회투자국가의 의미와 한국적 적용가능성에 관한 토론회 발표자료.

이주희. 2007.「비교적 관점에서 본 사회투자국가; 신자유주의의 대안인가, 확장인가」. 비판과 대안을 위한 사회복지학회 발표자료.

임채원. 2007.『사회투자국가: 미래 한국의 새로운 길』. 도서출판 한울.

타로, 미야모토. 2003. 임성근 옮김.『복지국가의 전략: 스웨덴 모델의 정치경제학』. 논형.

Bernard, Paul and Guillaume Boucher. 2007. "Institutional Competitiveness, Social Investment, and Welfare Regimes." *Regulation & Governance*, Vol. 1, No. 3, pp. 213~229.

Dobrowolsky, Alexandra and Ruth Lister. 2008. "Social Investment: the Discourse and Dimensions of Change." Martin Powel(ed.). *Modernizing The Welfare State: the Blair Legacy*. Bristol: Policy Press.

Esping-Andersen, G. 1990. *The Three Worlds of Welfare Capitalism*. New Jersey: Princeton University Press.

_____. 1999. *Social Foundations of Postindustrial Economies*. New York: Oxford University Press.

_____. 2002. "Towards a Child Centred Social Investment Strategy." G. Esping-Andersen et al.(eds.). *Why We Need a New Welfare State*. New York: Oxford University Press.

European Union. 2004. "Facing the Challenge. The Lisbon Strategy for Growth and Employment. Report from the High Level Group Chaired by Wim Kok." Office for Official Publications of the European Communities.

Eurostat. 2000~2007. *Yearbook*. Statistical Office of the European Communities.

Ferrera, M., A. Hemerijck and M. Rhodes. 2001. "The Future of the European 'Social Model' in the Global Economy." *Journal of Comparative Policy Analysis*, Vol. 3, pp. 163~190.

Giddens, Anthony and Patrick Diamond. 2005. *The New Egalitarianism*. Cambridge: Polity Press.

Giddens, Anthony. 1998. *The Third Way: The Renewal of Social Democracy*. Cambridge: Polity Press.

Goodman, Roger, Gordon White and Huck-ju Kwon(eds.). 1998. *The East Asian Welfare Model: Welfare Orientalism and the State*. London: Routledge.

Hemerjick, Anton. 2002. "The Self-Transformation of the European Social Model(s)." G. Esping-Andersen(ed.). *A New Welfare Architecture for Europe: Why We Need a New Welfare State*. New York: Oxford University Press.

Hills, John, Tom Sefton and Kitty Stewart(eds.). 2009. *Towards a More Equal Society?: Poverty, Inequality and Policy Since 1997*. CASE Studies on Poverty, Place and Policy.

Bristol: Policy Press.

Iversen, T and Wren A. 1998. "Equality, Employment, and Budgetary Restraint: The Trilemma of the Service Economy." *World Politics*, Vol. 50, pp. 507~546.

Iversen, T. 2005. *Capitalism, Democracy, and Welfare: The Changing Nature of Production, Elections, and Social Protection in Modern Capitalism*. New York: Cambridge University Press.

Jenson, Jane and Denis Saint-Martin. 2003. "New Routes to Social Cohesion? Citizenship and the Social Investment State." *Canadian Journal of Sociology*, Vol. 28.

Lindert, P. H. 2004. *Growing Public: Social Spending and Economic Growth Since the Eighteenth Century*. Cambridge and New York: Cambridge University Press.

Lister, Ruth. 2004 "The Third Way's Social Investment State." Jane Lewis and Rebecca Surender(eds.). *Welfare State Change: Towards a Third Way?* Oxford: Oxford University Press.

Midgley, James. 1999. "Growth, Redistribution, and Welfare: Toward Social Investment." *Social Service Review*, Vol. 73, pp. 3~21.

Office of National Statistics. 2008. *Social Trends*. London.

OECD. 1997~2004. *Main Economic Indicators*. Paris: OECD.

_____. 2005a. "Extending Opportunities: How Active Social Policy Can Benefit Us All." Paris: OECD.

_____. 2005b. *Employment in Europe Report 2005*. Paris: OECD.

_____. 2006a. *Country Statistical Profile*. Paris: OECD.

_____. 2006b. *Science, Technology, and Industry Outlook*. Paris: OECD.

_____. 2009. "Factbook." from http://www.oecd.org/site/0,3407,en_21571361_34374092_1_1_1_1_1,00.html

Perkins, Daniel, Lucy Nelms and Paul Smyth. 2004. "Beyond neo-liberalism: the social investment state?" Social Policy Working Paper, No. 3. Brotherhood of St Laurence and Center for Public Policy. University of Melboune.

Pierson, Paul. 2001. "Post-Industrial Pressures on the Mature Welfare State." in Paul Pierson(ed.). *The New Politics of the Welfare State*. New York: Oxford University Press.

Poverty Site. 2009. "The Poverty Indicators." Joseph Rowntree Foundation. from http://www.poverty.org.uk/index.htm

Taylor-Gooby, Peter. 2004. "New Risks and Social Change." Peter Taylor-Gooby(ed.). *New Risks, New Welfare: the Transformation of the European Welfare State*. New York. Oxford University Press.

_____. 2007. "Social Investment in Europe: Bold Plans, Slow Progress and Implication for Korea." 한국사회복지학회 사회투자정책 심포지엄 자료집.

한국 사회투자정책의 효과성 제고를 위한 보완 전략과 정책*

양재진 | 연세대학교 행정학과

1. 서론

사회투자(social investment)는 세계화와 지식기반경제의 도래 그리고 저출산과 전통가족의 해체 등으로 발생하는 새로운 사회위험 구조에 개인의 적응 능력을 키워주기 위한 국가의 개입이라고 할 수 있다. 이는 거시적 차원에서 보면 서구 복지국가의 현대화와 궤를 같이한다(Giddens, 1998; 2003; Taylor-Gooby, 2008; Lewis and Surender, 2004; 김연명, 2007). 과거 안정적인 국민경제를 근간으로 했던 전통적인 복지국가에서는 제도적으로 고용을 보장했다. 경기변동에 따른 실업문제는 국가가 수요 측면에서 개입해 해결했으며, 사회적 낙오자에 대해서는 사후적인 소득보장을 통해 사회통합을 이루었다. 그러나 세계화와 지식기반경제의 도래와 함께 노동시장의 유연화가 불가피해졌다. 따라서 세계 각국은 유연화 자체를 거부하기보다는 유연화의 이점을 살리면서 안정성을 확보하는 방법을 도모하고 있다.

---

* 이 글은 2009년 ≪국가전략≫ 제15권 2호에 실린 「우리나라 사회투자정책의 효과성 제고를 위한 전략적 정책조합 연구」를 수정·보완한 것이다.

유연화된 노동시장에서 근로자의 안정성과 복지를 확보하는 방법 중 유효한 전략은 이들이 계속해서 고용 상태로 남아 있을 수 있게 경제활동 참가자의 고용가능성(employability)을 높여주는 일이다. 이것이 선진 각국에서 고용서비스 강화, 평생학습체제 구축 등에 나서는 이유이다. 그리고 저출산에 따른 노동력 부족에 대응하는 차원에서라도, 노동시장 밖에서 비활성화된 채로 남아 있는 노동력까지 적극적으로 노동시장 내로 끌어들이는 조치가 확산되고 있다. 직업훈련이나 재활 등을 통해 근로 역량을 키워주고, 여성에게는 보육 등 보살핌 노동의 사회화를 통해 직장생활에 복귀할 수 있게 도와준다. 그리고 가난과 빈곤문화가 대물림되지 않도록 아동에 대한 선제적 투자를 강화해 미래의 우수한 인적 자원이 사장되지 않게 하는 조치도 강조된다. 한마디로, 되도록 많은 사람이 일을 통해 복지를 해결하게 하고, 가난한 집에 태어났다고 낙오되지 않게 하며, 노동시장의 참여자들이 부단히 상향 이동하여 더 나은 삶을 영위할 수 있도록 국가가 '사람에 대한 투자'를 강화하고 있다는 것이다. 이러한 사회투자가 결실을 맺으면 이는 '고용률 증가'와 '고용구조의 고도화'에 기여할 것이다. 즉, 더 많은 사람이 근로를 통해 소득을 얻고, 점차 많은 사람이 좋은 일자리에서 일을 하는 것이다. 결국 이는 사회 전체적인 후생은 물론 잠재성장률이 높아지는 결과를 불러올 것이다.

유럽연합에서는 2004년 유럽연합 정상회의에서 리스본 전략(Lisbon Strategy)에 합의한 이래, 고용을 매개로 경쟁력과 사회통합을 이루려는 노력을 기울이고 있다(EU, 2004; Bonoli and Powell, 2004). 최근 미국의 오바마 행정부도 글로벌 경제위기에 대한 단기적 복지지출 외에도, 중장기적 시계에서 직업훈련과 고용서비스, 보육 등 아동복지, 헤드스타트(Head Start)와 공교육에 사회지출을 늘려 미래에 대비하고 있다(김원섭·양재진·이주하, 2010). 한국도 예외는 아니다. 유럽만큼 체계적이고 통합적인 관점에서 추진되고 있지는 않으나, 김대중 정부의 생산적 복지론(productive welfarism) 이래 일자리를 매개로 사회문제를 해결하려는 노력이 이어지고 있다. 노무현 정부는 '비전 2030'을 통해 더 명시적으로 사회투자 관점에서 고용을 매개로 한 사회경제정책 패러다임을 구상해 선보이기도 했다.

그러나 여전히 한국에서는 고용에 대한 정책적 관심이 서구에 비해 높지 않다. 그리고 '사회투자형' 사회복지정책에 대한 시민사회의 지지도 그리 높지 않다. 김영순(2007) 등이 지적한 것처럼, "현재의 빈곤과 소외 문제를 뛰어넘어 미래의 위험 요소에 과도한 자원을 투입하는 것은 아닌지 고민이 필요"한 시점이다. 그러나 이는 미래의 문제가 아니다. 이미 2009년부터 재직자 연령대(25~54세) 인구가 감소하기 시작했다. 그리고 청년 실업의 장기화, 저출산 등은 고용의 양과 질에 심각한 도전을 제기하고 있다. 따라서 중장기적 관점에서 사회투자의 기대효과가 최대한 발휘될 수 있는 사회경제 조건을 탐색하고, 한국에 적실한 사회투자의 보완정책 패키지를 제시할 필요가 있다. 게다가 「헌법」 33조에도 명시되어 있듯이, 근로는 헌법적 권리이다. 국민이 자력으로 근로의 기회를 확보할 수 없을 때에는 국가가 적극적으로 나서서 취업의 기회를 제공하고 취업할 수 있는 환경을 만들어주어야 한다. 사후적인 소득보장에만 국가의 역할을 한정해서는 안 된다. 국가의 더욱 적극적인 조치가 요구되는 시점이라 하겠다(전병유, 2010).

그러나 사회투자에 대한 국가의 재정 투입 규모에 비례하여 고용률 제고와 고용구조의 고도화가 꼭 이루어진다는 보장은 없다. 동일한 재원을 투자해도, 어떤 사회는 그 효과가 크게 나타나고, 어떤 사회는 그 효과가 반감되어 나타날 것이다. 예를 들어, 고용흡수력이 큰 경쟁력 있는 중견기업이 다수 존재하는 경우와 그렇지 않은 산업구조를 지닌 나라는 사회투자 효과에 차이가 있을 것이다. 그리고 인종과 연령, 성별에 따른 차별이 심한 나라에서는 사회투자를 통해 우수한 인재를 길러내도 사회적 차별 때문에 이들의 고용은 답보 상태에 머물 것이다. 그리고 나아가 차별이 존재하는 한 개인 스스로도 근로 역량을 높이려는 노력을 애써 기울이지 않게 될 것이다.

현재 사회투자정책에 대한 이론적 논의가 활발하게 이루어지고 있다(양재진 외, 2008: 김연명, 2009). 그러나 사회경제적 측면에서 보완 과제를 통합적인 관점에서 체계적으로 제시한 선행 연구는 쉽게 찾아볼 수 없다. 따라서 필자는 정책 영역별로 제시된 개별 이론과 정책평가 결과를 비판적으로 검토해 이 글의 이론적 바탕으로 삼고자 한다. 사회투자정책의 효과성을 높이기 위한 전략적 정책 패키지는 두 가지 측면으로 나눠 제시될 것이다. 첫째, 노동력의 수요 측면이다. 사회투자는 기본적으로 경제의 공급 측면에 대한 개입이다. 비활성화된 노동력을 활성화해 노동시장 참여도를 높이고 이들의 질적 수준을 높이는 데 주안점을 두는 것이다. 세계화된 개방경제에서 우수한 노동력은 자본투자를 유인할 것으로 기대된다. 하지만 즉각적으로 투자 유인의 효과를 기대하기는 어렵다. 따라서 국가는 노동력에 대한 수요를 진작하기 위해 고용을 동반한 성장이 이루어질 수 있도록 산업정책의 방향을 조정하면서 성장잠재력을 높일 필요가 있다. 그리고 임금체계를 개선해 고용에 대한 수요를 늘리고, 보호된 노동시장을 통해 비활성화되었던 노동력이 경험과 숙련을 배양할 수 있는 도약대를 만들어주는 노력도 필요하다. 둘째, 노동력의 자발적 공급 측면이다. 즉, 개개인이 국가의 사회투자적 노력을 적극적으로 수용할 수 있도록 인센티브 구조를 형성하는 것에 대한 논의이다. 차별시정 문제, 근로와 연계된 소득이전정책의 개편 문제, 이인 생계부양자 모델에 입각한 사회보장제도의 개혁과제 등을 다룰 것이다.

2. 사회투자전략과 사회투자정책, 우호적인 사회적·경제적 환경

사회투자 개념에 입각한 사회정책은 세계화와 지식기반경제, 그리고 생산인구의 감소라는 변화된 환경에서 경제성장(경제정책)과 복지(사회정책) 사이의 선순환구조를 형성하고자 한다. 케인스주의 복지국가에서는 소득보장을 제도화하여 시장의 (유효)수요를 창출함으로써 경기 하락을 막고 지속적인 경제성장에 도움을 주었다. 하지만 1970년대 스태그플레이션을 극복하기 위해 통화주의를 받아들인 이후, 국가가 경제의 수요 측면에 개입해 경제성장을 자극하는 일은 제한적이 되었다. 따라서 시장의 공급 측면(기업 활동 촉진, R&D 지원 등)에서 국가의 역할이 활발해졌고, 사회정책도 공급 측면과 연계하여 경제성장을 촉진하고자 재구조화되고 있다. 재구조화의 핵심은 경제활동 인구를 늘리고 인적 자원을 개발해 생산성을 높이는 것이다(Bernard and Boucher, 2007; Giddens, 1998; 2003; Midgley, 1999; Taylor-Gooby, 2008; Lewis and Surender, 2004). 필자는 이러한 방향으로 전환하는 것을 사회투자형 사회정책으로의 전환이라고 명명하고자 하며, 베르나르와 부셰(Bernard and Boucher, 2007)가 주장하듯이, 이것이 경제와 복지 사이의 선순환구조를 형성하는 중요한 계기가 된다고 본다. 이를 사회투자전략과 해당 사회투자정책, 사회투자정책의 효과성 제고로 나누어 정책 대상자별(일반 국민, 취약 계층, 미래 인적 자원인 아동)로 세 가지 차원에서 정리하면 다음과 같다(양재진 외, 2008).[1]

---

1) 사회투자정책과 복지국가의 경쟁력 증진 관계에 대해서는 베르나르와 부셰(Bernard and Boucher, 2007)를 참조할 것. 에스핑-안데르센 외(Esping-Anedersen et al., 2002)도 경제와 선순환구조를 위한 복지국가의 현대화 필요성을 논하고, 그 방향으로 아동에 대한 선제적 보호와 투자, 여성과 청년 장기실업자 등 비활성화된 노동력의 생산자원화를 뒷받침하는 복지개혁, 재정안정화를 위한 연금의 축소지향적 개혁을 제시했다.

1) 역량 형성 전략

(1) 기본 개념과 주요 사회투자정책

역량 형성(capacity-building) 전략의 주 대상은 일반 국민으로, 근로자가 지식기반사회에서 도태되지 않도록 국가가 인적 자원에 대한 투자를 증대하는 전략을 말한다. 이는 시장 참여자들의 고용을 유지·확대함으로써 실업에 따른 사회위험 발생 가능성을 사전에 줄이는 데 도움을 준다. 인적 자원 개발의 기본 방법은 전통적 학령기를 뛰어넘어 유아기부터 고령기까지 생애주기에 걸친 교육과 훈련 기회를 제공하는 것이다. 주요 정책으로는 영·유아기의 공공보육과 교육, 아동기와 청소년기 초·중등교육, 고등교육 기회의 확대, 적극적 노동시장정책을 통한 직업훈련 기회 강화, 직무와 연관된 평생학습체제 구축 등을 들 수 있다(Taylor-Gooby, 2008; Perkins, Nelms and Smyth. 2004).

(2) 우호적 사회·경제 환경 분석

국가로부터 제공되는 교육·훈련기회의 확대가 개인의 역량을 높여주겠지만, 그 역량 개선 효과는 개인의 의지와 참여도에 달려 있다. 따라서 교육·훈련 기회 확대와 함께, 개인 입장에서 사회적으로 마련된 교육·훈련 제도에 열심히 자발적으로 참여할 유인이 존재해야 한다(Midgley, 1999: 14~15). 이를 위해서는 무엇보다 먼저 자신의 능력이 향상된 만큼 더 나은 직장으로 상향 이동을 할 수 있어야 한다. 이는 노동시장에서 우수한 직업능력을 갖춘 근로자에 대한 수요가 지속적으로 창출될 때 가능하다. 그리고 경제성장과 함께 경제구도가 고도화될 때, 그러나 단순히 성장률이 올라가는 것이 아니라 고용친화적인 성장이 이루어질 때 가능해질 것이다. 자본집약적인 대기업보다는, 세계적인 경쟁력을 갖춘 중소기업이 중심인 산업구조, 그리고 고용 유발 효과가 크면서도 괜찮은 일자리(decent job)를 제공하는 전문화된 서비스업(금융·디자인·의료·문화산업 등)의 비중이 큰 사회에서 역량 형성 전략의 효과는 극대화될 것이다.

한편 노동시장에 사회문화적인 차별이 존재하고 분절성이 큰 경우에는 역량 형성 전략의 성과가 크지 못하다(Midgley, 1999: 15). 근로자 개개인의 노력에 따라 향상된 직업능력에 대해 정당한 대우를 받지 못할 가능성이 커지기 때문이다. 그러한 경우 사회적으로 마련된 교육·훈련제도에 대한 근로자 개개인의 활용도와 몰입도가 뚜렷하게 저하된다. 따라서 내부노동시장과 외부노동시장 간 문턱이 낮고, 법·제도 그리고 기업문화적으로 여성이나 이민 2세, 장애인과 비정규직 등에 대한 불합리한 차별이 없으며, 지위 이동의 장벽이 높지 않은 사회에서 역량 형성 전략의 효과성은 극대화된다.

2) 근로활성화 전략

(1) 기본 개념과 주요 사회투자정책

근로활성화 전략은 주요 정책 대상이 장기실업자, 잠재실업자, 실망실업자 등 시장에서 소외된 계층으로, 이들이 경제활동에 (재)참여할 수 있게 하는 전략을 의미한다. 에스핑-안데르센(Esping-Andersen, 2003: 9~10)이 규정한 대로, 그동안 비활성화되어 있던 잠재근로계층의 고용량을 늘릴 수 있는 사회정책을 근로활성화 전략의 일환이라고 규정하면, 여성의 사회진출을 돕는 공공보육과 출산·육아휴가제도, 장기실업자의 근로복귀를 목표로 설계된 교육·훈련·상담 등 맞춤식 고용서비스,[2] 청년 실업자의

2) 덴마크의 '개인행동계획(individual action plan)'이 대표적인 예이다. 개인행동계획은

노동시장 참여를 돕기 위해 마련된 직장순환제,[3] 고령자나 장애인의 취업과 지속고용을 유인하는 고용보조금제도 등이 대표적인 정책이 된다. 한마디로 근로활성화 전략은 실업문제를 해결하는 데 종전처럼 실업보험, 연금, 산재보험, 공적부조와 같은 사회보장제도를 활용해 정책적으로 실업자를 노동시장 밖으로 퇴출하는 대신, 일과 가정생활의 양립을 돕는 사회서비스와 적극적 노동시장정책을 제공해 여성·청년·장기실업자 등 비활성화된 인력과 실업자를 노동시장에 (재)진입시키는 전략이라 할 수 있다(Taylor-Gooby, 2008; Grover, 2009).

(2) 우호적 사회·경제 환경 분석

근로활성화 전략의 실효성은 사회복지적 급여의 수급보다 근로참여가 매력적으로 보이도록 유인체계가 형성된 사회에서 크게 나타난다. 만약 어떤 사회에서 실업급여나 조기퇴직연금의 수급 조건이 까다롭고 급여액이 낮은 대신, 최저임금 수준이 적절하고 근로장려세제(EITC) 등 '수지맞는 취업정책(make work pay: MWP정책)'이 도입되어 있다면 근로참여도가 높아

6개월 이상 실업에 처한 자가 작성할 권리를 부여받는데, 이것은 실업자와 해당 노동사무소 간의 계약을 의미한다. 노동사무소는 실업자를 인터뷰하고 실업자 본인의 희망과 노동시장의 수요를 함께 고려해 취업을 향한 구체적이고 현실적인 단계를 제시하며, 이에 실업자가 동의하면 개인행동계획이 성립된다. 노동사무소에는 해당 취업 희망자의 취업을 실현하기 위한 책임이 주어지며, 실업자는 이 계획에 서명하고 나면 계획된 내용을 준수해야 할 의무를 지닌다. 계약자가 의무를 위반하거나 실행을 위한 노동사무소와의 협력을 거부하면 실업수당 지급이 중단된다(정원호, 2005).

3) 직장순환제는 재직자의 휴가(육아·교육훈련·안식 등)로 빈 일자리를 실업자로 대체하는 제도이다. 이를 통해 사용자는 직원의 훈련 참여로 직원의 숙련도를 높일 수 있고, 실업자는 일시적인 취업으로 현장 경험을 쌓음으로써 정규 일자리로의 재취업 가능성을 높이며, 사회 전체적으로도 노동력의 이동성을 높임으로써 노동시장의 유연성이 제고될 것으로 기대된다(정원호, 2005).

진다(Greenwood and Voyer, 2000). 비활성화되었던 취약 계층의 일자리는 단시간·파견노동, 일용직 등 정규직이 아닌 이른바 비정규직일 가능성이 높다. 만약 비정규직 노동자의 사회권이 정규직과 동일한 원칙에 따라 적용되는 데 머물지 않고, 사회보험료 등의 부담이 경감되어 생애 가처분 소득까지 높아지는 효과가 발생한다면 근로활성화 정도는 더 높아질 것이다(김혜원, 2008).

한편 취약 계층의 근로 역량이 계발되더라도 정상적인 노동시장에서의 경쟁력은 그리 높지 못하다. 따라서 이러한 노동력에 대한 수요가 사회적으로 주어지는 경우, 즉 어느 정도 보호된 노동시장(sheltered labor market)이 존재하는 경우, 취약 계층의 근로 활성화 정책의 효과는 증가한다. 여성의 사회 진출을 용이하게 하는 공공서비스 분야의 규모가 크거나, 사회적 기업(social enterprises) 등에 대한 공적 지원이 높아 사회적 경제가 발달된 사회가 그 예이다(경기개발연구원 편집부, 2008; 임혁백 외, 2007).

3) 사전예방적 투자전략

(1) 기본 개념과 주요 사회투자정책

사전예방적 투자(preventive investment)의 주된 정책 대상은 미래의 인적 자원인 아동이다. 생애주기에 걸친 교육적 투자와 각종 활성화 전략이 실효를 거두기 위해서는 근로자 개개인의 학습능력과 일에 대한 호의적 태도 등이 전제되어야 한다. 이러한 기초능력은 아동기 인지능력 발달 시기에 가정에서 부모의 보살핌과 교육으로 형성되며, 성인기에 새롭게 형성되거나 교정되기는 매우 어렵다. 그런데 빈곤 가정이나 한부모 가정의 아이, 교육수준이 낮은 부모를 둔 아이는 이러한 인지능력을 갖추지 못한 채 성장할 가능성이 크다. 이 경우 실업과 가난이 대물림되는 경향이 나타나기 쉽다(Esping-Andersen, 2002; Knijn, Trudie and Wim van Oorschot, 2008).

따라서 사회적으로 취약 가정 아동에게 자신의 타고난 능력을 계발할 기회를 최대한 보장하는 것이 필요하다(Sherraden, 1991). 이런 의미에서 공적부조 같은 최저소득보장정책이나 보편주의적인 보건의료시스템 등은 취약 가정의 아동이 건강하게 자랄 수 있는 최소한의 조건을 마련해주는 것으로서, 사회투자적 관점에서 매우 중요한 사회보장제도이다. 그러나 소득과 건강보장만으로 아동기에 형성되는 인지능력을 최대한 계발하지는 못한다. 아동기 광범위한 독서, 사회와 근로에 대한 건전한 태도 함양, 성취동기 부여 등은 부모의 역할에 기댈 수밖에 없는데, 이를 국가가 부모에게 강제할 수는 없다. 이때 차선책으로 국가가 선택할 수 있는 방안은 보편주의적이고 질 높은 공공보육체제를 확립하는 것이다. 아동의 사회경제적 배경을 완전히 보완해줄 수는 없겠으나, 인지능력이 형성되는 아동기에 우수한 교육과 사회성을 함양할 기회를 모든 아동에게 제공하는 것은 중장기적으로 볼 때 투자 대비 효과가 가장 좋은 사회투자정책인 것이다(Esping-Andersen, 2002). 취학 이후에도 질 높은 공교육과 방과 후 프로그램 제공 등이 이루어져야 한다. 기존 인프라와 재정적 여건의 부족 때문에 질 높은 보편주의적 보육과 교육이 이루어지기 어려운 상황에서는 빈곤층 아동을 대상으로 해서라도 선별적인 집중 투자 정책이 필요하다. 취약계층이 집중된 지역별로 아동센터를 구축하고 지역 도서관, 병원, 학교가 네트워크를 구성해 아동의 교육과 건강관리를 돕고 인성과 독서 습관 등을 키워주고자 마련된 영국의 슈어스타트(Sure Start) 프로그램 등이 대표적인 예이다.[4]

---

4) 한편 성인에 대한 사전예방적 투자에서 중요한 영역은 건강과 안전이다. 아무리 지식노동이 중요해도 건강이 뒷받침되지 않으면 무용지물이다. 그리고 사후적으로 치료가 되더라도 그 과정에서의 노동력 손실에 따른 기회비용은 해당 개인뿐만 아니

(2) 우호적 사회경제 환경 분석

에스핑-안데르센(Esping-Andersen, 2003)의 지적대로, 아동에 대한 사전예방적 투자가 실효를 거두기 위해서는 기본적으로 빈곤에서 탈피해야 한다. 빈곤의 대물림에는 부모의 낮은 교육수준과 강한 상관관계를 지닌 가구 빈곤이 가장 큰 원인으로 손꼽힌다. 부모의 낮은 교육수준이 가져다주는 부정적 영향은 보편적인 공공보육과 공교육, 슈어스타트 등 취약 계층 아동에게 집중된 사회서비스 프로그램을 통해 완화할 수 있다. 그러나 근본적으로 빈곤이 계속되면 아동 발달에 도움을 주는 재화와 서비스를 부모가 구매할 수 있을 것으로 기대할 수가 없게 된다. 따라서 가구당 빈곤을 완화하는 것이 필요한데, 가장 손쉬운 방법은 저소득 가구에 대한 사회적 소득이전(공공부조)을 높이는 것이다. 그러나 강한 소득이전이 노동참여율 하락으로 이어지면 아동에게 '일 안 하는 부모'라는 부정적인 역할모델이 주어진다. 이는 아동에 대한 예방적 투자라는 관점에서 바람직하다고 할 수 없다. 따라서 부모가 모두 일을 할 수 있는 여건을 만들어 빈곤을 탈피하는 모델, 즉 이인 생계부양자(맞벌이) 모델이 가능한 환경을 조성하는 것이 필요하다(Misra et al., 2007). 이때 아동이 있는 '근로' 가정에 대해 소득이전을 추가로 제공해 아동 빈곤율을 낮추는 경우가 그렇지 않은 경우보다 아동에 대한 사전예방적 투자효과가 클 것으로 기대된다.

라 사회 전체의 부담이 된다. 따라서 예방 차원의 건강증진시스템 구축과 산업재해 예방은 장기적으로 볼 때 비용을 절감할 수 있는 사회적 투자의 중요 영역이다.

3. 한국의 사회투자정책 효과성 제고를 위한 보완 과제

앞서 역량 형성과 근로 활성화, 아동에 대한 사회투자정책의 효과가 크게 나타날 수 있는 사회적·경제적 조건에 대해 살펴보았다. 사회투자정책의 성공 여부는 중장기적 관점에서 고용의 양과 질에 달린 만큼, 사회투자정책의 보완정책을 노동력에 대한 공급과 수요의 양대 측면으로 구분해 살펴볼 필요가 있다. 사회투자정책이 목표로 하는 고용 증대와 인적 자원의 고도화는 정책 대상자들의 노동시장 참여 욕구가 높을수록(공급 측면), 그리고 노동력에 대한 수요가 클수록(수요 측면) 그 효과가 커질 것이다. 전자와 연관해, 여성과 비정규직 등에 대한 차별이 배제된 환경, 이인 생계부양자 모델에 입각한 세제 및 사회보장제도의 존재, '수지맞는 취업정책(MWP)'의 존재 등을 논의하고, 후자와 연관해서는 고용친화적 경제성장, 사회적 노동시장의 존재, 임금체계의 개선을 통한 고용 유발 등을 논의할 것이다.

1) 노동력 공급 측면: 교육·훈련과 고용 기회 확대에 대한 참여 유인 제고

(1) 고용차별 해소

고용차별(employment discrimination)은 고용에서 기회의 평등이 이루어지지 않는 상태라고 할 수 있다. 즉, 국적과 신앙, 성별, 연령, 장애, 학벌, 종사상 지위(정규직 또는 비정규직) 등에 따라 채용이나 승진 등 인사상 차별을 받는 것을 뜻한다. 사회투자정책은 노동시장 진입 전 노동력 생산과정에서의 격차를 공적인 교육과 직업훈련 등을 통해 해소하는 정책이다. 그러나 노동시장 내에서 고용차별이 일반화되어 있다면, 노동시장 진입 전 사회투자정책의 효과는 반감된다. 노동시장 내 고용차별의 존재는 노동력 생산과정에서 근로자(또는 예비근로자)의 역량 형성에 대한 의욕을 떨어뜨리기 때문이다. 따라서 노동시장 내 고용차별 해소는 그 자체로 중대한 사회적 과제인 동시에 사회투자정책의 효과성을 높이기 위해 반드시 달성해야 하는 과제이다.

현재 한국은 「헌법」 제11조 규정부터 「근로기준법」 제5조(균등처우), 「직업안정법」 제2조(균등처우), 「고용정책기본법」 제19조(취업 기회의 균등한 보장), 「남녀고용평등법」, 「남녀차별금지및구제에관한법률」 제3조(고용에서의 차별 금지), 「장애인고용촉진및직업재활법」 제4조(사업주의 책임), 「국가인권위원회법」 등 다양한 법률을 통해 고용차별 해소를 도모하고 있다(나운환 외, 2003). 그리고 고용평등위원회와 남녀차별개선위원회, 국가인권위원회 등 차별 시정을 목적으로 하는 공적인 주체가 활동하고 있다. 정책적으로도 2004년 7월 여성 인력 활용을 위한 '고용평등프로그램'이 도입되고, 2004년 1월 장애인 의무고용제도가 상시 고용 300인 이상 기업에서 50인 이상 사업체로 확대되기도 했다. 2004년 4월에는 '학벌주의 극복 종합대책'도 확정·발표되고, 2007년에는 「기간제및단시간근로자보호등에관한법률(약칭 비정규직보호법)」이 시행되는 등 고용차별을 해소하기 위한 노력은 활발해지고 있다.

그런데도 노동시장 내 고용차별 해소 성과는 그리 높지 못한 것이 현실이다. 예를 들어, 2004년에 정부 부문 장애인 고용률은 목표치 2%를 달성했으나, 민간 부문은 1.26%에 그쳤다. 그리고 여성 임금이 2001년 남성의 64.3%였던 것이 2004년에는 62.3%로 하락하기도 했다. 민간기업에서 직원을 신규로 채용할 때 '지역할당제'나 '지방우대제'를 시행하고 있으나, 학력별 임금격차도 뚜렷한 개선이 없는 실정이다(한국개발연구원, 2006: 123). 게다가 「비정규직보호법」이 시행된 이후에도 비정규직과 정규직의 임금격차는 계속해서 확대되고 있다. 정규직 시간당 임금을 100으로 할 경우, 2007년 73.2%에서 2008년 67.3%로 떨어진 것이다. 물론 이는 기간제와 파견근로가 일정 부분 정규직으로 전환되어 나타난 의도하지 않은 현상이기도 하지만, 기대에 어긋나는 결과이다(은수미, 2008).

시장에 존재하는 모든 차이가 차별일 수는 없다. 그러나 대학 간판, 성별, 최초 입직 시 정규직·비정규직 여부 등이 꼬리표처럼 인생의 경로를 따라다니는 한국의 현실은 분명히 개선되어야 할 문제이다. 그렇다면 어떻게 해야 하는가? 일단 차별을 시정하기 위한 각종 법·제도의 조속한 추진이 필요하고 장애인 의무고용제 확대 등 시장의 효율을 저해하지 않는 수준에서 정책적인 개입도 꾸준히 이루어져야 할 것이다. 이에 더해 공공부문이 선도적으로 차별을 시정함으로써 민간 부문을 견인하려는 노력이 필요하다. 2004년 중앙부분위원회에서 조사한 결과, 정부 53개 기관의 균형부분지수는 0.69점으로 미흡 판정을 받았다(중앙부분위원회, 2004). 차별은 법으로 규제되기 어려운 문화적·관례적 차원이 크다. 미국처럼 자유경쟁의 시장원리를 따르는 나라에서도 적극적 고용정책(afformative action)을 시행한다. 법·제도적인 정비와 함께 공공 부문이 선도적으로 차별 시정에 나서야 할 때이다.

(2) 이인 생계부양자를 지원하는 조세체계 구축과 사회보장제도 개선

① 조세제도와 사회보장제도가 여성 근로 유인에 미치는 영향

여성의 노동시장 참여율 제고는 노동 공급 확대 효과와 함께 소득분배 개선, 노동시장의 유연화까지 '1석 3조'의 효과를 기대할 수 있는 정책이다. 앞에서도 언급했지만, 여성의 취업은 가계의 소득원을 배가해 소득분배를 개선한다. 가장의 실직에 따른 불안감도 반감하므로 노동시장 유연화 정책에 대한 저항도 완화할 수 있다. 그리고 다른 조건이 같다면, 제2소득원으로서 여성 근로자는 남성보다 파트타임 등 유연노동에 대한 수용도가 더 크다. 또한 공공보육처럼 일과 양육을 병행하게 하는 여러 사회투자형 제도들이 더해지면, 높아진 가구당 소득 때문에 출산율이 높아지는 '1석 4조'의 효과까지 기대할 수 있다(이두원, 2008).

따라서 여성의 노동 공급을 유인하여 이인 생계부양자 모델(맞벌이 모델)을 정착시킬 필요가 있다. 그러나 가정에서 여성이 주로 제2소득원의 역할을 하는 현실을 고려할 때, 여성은 남성에 비해 노동 공급에서 소득세율의 영향을 더 크게 받는다. 남성에 비해 노동의 공급이 소득세율에 대하여 매우 탄력적인 특징을 갖는다. 즉, 보통 주 소득원(primary earner)을 구성하는 가장인 남성의 소득에 기댈 수 있고 자녀가 있는 여성은 근로소득에 비해 세금이 높다고 판단되면 경제활동을 중단할 확률이 남성보다 더 높다. 그런데 대부분의 국가에서 결혼한 여성의 평균세율이 독신여성이나 제2소득자인 남성의 평균세율에 비해 높다. 부부 합산 과세인 경우 누진세율로 높은 세율이 적용되기 때문이며, 개인 단위 과세인 경우에도 세금공제 혜택을 소득이 상대적으로 높은 주 소득자(보통 남성)가 받기 때문이다. 이는 제2소득자에 대해 적용 가능한 공제 혜택이 거의 없기 때문에 이들에 대한 실효세율이 높아진다. 따라서 맞벌이를 유도하려면 부부 단위 과세보다는 개인 단위 과세를 해야 하고, 공제 혜택은 축소하는 대신 세율을 낮추며, 소득세율의 누진 정도를 크게 하여 남성에 비해 소득이 적은 여성의 상대적 세율을 떨어뜨릴 필요가 있다(Jaumotte, 2003; 정규언, 2007; 김현숙, 2007).

이러한 논리는 사회보험 등 각종 사회보장제도에도 그대로 적용된다. 사회보험료가 소득자 개인별로 징수되면서도 혜택은 가족이 함께 누리는 경우 맞벌이는 홑벌이와 달리 보험료를 중복하여 부담하는 것이 된다. 이때 다른 조건이 같다면 맞벌이에 대한 유인이 떨어진다. 반대로 사회보험에 대한 가입률에서 여성이 현저하게 낮은 경우, 그래서 일하는 많은 여성이 사회보장의 혜택을 받지 못하는 경우에도, 맞벌이의 유인은 떨어진다. 동일한 근로를 하더라도, 사회보장급여를 포함한 여성의 생애소득이 남성의 그것보다 떨어지기 때문이다. 결혼한 여성의 근로의욕을 북돋아 이인 생계부양자 모델을 정착하려면, 결혼한 여성의 세율을 낮추고 근로에 따른 사회보장급여는 늘려 여성의 가처분소득을 지금보다 높여야 한다.

② 한국의 현황과 개선 과제

과세 측면에서 한국은 기본적으로 부부 합산이 아닌 개인 단위 개별과세를 채택하고 있다. 이는 긍정적인 측면이라고 볼 수 있다. 그러나 각종 세금공제를 뜻하는 조세지출(tax expenditure)의 규모가 크고, 세대 단위로 적용되는 근로소득자에 대한 조세 감면이 빠르게 성장하는 문제를 안고 있다. 예를 들어 전체 조세 감면 규모가 1998년 7조 7,305억에서 2006년 21조 3,380억으로 2.76배 늘어난 데 비해, 이 중 근로소득에 대한 소득공제 규모가 1998년 1조 2,240억에서 2006년 5조 4,427억 원으로 4.45배 증가했다(한국조세연구원, 2008: 112). 근로소득공제 중 부양가족 공제는 물론, 경로우대 공제, 장애인 공제, 자녀양육비 공제, 보험료 공제, 의료비 공제, 교육비 공제, 장기주택마련 공제 및 차입금 이자 공제, 신용카드 공제 등은 한쪽 배우자가 공제혜택을 받으면 다른 배우자는 혜택을 받지 못하는 세대 단위 공제이다. 이러한 세대 단위 소득공제의 규모가 크면 클수록, 제2소득원인 여성의 소득공제 기회는 줄어들고 실효세율이 상대적으로 높아져 근로의욕이 저하된다.

따라서 결혼한 여성의 근로유인을 높이려면, 각종 소득감면제도를 축소하는 대신 소득세율을 인하하는 방향으로 조세제도를 개편해 결혼한 여성의 상대적 불이익을 완화해야 한다. 나아가 좀 더 적극적인 방안은 각종 소득감면제도를 대폭 축소하고 이때 생기는 국가의 재정적 여력을 여성 근로자를 위한 사회투자지출로 돌리는 것이다. 예를 들어 공공보육을 확대하고 육아휴직에 대한 정부 부담을 늘리는 것이다. 이는 스웨덴이나 덴마크와 같은 사회민주주의 복지국가의 조세 구조와 사회보장지출 구조를 갖추는 시발점이 될 것이다.

한편 사회보장제도의 개선을 통해 한국에서 결혼한 여성의 근로를 저해하는 요인을 제거해야 한다. 첫째, 건강보험제도는 소득자를 기준으로 부담하되, 혜택은 한 세대를 구성하는 가족이 모두 받게 되어 있다. 따라서 대부분이 여성인 제2소득자에게 보험료 납부는 부당한 '세금'으로 인식될 수 있다. 전업주부와 보험 혜택은 동일한데, 일한다는 이유로 보험료를 더 내기 때문이다(이미숙, 2007). 이 문제를 완화하려면 제2소득자에게 건강보험료를 50% 정도 감액해주는 등의 조치가 필요하다. 이때 발생하는 건강보험료 수입의 감소는 건강보험료 부과 대상 소득 상한을 높여 상대적으로 임금이 높은 남성 근로자의 실효보험률을 높임으로써 만회해야 할 것이다.

둘째, 산전·산후 휴가를 유급으로 하고 이를 기업주가 부담하게 하는 현행 제도는 여성 고용을 꺼리게 하는 요인으로 작용한다. 이런 문제를 풀기 위해서는 산전·산후 휴가급여에 대해 기업에 주는 세제 혜택을 대폭 확대하든지, 고용보험이나 일반 재정에 대한 지원을 강화해야 한다. 나아가 산전·산후 휴가에 따른 비용을 사회화하기 위해 부모보험(parental insurance) 도입을 검토할 필요도 있다. 이는 일정한 나이(예를 들어 만 25세가 된 소득자)가 되면, 소득에 정률로 부과하고, 자녀가 출산할 때마다 '소득에 비례'해 유급휴가를 받게 하는 것이다. 이렇게 되면 정액의 산전·산후 휴가급여보다 소득손실률이 줄어들어 유급휴가 수급률이 오르고, 소득이 상대적으로 높은 남성 세대원의 휴가급여 수급률도 크게 올라갈 것이며, 결국에는 출산율을 높이는 데도 긍정적인 영향을 줄 것이다.[5] 이는 양성평등 모델에 맞는 것으로 맞벌이 정착에 더 적극적으로 기여할 것이다. 부모보험은 기업의 부담을 덜면서, 독신보다는 결혼을, 무자녀나 소자녀보다는 다자녀 가구를 선택하도록 유도하는 데도 효과가 있을 것이다. 한편 자녀를 출산하려는 의지가 있는 불임 부부에게는 부모보험에서 불임 시술비 등을 지원해 보험료 납부에 상응하는 혜택을 부여해야 할 것이다.

셋째, 저소득계층의 탈빈곤에 크게 기여할 맞벌이를 저해하는 소득보장제도를 개편해야 한다. 빈곤을 완화하기 위해서는 기본적으로는 근로장려세제 확대, 최저임금 인상, 사회보험료 감면 등을 통해 근로를 통해 가처분소득이 늘어나도록 '수지맞는 취업정책'을 강화해야 한다. 그러나 맞벌이 모델의 정착을 통해 가구당 소득을 획기적으로 높이는 노력도 병행해야 하므로, 이를 앞당기기 위해서는 함께 개선해야 할 과제가 있다. 먼저 현재 근로장려세제의 수혜 여부와 수혜액은 부부 합산 소득으로 결정된다. 이는 근로자 남편을 둔 여성의 근로동기를 떨어뜨리는 요인이 될 수 있다(조선주, 2008: 52). 근로장려세제의 수급액이 높아지는 점증 구간과 최고점인 평탄 구간에서 벗어나지 않기 위해, 제2소득원인 여성이 근로를 포기할 가능성이 커지기 때문이다. 이러한 경향은 근로장려세제의 급여 수준이 높아질수록 강화된다(Eissa and Hoynes, 2005). 따라서 한국 세법의 과세 원칙과 동일하게 개인 단위 개별과세를 적용해, 개인별로 근로장려세제를 적용해야 할 것이다. 그리고 아동 빈곤 해소에 도움을 주기 위해서는 근로장려세제에 부양 아동 수에 따른 부가급여를 신설하고, 주 소득자와 제2소득

---

5) 이러한 효과는 2007년 기존 정액제에서 소득비례형의 부모수당(Elterngeld)을 도입한 독일의 경험에서 긍정적으로 확인된다(김상철, 2009).

자 모두에게 부가급여를 제공해 맞벌이를 우대해야 할 것이다. 이렇게 할 경우 국가의 재정지출이 늘어날 것이다. 하지만 애초에 근로장려세제 시행 목적이 근로동기를 자극하는 것이고, 사전예방적 차원에서 아동에 대한 투자를 늘려야 하는 것인 만큼, 정책 목표에 맞는 제도 변화에 주저할 이유가 없다.

국민기초생활보장제도의 생계급여도 근로장려세제와 동일한 문제에 직면해 있다. 생계급여의 대상자 선정과 급여 산정에서 가구당 소득을 기준으로 하기 때문이다. 생계급여 대상자가 되기 위해, 그리고 생계급여에 연계된 의료급여 등 부가급여를 받기 위해서라도, 또 어차피 추가 소득을 버는 만큼 급여액이 감해지므로 근로하는 남편을 둔 여성의 근로유인은 뚜렷하게 감소한다. 따라서 현재 가구소득에 적용하는 30%의 소득공제율은 주 소득자에게 적용하고, 제2소득자에게는 50%까지 확대하는 차별화 조치가 필요하다. 근로를 통한 탈빈곤이 정책 방향이라면, 이 또한 재정 문제로 주저할 이유가 없다 하겠다.

넷째, 비정규직의 사회보장 사각지대를 대폭 축소해야 한다. 이는 비정규직의 대다수를 차지하는 여성에 대한 직접적인 사회급부 혜택이 증가하는 결과를 불러와, 사회복지적 정의를 실현하는 것은 물론 근로유인을 높이는 데도 긍정적으로 작용할 것이다. 다만 연금과 실업급여의 사각지대를 해소하는 것이 관건인데, 연금과 고용보험 가입 요건을 주당 16시간 이상 근로 등으로 완화하는 것이 한 방법이라 할 수 있다. 그리고 저소득자에게는 보험료를 감면해주거나(김혜원, 2008) 일반 재정에서 최소 50% 정도를 매칭으로 지원함으로써 보험에 대한 부담을 실질적으로 줄여 가입을 유도하는 더욱 적극적인 조치가 필요하다.

(3) 근로유인형 소득이전제도의 구축

사회투자형으로 사회보장제도를 구축하는 경우, 적어도 근로능력이 있는 자에 대한 소득이전정책에서는 근로와의 연계를 강화해야 한다. 이때 적절한 방향은 비근로에 대한 처벌을 강화하기보다 근로에 대한 보상을 강화해 사회정의에 맞도록 제도를 설계하는 것이다. 보상 방법은 앞서 논했듯이 저소득자가 근로를 하면 가처분소득이 늘어나는 '수지맞는 취업정책'을 강화하는 것이다. 근로장려세제 확대와 최저임금 인상은 핵심정책이 될 것이다. 이 양대 정책은 서로 대체 관계에 있다. 즉, 저소득자에게 시장소득을 상회하는 임금이 지급될 때, 근로장려세제는 국가재정을 통해, 최저임금은 기업을 통해 비용 부담이 되는 것이다. 최저임금 인상은 기업으로 하여금 저임금 고용을 줄이는 부작용을 가져와 고용 확대라는 사회투자전략의 기본 구상에 어긋난다. 그러나 최저임금의 인상은 기업의 생산성 향상을 독려하고 구조조정을 촉진해 더 질 높은 일자리 창출을 유인하는 효과가 있다. 근로장려세제는 조세체계를 통해 소득을 이전하는 것이기 때문에 소득재분배 효과가 매우 높고 기업에 직접적인 부담을 주지 않는다는 장점이 있다. 반면에 사실상 노동시장 내에서 저임금근로를 존치시키는 단점도 있다. 이 양자의 조합에 황금률이 있을 수 없다. 하지만 우리에게 시급한 고용 증대와 소득재분배 효과를 높이기 위해서는 국가재정에 부담이 되더라도 근로장려세제 확대를 우선시하면서 동시에 최저임금을 단계적으로 인상하는 것이 바람직하다.

그리고 나아가 사회보험료를 감면하거나 보험료 납부 시 국고를 매칭으로 지원하여, 저소득자의 사회보험 가입을 유도하면서도 저소득자의 가처분소득을 보존해주는 조치를 병행해야 한다. 이때 필자는 사회보험료 감면보다는 국고 매칭 지원을 통한 사회보험 가입 유도가 바람직하다고 본다. 사회보험료 감면은 후세대 정부에게 그 부담을 넘기는 임시방편일 수 있기 때문이다. 국고 매칭 지원 방식은 의무가입자(고용주와 근로자)의 기여가 일부라도 이루어지므로 강제 저축 효과가 발생하고 수급자의 권리 의식이 높아지는 장점이 있다. 어떤 식으로든 사회보험의 사각지대가 축소된다면, 그만큼 사후적으로나마 사회적 임금(social wage)이 올라가 생애소득 개념에서 보면 가처분소득이 증가하는 효과를 얻을 수 있을 것이다.

이렇게 (저소득) 근로자의 가처분소득이 올라가도록 만드는 것과 함께, 실업수당의 인상도 추진해야 한다(수급 기한은 현행대로 짧게 유지). 즉, 공공부조의 생계급여보다 근로의 대가로 받는 실업수당이 높아야 하는 것이다. 물론 실업수당 인상의 전제는 구직활동과 직업훈련 참여 등 적격성 요건의 강화이다. 이를 전제로 현재 최대한도가 직전 임금의 50%로 되어 있는 실업수당을 올려, 근로의 경험이 사후적으로도 충분히 보상을 받는 시스템을 구축해야 한다.

근로장려세제가 확대되고 최저임금이 (보조적으로) 인상되며 실직수당이 현실화되는 것에 발맞추어, 기초생활보장제도를 통해 근로능력이 있는 자에게 제공되는 생계급여는 점진적으로 축소해야 한다. 앞서 지적했듯이, 생계급여는 보충급여형으로 설계된 것이므로 빈곤선(기초보장선) 이하에서는 소득이 증가하는 만큼 급여가 줄어든다. 이를 완화하기 위해서 현재 기초보장선 이하 소득에 대해 30%의 소득공제율을 적용하고 있지만, 역으로 이는 여전히 70%에 달하는 소득세율이 적용된다는 것을 뜻한다. 근로를 저해하는 부작용이 매우 크다. 현행 30%의 소득공제율을 높이는 것도 방법이지만, 이보다는 근로장려세제 등을 확대하고 기초생활보장제도의 생계급여 규모를 축소하는 것이 근본적인 해법이다.

종합하면, 근로능력이 있는 저소득자에 대한 소득보장은 단순히 사회권 차원에서 공적부조를 통한 소득이전에 머물러서는 안 된다. 첫째로 교육·훈련과 고용서비스를 강화해 취업 역량을 높이고, 둘째로 후술할 보호된 사회적 노동시장을 통해 이들의 취업 기회를 적극적으로 보장하며, 셋째로 근로 시 시장임금을 상회하는 소득이전이 발생하게 하여 가처분소득을 높여주는 정책의 결합이 필요하다.

2) 노동력 수요 측면: 신규 및 '업그레이드'된 노동력에 대한 수요 증대

고용차별을 해소하고 여성의 사회 참여를 촉진하는 방향으로 조세와 사회보장제도를 개편하며 '수지맞는 취업정책'을 시행하더라도, 근본적으로 노동력에 대한 수요가 뒷받침되지 않으면 사회투자정책의 효과는 기대에 미치지 못할 수밖에 없다. 여기에서 두 가지 방향을 생각해볼 수 있다. 첫째, '업그레이드'된 양질의 노동력을 필요로 하는 산업의 진흥이다. 이는 노동력 수요를 확대하는 측면뿐 아니라 우리나라 산업경쟁력을 높이는 데도 도움이 되므로 '윈윈' 효과가 클 것이다. 둘째, 자유경쟁시장에서 경쟁력은 떨어지지만, 자활의 발판을 마련해주는 사회적 기업을 육성해 저숙련노동자의 수요를 늘리고 이들의 활성화를 돕는 것이다. 사회적 기업을 육성하는 데는 적지 않은 재정이 소요된다. 하지만 비근로 저소득자에게 공적부조 형태로 지급되는 사회적 급부가 사회적 기업을 설립함으로써 줄어들 것이라는 점을 감안하면, 전체적인 지출 규모는 크지 않을 것이다. 그리고 사회적 기업을 통해 사회적으로 의미가 큰 재화와 서비스가 공급되어 사회 전체적으로 후생이 증가하는 효과를 기대할 수 있다.

(1) 고용친화적 산업 육성을 통한 노동력 수요 증대

주지하다시피 1997년 경제위기 이후 한국의 경제성장에서 나타난 가장 큰 특징은 '고용 없는 성장'이라 할 수 있다. 10억 원 투자 시 창출되는 고용 인원을 뜻하는 취업 유발 계수가 1995년 26.5명에서 2006년에는 15.3

명으로 떨어졌다. 한편 제조업 일자리는 1991년 516만 명을 정점으로 2003년 현재 420만 명 정도로 줄어들었다. 이는 한국에서 제조업 기업들이 인력과 인적 자원을 배제하는 자본 투입 위주의 성장전략을 매우 강도 높게 추진해왔기 때문에 발생한 현상이라고 할 수 있다. 반면에 서비스업 일자리는 1991년 1,070만 개에서 2003년 1,590만 개로 늘어났다. 그러나 서비스업 분야 일자리는 대부분 양질의 일자리와 거리가 멀다(전병유 외, 2005: 10장).

그렇다면 양질의 일자리를 어떻게 늘릴 수 있을까? 먼저 채창균(2007: 62~63)의 지적대로, 고용인지적 경제정책이 시행되어야 한다. 첫째, 거시경제정책에 대한 재검토가 필요하다. 그동안 환율정책과 관련해 한국에서는 수출 부문의 가격경쟁력을 중시하여 원화 절상 압력을 인위적으로 막는 경향이 강했다. 그 결과 내수를 위주로 하는 비교역재인 서비스 시장의 활성화가 지나치게 제약되는 부작용을 낳았다. 수출산업의 고용 창출 효과가 크지 않고 서비스산업의 고용 창출 효과가 크다는 점을 상기할 때, 환율정책의 전환을 심각하게 고려해야 한다.

둘째, 국제분업구조에 대응하는 전략을 재검토해야 한다. 한국은 '연구개발-생산-마케팅 및 브랜드 관리'라는 가치사슬 속에서 주로 최종재 조립·생산 쪽에 특화하는 형태로 국제분업구조에 편입되어 있다. 중국과 마찬가지로 조립·제조업에 특화한 상태에서는 경제성장을 일자리 창출로 연계하기가 쉽지 않다. 최종재 조립 수출의 경쟁력도 유지해야겠지만, 중간재(부품·소재) 생산 및 연구개발, 브랜드 마케팅, 물류 등에 특화하는 방식, 즉 중국의 제조업과 동반 성장할 수 있도록 분업구조를 개편해갈 필요가 있다.

셋째, 고용친화적 산업을 적극 육성해야 한다. 고용 유발 효과가 큰 서비스산업, 이 중에서도 부가가치가 높은 지식기반 서비스산업(금융, 유통, 교육, 디자인, 의료보건, 문화산업, 연구개발, 정보서비스)을 육성해야 한다. 이 때 서비스산업에 대한 강조가 제조업 진흥의 약화로 이해되어서는 곤란하다. 서비스 분야 고용 창출의 잠재력은 궁극적으로 본원적 생산을 담당하는 제조업의 성패에 달려 있다고 해도 과언이 아니기 때문이다. 한국은행의 분석에 따르면, 산출액 10억 원당 제조업의 간접 취업 유발 효과가 9.5명으로 서비스업의 6.1명을 앞지르고 있다(전병유 외, 2005: 10장). 따라서 제조업을 지속적으로 진흥하되, 중국을 고려한 분업구조 개편도 염두에 두면서 되도록 고용 유발 효과가 큰 쪽으로 정책을 설계해야 할 것이다.

이를 위해서는 무엇보다 국제경쟁력을 갖춘 혁신형 중견기업을 육성해야 한다. 한국은 중견기업층이 옅은 전형적인 호리병형 사업체 분포 구조를 보인다(채창균, 2007: 63). 이와 같은 호리병형 산업구조에서는 고임금과 양질의 근로조건을 지닌 좋은 일자리가 창출되기 어렵다. 외국의 경험을 보더라도 고성장 혁신기업의 일자리 창출 능력이 높다. 네덜란드에서는 전체 기업의 8%에 지나지 않는 고성장 혁신기업이 일자리 창출에서 60%를 차지한 것으로 조사되었다(1994~1998년). 미국도 5%의 고성장 기업이 고용 증가에서 3분의 2를 차지했다. 따라서 혁신중소기업 업그레이드 지원시스템을 구축해 고용 창출 능력이 뛰어난 혁신형 중소기업을 대대적으로 육성해야 한다. 주요 산업 대상은 중간재산업의 특성상 고용 창출 효과가 큰 부품·소재산업이 되어야 할 것이다. 부품·소재 핵심 기술을 확보하기 위해 공공재적 성격이 강한 연구개발에 대한 지원과 기술인력 공급을 위한 공공교육·직업훈련 확대가 우선적으로 필요하다(전병유 외, 2005: 716; 한국개발연구원, 2006: 72).

이 밖에도 일자리 관련 경제 주체들의 협력이 무엇보다 중요하다(전병유 외, 2005: 722). 2004년 '일자리 사회협약'의 정신을 강화할 필요가 있는 것이다. 임금 양보와 고용 유지 사이의 타협, 일자리 나누기와 노동시간 유연성 사이의 타협, 좋은 일자리를 지키기 위한 생산성·품질 향상 노력과 성과 배분의 타협, 산업별·지역별 인력 양성과 직업훈련을 위한 공동의 노력, 제조업 공동화(空洞化)에 대한 노사의 공동 대처, 후술할 임금체계 개선과 고용 유지 간 타협 등 산적한 현안이 우리를 기다리고 있다.

(2) 사회적 기업의 육성과 보호된 노동시장의 형성

현대에는 세계화로 경쟁이 격화되고, IT혁명으로 숙련을 요하지 않는 단순 직무가 사라지는 현상이 일반화되었다. 그 결과 광범위한 반(半)실업군이 새로이 생기고 있다. 이 과정에서 교육수준이 상대적으로 낮은 청년, 반복실업자, 장애인, 여성 등이 큰 타격을 받고 있다. 이들에 대해 집단별로 특화된 교육·훈련과 고용서비스가 제공되어도, 이들이 일반적인 경쟁적 노동시장에 취업하기는 어려운 것이 현실이다. 그렇다면 이들을 광범위한 (잠재) 복지급여 대상자로 그대로 두고 공적부조 등으로 평생 낙오된 삶을 살게 놔둘 것인가? 사회적으로 의미가 있으면서 동시에 경제적인 부문을 개발해 이들의 일자리를 제공하는 것이 바람직할 것이다. 유럽의 경험을 보면, 복지국가의 등장과 함께 기본적으로 사회서비스 부문이 팽창하면서, 여성을 중심으로 신규 고용이 대거 창출되었다. 한국에서도 보육에 대한 지원이 늘고 장기노인요양보험제도의 도입으로 요양서비스가 확대되는 등 사회서비스 분야가 성장하면서, 이와 관련된 분야의 신규 고용이 계속 늘고 있다.

그렇지만 노동시장의 취약 계층에게 적절한 훈련 등 고용서비스를 제공하고 이들을 좀 더 적극적으로 고용과 연계하는 전략이 필요하다. 사회적 기업이 모든 문제를 해결해줄 수는 없겠으나, 사회적 기업을 잘 육성한다면 상당한 효과를 기대할 수 있을 것이다(Spear et al., 2001; 장원봉, 2006; 임혁백 외, 2007; OECD, 2003). 사회적 기업은 '기업가 정신하에 조직되고 사회적·경제적 목표를 추구하는 조직으로서 재화와 서비스 생산활동을 통해 지역공동체의 발전을 도모하는 동시에 경제적 취약 계층에게 훈련 기회를 제공함으로써 이들을 노동시장으로 재통합하는 조직체'로 정의할 수 있다(OECD, 1999). 사회적 기업은 기업 방식을 유지하지만 취약 계층에게 일자리와 사회서비스를 제공한다는 점에서 비영리적 성격을 띤다. 이처럼 사회적 기업은 사회적 목표를 추구하기 때문에 정부의 보조금이나 지원금, 개인과 기업의 기부 등 공공 자원을 지원받고, 그 대신에 이윤의 일부를 사회적 목적을 위해 재투자한다(임혁백 외, 2007: 53).

한국에서도 2007년 「사회적기업육성법」이 제정되고 사회적 기업 인증제가 시행되는 등 사회복지서비스와 일자리 창출을 결합하려는 노력이 시작되었다. 이는 2003년부터 도입된 사회적 일자리 사업이 사실상 '공공근로'의 변형으로서 지속적이면서도 생산적인 일자리를 만드는 데 실패했다는 반성에 근거한다. 한국은 유럽과 달리 협동조합운동을 중심으로 한 이른바 사회적 경제(social economy)의 규모나 역사가 짧다. 그러나 한국에서 사회적 기업은 다음과 같은 세 가지 측면에서 성장 잠재력이 크다고 볼 수 있다. 첫째, 국민기초생활보장제도의 시행과 함께 근로능력이 있는 수급자를 중심으로 자활공동체 사업이 진행되고 있고, 지역사회에 뿌리내리기 시작했다. 둘째, SK의 소외계층 일자리 창출 프로그램이나 교보의 다솜이간병봉사단처럼 국내 대기업이 비영리단체를 매개로 사회적 기업 육성을 지원하는 조류가 형성되어 있다. 셋째, 한국에서 사회서비스 공급을 대부분 민간 비영리 부문이 담당한다는 점이다. 자활공동체는 일자리 창출형으로, 민간 비영리 사회서비스 공급자는 사회서비스 제공형으로, 대기업의 사회적 기업은 혼합형(일자리창출+사회서비스 제공)으로 발전할 수 있는 토대가 형성되어 있는 것이다.

사회적 기업 육성의 중점은 서비스 제공형보다는 일자리 창출형과 혼합형에 두어야 할 것이다. 사회서비스 공급에서 시장화(혹은 상업화)보다는 미비한 공적 전달체계를 강화하는 것이 더 중요하기 때문이다(양재진, 2009; 김진욱, 2007). 몇 가지 중요한 과제만 제시하면 다음과 같다. 첫째, 사회적 기업에 대한 지원이 보조금 지급 등 사회복지 차원에만 그쳐서는 안 된다. 경영기법, 재무능력, 세무상담, 기술 및 훈련 지원 등 경영 및 노동시장적 접근이 주를 이루어야 한다. 그리고 보조금보다는 구매와 조달을 통한 간접적 지원을 통해 경쟁에 일정 부분 노출되게 하는 것이 필요하다. 둘째, 사회적 기업의 성공 여부는 지역 시민사회와의 연계에 달려 있다. 사회적 기업은 영리를 추구하지만, 국가의 보조나 지역사회의 구매와 성원 없이는 생존하기가 어렵기 때문이다. 따라서 지역 단위 거버넌스 구축이 필요하며, 이러한 의미에서 책임 부서인 노동부나 고용안정센터의 역할도 중요하지만, 지방자치단체의 더 적극적인 역할이 요청된다. 셋째, 근본적으로는 공공보육과 장기요양 등 시급한 사회서비스의 적극적인 확대를 통해 사회적 기업이 성장할 수 있는 토대를 넓히는 것이다. 사회서비스의 고용 비중이 2003년 현재 OECD 평균 21.7%인 데 반해 한국은 12.6%에 지나지 않는다. 사회서비스 확충과 관련 분야 신규 고용 창출이라는 두 마리 토끼를 잡을 기회라 하겠다.

(3) 보상체계 개선을 통한 중·고령자와 정규직의 고용 수요 확충

2005년 경영자총연합회의 조사 결과에 따르면, 한국 기업의 86.9%는 연공서열형 임금체계를 시행하고 있다. 산업별로는 제조업(87.6%), 규모별로는 대기업(89.7%), 직종별로는 생산직(80.3%)에서 연공급을 채택하고 있다. 한국의 연공급 보상체계는 개발연대에 산업 규모가 확대재생산되고 기업의 노동력 수요가 증가하던 시기에 확립된 것이다. 당시 기업으로서는 근로자에게 장기적인 비전을 제시함으로써 잦은 이직을 억제하고 기업 특수적인 기술과 지식을 축적하는 것이 필요했다. 그러나 고도성장이 멈추고 경제의 세계화로 상품과 기술 변화의 주기가 단축되면서, 기업이 장기적으로 유지할 수 있는 핵심 인력의 규모가 축소되고 있다. 특히 1997년 외환위기 이후 구조조정의 당위성이 확산되면서 연공급체계에서 가장 높은 임금을 받는 중·고령자의 조기퇴직이 보편화되고 있다. 기업의 노동비용 감축을 위한 희생이 중·고령자에게 집중되는 것이다. 그리고 시간이 갈수록 고용비용이 기하급수적으로 상승하는 연공급체계에 신규 근로자를 들여놓지 않기 위해, 단기 고용 위주로 비정규직 고용을 남발하는 기업의 행태가 만연하고 있다(고준기, 2007; 정이환, 2008). 따라서 이제는 비정규직 고용을 축소하고 고령자의 고용을 촉진하기 위해서라도, 연공급체계에서 생산성을 반영하는 임금체계로 전환해야 할 때이다(정이환, 2008, 황수경, 2005). 이는 고용 형태가 다양화되는 현실을 반영한 다양한 임금체계의 형성을 뜻한다. 이는 크게 세 가지로 나눠볼 수 있다(박준성, 2007).

첫째, 직무가 다소 정형적이지만 소속감이나 충성을 요하는 직무와 대체 가능성이 적어 내부에서 육성하는 것이 효율적인 직무에 종사하는 인력은 정규직으로 고용하면서 현재와 같은 연공급제를 적용한다. 단, 중·고령자의 고용 보장을 강화하기 위해 임금피크제를 병행하되, 고령화 진전에 맞추어 정년은 지속적으로 연장한다.[6] 둘째, 현재 비정규직이 담당하는

---

6) 개별 기업의 우상향 임금곡선은 중·고령층에게 안정적인 임금소득을 보장해주는 긍정적인 측면이 있지만, 중·고령층의 인건비가 상승하는 만큼 고용이 불안해진다. 실제 공기업 근로자나 대기업 생산직을 제외한 절대다수의 근로자가 40대 중반 이후 고용이 불안해지는 것이 현실이다. 따라서 최초 입직 시 임금(임금 인상의 베이스)은 현재보다 다소 상향하더라도, 최소한 50세부터는 완만하게 꺾이는 임금곡선을 만들고(즉, 임금피크제를 50세에 적용해), 대신 중·고령자의 고용을 보장하는 것이 필요하다(박준성, 2007). 물론 이때 임금피크제의 확산 정도에 발맞춰 일본처럼 정년을 연장하는 조치가 필요하다.

〈그림 9-1〉 고용 형태별 임금체계와 임금피크제(예시)

구분	범용 직무군	단순 정형 직무군	전문 직무군
직무 구분	기획·지원업무	정형·반복·서무·별정 직무	성과 창출 직무
	여러 부서 이동· 숙련 후 부서장 발탁	근무지·부서 이동, 직무 변 동을 제한하고 숙련에 전념	성과를 창출할 수 있는 단일 직무로 전문화
임금 체계	기본연봉: 기본급, 고과승급(merit)	기본연봉: 단일 직무급, 임금 조정	기본연봉: 범위 직무급, 고과승급(merit)
	성과연봉: 인센티브	성과연봉: 인센티브	성과연봉: 인센티브
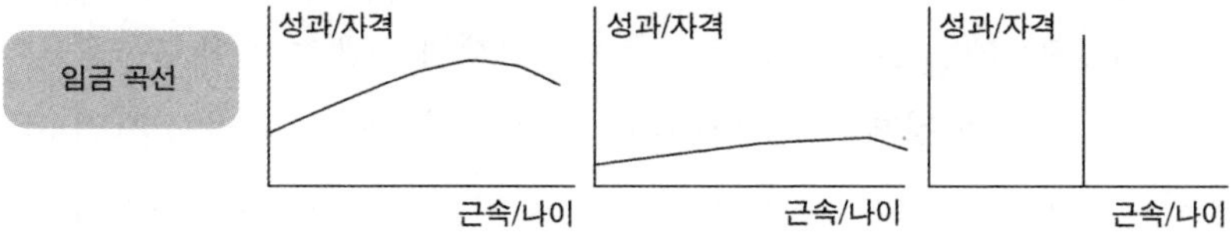 임금 곡선	성과/자격 – 근속/나이	성과/자격 – 근속/나이	성과/자격 – 근속/나이

자료: 박준성(2007: 13)에서 재구성.

경우가 많은 정형적이고 단순하면서 대체 인력을 쉽게 외부에서 충원할 수 있는 단순 정형 직무는 인력을 정규직으로 대체하되, 이들에 대한 임금체계는 직무급을 기본으로 하여 완만하게 상승하다가 임금피크제의 적용을 받게 한다. 최근 우리은행에서 기존 비정규직을 정규직으로 전환하면서 직군별 임금체계로 전환한 것을 예로 들 수 있다. 이들에 대한 정년도 고령화 추세에 발맞추어 지속적으로 연장해야 한다. 임금이 상대적으로 낮은 직무급이라 할지라도 장기간 고용이 보장되는 정규직으로의 전환은 여성의 고용 의지를 촉발하는 계기가 될 것이다. 셋째, 고도의 전문성과 창의성이 필요한 업무를 수행하지만, 내부에서 육성하기보다는 외부에서 충원하는 것이 효율적인 전문 직무 인력은 직무 가치나 기여도에 정비례하는 직무성과급 형태의 임금체계를 구축한다. 이 경우는 임금피크제를 적용하지 않으며 정년 연장에도 해당하지 않는다.

4. 결론

사회투자정책은 근로를 매개로 개개인의 복지를 증진하고, 동시에 사회의 생산력을 높이는 데 기여하고자 설계된 사회정책이다. 따라서 생애주기에 걸친 직업능력 향상과 경제활동 지원을 목표로 사회정책이 새롭게 배치된다. 그리고 취약 계층과 아동 등에 더 많은 자원을 투여함으로써 개개인이 되도록 동일한 출발선상에 설 수 있게 해주는 적극적 기회의 평등 개념이 적용된다. 그러나 사회투자정책의 효과는 사회투자정책이 시행되는 사회적·경제적 여건에 따라 다르게 나타난다. 따라서 사회투자정책의 효과성을 높이기 위한 보완 과제를 병행하여 시행함으로써 사회투자정책에 우호적인 환경을 조성하는 것이 필요하다.

이 글에서는 먼저 개개인이 사회투자정책에 의욕적으로 참여할 수 있는 제반 여건을 조성하는 것이 필요함을 지적했다. 노동시장 내 차별을 해소하고 맞벌이를 지원할 수 있게 조세와 사회보장제도를 개혁하는 것, 그리고 '수지맞는 취업정책'의 적극화 등이 논의되었다. 이렇게 되면 더 많은 시민이 전 생애에 걸쳐 근로 역량을 키우려 노력하고 적극적으로 근로에 나서게 됨으로써 결국 가구당 소득과 복지가 향상될 것이다.

사회투자정책을 통해 '업그레이드'되고 증대된 노동력 공급에 대한 수요를 확보하는 것도 중요한 과제이다. 되도록 고용친화적인 거시경제정책과 산업정책을 구사해 좋은 일자리 수요를 창출하고, 임금체계를 직무와 성과에 맞게 다양화하여 기업의 고용 수요를 늘리며, 사회적으로 어느 정도 보호된 노동시장을 형성해 취약 계층이 노동에 참여할 수 있게 돕는 것이 필요하다. 이렇듯 고용을 매개로 사회정책과 경제정책이 맞물리게 된다면, 복지와 성장의 선순환이 이루어질 것으로 기대할 수 있다. 앞서 논한 보완 과제를 다시 세 가지 사회투자전략에 따라 재배치하여 전체적인

〈그림 9-2〉 사회투자전략에 따른 사회정책과 전략적 보완 과제

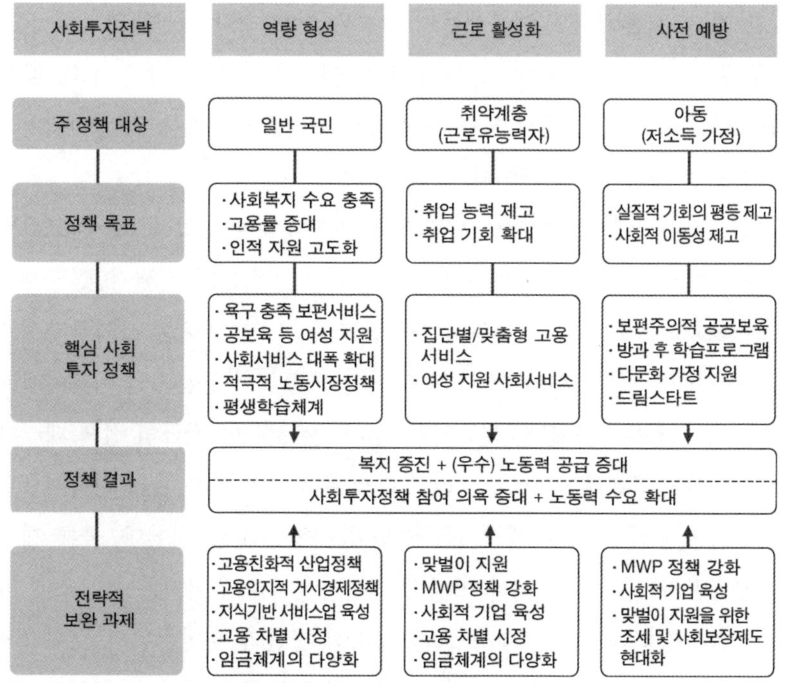

자료: 양재진(2009: 300)에서 재구성.

정책 패키지를 제시하면 <그림 9-2>와 같다.

이 글에서 논한 사회투자정책과 보완 과제는 한국 경제·사회정책의 패러다임을 바꾸는 일이 될 것이다. 이는 정치적 지지와 재정적 지원 없이는 이루기 어려운 새로운 전략적 과제이다. 고용을 중심으로 한 사회정책과 경제정책의 조화에 대해서 적어도 유럽연합에서는 정치적 합의를 이루었다. 고용을 매개로 경쟁력과 사회통합을 달성하려는 리스본 전략(Lisbon Strategy)의 정신은 이를 상징한다. 사회투자국가를 표방하는 영국 노동당 정부의, 그리고 해밀턴 프로젝트(Hamilton Project)로 대표되는 미국 민주당 오바마 행정부의 사회정책적 지향이기도 하다. 글로벌 경제위기가 세계경

제를 강타한 상황에서도 사회투자형 사회정책에 대한 강조는 흔들리지 않고 있다. 서론에서도 언급했듯이 대공황 이후 최악의 경제위기를 맞은 상황에서 오바마 대통령이 교육과 직업교육 강화, 아동 빈곤 해소, 공적 의료보험제도 도입을 통한 국민 건강 증진을 미국의 미래를 위한 선택이라고 강조한 것은 좋은 예이다.

그런데 한국에서는 아직도 성장과 복지에 대해 이분법적으로 사고하는 경향이 강하다. 최근 경제위기 상황에서 다소 약화되기는 했지만, 신자유주의적인 작은 정부론이 여전히 대세를 이루고 있다. 이는 사회투자정책을 표방한 노무현 정부의 '비전 2030'이 실패로 끝난 근본적인 이유이기도 하다. 하지만 우리가 선진국이 되기 위해서는 서구 선진국의 정책 패러다임의 변화에 주목해야 한다. 그리고 후발 주자의 이점을 살려 전략적으로 한국 실정에 맞는 정책 패키지를 만들어 시행해야 할 것이다. 물론 재정 문제도 큰 난관이다. 그러나 이명박 정부하에서 이루어지는 수십조에 달하는 감세정책을 볼 때, 재정 또한 정치적 결단과 우선순위의 문제라고 하지 않을 수 없다(양재진, 2009: 313~317). 한국에서도 그 어느 때보다 사회보장제도를 현대화하고 복지와 성장의 선순환구조를 형성하기 위한 전략적 선택과 의식적 노력이 필요한 시점이다.

참고문헌

경기개발연구원 편집부. 2008.『취약계층 일자리 창출을 위한 사회적 기업 육성체계 구축방안』. 경기개발연구원.

고준기. 2007.「고령자 고용촉진을 위한 임금 등 보상체계의 변경을 둘러싼 법적 과제」. ≪기업법연구≫, 제21권 3호.

김상철. 2009.「독일의 가족정책 성격변화에 관한 연구: 부모수당(Elterngeld) 도입을 중심으로」. 복지국가연구회 세미나 발표자료(2009. 1).
김연명. 2007. 「사회투자정책과 한국 사회정책의 미래」. 한국사회복지학회·한국사회정책학회·한국행정학회·한국산업사회학회 공동 주최, 한국 사회의 미래와 사회투자정책 심포지엄 발표논문(2007. 2. 21).
김연명 엮음. 2009. 『사회투자와 한국 사회정책의 미래: 사회투자담론이 한국 사회의 복지발전과 사회발전에 유용한 전략인가』. 나눔의 집.
김원섭·양재진·이주하. 2010. 「최근 금융위기에서 복지국가의 발전에 관한 연구: 영국, 독일, 미국의 비교연구」. 선진사회연구원 발표논문.
김영순. 2007. 「사회투자국가가 우리의 대안인가? 최근 한국의 사회투자국가 논의와 그 문제점」. ≪경제와 사회≫, 제74호.
김진욱. 2007. 「한국 사회서비스의 공사역할분담 개혁 방향에 관한 연구: 공공책임성 강화를 전제로 한 공사 혼합모델을 중심으로」. ≪사회복지정책≫, 제31권.
김현숙. 2007. 「기혼여성과 소득세: 최적조세이론 관점」. ≪재정포럼≫, 제133호.
김혜원. 2008. 「저임금 근로자 사회보험료 감면의 공론화를 기대한다」. ≪노동리뷰≫, 제2호.
나운환 외. 2003. 「장애인 고용차별에 관한 연구」. ≪한국행정학보≫, 제37권 2호.
박선영. 2005. 「차별시정기구: 외국의 차별시정기구 개관 및 한국에 주는 시사점」. ≪국제노동브리프≫, 제3권 1호.
박준성. 2007. 「특집: 우리나라 임금 무엇이 문제인가?: 임금체계의 문제점과 개선방안」. ≪월간 경영계≫, 제338호.
양재진 외. 2008. 『사회정책의 제3의 길: 한국형 사회투자정책의 모색』. 백산서당.
양재진. 2009. 「사회투자형 복지국가 건설론」. 김형기·김윤태 엮음. 『새로운 진보의 길: 대한민국을 위한 대안』. 도서출판 한울.
은수미. 2008. 「이슈분석: 비정규입법 1년, 시행효과와 정책적 대응방향」. ≪노동리뷰≫, 제7호.
이두원. 2008. 「'고용 없는 성장' 추세를 반영한 일자리 창출의 전망」. ≪지식연구≫, 제6권 1호.
이미숙. 2007. 「여성의 관점에서 본 국민건강보험 30년」. ≪보건과 사회과학≫, 제22집.
임혁백 외. 2007. 『사회적 경제와 사회적 기업: 한국형 사회적 일자리와 사회서비스 모색』. 송정.

장원봉. 2006.『사회적 경제의 이론과 실제』. 나눔의 집.
전병유 외. 2005.『고용 없는 성장에 대한 대응전략 연구』. 한국노동연구원.
전병유. 2010.「사회통합을 위한 고용-빈곤 정책의 방향과 과제」. 한국인권재단 주최, 존중받는 삶을 위한 학습-노동-복지의 선순환 라운드테이블 발표논문.
정규언. 2007.「여성의 경제활동 촉진을 위한 세제 개편방안」. ≪세무학연구≫, 제24권 1호.
정이환. 2008.「한국의 비정규 노동과 노동시장 체제: 사회적 노동시장의 모색」. 참여연대 사회사회복지위원회.『전환기의 한국 복지패러다임: 새로운 방향과 대안의 모색』. 인간과 복지.
조선주. 2008.「일하는 여성에게 희망을: 근로장려세제(EITC)와 여성」. ≪젠더리뷰≫, 제8권.
채창균. 2007.「일자리 혁명: 일자리 양과 질을 선진국 수준으로」. 이원덕.『21세기 국가전략: 일자리 창출, 인적자원 개발』. 한국직업능력개발원.
한국개발연구원(KDI) 엮음. 2006.『양극화 극복과 사회통합을 위한 사회경제정책 제안』. 한국개발연구원.
한국조세연구원. 2008.「재정통계: 연도별 세목별 조세지출 현황/연도별 감면방법별 조세지출 현황/연도별 기능별 조세지출 현황/연도별 탈세제보자료 처리실적/연도별 세정지원(납세유예) 실적」. ≪재정포럼≫, 제145호.
황수경. 2005.「특집: 연공임금을 다시 생각한다」. ≪노동리뷰≫, 제2권.

Bernard, Paul and Guillaume Boucher. 2007. "Institutional Competitiveness, Social Investment, and Welfare Regimes." *Regulation & Governance*. Vol. 1, No. 1.
Bonoli, Giuliano and Martin Powell. 2004. "One Third Way or Several?" in Jane Lewis and Rebecca Surender(eds.). *Welfare State Change: Towards a Third Way?* London: Oxford University Press.
Eissa, Nada and Hilary Hoynes. 2005. "Behavioral Responses to Taxes: Lessons from EITC and Labor Supply." National Bureau of Economic Research Working Paper 11729.
Esping-Andersen, Gøsta. 2002. "A Child-Centered Social Investment Strategy." in Esping-Andersen, Gøsta et al. *Why We Need a New Welfare State*. New York: Oxford University Press.

_____. 2003. "Towards the Good Society, Once Again?" Paper presented at the 4th International Research Conference on Social Security Antwerp, 5~7 May.

EU. 2004. "Facing the Challenge: The Lisbon Strategy for Growth and Employment."

Giddens, Anthony. 1998. *The Third Way*. Cambridge: Polity Press.

_____. 2003. *The Progressive Manifesto*. London: Policy Network.

Greenwood, john and Jean-Pierre Voyer. 2000. "Experimental Evidence on the Use of Earnings Supplements as a Strategy to 'Make Work Pay'." *OECD Economic Studies*, No. 31, 2000/II.

Grover, Chris. 2009. "The third way: a compromise of the Left?: New Labour, the Independent Labour Part, and Making Work Pay." *Policy & Politics*, Vol. 37, No. 1.

Jaumotte, Florence. 2003. "Lobour Force Participation of Women: Empirical Evidence on the Role of Policy and Other Determinants in OECD Countries." *OECD Economic Studies*, No. 37.

Knijn, Trudie and Wim van Oorschot. 2008. "The Need for and the Societal Legitimacy of Social Investments in Children and Their Families: Critical Reflections on the Dutch Case." *Journal of Family*, Iss. 29.

Lewis, Jane and Rebecca Surender(eds.). 2004. *Welfare State Change: Towards a Third Way?* London: Oxford University Press.

Midgley, James. 1999. "Growth, Redistribution, and Welfare: Toward Social Investment." *Social Service Review*, March 1999.

Misra, Joya, Michelle J. Budig and Stephanie Moller. 2007. "Reconciliation Policies and the Effects of Motherhood on Employment, Earnings and Poverty," *Journal of Comparative Policy Analysis: Research and Practice*, Vol. 9, No. 2.

Noya, Antonella. 1999. *Social Enterprises*. Paris: OECD.

OECD. 2003. *The Non-profit Sector in a Changing Economy*. Paris: OECD.

Perkins, Daniel, Lucy Nelms and Paul Smyth. 2004. "Beyond Neo-liberalism: the Social Investment State?" Social Policy Working Paper No. 3, The Center for Public Policy, University of Melbourne.

Sherraden, M. 1991. *Assets and the Poor: A New American Welfare Policy*, New York: Sharpe.

Spear, Roger et al.(eds.). 2002. *Tackling Social Exclusion in Europe: The Contribution of the Social Economy*. Aldershot: Ashgate.

Taylor-Gooby, Peter. 2008. "European Welfare Reforms: The Social Investment Welfare State." in Sang-Hyop Lee, Andrew Mason and Kwang-Eon Sul(eds.). *Social Policy at a Crossroads: Trends in Advanced Countries and Implications for Korea*. Seoul: Korea Development Institute.

민주주의가 사회복지정책에 미치는 영향*

이신용 | 경상대학교 사회복지학과

1. 서론: 민주주의 유형과 사회복지정책

슈미트(Schmidt, 1998a)는 지난 20세기 후반에 민주주의국가의 정부가 사회복지정책에 몰입해 있었다고 평가한다. 이처럼 사회복지정책에 몰입할 수 있었던 원인의 하나로 그는 높은 경제수준을 꼽는다. 또한 그는 국민의 소득이 증가하면 교육·오락·문화·보건 등에 대한 수요가 커져 정부의 지출도 증가한다는 바그너 법칙에 따라 민주주의국가의 사회복지정책이 발전했다는 논리도 받아들인다. 한편 민주주의국가의 정부가 실업 문제를 해결하지 못하는 한계를 보인다는 지적도 덧붙인다. 그런데 그는 사회복지정책을 발전시켰던 민주주의국가를 모두 동일하게 취급할 수는 없다고 본다. 즉, 민주주의국가라고 해서 모두 같은 방식으로 사회복지정책을 도입하거나 시행하는 것은 아니라는 것이다. 그는 민주주의 유형과 사회복지정책 사이에 긴밀한 상관관계가 있다고 주장한다. 그의 비교 분석에서 대상이 되는 민주주의 유형은 뿌리내린 민주주의와 결함 있는 민주주의,

* 이 글은 2007년 ≪한국사회복지학≫, 제59권 4호에 글을 수정·보완한 것이다.

신생 민주주의와 오래된 민주주의, 간접민주주의와 직접민주주의, 합의민주주의와 다수결주의적 민주주의이다.[1)]

이러한 서로 다른 민주주의 형태 가운데 이 글에서는 결함 있는 민주주의를 중심으로 그것이 사회복지정책과 어떤 관계가 있는지 알아보겠다. 슈미트는 사회복지 수준이 결함 있는 민주주의보다 뿌리내린 민주주의에서 뚜렷하게 높다고 주장한다.

> 비록 미국의 빈약한 사회정책과 북유럽 국가의 잘 발달된 복지국가 사이에

---

1) 슈미트는 다음과 같이 다양한 민주주의 형태와 사회정책과의 관계를 비교 분석한다(Schmidt, 1998a: 10~12). 첫째, 민주주의 연령이 높을수록 사회보장비 지출은 증가한다. 뿌리내린 민주주의든 결함 있는 신생 민주주의든 민주주의는 사회적 약자의 편에서 복지욕구를 표현하고 결집·관철하는 모체이며, 민주주의에서는 공직에 대한 열린 경쟁에서 승리하기 위해 경쟁자들이 종종 사회정책을 이용하여 유권자들을 자신의 편으로 끌어들이려 하기 때문이다. 둘째, 그는 직접민주주의가 간접민주주의보다 사회정책 발달에 더욱 부정적인 영향을 미친다고 분석한다. 예컨대 스위스와 같은 직접민주주의에서는 유권자가 사회정책 확장의 각 단계를 평가할 수 있다. 또한 직접민주주의에서는 간접민주주의에서보다 사회정책의 확장을 위해 필요한 비용이 유권자에게 가시적으로 다가오며 계산해서 따져볼 수 있다. 그러나 간접민주주의에서 이러한 비용의 문제는 다음 선거에서 단 한 번의 투표로 결정되는 많은 정책 사이에 묻혀버린다. 셋째, 오래된 민주주의에서 비롯되는 강력한 분배연합, 친복지국가적 중도 및 좌파정당의 오랜 집권, 높은 경제수준과 단일민족, 연방제와 같은 반다수결주의적 제도에 방해받지 않는 다수결주의적 의회 및 정부라는 다양한 요소가 결합된 간접민주주의는 오랫동안 사회정책에 깊이 영향을 미쳤는데, 북유럽 국가와 네덜란드가 이에 해당한다. 넷째, 합의민주주의 구조가 강할수록 남녀 기회평등 보장과 친복지국가적 경향이 뚜렷해지는 반면에, 다수결주의적 민주주의하에서 세속적이고 보수적인 정당이 정권을 획득하면 작은 국가와 보장 수준이 낮은 사회정책을 추구하는 경향을 보인다. 영미권 국가가 이 유형에 속한다. 반면에 다수결주의적 민주주의하의 좌파 및 중도정당의 정부는 친복지국가로 귀결된다. 물론 이런 유형은 과반수가 확보될 경우 반복지국가가 될 가능성도 크다. 북유럽 국가와 이른바 베네룩스 3국이 이 유형으로 분류된다.

는 분명한 차이가 있을지라도, 뿌리내린 민주주의국가들은 광범위한 사회정책에 경도된다. 그러나 허약한 혹은 결함 있는 민주주의국가들은, 대규모로 만들어진 사회정책의 유산을 지닌 후기 공산주의적 민주주의국가는 예외라고 할 때, 미약한 사회보장의 경향을 나타낸다(Schmidt, 1998a: 10 이하).

1987년 6·29선언을 계기로 민주화된 한국은 신생 민주주의국가인 동시에 결함 있는 민주주의국가로 분류된다(최장집, 2005; Merkel, 1999; Croissant, 2002). 이러한 한국의 결함 있는 신생 민주주의에서 사회보장 수준은 슈미트가 주장한 것처럼 뿌리내린 민주주의국가에서보다 낮게 나타난다. 1961년 5·16군사쿠데타 이후 본격적으로 도입되기 시작한 한국의 사회복지제도의 보장 수준은 아직 국민을 사회위험에서 충분히 보호할 수 있을 정도까지 도달하지 못했다. 전 국민을 가입 대상으로 하는 국민연금제도에 포함되지 않은 이들이 아직도 많이 존재하며, 상병급여가 없는 것은 물론, 건강보험의 보장성이 낮아 진료비에 대한 본인부담률이 거의 절반에 달한다. 특히 암 같은 중병에 걸린 환자에 대한 건강보험의 보장성은 더욱 떨어진다. 산업재해로 판정받기가 쉽지 않은 산재보험과 자발적 실업자를 급여 대상에서 제외하는 고용보험의 엄격한 수급 자격 조건 때문에, 한국 국민은 산업재해와 실업의 위험으로부터도 여전히 제대로 보호받지 못한다. 아울러 국민의 최저생계를 국가가 보장한다는 의미에서 긍정적인 발전을 보여준 국민기초생활보장제도도 국민의 기초생활을 적절히 보장하고 있다고 보기 어렵다. 빈곤이 심화되었는데도 인구 대비 기초생활보장 수급자 비율은 거의 고정되어 있으며, 여전히 노동 가능한 급여 대상자들의 숫자는 적고, 실제 물가를 반영한다고 해도 기초생활보장제도의 급여 수준은 여전히 낮기 때문이다.

이 글은 이러한 한국의 낮은 사회보장 수준이 결함 있는 한국 신생 민주주의의 특성과 어떤 연관성이 있는지를 민주주의와 사회복지정책의 상관성을 토대로 분석하고, 이를 토대로 한국 사회복지의 발전 방향을 제안하는 것을 목적으로 한다. 이를 위해 먼저 한국 복지수준의 한계를 극복하려면 정치체제를 변화시켜야 한다는 것을 전제로 하여, 민주주의와 사회복지정책과의 친화성의 근거를 분석하고(제2절), 민주화 이후 한국의 정치체제와 사회복지정책과의 연관성을 살펴본다(제3절). 그리고 이러한 논의를 바탕으로 하여 정치체제의 변화와 관련해 한국 사회복지의 발전 방향을 제안한다(제4절). 이 글의 주제는 한국 사법부의 기능과 독립성, 의회의 발전사, 정당정치 및 정당구조, 선거제도, 대중매체 등과 같은 광범위한 분야와 깊은 연관성이 있다. 그러나 여기에서는 사회복지법과 관련해 행정부와 입법부의 관계만 집중적으로 다루기 때문에, 글의 흐름과 관련해서 필요한 경우 이외에는 그러한 연관 분야에 대해 상세하게 다루지 않는다.

2. 사회복지정책과 민주주의의 친화성

"비록 민주주의에서 빛나는 모든 것이 금은 아닐지라도"(Schmidt, 1998b), 민주주의 체제가 뿌리내린 곳은 다른 체제에서와는 다르게 많은 장점을 지닌다는 것을 인정해야 한다. 일반적으로 민주주의에서는, 특히 민주주의가 뿌리내린 곳에서는 국민의 기본권이 존중되고 정치적 평등이나 참여·협력·항의의 기회가 보장된다. 더욱이 공정한 선거를 통해 출현하고 교체될 수 있는 정치적 질서와 주도권이 받아들여진다. 무엇보다도 각 사회집단의 이해에 민감하게 반응한다는 것도 민주주의의 중요한 장점으로 지적할 수 있다. 이를 통해 민주주의는 학습능력과 자기수정의 능력을 얻고 정치적 정당성을 부여받는다. 이와는 달리 권위주의적인 체제에서는 "과도한 비분화성, 수용 한계의 경시 및 경제의 지나친 부담에 대응하는 안전장치가"(Schmidt, 1998a: 12) 부족하다. 또한 민주주의 체제에서는 다양한 협력과 반대의 기회가 조기경보제도로서 작용하지만, 이와 같은 제도는 권위주의 체제에 존재하지 않거나 결함 있는 신생 민주주의 체제에서는 미성숙하여 제대로 기능하지 못한다(Schmidt, 1998b: 182 이하).

"그러나 민주주의 체제가 비로소 뿌리내리면, 이 정착된 민주주의는 지속적 발전에 대해 중요하고 '독립적인' 영향력을 가진다"(Berg-Schlosser and Kersting, 1997: 111). 따라서 앞서 말한 민주주의의 긍정적 속성은 사회에서 사회복지정책의 발전에 유리한 기본 조건을 만들어낸다(Luhmann, 1981: 27; Marshall, 1992; Zacher, 2001: 416 이하; Schmidt, 2004: 44 이하). 마셜은 이러한 기본 조건의 형성을 민주주의 사회에서 시민권의 발전과 관련을 맺는다고 보았다. 그는 이 시민권을 시민적 권리, 정치적 권리, 사회적 권리로 나눈다. 여기에서 시민적 권리는 시민 개개인의 자유를 보장하는 권리를 포함한다. 이러한 시민적 권리는 개인의 자유, 의사표현의 자유, 사고 및 종교의 자유, 소유의 자유, 계약의 자유, 평등과 법치국가적 절차를 토대로 자신의 권리를 방어하거나 주장하는 재판 절차의 자유 등과 같은 것이다(Marshall, 1992: 40).

이러한 시민적 권리들은 "정치적 힘의 사용에 대한 참여권이 정치적 권위로 형성된 법인체의 회원으로서나 그러한 종류의 법인체 회원을 선출하는 선거자로서"(Marshall, 1992: 40) 구현되는 정치적 권리가 온전히 실현되기 위해서 기능해야 한다. 그러나 시민적 권리가 정치적 권리와 맺는 이러한 직접적인 연관성은 사회적 권리와의 관계에서는 다르게 나타난다. 비록 사회적 권리가 시민적 권리와 정치적 권리의 역동성을 토대로 형성되고, 또한 이것들이 서로 밀접하게 연관되어 있을지라도(Rüb, 2004: 17 이하),

시민적 권리는 사회적 권리의 발전과 직접적으로 관련된 것은 아니다.[2] 시민적 권리를 보장함으로써 정치적 권리를 자유롭게 행사하는 데 필수불가결한 기본 토대가 마련된다는 의미에서 시민적 권리와 사회적 권리는 간접적인 연관성을 지닌다.

정치적 권리의 자유로운 행사는 "사회의 정치적 기능체계의 성과 안으로 국민을 끌어들이는 것"(Luhmann, 1981: 25 이하)을 의미하는 "정치적 접합(political inclusion)"(Luhmann, 1981: 27)을 나타낸다. 국민의 "정치적 접합"이 현실화되면 "필연적으로 복지국가로 귀결된다"(Luhmann, 1981: 27). 이는 사회적 권리의 발전이 정치적 과정의 산물이기 때문이다(Rieger and Leibfried, 1999: 485; Zacher, 2001: 416; Krück and Merkel, 2004: 100). 예를 들면 시장으로부터 많은 이윤을 획득하는 이들은 시장기능을 매개로 한 분배제도를 선호하는 반면에, 시장에서 상대적으로 불리한 위치에 있는 이들은 시장기능을 매개로 한 분배과정의 부정적인 전제나 결과를 정치를 통해 수정하려는 시도를 하기 쉽다(최장집, 2005: 27; Korpi and Palme, 2003: 427). 상당한 정도로 20세기의 복지국가는 이와 같은 정치적 과정의 산물로 볼 수 있다(Korpi and Palme, 2003: 427). 시장에서 발생한 분배의 불평등을 완화하려고 했던 20세기 복지국가의 발전에는 조직의 자유와 정치적 참여를 보장하는 민주주의의 발전이 전제되었다. 이러한 전제하에서 이익집단은 자신의 이해를 방어하고 확대하기 위해 집단 구성원을 조직화하여 정치과정에 영향력을 행사할 수 있다. (뿌리내린) 민주주의 체제에서는 이러한 정치적 권리의

---

2) "무엇이 '국민을 위한 지배'인가라는 것은 규범적으로 선취될 수 없다. '국민을 위한 지배'의 내용을 도출할 수 있는 민주주의적 규범을 공식화하는 것은 비현실적인 것이다"(Zacher, 2001: 416). "햄프셔(Hampshire)가 말하듯이, 민주주의에서 정의로운 것은 본래부터 존재하는 것을 발견하는 것이 아니라 정당한 절차를 거쳐 여러 의견과 이익들이 갈등하고 경쟁하면서 형성되는 것이다"(최장집, 2005: 40).

행사가 보장된다.

민주주의 체제는 국민의 이와 같은 정치적 권리를 보장하기 때문에, 민주주의 체제에서 일정한 연령에 달한 '모든' 성인은 선거권을 얻는다. 선거권을 소유한 성인 중에는 상대적으로 빈곤한 계층과 시행 중인 사회복지정책에서 혜택을 보려는 계층이 포함된다(Zacher, 2001: 418; Schmidt, 2004: 44). 이 집단들이 사회복지 발전에 영향을 미칠 수 있는 것은 민주주의 체제에서 대통령직과 같은 공직에 대한 자유로운 경쟁이 보장되기 때문에 통치자들이 권위주의 체제에서보다도 선거권을 소유한 시민들로 구성된 집단의 욕구에 훨씬 더 민감하게 반응해야 하기 때문이다(Berg-Schlosser and Kersting, 1997: 119; Krück and Merkel, 2004: 97). 더욱이 정당은 정권을 유지하거나 새롭게 창출하기 위하여 사회정책을 이용해 '대다수 사회정책의 고객'(Schmidt, 2004: 44)을 자신의 정당을 지지하는 세력으로 만들려고 시도한다. 따라서 한 국가가 사회복지제도를 확대할수록 선거에서 사회복지제도의 수혜 대상자들이 행사하는 영향력은 점점 더 커진다. 결과적으로 사회복지제도의 수혜 대상자와 규칙적으로 시행되는 선거의 긍정적인 연관성은 민주주의 체제에서 사회복지의 발전으로 귀결된다. 선거 공약 중에 복지발전에 관한 내용이 포함되는 것과 자신이 속한 선거구에 자원을 유치하려는 정치가의 노력 등이 대표적인 예이다(Berg-Schlosser and Kersting, 1997: 120).

한편 규칙적으로 시행되는 선거로 정권이 교체될 수 있는 선거제도는 집권당과 야당이 단기간에 효과를 낼 수 있는 정책 도구에 집중하도록 동기를 부여한다(Zacher, 2001: 419; Schmidt, 2004: 44).

> 이것은 단기간에 동원될 수 있어야 하고, 큰 영향력을 보여줄 수 있는 성과들을 요구한다. 사회정책은 이러한 요구 조건에 아주 적합한 것이다.

사회정책은 아주 가시적일 수 있고, 그것의 영향력은 매우 광범위하다. 사회정책은 시민의 삶에 매우 깊게 관여할 뿐 아니라, 동맹원이나 추종세력에게는 경제적인 이해를 목표로 하는 선전에서 영향력이 매우 큰 도구 중의 하나이다(Schmidt, 2004: 44).

그러므로 시민적 권리와 정치적 권리 보장의 결과는 "일련의 권리들, 즉 최소한의 경제적인 복지와 안정에 대한 권리로부터 사회적 유산에 대한 권리를 넘어 사회적으로 지배적인 표준에 상응하는 문명화된 존재로서의 삶에 대한 권리"(Marshall, 1992: 40)까지 포함하는 사회적 권리가 구현되는 것으로 나타난다.

뿌리내린 민주주의 체제에서는 시민적 권리와 정치적 권리의 보장을 통해 사회적 권리를 보장하고 확대하는 데 유리한 조건이 마련되어 있다. 그러나 비민주주의적 국가체제에는 그러한 조건이 결핍되어 있으며, 결함 있는 신생 민주주의 체제에서는 그것이 성숙되어 있지 못하다. 따라서 비민주주의적 국가체제나 결함 있는 신생 민주주의 체제의 사회복지 수준은 뿌리내린 민주주의 체제의 복지수준을 능가할 수 없다(Berg-Schlosser and Kersting, 1997: 94; Krück Schmidt, 1998a: 13; Merkel, 2004: 97 이하).[3]

3. 위임민주주의 체제가 사회복지정책에 미치는 영향

민주화된 국가들이 "자유·비밀·평등·보통선거를 시행함으로써 민주주

3) 슈미트는 민주주의를 사회정책 발전에 영향을 미치는 결정적인 요소로 간주하지만, 경제발전 수준도 보충적인 요소로 인정한다(Schmidt, 2004, 2001).

의적 지배를 위한 최소한의 절차를 안정화하는 동안에"(Merkel, 1999: 361), 지난 20세기 말의 사반세기 동안 세계적으로 민주주의는 더욱 퍼져 나갔다. 민주화의 물결을 타고 한국을 비롯한 많은 국가가 권위주의 체제에서 민주주의 체제로 전환되었다. 그러나 이처럼 민주주의가 일련의 승리를 거두었는데도, 신생 민주주의는 빈번하게 민주주의의 결함 있는 변형으로 간주된다. 한국의 신생 민주주의도 예외는 아니어서 결함 있는 한국 신생 민주주의는 법치국가 원리를 보장하는 정치적 자유주의에 기초하지 않는 특징을 보이는 것으로 분류된다. 즉, 자유롭고 공정한 선거를 통해 선출된 행정부나 국가원수가 법치국가 원칙을 존중하지 않는 한국의 민주주의는 결함 있는 신생 민주주의의 한 유형으로 분류되는 것이다(O'Donnell, 1994: 59 이하; Merkel, 1999: 367; Croissant, 2000: 117). 이 체제에서는 행정부가 입법부를 우회하며 초헌법적으로 사법부에 영향력을 미쳐서 자신이 선호하는 정책을 관철할 수 있는 결정 권한을 강화한다(Croissant, 2000: 18). 이러한 의미에서 사회복지정책도 위임민주주의 체제하에서는 강한 행정부의 영향력이 미치는 영역에 포함된다.

1) 결함 있는 민주주의와 위임민주주의

민주주의는 국민주권주의, 시민의 자유와 정치적 평등, 권력분립의 원칙에 기초한 지배질서이다(Croissant, 2002: 29 이하). 이 정의에 따르면 민주주의는 다차원적인 영역을 포함한 정치체제라는 것을 알 수 있다. 첫 번째 영역으로 민주주의적 지배를 보장하기 위한 수직적 정당성(vertical legitimation)의 영역이 언급되어야 한다. 민주적 지배를 위한 열린 통로가 이 영역에 속한다. 즉, 이 영역에는 자유·비밀·평등·보통선거의 실질적 보장과 정치과정에 영향을 미칠 수 있는 자유로운 의사 형성의 담보가 포함된다.

두 번째 영역으로 정치적 의제의 통제(agenda control) 영역이 해당된다. 이 영역에는 사회적으로 구속력이 있는 결정에 대한, 민주적으로 정당성을 획득한 당국의 독점권이 포함된다. 즉, "선출된 행정부는 자신에게 할당된 권한 영역에 대한 효과적인 행정부의 권한을 소유한다"(Croissant, 2002: 30). 세 번째 영역으로 자유로운 법치국가 및 헌법국가의 영역이 언급되어야 한다. 이 영역에는 상호 통제할 수 있는 국가권력의 분립(입법부, 행정부, 사법부)과 시민의 기본권과 자유권, 법 앞의 평등권을 보장하는 것이 포함된다(Croissant, 2002: 31). 위의 세 영역과 <표 10-1>에서 10개의 범주로 제시한 각 영역의 세부 구성 요소들이 효과적이고 유기적으로 작동할 때 한 국가에서 자유민주주의 또는 구현된 민주주의(embedded democracy)가 현존하는 것이다(Merkel et al., 2003: 48 이하).[4]

(1) 결함 있는 민주주의

따라서 결함 있는 민주주의의 개념은 <표 10-1>에서 3개 영역과 10개의 범주로 구분해 제시한 자유민주주의 또는 구현된 민주주의의 구성 요소를 기초로 하여 정의된다. 만일 어떤 민주주의 정치체제에서 <표 10-1>에 제시된 영역이나 범주 중 하나 이상의 구성 요소가 훼손되고, 그 훼손된 부분 때문에 법치국가적 민주주의 구현이 방해받는다면, 이 체제는 더 이상 기능하는 자유민주주의 체제가 아니라 결함 있는 민주주의 체제가 된다(Croissant, 2002: 32: Merkel et al., 2003: 65 이하). 이와 같은 결함 있는 민주주의 체제는 국가권력을 지배할 수 있는 통로를 규정하면서 상당한 정도로 기능하고 있는 민주주의적 선거체제가 현존하는 정치제제이다.

---

4) 메르켈 외(Merkel et al., 2003: 50, 57)에서도 민주주의의 구성 요소를 <표 10-1>과 유사하게 분류했다.

〈표 10-1〉 민주주의의 영역과 범주들

영역	범주
Ⅰ. 수직적 정당성 영역	1. 능동적인 보통선거권 2. 수동적인 보통선거권 3. 선거의 규칙적인 시행 4. 선거의 효과성 5. 의사표현의 자유, 출판의 자유, 정보의 자유 6. 결사의 자유
Ⅱ. 의사일정의 통제 영역	7. 선출된 위임자의 효과적인 지배 권한
Ⅲ. 자유로운 법치국가 및 헌법국가의 영역	8. 헌법적으로 뿌리내린 국가권력의 분립과 제한 9. 국가나 사적인 행동자에 대항한 개인의 보호 권리 10. 법 앞의 평등권

자료: Croissant(2002: 36).

그러나 그것은 이 체제를 구성하는 하나 이상의 다른 영역이나 범주가 제대로 기능하지 못하기 때문에 자유, 평등, 견제와 균형을 보장하기 위해서, 기능하는 민주주의가 요구하는 필수불가결한 보충 요소들이 발견되지 않는 정치체제이다(Merkel et al., 2003: 66).

그렇지만 이 결함 있는 민주주의도 민주주의의 한 하부유형(diminished subtype)으로 간주된다(Croissant, 2002: 32; Merkel et al., 2003: 39). 이는 결함 있는 민주주의라는 개념이 <표 10-1>에서 제시한 (자유)민주주의 체제의 개념에서 파생되었기 때문이다. <표 10-1>의 3개 영역과 10개 범주가 모두 제대로 작동하는 민주주의를 '기능하는 법치국가적 민주주의'(Merkel et al., 2003: 39)로 정의한다면, 결함 있는 민주주의는 이런 이상형(ideal type)에서 파생된 한 하위유형으로 분류된다. 더욱이 결함 있는 민주주의가 민주주의의 한 유형이 될 수 있는 근거는 전체주의나 권위주위 체제와 달리 결함 있는 민주주의에서 민주주의적 지배를 위해 선거라는 최소한의 절차가 보장된다는 것이다(O'Donnell, 1994: 60 이하; Merkel, 1999: 361). 즉, 결함 있는 민주주의 체제에서는 선거를 통한 권력 교체가 보장되며, 공직에 대한 경쟁과 권력 통제의 통로가 한 개인이나 조직에 의해 일방적으로 통제되지 않는다(Merkel 외, 2003: 66f).

(2) 위임민주주의

한편 훼손된 자유민주주의의 영역과 범주에 따라서 크루아상(Croissant, 2002: 33)은 결함 있는 민주주의를 여러 유형으로 구분한다. 그는 배타적인 민주주의(exclusive democracy)에서 수직적 정당성 영역(<표 10-1>에서 영역 Ⅰ)이, 고립된 민주주의(enclave democracy)에서는 의제 일정 통제 영역(<표 10-1>에서 영역 Ⅱ)이, 비자유적 민주주의(illiberal democracy)에서는 자유로운 법치국가 및 헌법국가 영역(<표 10-1>에서 영역 Ⅲ)이 훼손된 것으로 구분했다. 위임민주주의는 선거를 통해 선출된 공직자가 입법부나 사법부와 같은 상대적으로 독립적인 기관의 통제를 받을 수 있고, 법치국가원리의 준수를 의미하는 수평적 책임성(horizontal accountability)의 범주(<표 10-1>에서 범주 8)가 훼손되었을 때 나타나는 결함 있는 민주주의의 한 하부유형이다. 위임민주주의는 결함 있는 민주주의가 기능하는 법치국가적 민주주의의 한 하위유형이기 때문에 결과적으로 민주주의의 한 하위유형에 속한다.

위임민주주의 개념은 저자마다 약간씩 다르게 사용하지만, 이 개념의 핵심 내용은 공유된다. 오도넬(O'Donnell, 1994)은 위임민주주의의 가장 큰 문제점으로 선거를 통해 선출된 대통령이 자신의 의지에 따라 국정을 운영한다는 점을 지적한다. 메르켈(Merkel, 1999)은 이러한 체제 유형을 자유롭고 공정한 보통선거를 거쳐 선출된 행정부가 기본권·인권·자유권·시민권을 훼손하고 권력분립을 무시하는 비자유적 민주주의로 정의한다. 크루아상(Croissant, 2000, 2002)은 오도넬(O'Donnell, 1994)이 처음으로 사용하기 시작한 위임민주주의 개념을 다른 결함 있는 민주주의의 하부유형과 비교할 수 있도록 다시 정의했다. 그는 위임민주주의의 핵심적인 문제로 약한 수평적 권력분립구조(horizontal accountability)를 지적했다. 위임민주주의 개념에 대해서는 저자마다 다르게 정의를 내리지만, 위임민주주의 체제가 "기능하는 민주주의 체제들이 균형 잡힌 정치적 대표성의 연계를 유지하기 위해서 필요로 하는 수평적인 법치국가적 통제 및 견제와 균형의 원칙이 훼손된 상태"(Merkel et al., 2003: 71)라는 점에는 의견이 일치한다.[5] 즉, 앞서 소개한 저자들은 대통령이나 행정부가 입법부를 우회하고, 초헌법적으로 사법부에 영향력을 행사하여 법치국가 원칙을 존중하지 않는다는 점을 이상적인 위임민주주의 체제가 지닌 특징으로 보았다. 그러나 이러한 이상적인 위임민주주의 유형이 해당 국가에 적용될 때 나타나는 모습은 조금씩 다르다. 각국에 이상적인 위임민주주의 개념이 적용될 때 위임민주주의로 분류될 수 있는 중요한 요소들이 공통적으로 발견될지라도 개별 국가만이 갖고 있는 특수성이 있을 수 있기 때문이다. 따라서 위임민주주의 체제는 아르헨티나에서 대통령이 수직적 책임성을 무시하는 형태로 나타나지만(O'Donnell, 1994), 한국에서는 입법부가 자신의 고유 권한인 입법권을 스스로 포기하고 행정부에 위임입법 형태로 입법권을 과도하게 위임하는 형태로 나타난다. 한국에서 수평적 책임성의 훼손은 입법부의 직무유기 때문에 나타나는 것이다. 결과적으로 한국에서 나타나는 위임민

5) 그러나 입법부와 행정부의 권력분립의 비율이 어느 정도일 때 법치국가와 민주주의 원칙이 준수된다고 할 수 있는가 하는 문제는 여전히 논쟁의 대상이 된다(Merkel 외, 2003: 54). 이것은 법률에서 위임입법으로 위임을 할 경우 위임의 내용이 어느 정도 구체적이어야 하고, 위임의 범위는 어느 정도로 한정되어야 하는가라는 구체적인 문제와 연관된다. 이러한 논쟁이 존재하는데도, 위임의 내용이 추상적이고 위임의 범위가 포괄적이라면 이것은 분명히 법치주의적이고 민주주의적인 위임의 한계를 넘어서는 것이다. 이러한 위임 경향이 어느 국가의 법체계에서 자주 발견된다면 이 국가의 권력 균형은 유지되고 있지 않는 것이다. 더욱이 국민의 기본권 실현에서 근본적이고 중요한 사항까지 위임입법으로 규정하는 사례들이 빈번하다면 이 국가에서 행정부의 입법적 권한은 입법부의 입법 권한을 능가하고 있는 것이다.

주주의에서는 입법부의 과도한 위임 행태 때문에 행정부가 사회복지정책을 비롯한 국가정책을 통제할 수 있는 '합법적 수단'을 소유하는 경향이 나타난다. 따라서 입법부의 과도한 위임행태로 행정부가 광범위한 위임입법 권한을 소유한 한국의 신생 민주주의는 결함 있는 민주주의의 한 하부유형인 동시에 위임민주주의로 분류된다.

2) 한국의 위임민주주의가 사회복지정책에 미치는 영향

(1) 사회복지정책 발전에 미치는 위임민주주의의 긍정적 영향력

결함 있는 민주주의의 한 유형인 위임민주주의도 민주주의의 한 하부유형이기 때문에 뿌리내린 자유민주주의(established 또는 consolidated democracy) 체제에서처럼 위임민주주의 체제에서도 사회복지정책과 민주주의의 긍정적 상관관계가 — 매우 제한된 수준일지라도 — 일정 정도 관찰될 수 있다. 무엇보다도 민주주의적 지배를 위한 최소한의 절차의 보장을 의미하는 자유·비밀·평등·보통선거와 민주화 이후 점차 강화되고 있는 정당 경쟁이 — 비록 뿌리내린 민주주의 체제에서 나타나는 것보다는 그 강도가 매우 약할지라도 — 위임민주주의 아래에서도 사회복지정책의 발전에 긍정적인 영향을 미치게 된다. 국민의 정치적 권리 보장을 의미하는 선거권 보장은 뿌리내린 민주주의에서처럼 위임민주주의에서도 무산자나 빈곤자가 자신의 이해를 위해 투표권을 행사할 기회를 지닌다는 것을 의미한다. 또한 위임민주주의에서도 공직에 대해 열린 경쟁이 보장되어 있기 때문에 경쟁에서 승리하기 위해서는 집권층이나 야당은 무산자나 빈곤자를 포함해 유권자의 이해에 반응해야 한다. 동일한 이유에서 위임민주주의 체제에서 활동하는 정당은 "사회정책 고객의 대다수"(Schmidt, 2004: 44)를 자기편으로 끌어들이기 위해 다양한 사회복지제도를 이용할 수 있고 또 이용해야 한다.

더욱이 위임민주주의에서도 정기적으로 시행되는 선거를 통해 권력이 교체될 수 있기 때문에 집권 여당과 야당은 단기간에 큰 영향력을 미칠 수 있는 사회복지정책을 선거에서 승리하기 위한 하나의 도구로 사용할 수 있다.

한국의 신생 민주주의에서도 선거와 사회복지정책 간 연관성을 보여주는 사례가 있다. 1987년 12월 6일에 시행한 13대 대통령 선거 일주일 전에 지역의료보험을 시행하기 위해서 농어민에게 의료보험증이 발급되었는데, 이는 다분히 농어민의 표를 의식한 정치적 동기가 작용한 것이었다(최정원, 2004: 162). 또한 13대 총선을 한 달도 남겨놓지 않은 1988년 4월 3일에는 상대적으로 높은 보험료에 저항하고 있던 농어민에게 지역의료보험에 대한 국고 지원을 확대하겠다는 방안을 정부가 약속한 것과 노태우 대통령에 대한 중간평가를 의식해서 민정당이 수많은 의료보험조합을 통합하는 통합의료보험법안을 국회에서 동의한 사례 등은 유권자의 표를 의식한 정부와 여당의 정치적 계산이 깔린 행위였던 것이다(최정원, 2004: 164~170). 야당에서 의료보험제도를 통합하는 법안을 지지한 것 역시 농어민의 지지를 얻으려는 정치적 의도가 있었기 때문이었다. 이 과정에서 처음에는 통합안에 반대했다가 농어촌 출신 국회의원들의 주장을 받아들여 당론을 변경한 공화당의 행태는 선거에 결정적인 영향을 미칠 유권자의 이해를 대변해야 하는, 민주주의 체제하에서 정당이 지닌 전형적인 속성을 반영하는 것이었다. 국회에서 통과된 통합의료보험법안은 1989년 3월 24일에 노태우 당시 대통령이 거부권을 행사함으로써 시행될 수 없었으나, 1997년 15대 대통령 선거운동 기간에 의료보험통합안이 야당의 선거전략으로 다시 등장했고, 여당도 선거에서 유리한 위치를 점하기 위해 통합안에 찬성했다. 이러한 사례는 한국의 신생 민주주의에서도 정당이 유권자의 지지를 얻어 선거에서 승리하기 위한 하나의 도구로서 사회복지정책을 사용할 수 있음을 보여준다. 그런데도 한국의 신생 민주주의에서 사회복지정책은 선거운동 과정에서 선거도구로서 아직까지는 의미 있는 역할을 하지 못하고 있다는 것이 지적되어야 한다. 이것은 한국 신생 민주주의의 연령이 아직 어리다는 사실 이외에도, 한국 신생 민주주의의 구조적인 문제가 선거운동 과정에서 사회복지정책의 역할을 제한하고 있다는 현실에서 기인한다. 정리하자면, 한국의 신생 민주주의에서도 사회복지정책은 선거에서 승리하기 위한 도구로 사용되지만, 그 역할과 기능이 아직까지 매우 미약한 상황이다.

한편 위임민주주의 체제에서도 민주화가 진행됨으로써 발전과정에 있는 시민사회가 사회복지 발전에 기여하는 것을 볼 수 있다. 노동조합 같은 이익집단이나 공익을 추구하는 시민단체는 과거 권위주의국가 시절에 비해 증가된 정치적·시민적 자유의 보장(<표 10-1>에서 I. 수직적 정당성 영역과 범주 9와 10) 때문에 이전보다 자유롭고 능동적으로 시민권적·정치적·사회복지적 주제에 다양한 형태로 참여한다(O'Donnell, 1998: 121). 따라서 이들의 정치적 참여는 때때로 사회권의 향상을 요구하는 형태로 나타난다. 여당은 집권의 정당성을 유지하기 위해, 야당은 집권을 위한 발판을 마련하기 위해, 위임민주주의 체제에서도 정치집단은 시민사회의 사회권 향상을 위한 요구에 어떤 식으로든 반응해야 한다. 비록 짧은 민주주의의 역사 때문에 위임민주주의 체제에서 이익집단이나 시민단체가 사회복지정책의 발전에 미치는 영향력이 뿌리내린 민주주의에서의 그것보다 약할지라도, 이들이 위임민주주의 체제에서도 사회복지의 발달에 영향을 미친다는 것은 의심할 수 없는 사실이다.

한국의 민주화는 국민에게 선거권을 부여하고 선거의 규칙적인 시행을 보장하는 절차적 민주주의를 확립했을 뿐만 아니라 "집합적 의사 결정과 정치적 의제 설정에 참여"(김녕, 2005: 29)하는 것을 보장하는 참여민주주의의 발전에도 기여했다. 한국 사회에서 참여민주주의의 발전은 시민사회의 발전을 초래했고, 시민사회의 발전은 경제정의실천시민연합(1989년 창립), 환경운동연합(1993년 창립), 참여연대(1994년 창립) 등으로 대표되는 시민단체들의 창립을 통해서 확인할 수 있다. 공익이나 공동선을 추구하는 시민단체들의 주요한 이슈는 경제개혁, 조세 정의, 부정부패 추방, 인권보호, 언론개혁, 지방자치, 정치개혁, 사회개혁, 환경, 여성권익 등 다양한 영역에 걸쳐 있다. 사회복지 또한 시민단체에서 제기했던 중요한 이슈 중의 하나였다. 특히 참여연대는 창립 이후 국가가 국민의 생존권을 보장해야 한다는 국민복지기본선(national minimum) 확보운동을 시작했다. 국민복지기본선 확보운동은 당시까지 국민의 생존권을 보장하는 제도였으나 보장범위가 매우 제한적이었던 생활보호제도를 새로운 제도로 대치하자는 것이었다. 즉, 생활보호제도는 급여 대상자를 인구학적 기준으로 구분하면서 18세 이상 65세 미만자는 원칙적으로 생계급여 대상자에서 제외했다. 참여연대의 국민복지기본선 확보운동은 이러한 전근대적인 생활보호제도를 폐지하고 소득이 최저생계비 이하인 국민이면 누구나 상관없이 국가로부터 생존권을 보장받아야 한다는 취지에서 시작된 것이다. 1994년 참여연대의 창립과 더불어 시작된 이 운동이 1999년 8월 12일에 임시국회에서 「국민기초생활보장법」의 제정으로 결실을 맺은 것은 참여연대를 비롯한 많은 시민단체가 이 운동에 참여했기 때문에 가능했다.[6] 이러한 시민단체들의 활발한 활동을 통해서 한국의 사회복지가 발전할 수 있었던 것은 한국 사회의 민주화에서 기인한다. 한국 민주주의의 발전이 국민의 생존권을 보장하는 법의 제정으로 이어진 것이었다.

---

6) 「국민기초생활보장법」이 제정되기까지 자세한 과정은 김영순(2005), 남준우(2000), 안병영(2000)을 참조할 것.

그러나 시민단체가 복지정책의 발전에 이처럼 긍정적인 영향력을 미치는데도, 이들의 영향력은 한국의 신생 민주주의에서 제한될 수밖에 없다는 것이 지적되어야 한다. 선거도구로써 사회복지정책이 아직까지 선거운동 과정에서 의미 있는 역할을 할 수 없게 하는 원인 중의 하나인 한국 신생 민주주의의 구조적인 문제가 시민단체의 역할도 제한하고 있는 것이다. 즉, 시민단체에는 법을 제정하는 입법권이 없다는 근본적인 한계가 있기 때문에 사회복지정책에 미칠 수 있는 영향력에도 한계가 있지만, 한국 신생 민주주의에서는 행정부가 입법부로부터 넘겨받은 광범위한 입법 권한을 기반으로 법의 내용에 대해 실질적인 권한을 행사하고 있기 때문에 이러한 구조에서 시민단체가 입법부의 법 제정에 영향을 주는 것만으로는 사회복지정책에 미칠 수 있는 영향력의 범위가 제한된다. 「국민기초생활보장법」이 의회에서 제정되었지만 실질적인 내용은 행정부에 의해 시행령과 시행규칙으로 규정되는 상황에서 시민단체의 역할은 제한될 수밖에 없었다(김영순, 2005: 106~119).

(2) 사회복지정책 발전에 미치는 위임민주주의의 부정적 영향력

민주화와 이것에서 비롯되는 사회권을 포함한 시민권이 발달한다 하더라도, 위임민주주의 체제에서는 위임민주주의 체제가 지닌 결함 있는 민주주의의 속성 때문에 사회복지정책의 발달에 미치는 위임민주주의의 긍정적인 영향력이 제한된다. 결함 있는 민주주의의 '결함 있는'이라는 첨가어는 무엇인가 결함이 있음을 나타내는 것이다. "따라서 결함 있는 민주주의는 규칙적이며 충분히 자유롭고 평등하게 시행되는 선거제도를 보장하는, 그러나 자유민주주의의 다른 원칙들이 훼손되어 시민의 자유, 정치적 평등, 정치적 행위에 대한 법치국가적 통제를 보장하는 데 반드시 필요한 보충적인 지지 항목들을 상실한 지배체제들로 특성화할 수 있다"(Croissant,

2002: 32). 이러한 결함 있는 민주주의에서 훼손된 자유민주주의의 원칙들이 사회복지정책의 발달에 부정적인 영향을 미치게 된다.

결함 있는 민주주의의 한 유형인 위임민주주의에서는 자유·보통·비밀·평등선거를 통해 선출된 대표자들이 삼권분립의 근본적인 영역을 훼손하는 것을 볼 수 있다. 행정부는 입법부를 경시하며, 사법부에 초헌법적인 영향력을 행사하고, 자신 쪽으로 권력의 균형추를 끌어당기는 경향을 보인다(O'Donnell, 1998: 120; Croissant, 2002: 34).[7] 한편 행정부의 영향력은 대통령의 입법 과정에 미치는 영향력으로 인해 강화된다(Croissant, 2000). 한국 대통령이 소유한 법률안제출권과 입법부에서 제정된 법안에 대한 거부권은 여기에 해당한다.

① 법치국가적 민주주의 원칙 훼손

무엇보다도 한국의 행정부를 영향력 있게 만드는 것은 입법부에서 광범위하게 넘겨받은 위임입법 권한이다. 입법부는 헌법에 근거하여 입법권을 소유한 유일한 기관이지만, 한국의 위임민주주의 체제에서 대통령을 포함한 행정부는 입법부에서 넘겨받은 위임입법권과 관련해서 광범위한 입법적인 권한을 행사할 수 있다. 행정부의 이 위임입법권은 "행정부로 하여금 정책을 공격적으로 형성하게 하거나 결정하게 하고, 이러한 결정들을 실현하는 것을"(Croissant, 2002: 42) 가능하게 한다. 비록 행정부의 이러한 위임

---

7) 입법부, 행정부, 사법부의 권력분립의 원칙은 엄격한 분립을 의미하는 것이 아니다. 다만 삼권 중의 어느 하나가 다른 권력 분야를 침해 또는 지배할 수 없다는 것을 의미한다(Croissant, 2002: 40). 그러므로 각 영역의 행위자들에게 그들이 자신의 정치적 행동을 헌법에서 허용하고 있는 범위 안에서 제한하도록 기대된다. 그러나 위임민주주의에서는 행정부는 다른 영역을 배재하거나 거부하면서 자신의 권력을 최대화하려고 시도한다(O'Donnell, 1998: 120).

〈표 10-2〉 각 정부 법령 건수

기간	대통령	법률(a)	대통령령(b)	총리·부령(c)	계(d)	a / d(%)
1988~1992	노태우	869	1,289	1,053	3,211	27
1993~1997	김영삼	952	1,319	1,129	3,400	28
1998~2002	김대중	1,026	1,372	1,251	3,649	33
2003~2007. 2	노무현	1,169	1,563	1,410	4,142	28

자료: 법제처(2007) 통계에서 재구성.

입법 권한은 행정국가가 필수적으로 요청되는 오늘날에는 그 자체로 불가피한 것이고 문제가 되는 것은 아니다. 그러나 이러한 행정부의 위임입법 권한이 과도하게 행사되어 삼권분립 원칙의 경계를 넘어서는 경우에는 문제가 된다. “헌법적으로나 또는 위임된 법규명령 권한이 행정부에 강력하게 집중되는 것은 위임민주주의 체제의 출현을 촉진한다”(Croissant, 2002: 42). 한국의 신생 민주주의 체제에서 나타나듯이 행정부에 광범위하게 넘겨진 위임입법 권한은 행정부를 실제적인 입법권자로 만들며 입법부를 내용 없는 법을 만드는 형식적인 입법권자로 만든다. 2007년 2월 28일 현재 법령 현황을 보면 국회에서 제정된 법률 수는 1,169개인 반면 행정부에서 제정한 법규명령은 2,973개나 되어서 행정부에서 제정된 법규명령의 비율이 전체 법령에서 72%나 차지한다는 것을 알 수 있다(<표 10-2> 참조). 더욱이 민주화 이후 미약한 정도일지라도 법률의 비중이 김대중 정부까지는 커지고 있었던 반면에 노무현 정부에 들어와서 오히려 다시 행정부의 법규명령의 비율이 확대된 것을 볼 수 있다. 따라서 이것은 노무현 정부 출현 이후 입법 분야와 국가정책 분야에서 행정부의 기능이 더욱 확대되었다는 것을 의미한다.

이처럼 입법부에서 광범위하게 넘겨받은 위임입법 권한 때문에 한국의 위임민주주의 체제에서 행정부는 사회복지정책을 실질적으로 통제할 법적 수단을 소유하게 된다. 입법부가 제정한 사회복지법에는 추상적·형식적 수준에서 국민의 사회권이 규정되어 있고, 이것에 대한 구체적이고 실질적인 내용은 행정부에 위임된 위임입법에 의해 규정되면서, 행정부는 사회권의 실질적인 범위를 통제할 수 있는 권한을 소유하게 된다. 사회권이 행정부에 의해 임의로 통제될 수 있는 현재 법 구조의 근본적인 문제는 이러한 법 구조가 민주주의 원칙에 기초한 정당성을 얻을 수 없다는 데 있다. 민주주의와 법치국가 원리에 따르면 국민의 권리와 의무는 국민의 대표기관인 입법부에 의해 규정되어야 하고, 이러한 경우에만 정당성을 얻게 된다. 특히 오늘날 복지국가의 발전으로 사회권이 기본권에 상응하는 권리로 간주되는 시대에서 민주주의와 법치국가의 원칙이 사회복지법에도 적용되는 것은 당연한 것이다. 스턴(Stern, 1984: 810)은 민주주의와 법치국가 원칙이 사회복지법에도 적용될 수 있다고 보는 논리적 근거로 모든 사회적 급여가 시민에게서 거두어들이는 재원에 의존한다는 점을 들고 있다. 따라서 침해행정에서 의회의 일차적인 통제가 반드시 필요한 것처럼 급부행정에서도 의회의 통제가 필요하다. 민주주의 원리가 이것을 요청하기 때문이다.

이러한 주장과 같은 맥락에서 독일의 「사회법 I」 제31조는 입법부가 제정한 법에 의해서만 사회법의 급여 영역에서의 권리와 의무의 근거가 마련되고 확정되며 변경되고 폐지될 수 있다고 규정한다. 그러므로 독일 입법부는 사회법에 규정된 급여에 관한 근본적인 사항들을 스스로 결정해야 한다는 것을 인정한다(Stern, 1984: 810). 그런데 한국의 입법부는 자신의 권리이자 의무인 사회복지법에 대한 통제를 포기하고, 행정부에 입법권을 위임하여 행정부가 사회권의 핵심적인 내용을 규정하게 하면서 법치국가적 민주주의 원칙을 훼손하고 있다. 사회복지법의 핵심적인 사항을 행정부에서 결정하는 법 구조의 실제적인 문제는 국민의 사회권이 행정부에 의해 임의적으로 통제될 수 있다는 데 있다. 행정부의 법규명령을 보지 않고 입법부에 의해서 제정된 법률만으로는 국민에게 주어진 사회권의 범위가 어느 정도 되는지 예측할 수 없는 것이 현실적인 문제이다.

한국의 건강보험은 짧은 기간에 전 국민을 가입 대상자로 포함하는 놀라운 성과를 보여주었으나, 보장 수준이 불충분하여 아직까지 질병으로부터 국민을 제대로 보호하지 못하는 이중성도 지닌다. 건강보험의 낮은 보장 수준의 근본적인 원인은 의료비에 대한 높은 법정·비법정 본인부담률에 있다. 문제는 법정·비법정 본인부담률이 행정부에 의해 통제될 수 있다는 것이다. 환자 본인부담 비용은 「국민건강보험법」 시행령 제22조 1항 별표 2에서 규정된 법정 본인부담금과 「국민건강보험법」 제39조의 위임을 근거로 제정된 「국민건강보험요양급여의기준에관한규칙」에 의해 건강보험 급여 대상에서 제외된 비법정 본인부담금으로 구성된다. 이러한 위임입법을 근거로 2005년 기준 전체 의료비 중에서 환자 본인이 부담한 비율은 48.1%에 달했으며, 이 중에서 법정 본인부담금은 18.9%, 비법정 본인부담금은 28.3%를 차지했다(정형선·신봉구, 2006: 35). 이런 높은 본인부담금이 의미하는 것은 결국 한국 건강보험의 보장성이 시행령과 시행규칙, 심지어 행정규칙인 고시나 훈령의 규정에 좌우된다는 것이다. 민주주의 원칙에 따르면, 국민의 건강권과 같은 중요한 사항은 입법부에서 결정되어야 한다. 그리고 법치국가 원칙에 따라서 입법부에서 제정한 법률에 그 핵심 사항이 담겨야 하는 것이다.

건강권뿐만 아니라 국민의 생존권 역시 한국의 위임민주주의 체제에서는 행정부에 의해 통제되는 것을 알 수 있다. 비록 국가가 국민의 생존권을 보장한다는 국민의 권리가 입법부에서 제정한 법률에 규정되어 있을지라도, 한국의 위임민주주의 체제에서는 행정부의 법규명령에 규정된 수급 조건의 강화나 약화를 통해서 기초생활보장제도 수급권을 통제할 수 있다.

기초생활보장제도의 수급자를 선정하기 위한 조사에서 기본 단위는 개별 가구이다(「국민기초생활보장법」 제2조 7항). 이 개별 가구의 범위가 시행령으로 규정되도록 위임되는 것은 차치하고라도, 「국민기초생활보장법」 제2조 9항과 10항은 개별 가구의 소득을 파악하는 방식을 행정부에 위임함으로써 수급자 수를 조정하는 데 결정적인 영향력을 행사할 수 있는 수단을 부여하고 있다. 다른 한편 수급자로 인정받기 위해서는 행정부에 의해 계산된 개별 가구의 소득인정액이 최저생계비 이하여야 한다. 그런데 행정부가 수급자의 범위를 조절할 수 있는 또 하나의 수단은 이 최저생계비를 결정할 수 있는 입법부로부터 위임받은 권한이다(「국민기초생활보장법」 제6조 1항). 또한 동법 제4조 2항은 급여의 기준도 행정부가 결정하도록 위임하고 있다. 따라서 행정부는 기초생활보장제도에 할당된 예산에 따라서 수급자의 범위를 조정할 수 있는 '합법적 수단'을 소유하게 된다. 이와 같은 법 구조에서는 국민의 생존권이 입법부에서 제정된 법률이 아니라 행정부의 법규명령에 따라 결정된다.

사회권을 통제할 수 있는 행정부의 이와 같은 '합법적 수단'은 다른 사회보장제도에서도 발견된다. 「고용보험법」 제7조와 8조는 고용보험의 적용이 제외되는 사업장과 근로자의 범위를 행정부가 결정하도록 위임하고 있으며, 제45조에서는 자기의 중대한 귀책사유로 해고되거나 정당한 자기 사정없이 직장을 그만둔 근로자에게 구직급여 자격을 허용하지 않으면서, 중대한 귀책사유나 정당한 자기 사정에 대한 해석을 행정부가 하도록 위임하고 있다. 또한 구직급여의 수준도 구직급여를 산정하는 기준이 되는 임금일액을 결정하는 권한이 행정부에 위임되었기 때문에 행정부에 의해 통제된다(「고용보험법」 제35조 5항). 산업재해로부터 보호되어야 하는 근로자의 권리 또한 행정부에 의해 통제된다. 근로자의 부상, 질병, 신체장애 등은 무조건 산업재해로 인정받을 수 있는 것이 아니고, 이것이 업무상

재해로 인정되어야 급여 혜택을 누릴 수 있다. 그런데 「산업재해보상보험법」 제4조 1항에서는 업무상 재해 인정 기준을 행정부가 마련하도록 위임하고 있다. 동법 시행규칙 32조에서 39조까지 업무상 재해의 기본 원칙들이 규정되어 있다. 한편 근로자의 부상, 질병 등이 업무상 재해로 인정을 받아도 요양급여는 행정부가 정한 범위에서만 허용이 되도록 동법 제40조 5항에서 규정하고 있다.

이처럼 사회보장제도들의 핵심 내용인 급여 대상자 범위, 급여 범위와 수준, 급여 조건 등이 행정부의 시행령, 시행규칙 등 법규명령이나 고시, 훈령 등 행정규칙으로 통제되고 있는 한국 위임민주주의 체제의 특징은 궁극적으로 저발전된 한국의 정당체제에서 비롯된 것이다. 무엇보다 한국 정당제도의 저발전은 권위주의 시기에 확대된 관료제에 기반을 두고 비대해진 행정부의 역할에서 기인한다. 당시 중요한 국가정책은 권위적 집권층과 기술관료 집단이 결정하고 추진했다. 이런 상황에서 입법부는 국가 정책과 관련해서 전문성을 키울 기회를 가질 수 없었던 것이다. 이런 전문성은 단기간에 확보되는 것이 아니기 때문에 민주화 이후에도 여전히 한국의 입법부는 행정부에 비해 전문성이 떨어지는 것이 사실이다. 따라서 지금처럼 전문적인 영역에서 입법부가 행정부에 의지하는 것은 당연한 듯이 보인다.

그러나 이런 역사적 한계에서 유래하는 전문성의 결핍만이 오늘날 입법부가 자신의 고유한 권리이자 의무인 입법권을 행정부에 양도하는 행태의 유일한 원인이라고 할 수는 없다. 한국 정당들이 정책을 개발하고 발전시키는 데에 무능력한 또 다른 원인은 한국의 정당체제가 여전히 냉전반공주의를 이념적 기반으로 하고 있는 보수 독점 정당체제인 탓에 다양한 사회계층의 이해를 광범위하게 대변하지 못하는 구조적 한계를 갖고 있다는 것에서 찾을 수 있다. 이런 조건에서 기존 정당체제가 사회현실과는 무관한 엘리트 카르텔의 폐쇄회로 속에서 움직이는 것은 당연하다. 그들은 자신의 정치언어가 서민 대중의 삶과 어떤 직접적인 관계가 있는지에 대해 진지하게 고민하지 않는다. 여러 가지 중요한 사회문제가 진지한 정책 대안의 주제에서 배제되기 일쑤이고, 일부 포함되어 있다고 하더라도 내용 없는 선정적 담론에 지나지 않는 경우가 많다(최장집, 2005: 241~256).

이처럼 한국의 현 정당들이 대변할 수 있는, 사회 각 계층의 이해를 반영하는 정책의 범위가 한정되어 있기 때문에 이런 정당들로 구성된 입법부가 국민의 권리와 의무와 관련된 사회복지법의 중요한 내용을 스스로 결정하지 않고 위임의 형태를 통해서 행정부로 하여금 결정하게 하는 행태를 보이고 있는 것이다. 따라서 위임입법을 근거로 사회권과 관련된 국민의 권리와 의무까지 통제하는 행정부의 행태는 당연한 것으로 간주되어서는 안 된다. 입법권과 관련해서 입법부의 이러한 스스로의 '탈권력화'와 행정부의 광범위한 위임입법 권한 탓에 국민의 사회권의 실체가 불투명한 채로 남아 있기 때문이다.

② 행정부 정책 철학의 우위

행정부는 위임명령을 제정할 수 있는 광범위한 권한을 입법부에서 넘겨받았다. 이 때문에 한국의 위임민주주의 체제에서는 사회복지정책에 대한 행정부의 정책 방향이 사회복지의 수준을 결정하는 데 중요한 변수의 하나가 된다.[8] 위임민주주의 체제에서 행정부가 선호하는 정책을 관철할 수

8) "예를 들어 사회정책은 국가개입주의 철학을 지닌 정부에서 우선적으로 추진된다. 유럽의 계몽주의적 절대국가에서처럼 국민에게 시혜를 베푸는 것이 통치자의 전통에 속했던 곳에서는 대중민주주의의 시기에 사회정책이 그러한 전통으로부터 혜택을 받게 된다. 반대로 미국에서처럼 정부의 철학이 시장과 개인에게 초점을 맞춘다면 사회정책에 대한 관심은 줄어들게 된다"(Schmidt, 2004: 51).

있는 능력은 과거 권위주의 시기보다 상대적으로 작지만 뿌리내린 민주주의에서보다는 크다. 따라서 한국의 위임민주주의 체제에서 행정부가 여전히 과거 권위주의 체제처럼 경제성장우선정책이나 자유주의(신자유주의) 정책을 선호한다면 행정부의 이러한 입장은 뿌리내린 민주주의에서보다 훨씬 더 쉽고, 광범위하게 복지정책에 영향을 미치게 된다.[9] 이런 위임입법 위주의 정책 결정 구조에서는 야당이 사회복지정책 결정 과정에 실질적으로 영향을 줄 수 있는 제도적 장치가 없기 때문에, 위임민주주의 체제는 행정부의 정책 결정 방향이나 철학이 미칠 수 있는 영향력을 더욱 강하게 만든다. 행정부의 영향력을 강하게 하는 이러한 구조의 문제는 행정부에 의해 정책이 일방적으로 빠르게 결정될수록 정책이 실패할 확률이 높아지고, 쉽게 사회적 저항에 부딪히게 되어 국민의 지지를 얻지 못하게 된다는 데 있다(O'Donnell, 1994: 62 이하).

③ 의회에서의 정치과정 생략

무엇보다도 한국 위임민주주의의 특징인 과도한 위임 현상이 한국 사회복지 발달에 한계로 작용하는 구조적인 원인은 과도한 위임 현상이 의회에서 사회복지가 발전할 수 있는 정치과정을 생략시키는 데 있다. 뿌리내린 민주주의는 사회복지정책의 핵심 사항들이 의회에서 결정되는 구조를 지니고 있다. 이런 구조에서는 정당들이 의회에서 사회복지정책의 핵심 사

9) 진료비의 많은 부분을 환자가 부담하게 하는 건강보험제도, 스스로 직장을 그만둔 근로자에게 구직급여의 권리를 허용하지 않는 고용보험제도, 근로 가능한 빈곤층이 생계급여를 지원받기 위해서는 제공된 근로의무를 이행해야 하는 국민기초생활보장제도, 점점 축소되고 있는 국민연금 급여 수준 등은 민주화 이후 들어섰던 정권이 개인의 힘으로 시장에서 생계를 마련하는 것을 강조하는 신자유주의 노선을 벗어나지 못하고 있다는 것을 반증한다.

항을 정치도구로 삼아 유권자를 확보하기 위해 경쟁해야 한다. 이 경쟁이 사회복지를 발전시키는 동력이 되는 것이다. 그러나 한국의 위임민주주의 체제에서는 사회복지제도의 급여 대상자, 급여 수준, 급여 조건 등 중요한 항목이 행정부에서 결정된다. 이 때문에 현재와 같은 법 구조에서는 정당이 의회 내에서 쟁점화할 만한 사항이 별로 없다. 물론 어떤 사회복지법이 제정되거나 개정될 때에는 한국의 위임민주주의 체제에서도 입법부에서 정치과정이 생겨나는 것은 사실이다. 그러나 이러한 정치과정은 매우 제한적으로 나타난다. 한국의 위임민주주의 체제에서 입법부는 일반적으로 추상적 수준에서 사회복지법을 다루기 때문에, 사회복지법의 구체적이고 핵심적인 사항에 대해서는 정치적 논쟁이 거의 발생하지 않는다. 대부분 이러한 세부적이고 핵심적인 사항은 행정부에 위임되어 위임입법으로 규정된다. 따라서 이러한 구조에서는 사회복지정책의 세부 항목을 결정하는 입법부의 일상적 정치과정이 생략된다. 이 때문에 사회복지정책이 정당의 정치도구로 사용되는 경우는 드물다. 결과적으로 한국의 위임민주주의에서는 정치도구로서 사회복지정책의 역할이 미미한 수준에 머물게 된다. 유권자의 삶과 밀접하게 연관된 사회복지법의 핵심 사항이 행정부에 의해 결정되고 있기 때문에 정당이 선거에서 혹은 국회에서 유권자를 확보하기 위해 쟁점화할 수 있는 사항은 그렇게 많지 않게 된다.[10] 결국 정당과 유권자를 이어주는 사회복지제도라는 매개가 한국의 위임민주주의 체제

10) 한국의 위임민주주의 체제가 정당이 사회복지정책을 정치도구로 사용하지 못하게 하는 구조적 한계를 제공하지만, 사회복지정책이 정치도구로 쓰이지 못하는 이유는 이것만이 아니다. 한국에서 정당이 정권을 획득하기 위해 사용하는 가장 주요한 정치도구는 유권자에게 지역주의 정서를 부추기는 것이다. 바로 이러한 지역주의 정서를 기반으로 선거의 승패가 결정되는 현 상황 때문에 사회복지정책은 정당의 정치도구로서 의미 있는 역할을 하지 못하는 것이다.

에서는 약하게 연결되어 있거나 끊어져 있는 것이다.[11)] 이러한 구조에서는 정당 간 경쟁을 통해 사회복지가 '공격적으로 발전'할 수 있는 기반이 없기 때문에, 정치과정에 의한 사회복지의 성장은 제한된다. 이러한 현상은 한국의 정당이나 입법부가 입법의 권리와 의무를 스스로 포기함으로써 나타난 결과이다.

④ 사회적 합의 구조 부재

입법권과 관련해 입법부가 스스로 탈권력화하면서 한국의 사회복지 발전이 지체되는 문제는 여기에 그치지 않는다. 현재와 같은 저복지 상태[12)]를 극복하기 위해서는 현재보다 더 많은 복지재원이 필요하다. 이를 충당하기 위해서는 국민이 지금보다 세금이나 사회보험료를 더 많이 부담해야 한다는 것은 상식이다. 그러나 행정부는 이것을 국민에게 요구하지 못하고 있다. 세금이든 보험료든 재정을 부담해야 하는 국민의 동의가 필요하지만 위임입법으로 핵심 사항이 결정되는 현재와 같은 행정부 주도

---

11) "하나의 정당과 정부가 사회 부문과 연결되고 사회에 기반을 가질 수 있는 것은, 보통사람들의 경제적·물질적 삶의 내용에 직접 영향을 미치는 경제정책과 사회정책을 다룰 수 있을 때 가능하다"(최장집, 2005: 287).

12) 한국의 낮은 사회보장 수준은 다른 국가의 사회보장비 지출과 비교해보면 뚜렷하게 드러난다. 2003년 1인당 GDP를 보면 한국은 1만 9,274달러, 포르투갈은 한국보다 500달러 정도 적은 1만 8,725달러, 멕시코는 한국보다 2.5배 정도 적은 9,451달러였다(OECD, 2005). 그런데 이러한 국가의 사회보장비 지출과 비교해보면 한국은 1인당 GDP에 비해 사회보장비를 상당히 적게 지출하고 있다는 것을 알 수 있다. OECD의 측정 기준으로 조사한 2003년 한국의 민간 및 공공 부문을 포함한 순 사회복지지출은 GDP 대비 9.1%였고, 포르투갈은 한국보다 거의 2.5배 많은 24.3%였다. 또한 멕시코는 8.3%로 나타나 1인당 GDP가 한국과 2.5배 정도 차이가 난다는 점을 고려할 때 한국보다 2배 정도 많은 사회보장비를 지출한다는 것을 알 수 있다(OECD, 2007: 41). 비록 거친 비교분석이지만, 이를 통해 한국의 사회보장비 지출과 사회보장 수준이 낮다는 사실은 충분히 알 수 있다.

의 구조적인 틀에서 행정부가 국민의 동의를 얻어낼 수 있는 통로는 없다. 만일 행정부가 단독으로 사회보장 수준의 향상이라는 명목으로 국민에게 과도한 재정을 부담시키는 정책을 시행한다면 이 정책은 국민의 저항에 부딪혀 성공하지 못할 가능성이 크다. 따라서 국민의 저항이 예견되는 상황에서 행정부는 굳이 이런 위험한 정책을 시행할 이유가 없다. 이런 경우에 행정부가 선택할 수 있는 사회복지정책에 대한 적극적인 운영 방침은 주어진 예산 범위 내에서 사회복지제도를 운영하는 '방어적 발전 형태' 정도일 것이다.

보건복지부에서 매년 발표하는 소득이 최저생계비 이하인 절대빈곤층 비율은 경상소득을 기준으로 1996년에 3.09%였던 것이, 2006년 상반기에는 무려 11.54%로 4배 정도 증가했다(강신욱 외, 2006: 45). 동시에 경상소득 기준으로 하위 1, 2분위의 점유율도 같은 기간에 8.72%에서 5.78%로 하락했다(강신욱 외, 2006: 59). 결과적으로 이 기간에 한국 사회에서는 빈곤이 확대된 것이다. 그러나 국가에 의해 생존권을 보호받는 수급자의 비율은 같은 기간에 큰 변화 없이 인구의 3% 정도를 차지하고 있다. 즉, 사회의 빈곤화는 지속적으로 확대되고 있으나 국가에 의해서 생존권이 보장되는 인구 비율은 고정되어 있는 것이다. 이와 같은 현상은 주어진 예산 범위에서 사회복지제도를 운영하려는 행정부의 방침을 반영하고 있다. 기획예산처는 2001년 9월에 2002년도 정책 방향을 밝힌 책자에서 "국민기초생활보장제도 등은 규모 확대보다는 근로와 복지가 함께하는 생산적 복지 내실화에 중점 지원"(기획예산처, 2001: 44)한다는 정책 방향을 제시했고, "기초생활보장 대상자는 2001년 예산 인원인 155만 명 유지"라는 세부 방침을 세웠다. 사회의 빈곤화 심화에 따라 국민의 생존권 보장을 위해 국가의 역할을 확대하는 것이 아니라, 예산의 범위 안에서 복지제도를 운영하려는 행정부의 방침에 따라 국가의 역할 범위가 규정되고 있는 것이다.[13)]

이처럼 주어진 예산 범위에서 사회복지제도를 운영하려는 행정부의 정책 경향은 국민의 건강권을 책임지고 있는 국민건강보험제도에서도 나타난다. 이는 정형외과 의사인 정순택(2005)이 자신의 직업 경험을 바탕으로 현 건강보험제도를 분석한 논문에서 잘 드러난다. 우선 보건복지부는 건강보험의 예산 증가를 막기 위한 하나의 방안으로 건강보험의 수가 산정에 결정적인 역할을 하는 상대가치점수를 사실상 동결하고 있다. 정순택(2005: 378)은 지난 20년 동안 건강보험 요양급여 기준의 처치 및 수술료의 항목이 거의 달라진 것이 없다고 분석했다. 이 때문에 새로운 치료나 수술에 적용할 수 있는 기준이 없어 다른 기준에 억지로 맞추어 청구해야 하는 경우도 많다고 한다(정순택, 2005: 378). 또한 예컨대 석고붕대를 절단하거나 수선하는 경우에 전에는 기술료가 이를 처음 시행한 의료기관에 지불되었으나, 언젠가부터 이를 시행한 의료기관에게는 지급되지 않는 등 일방적이고 축소지향적인 심사 기준이 적용되고, 치료행위료를 건강보험심사평가원의『건강보험요양급여비용』에 적힌 산정 기준에 따라 청구해도 건강보험심사평가원의 관례 또는 자의적 해석 등으로 청구비가 삭감되는 경우가 많다고 한다. 이러한 사례들은 의료기관에 대한 진료비 지급을 되도록

---

13) 1999년「국민기초생활보장법」이 제정되었을 때 부양의무자의 범위는 수급권자의 직계혈족, 배우자, 생계를 같이하는 2촌 이내의 혈족이었으나 2004년 이 조항이 1촌의 직계혈족 및 그 배우자로 축소되면서 수급 대상 조건이 완화되었다. 그런데도 수급 대상자 수가 뚜렷하게 증가했다는 증거는 없다. 한편 재산의 소득환산액을 계산하기 위해 기초생활의 유지에 필요하다고 복건복지부 장관이 인정하는 기본재산액은 2004년 이후로 변화가 없다. 이것은 부동산 가치가 증가했는데도 기본재산액을 상향 조정하는 것을 고려하지 않고 있다는 것을 의미한다. 결국 이것은 수급 신청자의 소득인정액을 높이고 수급 기준이 강화되는 것으로 이어진다. 기본재산액의 동결 때문에 수급 조건이 강화되면서, 부양의무자 범위를 축소함으로써 생긴 수급 조건의 완화 효과는 상쇄되었다고 볼 수 있다. 문제는 부양의무자의 실제적인 범위나 재산의 인정 범위가 행정부의 위임입법에 의해 통제되는 현실에 있다.

줄이려고 하는 복지부의 정책 방향을 반영한다(정순택, 2005: 380). 아울러 상대적으로 고가인 약품에 대해서 대부분 급여 인정 기준을 협소하게 적용해 허가 범위를 넘어서면 전부 환자가 부담하게 하는 것 또한 재정 적자를 피하기 위한 하나의 방편이라는 것을 알 수 있다. 따라서 국민의 생존권이 행정부의 예산에 기초한 정책 방향에 따라 통제되듯이 건강권도 행정부의 정책 방향에 따라 통제되는 것이다. 국민의 생존권과 건강권 등 사회권을 온전하게 보장하려면 복지재정을 확대하는 것이 반드시 필요하다. 이 때문에 궁극적으로 재정을 부담해야 할 국민의 동의는 반드시 전제되어야 한다. 그러나 한국의 위임민주주의 체제는 이러한 국민의 동의를 이끌어내기 어려워, 결국 사회복지 발달을 저해하는 또 다른 구조적 한계를 드러낸다.

이러한 구조적 한계를 극복하고 사회적 합의를 바탕으로 사회보장 수준을 향상하려면 이해를 달리하는 각 사회집단의 대표들이 모여 서로의 이해를 조율하는 '의식'이 필요하다. 이러한 의식을 통해 결정된 사항은 민주적 정당성을 담보하기 때문에 국민의 동의가 암묵적으로 주어진다. 입법부는 국민의 이해를 대변하는 기관으로서 이러한 의식이 일어나야 할 장소인 것이다. 입법부에서 벌어지는 이러한 정치과정의 결과물이 법률이고, 이 법률 안에는 국민의 이해를 반영하는 핵심 사항이 담겨 있어야 한다. 그리고 이러한 법률을 구현하는 것이 헌법에 규정된 행정부의 역할이다. 뿌리내린 민주주의 체제일수록 이러한 과정이 제도화되어 있는 것을 볼 수 있다. 이러한 정치과정의 제도화를 위해서 법치국가와 민주주의 원칙의 준수가 전제되어야 한다.

3) 위임민주주의에서 사회복지정책의 특성

위임민주주의 체제에는 사회복지 발전을 저해하는 제도적 장애물이 존재한다. 그러나 위임민주주의 체제에서 사회복지정책이 경제적·사회적 위기 때 혹은 선거 때 국민의 신뢰를 얻는 도구의 하나로 사용된다는 것은 틀림없다. 결함 있는 민주주의의 한 하부유형인 위임민주주의도 하나의 민주주의 체제이므로 정부는 국민에게서 지배의 정당성을 승인받아야 하기 때문이다. 다른 한편으로 위임민주주의 사회도 민주주의 사회의 한 유형이므로 사회보장의 향상에 대한 사회적 요구가 존재하고, 이러한 요구가 부분적일지라도 이 체제의 복지 발전에 영향을 미친다. 따라서 위임민주주의 체제에서 사회복지는 과거 권위주의 체제에서보다 양적으로 확대되고 질적으로 향상된다.

그러나 위임민주주의 체제에서 선거권의 확대나 시민단체의 발달과 같은 민주주의적 요소에 의한 사회복지 발달은 위임민주주의 체제에 제도적 한계가 존재하는 탓에 제한적으로 나타난다. 즉, 위임민주주의 체제에서는 국민의 이해가 국민이 선출한 입법부의 구성원이 제정한 법에 반영되고 이것을 행정부가 구현하는 메커니즘이 결여되어 있기 때문에 국민의 사회보장에 대한 요구와 이해가 입법부에 의해 반영되지 않거나 부분적으로만 반영된다. 입법부는 핵심적인 내용이 결여된 사회복지법을 제정하고 결여된 핵심 내용을 행정부가 채우도록 위임한다. 이런 위임민주주의 메커니즘에서는 사회복지정책이 발전할 수 있는 중요한 추진력이 생겨나지 않는다.

위임민주주의 체제에서 사회보장의 수준은 궁극적으로 행정부의 위임입법에 따라 결정된다. 문제는 위임입법이 대부분 행정부의 일방적인 판단에 따라 이루어진다는 데 있다. 이처럼 행정부가 단독으로 중요한 사항을 결정하는 구조에서는 사회복지의 발전을 극대화할 수 있는 사회적 합의를 이끌어내는 정치과정이 생략된다. 행정부가 위임입법을 제정할 때 국민의 이해를 전혀 무시하지는 않겠지만, 행정부 위주의 결정 구조 형태에서는 국민의 이해가 최대한 반영될 수 없고, 국민의 이해는 행정부의 '허용 기준' 안에서 선택적으로 수용될 수밖에 없다. 행정부의 허용 기준이라는 것은 무엇보다도 예산의 범위에서 적자 없이 사회복지제도를 운영하는 것이다. 즉, 예산이 허락하는 범위에서 사회복지제도의 급여 향상이 받아들여지지만, 그 이상은 행정부의 허용 기준을 초과하기 때문에 제한된다. 예산의 범위 내에서 사회복지제도를 운영하려는 행정부의 운영 방침이 잘못된 것은 아니다. 그러나 위임입법을 통한 행정부의 일방적인 결정 구조가 사회적 합의를 통해 예산을 더 확보할 수 있는 길마저 차단한다는 것은 큰 문제이다.

급여 수준을 향상시키는 데 많은 예산이 필요하다면 이는 사회적 합의를 통해 해결해야 할 문제이다. 그러나 위임민주주의 체제에서는 사회적 합의를 이룰 수 있는 제도적 장치가 부족하기 때문에 행정부는 복지제도를 확대하는 데 한계에 부딪히게 된다. 이러한 한계를 극복하기 위해서 행정부는 스스로 사회적 합의를 이끌어낼 수 있는 제도적 장치를 만들어야 하지만, 헌법에 규정된 행정부의 기능에 따르면 이것은 행정부 자신이 해야 할 혹은 할 수 있는 영역이 아니다. 따라서 위임민주주의 체제에서 사회보장 수준의 향상은 사회적 합의가 필요한 곳에서 한계에 부딪히게 된다. 즉, 국민연금 대상자 중에서 많은 납부 예외자들, 건강보험의 낮은 보장성, 자발적 실업자에 대한 구직급여권 금지, 엄격한 산재 판정 등은 사회적 합의를 통해 해결해야 할 문제이지 기술적으로 해결될 수 있는 것은 아니다. 따라서 사회보장 수준을 향상시키기 위해서는 입법부가 행정부에 입법권을 과도하게 위임하는 한국 위임민주주의 체제가 지닌 제도적 결함이 민주주의와 법치국가 원칙의 준수를 통해 극복되어야 한다.

4. 결론: 위임민주주의 체제에서의 사회복지 발달의 한계

정치체제의 변화와 관련된 사회복지정책의 연구에서 일반적으로 제기되는 질문은 "어떻게 정치체제의 전환이 복지라는 정책 영역에서 국가의 정책 방향에 영향을 미쳤는가" 혹은 "민주주의로의 전환을 가능하게 했던 조건이나 도전이 어떻게 국가의 사회복지정책에 각인되었는가"이다(Rüb, 2004: 9). 세부적으로는 정치체제의 전환에 따라 사회복지정책의 추진력이나 추진자들, 국가의 복지정책의 방향 혹은 사회복지정책의 성격 등이 어떻게 변화했는지에 관한 질문이 제기될 수 있다. 또한 그때마다 변화의 정도가 어느 정도였는가 하는 질문이 있을 수 있다.

관료제가 확대된 권위주의에서 결함 있는 민주주의의 한 하부유형인 위임민주주의로 전환된 한국의 정치체제의 변화 속에서 사회복지정책 분야도 많은 변화를 경험했다. 특히 권위주의 체제에서는 보장되지 않았거나 제한적으로만 허용되었던 정치권이 위임민주주의 체제에서는 크게 신장되면서 선거를 통한 권력의 창출이 안정적으로 제도화되기 시작했는데, 권력을 창출하는 도구로서 선거의 규칙적인 시행은, 정당이 선거에서 승리하기 위한 하나의 도구로 사회복지정책을 사용하게 했다(Schmidt, 2004: 44). 물론 한국의 위임민주주의 체제에서 선거도구로서 사회복지정책이 미치는 영향력은 뿌리내린 민주주의 체제에서보다 약하다. 한국 위임민주주의의 구조적인 한계 때문에 아직 영향력이 그렇게 큰 것은 아닐지라도, 사회복지정책이 유권자의 표를 얻기 위한 하나의 도구로 사용되는 이와 같은 변화는, 권위주의 체제에서 행사될 수 없었거나 형식적인 행사에 그쳤던 국민의 정치권이 위임민주주의 체제에서 상당한 정도로 보장되기 때문에 가능한 것이다.

민주화 이후 무엇보다도 한국 사회에서 두드러진 발전을 보인 부분은 시민사회의 성장과 발전이다. 한국의 입법부와 정당은 권위주의 체제하에서 제대로 성장하지 못한 탓에 민주화 이후에도 그 역할을 제대로 하지 못했다. 이런 상황에서 시민사회가 국민의 이해를 대변하는 대체세력으로 등장하게 된다. 다른 분야와 마찬가지로 사회복지 분야에서도 시민사회는 국민의 대변자 역할을 하고 있다. 사회복지 발전에 대한 시민사회의 참여와 기여는 권위주의 시기에는 관찰될 수 없는 것이었다.

민주주의 체제로 전환된 이후 일어나는 사회복지 분야의 변화들은 궁극적으로 사회보장 수준의 향상으로 나타난다. 국가에 의한 국민의 생존권 보장이 법으로 명문화되는 것을 비롯해, 사회보험의 급여 대상자 범위가 지속적으로 확대되고, 급여 수준도 향상되는 것을 볼 수 있다. 이러한 경향은 권위주의 정권하에서 시행된 사회복지정책과는 차이가 있다.

정치체제가 전환된 이후 이처럼 사회복지 분야에서 긍정적인 변화가 일어났지만, 과거 권위주의 체제에서 사회복지 발전을 가로막았던 요소가 위임민주주의 체제에서도 여전히 관찰된다. 비록 시민사회나 정당이 과거 권위주의 시기보다는 활성화되어 사회복지 발전에 기여하는 바가 있지만, 정당제도나 입법부가 미성숙하고, 정당이나 유권자층이 매우 유동적이며, 정책에 중심을 둔 선거전략도 기반이 아직 갖추어져 있지 않고, 정책이 갑작스럽게 변경(O'Donnell, 1998: 113)되는 등의 이유로 사회복지 발전에 미치는 시민사회나 정당의 영향력은 위임민주주의 체제에서 아직까지는 광범위하다고 볼 수 없다.

무엇보다 위임민주주의 체제로 전환된 이후에도 권위주의 체제의 유산으로 남아 있는 것 중에서 가장 핵심적인 것은 행정부가 사회복지정책을 포함해 국가정책을 주도한다는 점이다. 사회복지정책을 포함한 국가정책에 대해 위임민주주의 체제에서 행사되는 행정부의 주도권은 비록 최고 권력자의 지지를 바탕으로 행사되던 과거 권위주의 체제 때에 비해 작을지라도, 또는 권위주의 체제에서와는 비교되지 않을 만큼 민주주의적 원칙이나 법치국가적 원칙에 따라 행사된다고 할지라도, 여전히 법치국가와 민주주의 원칙을 충분히 준수하면서 행사된다고 보기는 어렵다. 이는 한국의 위임민주주의 체제에서 행정부가 입법부로부터 위임입법 권한을 광범위하게 넘겨받음으로써 법치국가와 민주주의의 원칙이 훼손되었기 때문이다. 따라서 위임민주주의 체제에서 광범위한 위임입법 권한을 근거로 행사되는 행정부의 사회복지정책에 대한 주도권은 과거 권위주의 체제에서처럼 강력하다. 즉, 민주화 이후에는 행정부의 광범위한 위임입법 권한이 사회복지정책 분야에서 강한 행정부를 제도화하고 있는 것이다.

위임민주주의에서 제도화된 이러한 과도한 위임 현상은 법치국가와 민주주의의 원리를 훼손하면서 사회복지 발전을 저해한다. 사회복지정책에 대한 행정부의 주도권이 제도화된 탓에 행정부의 정책 입장이 어떤 것이든 상관없이 위임민주주의 체제에서는 사회복지 발달이 제한되는 구조를 갖는다. 즉, 행정부가 시장친화적인 사회복지정책을 선호한다면 자신의 합법적인 권한을 이용해서 사회복지의 발달을 되도록 억제할 것이기 때문에 사회복지의 발달은 뿌리내린 민주주의에서보다는 지체될 것이다.[14] 다른 한편 반시장적인 사회복지정책을 선호하는 행정부는 진보적인

14) 그러나 다른 한편으로는 친시장적인 사회복지정책을 선호하는 행정부일지라도 기존에 도입된 사회복지제도를 폐지한다든지 사회복지재정을 갑자기 삭감하는 정책을 선택할 가능성은 없다. 위임민주주의도 민주주의이기 때문에 친시장적인 행정부일지라도 어느 정도 국민의 사회복지 욕구를 충족시켜야 하기 때문이다. 특히 한국은 국제적인 비교에서나, 절대적인 수준에서 사회복지재정의 확대가 필요한 상황이

사회복지정책을 관철할 수 있는 법적 수단을 소유하지만, 현실적으로 이것을 실현할 수 있는 재정 수단을 가지지 못하여 정책을 실현하는 데 제도적 한계에 부딪힐 것이다. 즉, 현재 한국에서 복지의 수준을 향상시키기 위해서는 지금보다 훨씬 더 많은 복지재정이 확보되어야 하는데, 이를 충당하는 방식이 조세가 되든지 보험료가 되든지, 결국 그것을 부담하는 주체는 국민이 된다. 이러한 경우에 국민의 복지재정 부담을 국민이 체감할 수 없을 정도로 장기적·점진적으로 늘리지 않고 단기적·일시적으로 늘리는 정책 방향을 선택한다면 국민의 동의 확보는 필수적이다.[15] 그러나 현재와 같은 행정부 주도의 사회복지정책 결정 구조에서는 행정부 스스로 국민의 동의를 얻을 수 있는 제도적 장치를 가지고 있지 않다. 기껏해야 행정부는 대중매체를 통해 국민이 행정부의 정책 방향을 이해하고 따라주기를 요청할 수 있을 뿐이다.

이처럼 위임민주주의 체제에는 사회복지 발전을 저해하는 제도적 한계가 존재하기 때문에 사회복지정책 분야에서 나타나는 행정부의 정책은 '방어적 발달' 경향을 띠는 것을 알 수 있다. 다른 어떤 정권에서보다도

다. 따라서 친시장적인 행정부가 정권을 잡는다 해도 갑작스럽게 복지재정을 삭감하는 정책을 도입할 가능성은 희박하다. 다만 이 행정부는 국민에게 비난받지 않는 것을 목표로 현재와 같은 낮은 수준에서 사회복지제도를 운영하고 복지정책을 도입할 가능성이 크다. 따라서 피어슨(Pierson, 1996)이 주장하는 것과는 다르게 복지선진국에서만 '비난 회피(blame avoidance)'의 복지정책이 추구되는 것이 아니라, 한국과 같은 복지후진국에서도 국민의 비난을 면하는 것을 목표로 하는 복지정책이 사용될 가능성은 항상 존재한다.

15) 대통령의 임기가 5년 단임제로 제한된 현재의 정부 형태는 장기적으로 목표를 달성하려는 정책 방향이 채택될 수 없는 구조적인 한계를 지닌다. 따라서 복지 확대를 목표로 하는 반시장적인 정부의 정책은 국민의 저항을 무릅쓰고 일시적으로 국민의 부담을 증가시키는 방안 외에는 선택의 폭이 그렇게 넓지 않다. 그러나 국민의 저항 때문에 이러한 정책이 실패할 가능성은 그만큼 커진다.

사회복지정책을 적극적으로 추진했다고 여겨지는 김대중·노무현 정권에서조차 사회복지정책의 방향은 예산 범위 내에서 복지제도를 운영하는 것이었다. 이것은 현재와 같은 위임입법에 기초한 행정부 주도의 구조에서 행정부가 선택할 수 있는 최선의 방법이라고 볼 수 있다. 복지비용을 국민에게 무리하게 요구하지 않으면서 기존 복지제도를 재정 파탄 없이 '무난하게' 운영하는 것이 현실적으로 최선의 목표가 되는 것이다.

위임민주주의 체제하에서 사회복지의 발달을 제한하는 행정부 주도의 제도화된 사회복지정책 결정 구조를 극복하기 위해서는 국민의 권리와 의무가 국민의 이해를 대변하는 기관인 입법부에서 결정되는 구조를 세워야 한다. 뿌리내린 민주주의 체제에서는 사회 각 집단의 이해를 반영하는 정책 결정 구조가 입법부 안에 제도화되어 있기 때문에 행정부의 정책 방향이 일방적으로 관철될 수 없다. 현재 한국의 낮은 사회보장 수준을 향상시키기 위해서는 상당한 복지재원이 추가적으로 필요한데, 이 재원을 마련하기 위해서는 결국 국민의 부담이 지금보다는 훨씬 더 증가해야 한다. 이 문제에 대해 한국 사회의 구성원은 각기 다른 입장을 보일 것이다. 이러한 서로 다른 입장이 입법부 안에서 대변되고 어떤 식으로든 합의점이 찾아진다면, 이 정책은 국민의 동의를 바탕으로 행정부에서 무리 없이 추진될 수 있을 것이다. 이러한 정치과정이 제도화되면 한국식의 뿌리내린 민주주의 체제에서 한국식 복지체제가 형성될 것이다.

다른 한편 입법부가 사회복지제도의 중요 사항들을 결정하는 구조가 제도화된다면 정당의 전문성이 증가하면서 국민의 이해를 대변할 수 있는 기능도 향상될 것이고, 아울러 정당은 유권자를 확보하기 위해서 사회복지정책을 선거 승리의 수단으로 본격적으로 활용할 것이기 때문에 이에 상응하여 복지수준도 점차 향상될 것이다. 따라서 한국 의회의 '무능과 무책임'을 개선하는 방안 중의 하나는 의회가 국민의 권리와 의무에 관한 중요한 사항에 대해서 스스로 결정할 수밖에 없는 법 구조를 만드는 것이다. 다시 말해 의회에 책무를 부여함으로써 의회가 본연의 권리이자 의무인 입법권을 행사할 수밖에 없는 법 구조를 만드는 것이다. 입법부가 사회복지법의 중요 항목을 스스로 결정하는 구조를 갖추기 위해서는 사회복지법의 핵심 사항을 행정부에 위임하는 형태에서 벗어나 입법부 스스로 결정하는 법 구조로 바뀌어야 한다. 이러한 전환은 한국 위임민주주의가 법치국가와 민주주의 원리를 준수하는 뿌리내린 민주주의로 발전하는 데 필수적인 사항이기도 하다.

참고문헌

강신욱 외. 2006.『사회양극화의 실태와 정책과제』. 서울: 보건사회연구원.

기획예산처. 2001.『2002 나라살림 경제 활성화를 뒷받침합니다』.

김녕. 2005.「'민주화' 이후 한국의 시민사회와 국가, 그리고 카톨릭 교회: '시민참여' 시대의 교회-국가-사회의 관계의 모색」. ≪가톨릭사회과학연구≫, 제17권, 27~60쪽.

김영순. 2005.「민주화와 복지정치의 변화: 국민기초생활보장법 제정과정을 중심으로」. ≪한국과 국제정치≫, 제21권 3호, 97~126쪽.

남준우. 2000.「사회복지정책의 결정과정에 관한 연구: 국민기초생활보장법을 중심으로」. 연세대학교 행정대학원 석사논문.

민주주의법학연구회. 2005.「민주주의 사망에 부쳐-신행정수도특별법에 대한 헌법재판소의 위헌결정을 규탄한다」. ≪민주법학≫, 제27권, 451~456쪽.

법제처. 2007. "법령통계". www.moleg.go.kr/lawinfo/status/statusReport

서경석. 2005.「신행정수도의건설을위한특별조치법 위헌결정에 대하여」. ≪민주법학≫, 제27권, 398~420쪽.

안병만. 2001.「행정부와 사법부의 역학관계: 사법부의 자율성과 통합기능의 회복」. ≪사회과학논집≫, 제19권 1호, 71~103쪽.

안병영. 2000.「국민기초생활보장법의 제정과정에 관한 연구」. ≪행정논총≫, 제38권 1호, 1~28쪽.

정순택. 2005.「정형외과 의사가 본 건강보험의 문제점과 개선 방안」. ≪대한정형외과학회지≫, 제40권 3호, 376~390쪽.

정형선·신봉구. 2006.「건강보험급여율의 경시적 변화와 의료보장성의 국가간 차이」. ≪사회보장연구≫, 제12권, 27~48쪽.

최장집. 2005.『민주화 이후의 민주주의: 한국민주주의의 보수적 기원과 위기』. 서울: 후마니타스.

최정원. 2004.「한국의 복지정책 결정과정 비교: 1976년과 1989년의 의료보험법 개정과정을 중심으로」. ≪동서연구≫, 제16권 1호, 145~177쪽.

Berg-Schlosser, Dirk and Norbert Kersting. 1997. "Warum weltweit Demokratisierung? Zur Leistungsbilanz demokratischer und autoritäre Regime." in Rolf Hanisch(ed.). *Demokratieexport in die Länder des Südens?* Hamburg: Deutsches Übersee-Institut.

Croissant, Aurel. 2000. "Delegavite Demokratie und Präsidentialismus in Südkorea und auf den Philippinen." *WeltTrends*, Vol. 29, pp. 115~142.

_____. 2002. *Von der Transition zur defekten Demokratie: Demokratische Entwicklung in den Philippinen, Südkorea und Thailand*. Wiesbaden: Westdeutscher Verlag.

Korpi, Walter and Joakim Palme. 2003. "New Politics and Class Politics in the Context of Austerity and Globalization: Welfare State Regress in 18 Countries, 1975~1995." *American Political Science Review*, Vol. 97, No. 3, pp. 425~446.

Krück, Mirko and Wolfgang Merkel. 2004. "Soziale Gerechtigkeit und Demokratie." in Aurel Croissant, Gero Erdmann and Friedbert W. Rüb(eds.). *Wohlfahrtsstaatliche Politik in jungen Demokratien*, Wiesbaden: VS Verlag.

Luhmann, Niklas. 1981. *Politische Theorie im Wohlfahrtsstaat*. München: Olzog-Aktuell GmbH.

Marshall, Thomas. H. 1992. "Staatsbürgerrechte und sozialen Klassen." *Bürgerrechte und soziale Klassen: zur Soziologie des Wohlfahrtsstaates*, Frankfurt a. M.: Campus Verlag.

Merkel, Wolfgang. 1999. "Defekte Demokratie." in Wolfgang Merkel and Andreas Busch-derselbe(eds.). *Demokratie in Ost und West*. Frankfurt a.M.: Suhrkamp.

Merkel, Wolfgang, Hans-Jürgen Puhle, Aurel Croissant, Claudia Eicher and Perter Thiery. 2003. *Defekte Demokratie Band 1: Theorie*. Opladen: Leske+Budrich.

OECD. 2005. *Health at a Glance*. OECD Indicators. Paris.

_____. 2007. "The Social Expenditure database: An Interpretative Guide." SOCX 1980~2003. Paris.

O'Donnell, Guillermo A. 1994. "Delegative Democracy." *Journal of Democracy*, Vol. 5, No. 1, pp. 55~69.

_____. 1998. "Horizontal Accountability in New Democracies." *Journal of Democracy*, Vol. 9, No. 3, pp. 112~126.

Pierson, Paul. 1996. "The New Politics of the Welfare State", *World Politics*." Vol. 48, pp. 143~179.

Rieger, Elmar and Stephan Leibfried. 1999. "Wohlfahrtsstaat und Sozialpolitik in Ostasien. Der Einfluss von Religion im Kulturvergleich." in Gert Schmidt and Rainer Trinczek (eds.). *Globalisierung: Ökonomische und soziale Herausforderungen am Ende des 20. Jahrhunderts*. Soziale Welt. Sonderband 13. Baden-Baden: Nomos.

Rüb, Friedbert W. 2004. "Einleitung: Demokratisierung, Konsolidierung und Wohlfahrtstaat: Überlegungen zu einem ungekläreten Verhältnis." in Aurel Croissant, Gero Erdmann und Friedbert Rüb(eds.). *Wohlfahrtsstaatliche Politik in jungen Demokratien*. Wiesbaden.

Schmidt, Manfred G. 1998a. *Sozialpolitik im Demokratischen und im Autokratischen Staat*. Zes-Arbeitspapier 14.

_____. 1998b. "Das Politische Leistungsprofil der Demokratien." in Michael Th. Greven (ed.). *Demokratie: eine Kultur des Westens?* Opladen: Leske+Budrich.

_____. 2001. "Ursachen und Folgen Wohlfahrtsstaatlicher Politik: Ein Internationaler Vergleich." in Manfred Schmidt(ed.). *Wohlfahrtsstaatliche Politik, Institution, politischer Prozess und Leistungsprofil*. Opladen.

_____. 2004. "Wohlfahrtsstaatliche Politik in jungen Demokratien." in Aurel Croissant, Gero Erdmann und Friedbert W. Rüb(eds.). *Wohlfahrtsstaatliche Politik in jungen Demokratien*. Wiesbaden: VS Verlag.

Stern, Klaus. 1984. *Staatsrecht I*. München: Beck.

Zacher, Hans F.. 2001. "Grundlagen der Sozialpolitik in der Bundesrepublik Deutschland." in Bundesministerium für Arbeit und Sozialordnung und Bundsarchiv(eds.). *Geschichte der Sozialpolitik in Deutschland seit 1945*. Bd. 1. Baden-Baden: Nomos.

제11장

한국의 복지동맹 전략*

윤도현 | 꽃동네현도사회복지대학 사회복지학부
박경순 | 우석대학교 실버복지학과

1. 머리말

복지국가 건설은 그 어느 나라보다 한국에서 시급한 과제이다. 한국에서는 소득불평등이 심화되는데도 복지국가적 개입을 통한 불평등 완화 효과는 거의 나타나지 않고, 이러한 상황에서 사회·경제구조의 신자유주의적 재편이 빠르게 진행되고 있기 때문이다. 한국 사회의 양극화를 가속화하고 많은 사회문제를 양산할 것이 분명한 사회·경제구조의 변화 속에서 복지국가를 통한 '더불어 사는 사회' 건설은 더 이상 미룰 수 없는 절박한 과제이다.

한국의 복지국가제도는 서구에 비해 뒤늦게 시행되었다. 이는 한편으로 서구 복지국가의 경험을 참조할 수 있다는 장점이 되지만, 다른 한편으로 오늘날 정치적·경제적 상황, 즉 복지국가 축소 및 재편이 논의되는 현 상황에서 한국 복지국가 구축에 단점으로 작용하기도 한다. 그러나 모든

* 이 글은 윤도현·박경순, 『한국의 복지동맹』(2009, 논형)에서 일부 주요 내용을 발췌·수정한 것이다.

사회제도가 그렇듯이 복지국가 발전 또한 객관적 조건과 주관적 의지가 상호작용한 결과라고 볼 수 있는바, 한국 복지국가의 발전 가능성은 그리 비관적이지만은 않다.

이 글의 목적은 '복지동맹'이라는 관점에서 한국의 복지국가 발전 가능성을 고찰하는 것이다. 일반적으로 복지동맹은 복지에 대한 노동계급과 중간계급 또는 여타 주요 사회집단 간의 동맹이라고 할 수 있다. 이러한 복지동맹에 우리가 각별한 관심을 쏟아야 하는 이유는 다음과 같다. 첫째, 복지국가의 발전에서 계급 또는 사회집단 간 정치적 역학 관계는 큰 역할을 했다. 둘째, 이러한 정치적 역학 관계에서 특히 핵심적인 것은 노동자계급의 역량이고, 이를 중심으로 한 계급 간, 집단 간 동맹은 서구 복지 발전을 이해하는 데 반드시 필요하다. 서구의 복지국가 역사를 되돌아보면, 복지동맹은 기본적으로 노동자계급이 일정한 사회적·정치적 세력화를 얻은 상태에서 이루어졌다. 이에 비해 한국은 노동자정당이 의회에 진출한 지 얼마 되지 않았고, 노동자계급조차 노동자정당에 투표하지 않는 상황이다. 이러한 한국의 현실에서 과연 복지동맹을 논하는 것이 시의적절한지 의문이 제기될 수 있다. 그러나 나라마다 정도의 차이는 있지만, 복지국가 발전이 복지동맹에 기반을 두고 있고, 여기에서 복지동맹이 한 계급 내 연대는 물론 계급 간 연대를 전제한다는 점을 고려할 때, 비록 한국의 현실이 서구와는 다르지만, 계급적 연대의 관점에서 복지국가 발전 가능성을 고민하는 것은 나름대로 의미 있는 일이라 하겠다. 그리고 복지동맹의 문제가 사회복지 수준을 높이는 것 이상의 사회적 함의를 내포한다는 사실에 주목할 필요가 있다. 즉, 복지동맹은 정치적 역학 관계에 영향을 미침으로써 기존 정치 지형을 바꿀 수 있는 중요한 변수가 되는 것이다.

2. 서구의 복지동맹: 경험과 시사점

주요 선진 복지국가에서 나타난 복지동맹 사례를 깊이 있게 살펴보는 것은 쉬운 일이 아니다. 거기에는 계급구조, 계급 간의 협력과 갈등, 계급정당의 역할, 사회적·경제적 환경 등 여러 가지 요인이 함께 어우러져 있기 때문이다. 이 모든 것을 고려하면서 어떤 시사점을 도출·논의하는 것은 이 글의 한계를 넘어서는 것이다. 그러므로 여기에서는 서구 복지동맹이 지닌 함의를 ① 계급구조와 계급구조의 변화, ② 계급 간 역학 관계 및 계급정당의 정치력, ③ 복지개혁의 전략 등 세 가지 측면을 중심으로 살펴보기로 한다.

1) 계급구조와 계급구조의 변화 측면

복지동맹에서 가장 먼저 고려해야 할 사항은 다음과 같다. 첫째, 계급구조이다. 계급구조 내 각 계급의 비율이 어떻게 구성되는지에 따라 복지동맹의 내용과 가능성이 달라질 수 있기 때문이다. 예를 들어 19세기 말 스웨덴에서 보편주의적 복지의 기틀이 만들어질 수 있었던 것은 전 인구의 50%가 넘는 농민이 빈곤층과 노동자층만을 위한 사회보험에 자신들의 이익을 반영할 수 있었기 때문이다. 이에 반해 제2차 세계대전 직후 영국에서는 상대적으로 임노동자계급의 비율이 높았으며, 독일과 프랑스에서는 전통 자영자층이 높은 비율을 차지했고 상대적으로 강력한 정치적 영향력을 지녔기 때문에 보편주의적 복지개혁이 좌절되었다. 이러한 역사적 사실은 한 사회 내의 계급구조와 역학 관계에 따라 일차적으로 복지동맹이 규정된다는 것을 보여준다.

둘째, 계급구조는 고정된 것이 아니라 역사적으로 변화한다. 여기에서 중요한 것은 계급구조 변화의 경향이 시기별로 어떻게 나타나는가 하는 것이다. 선진 자본주의국가의 계급구조 변화를 보면, 전통 자영자층은 감소한 반면 임금노동자의 비중은 높아지고, 임금노동자 내에서도 화이트칼라가 증가하는 경향을 볼 수 있다(윤도현, 2000). 계급구조의 변화에 주목해야 하는 이유는 복지개혁 추진 시 계급구조의 변화에 맞춰 복지동맹의 대상이 바뀔 수 있기 때문이다. 복지개혁의 성공 여부는 상대적으로 비중이 높아지는 계급 또는 집단의 이해를 적절하게 반영하는가에 따라 일차적으로 규정된다(Esping-Andersen, 1985; Stephens, 1979). 예를 들어 스웨덴 사민당은 초기에 농민과 손을 잡았으나, 계급구조에서 농민의 비중이 감소하고 화이트칼라의 비중이 늘어나자 농민을 버리고 화이트칼라와 복지동맹을 구축했다. 그러나 계급구조의 양적 비율 그 자체가 복지동맹을 항상 보장하는 것은 아니다. 계급구조에서 양적 비율이 우세한 것은 그것이 정치적 힘으로 전환될 수 있을 때에만 의미가 있다. 1970년대에 독일과 프랑스에서 몰락한 자영업자들은 계급구조 내에서 비중이 줄어들고 사회적·경제적 지위가 낮았는데도, 보편주의적 복지에 대한 욕구를 관철할 수 있었는데, 이는 이들의 정치적 비중과 능력 때문이었다.

셋째, 하위계급의 욕구와 이들의 정치적·사회적 압력은 복지개혁에 매우 중요한 역할을 한다. 그런데 어느 집단이 경제적 최하층으로 간주되는가는 역사적으로 변화해왔다. 19세기에 영국과 독일에서는 노동자계급이, 스칸디나비아에서는 농업노동자, 소자영업자가 최하층이었다. 그러므로 사회복지의 재분배에 대해 특정 계급의 입장은 국가나 시대에 따라 변할 수 있는 것이다(Baldwin, 1990: 291). 자본주의사회 내 일부 계급들 간의 상대적인 사회적·경제적 지위는 바뀔 수 있다는 점을 간과해서는 안 된다. 서구 복지선진국에서 전통 노동자계급은 과거에 거의 사회 내 최하층을 구성했지만, 전후 경제성장 과정에서 '풍요로운' 노동자계급으로 부상했다. 이에 반해 전통 자영업자들의 사회적·경제적 지위는 상대적으로 하락했다. '전통적 육체노동자 = 사회최하층'이라는 등식이 항상 성립하는 것은 아니다.

넷째, 계급구조의 변화에서 간과해서는 안 될 것이 공공 부문 종사자 비율의 증가이다. 스웨덴의 예에서 알 수 있듯이, 공공 부문 종사자의 급격한 증가는 복지생산자로서의 복지국가에 대한 강한 지지세력을 만들어냈다. 이것은 복지동맹을 유지·확대하는 데 공공 부문 종사자 수의 증가가 매우 중요한 변수의 하나로 작용하고 있음을 보여주는 것이다(김영순, 1996: 63; 안상훈, 2000).

2) 계급 간 역학 관계 및 계급정당의 정치력 측면

복지동맹은 계급구조뿐만 아니라 계급 간 역학 관계에 의해 커다란 영향을 받는다. 여기에서 중요한 점들은 다음과 같다. 첫째, 복지동맹의 형성 가능성은 일차적으로 노동자계급의 권력자원 동원능력에 의해, 다시 말해 노조의 조직률, 노동운동세력의 내적 응집성, 노조와 계급정당 간 협조, 계급정당의 정치력 등에 따라 규정된다. 그러나 서구의 역사에서 동시에 주목해야 할 것은 지속적인 복지국가 발전이 노동자계급의 성장만으로는 충분하지 않고, 중간계급과의 동맹이 필요했다는 점이다.

둘째, 복지 확충에 대해 중간계급은 항상 저항하고 노동자계급은 항상 찬성한 것은 아니다. 이 사실은 사회 내 특정 계급 또는 집단의 이해와 관심이 사회정책을 결정하는 데 중요하고, 특히 복지개혁에 대한 중간계급의 입장이 매우 중요한 변수로 작용함을 의미한다. 전후 영국과 스칸디나비아에서 성공한 연대적 복지개혁은 빈곤층의 이해를 반영한 것이었을 뿐 아니라, 국가복지의 혜택을 받고자 했던 중간계급의 이해가 동시에 반영된 것이었다. 이에 비해 당시 독일과 프랑스에서 일어난 개혁은 성공을 거두지 못했는데, 이는 경제적으로 더 높은 위치에 있는 계층의 직접적인 희생을 바탕으로 빈곤층에 대해 급여를 제공하려 했기 때문이었다. 물론 이후에 사회경제적·인구학적 변화와 함께 유럽 대륙의 중간계급은 연대적 복지에 찬성하게 되었다(Baldwin, 1990: 289 이하).

셋째, 서구의 역사에 비춰볼 때 셰보르스키와 스프라그가 지적한 '선거사회주의 딜레마'(Przeworski and Sprague, 1986: 55)는 경험적으로 입증되지 않는다. 이들은 사민주의의 목적을 달성하려면 노동자뿐 아니라 다른 계급과 계층의 지지가 요구된다고 주장한다. 노동자가 사회 내에서 과반수를 차지할 수 없기 때문이라는 것이다. 그런데 바로 여기에서 딜레마가 생겨난다. 선거에서 이기기 위해 사민주의 정당은 초계급적인 입장을 취해야 하는데, 이렇게 할 경우 중간층의 지지는 획득할 수 있지만, 노동자계급의 지지는 얻지 못하거나 줄어들게 된다. 역으로 강한 계급전략을 추구할 경우, 노동자계급의 지지를 유지할 수는 있어도 불가피하게 소수당으로 남아 있게 된다. 그러나 이 '선거 딜레마 명제'는 역사적으로 서구 사민당의 선거 결과와 들어맞지 않는다. 서구 사민주의 정당에 대한 육체 노동자층의 상대적 지지 감소는 계급구조의 양적 변화, 즉 전체 인구에서 차지하는 육체노동자의 비율 감소에서 영향을 받은 결과이다. 그리고 전체 선거 인구에서 육체노동자가 차지하는 비율과 사민주의 정당 지지층에서 육체노동자가 차지하는 비율을 비교해보면, 육체노동자들이 사민주의 정당에 대한 지지를 철회하는 현상은 거의 나타나지 않았다. 또한 육체노동자의 실질적 지지율은 거의 변화하지 않은 반면에, 사무직 노동자들의 지지율은 증가했다. 물론 국가마다 차이는 있었지만, 서구 사민주의 정당은 계급구조의 변화에 비교적 잘 대응해왔던 것이다. 이러한 사실은 사민주의 정당이 계급구조의 변화, 그리고 그와 결합된 선거 딜레마 때문에 몰락한다는 주장이 현실에 기초하지 않음을 보여준다(Merkel, 1993: 75~85). ‘계급구조’가 변화한다고 해서 ‘계급형성’ 또는 ‘계급동맹’의 가능성마저 없어지는 것은 아니다.

넷째, 사민주의 정당의 정체성을 블루칼라층의 이해를 가장 강력하게 대변하는 정당으로 한정할 경우, 이것은 사회적 변화를 외면하는 것이고, 따라서 이 경우 미래는 없게 된다. 사민주의적 정치 및 복지이념을 확대하기 위해서는 전통 중간층과 증가하는 화이트칼라를 적극 수용하되, 동시에 계급범주가 아닌 다른 사회집단과의 동맹에도 주력해야 한다. 예를 들어 여성, 장애인, 노인, 학생, 기타 사회적 소수자 등이 이에 해당할 것이다. 그러나 이 경우에도 동맹은 계급적 성격과 전혀 무관할 수 없다. 예를 들어 여성과의 복지동맹을 맺을 경우, 보편적인 성차별 문제뿐만 아니라 여성의 계급적 지위와 결부된 문제의 해결을 고민해야 하기 때문이다.

3) 복지개혁의 전략 측면

서구의 경험을 볼 때, 복지개혁의 전략을 수립하는 데 특히 고려해야 할 점은 다음과 같다. 첫째, 사회계급과 위험범주가 계속 일치하는 경우에 연대를 구성하는 것은 쉽지 않다. 권력이 있고, 재산이 있으며, 위험에 별로 노출되지 않는 집단은 연대적 개혁에 관심이 없다. 이러한 상황에서 기껏해야 빈곤층에 대한 ‘자선(charity)’은 가능할지 모르지만, 연대의 가능성은 매우 희박하다(Baldwin, 1990: 294). 계급과 사회위험의 가능성이 일치할수록 연대적 사회보장의 가능성은 작아진다. 그러나 빈곤하지는 않지만 특정 사회위험에 노출되어 있는 집단은 연대적 복지에 참여할 가능성이 크다. 즉, 복지개혁을 위한 연대를 구성하는 데는 계급보다 ‘공동의 위험’이라는 공통된 이해가 더 크게 작용한다(Baldwin, 1990: 297). 따라서 사회적으로 최하층은 아니지만 미래에 대해 불안을 느끼는 계층이나 집단이 많을 경우 복지동맹의 가능성은 더욱 커진다. 전후 영국에서는 중간계급이 전쟁 기간의 체험을 통해 미래에 겪을 위험의 불확실성을 인지하게 되었고, 이에 보편주의적 복지개혁을 지지했다. 계급구조상 하층이 아니더라도 생활의 불안, 미래에 대한 불투명에 노출된 집단은 복지동맹의 잠재적 지지세력이 되는 것이다.

둘째, 일반적으로 중간계급은 자신들이 자신들만을 위한 사회보험을 통해 보호되는지, 아니면 조세 기반의 국가복지를 통해 보장을 받는지 하는 문제를 크게 중요시하지 않는다. 국가에 의한 개입이 무리 없이 수용되고 일반화된 사회에서는 후자를 선호한다. 반면에 국가 개입에 대한 불신과 우려가 강한 사회에서는 조세에 기반을 둔 복지가 큰 쟁점이 된다. 국가가 중요한 행위자로 인정되는 사회에서—중간계급의 동의하에—복지정책은 중간계급을 포괄하게 된다. 한편 물질적으로 빈곤한 하위계급에게는 조세를 기반으로 한 국가복지와 사회보험의 선택이 주는 의미가 다르다. 즉, 양자 간에 어떤 선택을 하는가 하는 문제는 매우 중요한 것이 된다. 국가의 개입이 배제되거나 매우 제한적인 사회에서 그들은 공적부조에 기댈 수밖에 없다. 반면에 국가에 의한 개입이—중간계급을 포함한—사회보험을 통해 이루어지는 경우, 빈곤층은 재분배의 혜택을 좀 더 많이 받을 수 있다. 복지국가의 발전을 되돌아보면, 가장 안정적인 복지국가들은 바로 중간계급을 겨냥한 복지정책을 추구했으며, 또 이를 통해 결국 하위층이 가장 큰 수혜자가 되게 하는 방법을 취해왔음을 발견할 수 있다(Baldwin, 1990: 298).

셋째, 국가복지를 간과하고 사회보험체계 내로 모든 국민을 끌어들이며 그 안에서 수직적 재분배를 지향하는 경우에 보편주의적 복지정책은 실패하기 쉽다. 전후 프랑스와 독일에서 복지개혁이 실패한 사실은 사회보험 내에서 재분배 정치를 추진하기가 쉽지 않음을 보여준다. 가장 가난하고, 그래서 복지욕구가 큰 집단은 모든 집단을 공동의 위험 풀(pool)에 끌어들임으로써 자신의 짐을 덜고자 한다. 하지만 이미 소속 집단 내에서 위험을 분산할 수 있는 집단이나 그럴 필요성이 전혀 없는 집단에게 이러한 시도는 자신의 기득권에 대한 위협으로 간주된다(Baldwin, 1990: 206).

넷째, 전후 스웨덴과 영국에서 개혁이 성공했던 이유는 노동자계급 못지않게 화이트칼라나 전통 자영층 역시 개혁에서 이익을 얻을 수 있었기 때문이었다. 반면에 프랑스와 독일에서는 개혁의 쟁점이 계급 간 제로섬 게임의 양상을 띠면서 복지개혁에 실패했다. 즉, 자영 중간층과 화이트칼라의 희생을 전제로 노동자계급과 기타 빈민에게 복지급여를 제공하려는 구상은 복지동맹을 불가능하게 했던 것이다. 따라서 오로지 손해 볼 것밖에 없는 집단을 복지동맹으로 무리하게 끌어들일 경우 복지동맹에 성공하기 어려워질 수 있다(Baldwin, 1990: 207).

다섯째, 복지국가를 통해 중간층에게 급여를 제공하고 고용을 창출하는 것은 이들을 복지동맹으로 끌어들이는 데 매우 중요하다. 이것은 남부 유럽과 북부 유럽 중간층의 비교를 통해 확인할 수 있다. 남부 유럽의 중간층은 대개 수공업자, 상인 등 전통적 중간층으로 구성되어 있다. 그리고 스칸디나비아 국가와는 달리 급여와 고용 창출이 매우 낮다. 이런 사회구조에서 남부 유럽 국가의 중간층과 화이트칼라는 복지국가 건설에 매력을 느끼지 못한다. 오히려 이들은 집단주의적 사회보장보다는 개인적 노력을 통한 문제 해결을 선호했다. 이러한 배경에서 이들은 1980년대에 복지국가 건설로 손해만 보리라고 여겼던 것이다. 만약에 중기적으로 또는 단기적으로나마 복지국가의 혜택을 직접 누렸더라면, 그들은 복지국가의 발전에 좀 더 적극적이었을 것이다. 남유럽과는 달리 북유럽의 중간층에게 복지국가의 유지·지지는 자신의 이익과 어긋나지 않는 것이었다.

특히 공공 부문에 종사하는 여성 대다수는 사민당을 지지하는 것으로 나타났다(Merkel, 1993: 376).

여섯째, 복지개혁을 추진하고자 할 때, 계급적 관점을 현실정치 또는 담론투쟁에서 지나치게 부각하는 것은 바람직하지 않다. 전후의 스웨덴이나 영국에서처럼, 담론 수준에서는 복지개혁을 계급 또는 집단 간의 이해대립이 아니라 '개인'의 문제로 인식하게 하는 것이 정치적으로 필요하다. 그래야만 계급갈등을 최소화하면서 사회 내 다수를 복지정치의 지지자로 만들 수 있다.

우리는 지금까지 서구 복지선진국 복지동맹의 사례가 주는 시사점을 계급구조 측면과 계급역학 측면, 복지개혁의 전략 측면으로 나누어 살펴보았다. 하지만 앞에서 지적했듯이 서구에서 전후 복지국가의 발전은 그러한 측면들 외에 기타 사회경제적·문화적 배경의 측면에서도 조명할 필요가 있다. 즉, 여기에서 자세히 다룰 수는 없었지만, 전후 경제성장이나 포드주의 체제의 성립, 타협적 노사관계의 정착, 각국의 고유한 역사적 경험, 경제정책, 복지제도의 경로의존성, 정치문화 및 정당구조 역시 각국의 복지동맹을 이해하는 데 매우 중요한 것이라고 할 수 있다.

3. 한국의 복지동맹: 전망과 과제

앞서 선진 복지국가에서 복지동맹이 지닌 함의와 시사점을 나름대로 정리해보았다. 이제 이러한 논의를 바탕으로 한국에서 복지동맹이 어떻게 발전할 수 있을 것인지 검토해보겠다.

1) 객관적 조건과 전략 수립에서의 고려 사항

복지발전의 객관적 조건과 관련하여 볼 때, 우리의 현 조건은 과거 선진 복지국가의 발전기에 비해 전반적으로 유리하지 못하다. 한편으로 경제성장을 바탕으로 한국 사회에서 복지국가 발전을 위한 중요한 물적 토대가 마련되기는 했지만, 다른 한편으로 정치적·사회적 측면에서 해결해야 할 과제가 적지 않다.

이와 관련하여 우선적으로 지적하지 않을 수 없는 사실은 첫째로 한국 노동계급의 권력자원이 매우 불충분하다는 것이다. 한국의 노동계급은 지나치게 낮은 권력자원을 가지고 있다. 노조 조직률은 1989년 19.6%를 정점으로 해서 이후 지속적인 하락세를 보여 현재는 10% 정도에 그친다. 특히 2000년부터 2004년 말까지 임금근로자 수가 약 183만 7,000명이 증가한 데 비해 조합원 수는 1만 명 정도 증가했다는 사실은 앞으로 한국의 노조 조직률 전망을 더욱 어둡게 한다. 노조 조직률도 낮고 노동조합의 영향력도 낮아서 노동계급의 사회적 영향력이 매우 제한적이다(신광영, 2005: 130; 김유선, 2005: 67). 더욱이 노동계급의 결속력에도 문제가 있다. 한국의 노동운동은 대기업 중심 조직화, 기업별 노조, 노동시장 분절 등의 문제를 안고 있다. 특히 고용 형태, 기업 규모, 성별의 3중 분절선이 중첩되어 노동시장의 양극화가 심화·고착화되고 있다(이병훈, 2005: 277). 비정규직이 급격하게 늘어나고 있을 뿐 아니라 비정규직의 사회적·경제적 상황도 개선의 조짐을 보이지 않고 있다. 그리고 노동계급 권력자원 동원의 중요 요소 중 하나인 좌파정당의 지지도 역시 매우 낮다. 노동계급의 정치세력화라는 측면에서 볼 때, 진보정치세력은 핵심 지지층인 노동계급의 지지율을 끌어올리는 동시에 다른 계급·계층의 지지기반도 확대해야 하는 과제를 안고 있다. 그러나 노동계급 내 분열과 양극화가 가속화되고 진보세력마저 분열된 현 상태에서는 노동계급의 지지조차 확보하기 어려운 실정이다. 현 상황이 지속된다면, 진보세력이 '계급정당'으로서 정치세력화하는 것뿐만 아니라 '국민정당'으로서 자리매김하는 데도 실패하는 최악의 상황까지 배제할 수 없다. 따라서 복지동맹의 기틀을 마련하기 위해서는 양극화에 따른 노동계급 내 분열을 막고 연대를 강화하기 위한 정책적 노력이 어느 때보다 시급하다고 하겠다(윤도현, 2007: 201).

둘째, 한국은 스칸디나비아 국가에서 안정적인 사민주의 복지정치를 가능하게 했던 사회적·경제적·제도적 조건과는 다른 상황에 놓여 있다. 이른바 포드주의적 생산방식은 전후 서구에서 보편주의적 복지체제 수립과 계급타협이 성공할 수 있었던 하나의 중요한 배경이었다. 포드주의는 노동자와 자본가 간의 타협을 촉진하고 계급 간 동질성을 강화했으며, 내수 확대는 실질임금 상승과 복지급여 확대를 동반했다. 하지만 우리는 전후 포드주의 시대와는 다른 시대를 살고 있고, 이미 우리 사회 내 노동계급의 분화는 상당히 진전된 상태이다. 게다가 신자유주의적 세계화, 급격한 인구구조의 변화 등은 복지국가 확대에 대한 의구심을 높이고 있다. 한마디로 한국에서 복지동맹은 선진 복지국가가 복지국가의 기틀을 확립하고 발전시킬 당시의 상황이나 조건과는 매우 다른 상태에서 출발해야 하는 것이다. 그 밖에 한국의 연대 전통의 부재, 강력한 반국가적 정서 등도 복지동맹에 부정적인 영향을 미친다. 극단적으로 보면 한국은 "복지와 관련된 모든 의미 있는 제도적 전통이 부재한 상태에서 시작"(고세훈, 2007: 13)해야 하는 것이다. 그러나 복지국가가 '구조적' 요인과 '행위적' 요인이 결합된 결과라고 본다면, 내적 행위의 극대화를 통한 복지국가 발전 가능성은 여전히 열려 있다고 하겠다. 오히려 서구와 달리 한국의 진보세력이 장차 동원할 수 있는 조직화되지 않은 방대한 계급자원이 잠재해 있다는 점, 그리고 서구의 발달된 복지국가처럼 경로의존성을 상정하기에는 복지제도적 역사가 아직 일천하다는 점(고세훈, 2007: 13)[1] 등은 한국에도 정치적 실천을 통한 복지개혁의 가능성이 존재함을 의미한다.

여러 가지 조건이 부재하는데도 정치적 실천을 통한 복지개혁의 가능성이 열려 있다는 진단이 옳다면, 이제는 복지동맹 전략을 수립하는 데 고려해야 할 사항을 진지하게 검토해봐야 할 것이다. 서구 복지동맹의 사례가 주는 함의를 참고로 하여 이를 몇 가지로 정리해보면 다음과 같다.

첫째, 한국의 계급구조는 급속한 산업화 속에서 점점 서구 선진 자본주의국가들의 계급구조, 달리 말해 자본주의사회의 일반적 계급구조와 유사한 특징을 지니게 되었다(신광영 외, 2003: 75). 그러나 한국의 계급구조는 서구와 다른 특수성을 보이는바, 특히 자영업자의 비율이 눈에 띄게 높은 편이다.[2] 이는 복지동맹의 구축에서 임노동자계급 내 연대뿐만 아니라, 자영업계층, 특히 자영업계층의 다수를 점하고 있는 영세 자영업자들의 이익을 어떻게 대변할 것인지가 매우 중요한 고려 사항임을 뜻한다.[3] 더구나 최근 가속화되는 신자유주의적 경제구조의 개편 속에서 이들의 불안이 가중되고 있지만, 이들의 이익을 대변하는 정치세력이 거의 없다는 사실

---

1) 서구 복지국가에 비해 한국에서 경로의존성 문제는 그리 중요하지 않다. 이는 한국의 복지제도가 대부분 짧은 역사를 가지고 있어 다른 대안을 설계할 여지가 아직 많이 있기 때문이다. 그러나 더 본질적인 문제는 현재의 복지제도에 많은 문제점이 있기 때문에, 상당 정도의 수정 또는 개혁이 불가피하다는 사실이다.

2) 2006년 현재 한국의 자영업자 비율은 26.5%로서, 미국(7.3%)이나 일본(9.9%), 독일(6.2%), 영국(10.0%)과 큰 차이를 보인다(손민중, 2007).

3) 자영층의 경제적 기반은 대부분 1, 2차 생산 부문의 결과를 재분배하는 데서 나온다. 이것은 자영층이 자본-노동관계에 종속적일 수밖에 없음을 의미한다. 그리고 자영층의 상당수가 영세·중간 자영층이라는 사실은 이들의 소득 증대가 자본가계급의 지출이 아닌, 노동자계급의 일상적 소비지출에 의존함을 뜻한다. 그런데 노동계급의 소비지출이 증가하려면 실질임금이 전반적으로 상승해야 한다. 따라서 비정규직이나 저임금 직종 확대는 자영업자의 몰락을 불러일으키는 하나의 요인으로 작용한다.

은 이러한 계층을 복지동맹으로 견인해야 할 전략적 당위성을 시사하는 것이다.

둘째, 서구와 마찬가지로 한국에서 경제적 하위계급의 구조가 변화하고 있다. 블루칼라와 화이트칼라라는 구분 속에서 전통적 육체노동자계급이 최하층을 구성했던 과거와는 달리, 지금은 정규직과 비정규직의 구분이 하위층 구성의 기준으로 더 큰 의미를 지닌다. 그리고 자영업자 중에서도 고소득 자영업자와 영세 자영업자의 구분도 큰 의미가 있다. 이렇게 볼 때, 현재 한국 사회의 경제적 하층에 있는 집단은 비정규직 임노동자 그리고 영세 자영업자 및 영세 농민이다. 현재 비정규직의 비율이 이미 50%를 훨씬 넘고, 자영층의 상당수가 영세 자영업자인 상황에서, 이러한 경제적 하위계급의 요구를 더 이상 외면할 수는 없다. 따라서 복지동맹 전략을 수립하는 데 하위계급의 욕구가 충분히 고려되어야 한다.

셋째, 공공 부문의 확충은 복지동맹 전략의 주요 요소를 이룬다. 서구 사회의 경험에서 보듯이 공공 부문 종사자의 증대는 복지 지지세력을 확대하기 때문이다. 또한 보편적 사회서비스 확대를 통한 공공 부문 종사자의 확충은 여성 유권자 다수를 복지 지지세력으로 끌어들이는 효과를 불러올 것이다. 공공 부문 종사자의 증가가 지닌 의미는 복지동맹세력 확대 이상이다. 서비스경제 또는 지식기반사회로의 이행이라는 사회적·경제적 조건의 변화는 '고용 없는 성장'의 경향을 동반한다. 이러한 조건에서 공공 부문(특히, 보건, 교육, 간병 등 사회서비스 분야)의 확대는, 근본적 해결은 아니더라도, 고용문제 해결에 기여한다는 의미가 있다. 따라서 한국에서 복지동맹의 주요 전략의 하나는 바로 공공 부문 종사자의 확충에 초점을 맞추는 것이다.

넷째, 한국에서 복지동맹 가능성이 존재한다는 근거는 특히 사회적으로 최하층은 아니면서도 미래에 대해 불안을 느끼는 계층이나 집단이 많을수록 복지동맹의 가능성이 크다는 사실에서도 찾을 수 있다. '중산층 몰락'이라는 표현에서 알 수 있듯이, 현재 한국 사회에서는 경제적 중간층의 상당수가 생활의 불안이나 미래에 대한 불투명성을 경험하고 있다.4) 따라서 복지동맹 전략이 잘 짜인다면 이들도 복지동맹의 파트너가 될 가능성이 매우 크다. 그러나 다른 한편으로 서구 복지국가에 비해 상대적으로 높은 기업복지나 나날이 급증하는 사보험 시장 규모는 이처럼 낙관적으로 전망하기 어렵게 한다. 기업복지와 사보험제도는 중간층이 생애과정의 위험을 국가복지가 아닌 시장을 통해서 대비하도록 하기 때문이다. 결국 경제적 중간층이 복지동맹의 파트너가 될 수 있는지 없는지는 앞으로 한국의 국가복지가 이들의 신뢰를 얼마나 얻느냐에 좌우된다고 볼 수 있다.

다섯째, 전후 프랑스와 독일의 사례가 보여주듯이, 사회보험체계 내로 모든 국민을 끌어들이고 그 안에서 수직적 재분배를 지향하는 개혁이 실패하기 쉽다면, 사회보험 내에서의 직접적 재분배는 피하거나 신중하게 진행할 필요가 있다. 즉, 개혁의 쟁점이 계급 간, 집단 간 '제로섬게임'의 형태를 띠어서는 곤란하고, 국가의 보편주의적 복지를 통해 보완하는 것이 바람직하다. 그러나 1970년대 프랑스와 독일에서의 연대개혁 사례는 '제로섬게임'의 형태를 띠더라도 한 계급 또는 집단의 정치적 힘이 상대적으로 약할 경우에 일정 수준의 수직적 재분배가 가능하다는 것을 동시에 보여준다. 따라서 한국의 복지동맹 전략 수립에서는 특히 이런 점들을 감안해야 한다.

---

4) 2006년 생명보험협회가 조사한 바에 따르면, 조사 가구의 53.8%가 일상생활에서 불안을 느끼고 있다고 답했는데, 이는 2000년의 42.0%에 비해 큰 폭으로 늘어난 것이다. 가구주가 느끼는 불안은 자신과 가족의 건강 문제(58%), 노후생활 문제(56.7%), 물가·경기 등 매일의 생활(52.9%) 등이었다(생명보험협회, 「제11차 생명보험 성향조사 결과」. 장상환, 2007: 150에서 재인용).

여섯째, 중간층에게도 복지국가를 통한 급여의 제공과 고용 창출이라는 혜택이 돌아가야 복지동맹이 이루어지고 공고화될 수 있다면, 한국의 복지동맹은 기본적으로 중간층까지 아우르는 보편적 사회복지서비스의 확충을 통해 추구되어야 한다. 이 점에서 사회보험의 대대적 개혁에 우선순위를 두기보다는 보편적 사회서비스의 확충에 더 역점을 둘 필요가 있다. 보편적 사회서비스의 확충은 특히 농민이나 영세 자영업자에게도 큰 지지를 얻을 것이다.

일곱째, 한국인의 복지의식과 관련된 일부 연구는 복지제도에 대한 지지도에서 사회계층 간 또는 사회계급 간 유의미한 차이가 발견되지 않는다고 지적한다(김희자, 1999; 신광영 외, 2003). 또 사람들이 복지를 책임질 주체로 국가를 들면서도 조세를 기반으로 복지비용을 부담하는 문제에 대해서는 소극적인 경향을 보인다는 연구 결과도 있다(최균·류진석, 2000; 김상균·정원오, 1995). 이러한 낮은 수준의, 그리고 '이중적' 복지의식의 주요 원인의 하나는 한국에서 국민 대부분이 복지제도의 실질적 혜택을 아직 경험해보지 못했다는 데 있다. 그러나 복지제도가 본격적으로 확대되면 이러한 '미분화된' 복지의식은 변화할 것이다. 따라서 복지동맹 전략을 수립할 때 복지의식을 변화시킬 수 있는 정책적 이슈가 고려되어야 한다.

여덟째, 진보세력에 대한 신뢰성 확보가 요구된다. 주지하다시피 서구에서 복지정치의 확대는 좌파정당의 집권 또는 상대적으로 강력한 정치적 영향력을 바탕으로 이루어졌다. 이에 반해 한국은 상대적으로 매우 취약한 좌파정당의 정치력에서 출발한다. 물론 좌파정당에 대한 지지 여부는 복지공약에만 좌우되지 않으며 여러 요인이 복합적으로 작용한 결과로 나타난다. 특히 복지의식에 대한 계층적·계급적 차이가 분명하지 않은 한국적 상황에서 '복지정책 관련 공약'에 덧붙여 여성·환경·교육·통일정책 등과 관련해서 사회구성원 다수의 지지를 확보하려는 노력이 반드시 병행되어야 한다.

아홉째, 복지개혁을 추진하고자 할 때, 계급적 관점을 현실정치 또는 담론투쟁에서 지나치게 부각하는 것은 바람직하지 못하다. 현 상황에서 노동자계급 대 자본가계급, 노동자계급 대 자영업자층을 대비하기보다는, 오히려 '서민과 민중' 대 '소수의 부유층 또는 고소득 자영업자'의 격차를 부각하고, '고소득 샐러리맨'에게는 사회적 연대를 강조하는 것이 좋을 듯하다. 다시 말해 부자인 것을 적대시하기보다는, 부자로서의 사회적 책임을 준수하는 것이 필요하다는 점을 강조하는 것이 더 나은 전략이라고 하겠다.

지금까지 우리는 한국 복지동맹에서 전략적으로 고려해야 할 사항을 살펴보았다. 이하에서는 앞의 논의를 토대로 한국 복지동맹 전략을 나름대로 제시해보겠다.

2) 복지동맹의 '우선' 전략과 단계별 전략

(1) 복지동맹의 우선 전략

한국에서 복지동맹의 우선 전략으로 다음의 세 가지 안을 생각해볼 수 있다. 첫째 안은 '선(先) 보편적 사회서비스 개혁, 후(後) 사회보험 및 공적부조 개혁'이고, 두 번째 안은 '선 사회보험 및 공적부조 개혁, 후 보편적 사회서비스 개혁'이다. 세 번째 안은 보편적 사회서비스의 개혁을 전략적 중심에 놓되, 사회보험과 공적부조에 대한 부분적 개혁을 동시에 추진하는 것이다.

첫 번째 안은 국가의 사회보험에 대한 불신이 크고 현행 사회보험 재정에서 국가 보조 비중이 작은 현실에서 사회보험 내 무리한 수직적 재분배는 복지동맹의 실패 가능성을 키운다는 점에 주목한다. 그러므로 첫 번째 안은 중간계급까지 동의할 수 있는 보편적 사회서비스의 확대에 우선적으로 주력하고, 이러한 복지개혁이 성공을 거둘 경우, 단계적으로 사회보험에 대한 개혁을 추진해갈 것을 제안한다. 이 안은 복지동맹의 가능성이 더 크다는 장점이 있지만, 다른 한편으로는 소득보장의 중요한 수단인 사회보험과 공적부조에 대한 개혁을 일단 유보함으로써 저소득층 및 실업자의 생활 불안정을 한동안 방치한다는 단점이 있다.

두 번째 안은 사회보험과 공적부조의 개혁을 추진하고, 이후 보편적 사회서비스를 확충하는 것이다. 이 안은 저소득층 및 실업자들이 처한 현재의 열악한 상황을 개선하는 데 초점을 맞춘다. 그러나 현실적 개혁 가능성이 적다는 단점이 있다. 사회보험체계 내의 수직적 재분배 강화와 공적부조 확대는 조세 및 보험료의 인상 부담을 느끼는 중간층의 저항을 불러올 수 있기 때문이다. 게다가 조세 정의의 형평성이 의심받고 있는 현 상황에서 조세 또는 보험료의 인상은 임노동자와 자영업자 간 이해대립이 격화되는 상황으로 나아갈 수도 있다. 따라서 이 두 번째 안에 의거한 복지동맹 전략은 현실적 시급성은 있지만, 실현 가능성은 가장 적다고 볼 수 있다.

세 번째 안은 앞의 두 가지 방안을 절충한 것이다. 즉, 보편적 사회서비스 개혁을 전략적 중심에 놓음으로써 복지동맹의 가능성을 높이되, 저소득층의 심각한 상황을 고려해 사회보험과 공적부조도 부분적으로 개혁하자는 것이다. 이 안은 복지동맹의 실현 가능성이 두 번째 안보다 크고 첫 번째 안보다는 적다. 하지만 저소득층의 생활보장을 배려한다는 점에서는 첫 번째 안보다 장점이 있다.

따라서 한국 복지동맹의 우선 전략은 첫 번째 또는 세 번째 안이 되어야 할 것이다. 세 번째 안이 더 매력적일 수 있지만, 이 경우 사회보험 및 공적부조의 개혁과 관련한 중간층의 저항을 최소화하기 위한 세심한 설계

〈표 11-1〉 복지동맹의 세 가지 우선 전략(안) 비교

구분	주요 내용	장점	단점	복지동맹의 가능성
제1안	선 보편적 사회서비스 개혁, 후 사회보험 및 공적부조의 개혁	보편적 사회서비스 확대를 통한 점진적 개혁	사회보험과 공적부조 개혁을 유보함으로써 저소득층 및 실업자의 생활 불안정 방치	상대적으로 큼
제2안	사회보험체계 내 수직적 재분배 강화와 공적부조의 대대적 확대	저소득층 및 실업자의 현재 열악한 상황 개선	조세 및 보험료 인상에 부담을 느끼는 중간층의 강한 저항 예상	매우 적음
제3안	보편적 사회서비스 개혁 중심, 사회보험과 공적부조도 부분적 개혁	보편적 서비스 확대와 저소득층 생활보장 일부 배려	중간층의 일부 저항 예상	중간

가 전제되어야 할 것이다. 만약에 첫 번째 안을 우선 전략 안으로 선택한다면, 노동연대를 더욱 가속화하여 — 정규직과 비정규직 간 소득격차 축소, 고용 확대 등을 통해 — 기존 사회보험과 공적부조에서의 소득보장의 문제점을 보완해야 할 것이다. 이 경우, 영세 농민 및 영세 자영업자에 대한 직접적 생활보장은 한동안 방치될 수밖에 없을 것이다. 그렇지만 보편적 사회서비스 확충은 이러한 계층을 복지동맹의 우군으로 만드는 유인을 제공할 것이다.

첫 번째 안을 복지동맹을 위한 우선 전략으로 삼을 경우, 즉 선 보편적 사회서비스 확충에 초점을 맞출 경우 다음으로 중요한 것은 이와 관련된 정책의 내용을 어떻게 구성하느냐이다. 주지하다시피 현재 한국 사회에서는 저출산·고령화 경향 속에서 보육이나 간병, 교육 등의 보편적 서비스에 대한 욕구가 급증하고 있다. 이와 함께 한국의 정치세력은 좌우를 막론하고, 적어도 상징정치에서 모두 보편적 사회서비스를 강조한다.[5] 여기에서

5) 예를 들어 이명박 대통령의 대선 복지공약 중에는 영유아에 대한 무상보육과 만

중요한 것은 보육, 교육, 의료, 주택 등의 비용의 사회화를 분배투쟁이 아닌 '사회적 시민권'(Marshall, 1992)의 관점에서 접근하는 것이다. 그리고 특히 교육과 주택은 계급과 계층을 넘어 국민 대다수의 주된 관심사라는 점에서 이에 대한 세심한 구상이 요구된다. 교육과 관련하여 무상교육, 영유아 보육, 방과 후 아동 교육, 공교육 강화와 사교육비 감소 대책 등이, 그리고 주택과 관련해서는 저소득층에 대한 주택수당 신설 등이 주요 정책 이슈라 하겠다.[6)]

그런데 한국에서 보편적 사회서비스를 확충하는 것은 단순한 양적 확대만으로는 곤란하다. 현재 한국 사회에서 보육, 교육, 의료 등은 지나치게

5세 미만 아동의 의료비 무료화 같은 내용이 들어 있었다.

6) 이와 관련된 논의를 무상교육을 예로 들어 설명하자면 다음과 같다. 2012년까지 중학교 완전무상교육을 목표로 하고 있는 정부의 무상교육정책을 고등학교, 나아가 대학교까지 확대하는 것이다. 물론 서구의 일부 복지국가처럼 대학이나 대학원까지 완전무상교육을 시행하는 것은 장기적 목표로 하되, 당장은 대학교 등록금에 대해 일정 액수(예를 들어 학기당 100~150만 원)를 정부의 재정으로 지원하는 정책을 모색할 필요가 있다. 이처럼 서유럽 일부 선진 복지국가처럼 대학까지 무상교육을 시행하자고 주장하는 견해에 대해 일부에서는 한국의 경우 대학 진학률(전문대 포함 약 80%)이 너무 높고, 따라서 이 상황에서 무상교육을 시행한다면 대학 진학률은 거의 100%가 될 것이므로 현실적 부담이 너무 크다고 지적한다(신정완, 2007: 84). 그러나 높은 대학 진학률은 오히려 대학 무상교육정책이 더 많은 계층에게 지지를 받을 가능성이 있다는 것을 의미한다. 한편 현재의 천문학적인 사교육비 지출 문제와 관련해서는 우선 학벌과 학력에 의한 사회적 차별이 시정되지 않는 한 어떤 교육정책도 효과가 없을 것이다. 어떤 대학을 나오느냐가 사회적 성공의 절반 이상을 좌우하는 한국 현실에서 많은 학부모가 '비정상적인' 사교육비 지출을 감내하는 것은 오히려 지극히 '합리적인' 선택이다. 따라서 학벌과 학력에 의한 사회적 차별을 축소하는 데 진보정당은 정책적 우선순위를 두어야 하며, 이것이 일정한 정책적 성과를 거둔다면 과다한 사교육비 지출 문제는 서서히 줄어들 것이다. 대졸, 전문대졸, 고졸 학력 간의 임금격차를 축소하고, 공공 부문 인력 채용 시 지방대학 할당제 등을 한층 강화하며, 전문대 등에 대한 국가의 지원 또한 강화하는 등의 정책이 이에 해당할 것이다.

민간 중심으로 이루어지고 있기 때문이다. 따라서 이러한 상태에서는 효율적 성과를 기대하기 어려우므로 보편적 사회서비스와 관련해서 서비스를 공적으로 공급할 수 있는 정책이 동시에 제시되어야 한다(성은미, 2007). 즉, 국가 직영 영유아 보육시설, 의료기관 등의 확대가 필요하다. 국가 주도의 보편적 사회서비스를 구축하기 위해 진보세력은 선도적 입장을 표명할 필요가 있다. 즉, 한국 사회에서 교육과 의료, 주택 등 보편적 사회서비스의 시급성을 부각하면서, 서구 선진국에 비해 지나치게 낮은 조세부담률의 문제 등을 개선하는 데 앞장서야 한다. 이는 예를 들어 '직접세 인상' 등에 대한 타 계급과 계층의 동참을 유도하면서, 조세 정의, 조세 형평성 확립 등을 주장, 결국 경제적 상층의 조세 부담에 대한 압력을 우회적으로 가할 수 있을 것이다.

앞서 보편적 사회서비스의 확대 전략에 대해 살펴보았다. 그런데 사회보험과 공공부조 영역에서의 포괄적 개혁을 전략적으로 뒤로 미룬다고 해서, 오늘날 더욱 심각해지는 사회양극화와 복지 사각지대의 문제를 그대로 방치해서는 안 된다. 다시 말해 앞에서도 보았듯이 가장 바람직한 것은 선 보편적 사회서비스의 확대, 후 사회보험 등의 개혁이지만, 현재의 지나친 양극화 경향 속에서는 사회보험 등의 영역에서도 어느 정도 복지개혁을 추진하는 것이 필요하다.

그러나 사회보험 개혁을 너무 급진적으로 추진하는 것, 예를 들어 당장 '누진보험료', '균등 급여' 체계로 개혁하는 것은 무리가 있다. 즉, 모든 비정규직과 자영업자를 사회보험체계로 끌어들이고 강한 수직적 재분배를 추구하다가는 계급 간 갈등이 심화될 가능성이 크기 때문이다. 따라서 간접적인 방식의 재분배가 더 효과적일 수 있다. 예를 들어 국민연금은 장기적으로 기초연금을 확대해가는 것이 바람직하지만, 이것이 당장 어렵다고 본다면 중단기적으로 소득 상한선을 올려 고소득층의 상대적 기여율을 높이거나 저소득 가입자를 위한 보험료 국가보조제도를 신설하고 기초노령연금의 급여율을 점진적으로 상향 조정하는 방안 등을 고려해볼 수 있다. 한편 건강보험은 차등화된 기여와 균등 급여, 즉 소득수준에 관계없이 보수월액의 일정 비율(2010년 현재 5.33%)을 보험료로 내지만 급여는 동등한 구조이다. 물론 재분배 효과를 강화하기 위해 건강보험료에 누진성을 도입한 이른바 '누진보험료'로 재설계할 필요가 있을 수 있다. 그러나 이 방안은 특히 중산층의 강한 저항을 불러올 것이다. 따라서 조세에 기반을 둔 국가 보조를 확대하고, 누진보험료 도입은 점진적으로 시행하는 전략을 생각해볼 수 있다.

사회보험의 개혁에서 또 하나 중요하게 고려해야 할 것은 이른바 노동집약적 기업과 기술집약적 기업 간의 사회지출 비용 부담의 형평성 문제를 해결하는 것이다. 실제로 노동자들은 자신의 임금소득에 따라 차등적으로 부담하는 데 반해, 기업가들은 무조건 자신이 지출하는 임금총액에 비례해 부담을 지고 있다. 실정이 이렇다 보니 노동자를 많이 고용하는 기업과 노동자를 적게 고용하는 기업은 당연히 사회보험료의 기업 부담 면에서 차이가 날 수밖에 없다. 따라서 기업이 창출한 부가가치에 비례하여 보험금을 내게 하거나(Butterwegge, 2001: 166) 기술집약적 기업이 사회적 평균 이상의 초과 이윤을 얻을 경우, 이 초과 이윤의 일부를 사회보험 또는 사회서비스의 재정에 충당하도록 강제하는 것이 필요하다. 이는 기업 간의 형평성을 강화할 뿐만 아니라 다수의 노동자와 노동집약적 기업주의 지지를 받을 수 있기 때문에 적극 추진해볼 만한 개혁안이다.[7)]

---

7) 이러한 개혁 전략은 한미 자유무역협정(FTA) 문제와 관련해서도 시사하는 바가 크다. 만약 불가피하게 자유무역협정이 강행되어 사회가 추가 이익을 얻는 부문과 손실을 보는 부문으로 양극화된다면, 이 경우 '적하(滴下) 효과(trickle-down effect)'에 대한 강한 요구가 정책으로 나타나야 한다. 즉, 개방으로 추가 이익을 획득한 부문이

앞서 살펴본 사회보험 확대 방안과 관련하여 몇 년 전에 민주노동당과 민주노총 내에서는 '사회연대 전략'(성은미, 2007; 강병익, 2007)을 둘러싸고 논란이 가열된 바 있다. 물론 일부 제안, 예를 들어 누진보험료, 균등 급여는 비현실적이지만, 노동자들이 사회보험과 조세 부담을 통한 재원마련에 선도적으로 나서자는 소득연대전략은 긍정적으로 생각해볼 만한 것이다. 이것은 단순히 사회보험을 통한 재분배가 아니라 그와 동시에 국가와 자본가의 공동 부담을 강제하는 것이기 때문이며, 복지개혁에서 노동계급의 헤게모니를 강화할 수 있고, 계급형성의 계기가 될 수 있기 때문이다(오건호, 2007).

한편 '사회연대 전략'을 비판·거부하는 입장에서 중요한 이유로 내세우는 논거의 하나는 이 전략이 결국 노동자와 자본가 간의 계급재분배 없이 결국 '노동자 간의 재분배'로 귀결되고 말 것이라는 점이다(김인식, 2007). 물론 이러한 시각은 나름대로 일리가 있다. 그러나 이러한 논지는 현 단계 한국의 계급적 관계와 상황을 고려할 때 짧은 생각이라고 여겨진다. 한국은 서구 선진 복지국가와 달리 노동자계급의 상대적 힘이 강하지 않고 매우 수세적인 입장에 있으며 진보정당 역시 기존의 정치구도 속에서 중요한 역할을 할 수 있을 만큼 아직 충분히 성장하지도 못했기 때문이다. 더구나 현재 한국 사회 일각에서 한국의 노동운동은 편협한 집단이기주의적 성격으로 전락해버렸다는 지적도 있으며, 이러한 상황에서 사회적 헤게모니가 확대되기는커녕 그 영향력이 점점 위축되는 실정이다. 따라서 현 단계에서 가장 시급한 것은 진보세력의 사회적 헤게모니를 구축하는 일이며, 이러한 작업에서 그 첫 단추는 바로 노동자계급이 사회 전체의

자신의 잉여 이익의 일부를 손실을 본 여타 부문으로 이전하도록 정치권에서 제도화해야 한다(최태욱, 2007: 198). 그러기 위해서는 먼저 노동운동과 진보정당이 이 문제에 적극 나서야 할 것이다.

보편적 이익을 위해 노력하고 또 책임 있는 자세를 지닌다는 것을 일반 국민이 인식하게 하는 일이 될 것이다. 이렇게 볼 때, 복지동맹은 결코 '복지 영역'의 과제로만 국한해 이해해서는 안 된다. 그것은 바로 계급연대 헤게모니의 확산이라는 점에서 매우 중요한 의미가 있다.

따라서 '정규직의 양보'라는 측면보다는 '정규직의 사회적 책임성 강화',[8] '사회문제 해결에서 노동계급의 주도'라는 관점에서 '사회연대 전략'을 바라보아야 한다.[9] 산별노조의 건설 등을 통해 노동자계급 내 동맹과 역량 강화가 일어나는 것이 바람직하지만, 동시에 우회적으로 복지정책의 확충과 재편을 통해 노동자계급 전체의 사회적 힘을 더욱 강화할 수도 있다는 점을 간과해서는 안 될 것이다.

그리고 사회연대 전략은 사민주의적 계급타협 전략이고, 진보세력의

8) 이 문제와 관련하여 간스만이 말한 '끌어당기기 효과(Sog-Effekt)'는 시사하는 바가 크다. "어떤 가난하지 않은 사람이 가난한 자의 상황이 악화되는 것을 방관 또는 감수한다면 그 때문에 자신도 고통을 받을 수밖에 없다"(Ganßmann and Weggler, 1991: 23). 즉, 이 말은 취업자가 실업자의 문제를 외면할수록, 정규직이 비정규직의 문제를 외면할수록, 중간층이 서민의 문제를 외면할수록 결국 자신의 전반적인 상황도 악화될 뿐이라고 재해석할 수 있을 것이다. 다시 말해 비정규직이 증가하면, 노조의 힘이 약화되고, 그러면 조합원의 근로조건이 악화되며, 정규직 일자리가 사라지고 고용 불안이 심각해질 것이라는 진단이다. 그런데 이런 논리는 불행하게도 노동연대가 미약한 우리 현실에서 충분히 자각되지 못하고 있다. 오히려 적지 않은 정규직은 비정규직의 존재가 자신의 고용과 임금을 보장하는 방어기제로 활용될 수 있다고 생각하는 것 같다. 결국 양자 간 연대의 문제는 중앙의 노동조합과 진보정당이 나서서 해결할 수밖에 없다.

9) 이러한 주장을 현재의 지나친 노동시장 양극화에 대한 '정규직 책임론'으로 오해해서는 안 될 것이다. 문제의 핵심은 정규직의 존재가 아니고, 비정규직에 대한 사회보호 수준이 지나치게 낮다는 것이다. 따라서 정규직과 비정규직의 문제 접근은 비정규직의 사회경제적 지위 개선에 맞춰져야 한다. 여기에서 '정규직의 책임성 강화'는 정규직의 하향 조정이 아니라 정규직의 조직력을 통한 비정규직의 이해 대변을 의미한다.

수세적 후퇴를 반영한 것이라는 주장(김인식, 2007)이 있는데, 이 주장에 대한 평가는 다음과 같은 쟁점이 명확해진 후에 가능하다. 즉, 현 단계 한국 사회에서 진보세력이 사민주의적 정책을 추구하는 것이 시의성을 갖는가? 달리 말해 한국 사회 모순의 해결 방식이 노동자계급의 비타협적 대중투쟁 방식으로 전개되어야 하는가, 아니면 사회민주주의적 계급타협 방식으로 전개되어야 하는가? 그리고 후자의 방식을 취할 때, 과연 사민주의적 계급타협은 계급양보를 의미하는 것인가? 물론 두 쟁점은 추상 수준이 약간 다르기는 하지만, 서로 긴밀한 관계에 있다. 만약에 사민주의적 계급타협이 주로 계급양보를 의미하는 것이 아니라면, 한국에서 사민주의적 정책을 추구할 수도 있기 때문이다. 그러나 계급타협은 사회세력으로서의 노동계급의 일정한 성장을 전제로 한다. 자본이나 국가는 사회적으로 영향력이 약한 세력을 타협의 대상으로 간주할 리가 없기 때문이다. 또 하나 계급타협은 계급 간 조정·타협과 동시에 계급갈등을 내포한다. 계급타협을 통해서 노동자계급의 사회적·경제적 지위가 실제적으로 개선된다 하더라도 거기에는 갈등과 대립이 수반될 수밖에 없다. 이렇게 볼 때, 사민주의적 계급타협을 일방적인 양보로만 이해하는 것은 지나치게 일면적인 시각이라 생각된다.

(2) 복지동맹의 단계별 전략

우리는 위에서 복지동맹의 우선 전략과 관련하여 세 가지 전략을 검토했다. 그러나 우리가 어떤 우선 전략을 택한다고 해서 복지개혁의 과제가 완결되는 것은 당연히 아니다. 그것은 단지 현 단계에서의 '우선적' 전략일 뿐이다. 서구의 역사가 말해주듯이 복지개혁의 과정은 실로 지난한 과정이며, 한국은 이제 막 그 초입에 들어선 실정이다. 따라서 복지개혁의 완성을 장기적 과제로 본다면, 우리는 복지동맹 발전전략을 다음과 같이 크게 세 단계로 나누어 생각해볼 수 있다.

① 1단계: 우선 복지개혁 초기에는 탈세 방지와 불필요한 예산 삭감을 강조[10]하면서 이를 통한 재원을 중심으로 하고, 일부 추가적 증세[11]를 바탕으로 복지정책을 추구한다. 이 시기의 정책적 기조는 화이트칼라, 상층 자영업자, 노동자 상층 등도 동의할 수 있는 보편적 프로그램(영유아 보육, 간병, 무상교육, 무상의료, 아동수당 등)에 집중하면서 동시에 노동자 하층, 비정규직, 영세 자영업자 등에 대한 조세기반적 복지프로그램(사회보험에서 이들에 대한 보험료의 국가 보조 등)을 시행한다.[12] 이 단계에서 실업

---

10) 이에 대해서는 모든 정치세력들이 주장하고 있지만, 진보세력은 이와 관련해 더 철저하고 엄격하며 실천 가능한 정책 대안을 제시하면서 강한 정책 의지를 보여줄 필요가 있다. 다시 말해 다른 정치세력도 모두 주장하는 것이더라도 얼마나 총력을 기울여 집중적으로 하느냐에 따라 정치적 효과는 다를 수 있다.

11) 기본적으로 소득세, 자산세의 인상을 주축으로 하지만, 먼저 고소득 자영업자 등에 대한 정확한 과세, 화이트칼라 등에 대한 과세가 선행되어야 한다. 한편 이 외에도 정치적으로 국민 대중의 관심을 끌 만한 조세의 개발도 필요하다. 예를 들어 스칸디나비아에서 시행하고 있는 소득·자산 비례 교통(속도) 위반 범칙금 부과 같은 것을 진보세력이 강하게 주장할 경우 이는 대대적인 여론의 관심을 받을 것이다. 이러한 것은 사회적 형평성의 문제, 재분배 문제 등에 대한 일반 국민의 생각을 '상징적으로' 전환해줄 수 있다는 면에서 적극 검토할 필요가 있다.

12) 사회보험의 재원을 조세로 할 것인가, 아니면 보험료로 할 것인가는 중요한 쟁점이다. 물론 두 가지 방법이 모두 가능하다. 일반적으로 보편주의적 사회보장은 조세에 기반을 둔 재원으로 충당된다고 인식되는데, 사회보험의 재원을 주로 조세에만 의존할 경우에는 다음 사항에 유의할 필요가 있다. 보험료에 의한 재원 조달은 사회권을 보장하고, 복지급여의 공급이 국가의 재정·조세정책으로부터 상대적으로 자유롭다. 반면 조세에 의한 재원 조달은 일반 조세의 구성 여부(즉, 직접세의 비중)에 따라 분배적 역기능을 초래할 수 있을 뿐 아니라, 사용주가 조세를 가격에 전가하여 사회연대성을 해칠 수 있다. 보험료보다 조세를 선호하는 논지로, 보험료는 임금 외 비용을 높여 기업의 경쟁력을 약화시킨다는 것이다. 그러나 이 시각은 신자유주의(좀 더 정확하게 신고전주의 경제)의 논리, 즉 임금이 고용(량)을 결정하는 독립변수라는 가정을 따르는 것이다. 이 논리에 대한 비판으로는 윤도현·박경순(2009:

부조를 도입하거나 공공부조를 확대하는 것은 바람직하지 않아 보인다. 일정 수준의 복지동맹을 구축하기도 전에 복지개혁에 대한 저항과 복지개혁의 '피로감'이 생길 수 있기 때문이다. 이 단계에서 화이트칼라 등 경제적 중간계층을 대상으로 하는 사회연대 전략은 특히 탈세와 예산 삭감에 대한 강한 정책적 의지를 보이는 동시에 이루어져야 한다. 이 단계의 개혁에서 가장 중요한 것은 보편적 사회서비스를 확대하고 공공 부문의 일자리를 창출하는 것이다. 여기에서 동맹세력의 구성은 비정규직, 영세 자영업자 등의 하위계층과 정규직 노동자 등 중간계층, 여성이 될 것이다. 한편 노동연대와 관련해서는 적극적 노동시장정책의 내실화, 고용 안정을 위한 '거시대화(macro dialogue)'[13]를 정착시키는 데 노력을 기울여야 할 것이다.

② 2단계: 여기에서는 앞의 개혁 성과를 바탕으로 사회보험 개혁, 예를 들어 기초연금 급여율의 상향 조정, 기업 간 사회보험 부담의 형평성 제고 등을 추진하는 한편, 실업부조 도입과 적극적 노동시장정책을 본격적으로 시도한다. 이와 동시에 경제 부문 간 이전(transfer)을 강하게 요구해야 한다. 즉, 세계화와 자유무역협정 등에서 '얻는 자'와 '잃는 자' 간의 사회적 형평성 문제를 제기하면서 '얻는' 부문에서 발생한 초과 이익 일부를 '공적 기금화'하는 것 등을 정책적 우선순위로 내세워야 한다. 여기에서 동맹의 주축은 하위계층과 중간계층, 농민, 실업자, 일부 기업주가 될 것이다.

---

139 이하)을 참조할 것.

13) 거시대화는 공동의 목적(성장 및 고용 증대)을 위해 개별 정책담당자(중앙은행, 정부, 노사) 간의 수평적 협력을 주로 하는 조정 방식이다. 이것은 거시정책 간의 사전적(ex ante) 조율을 통해 성장을 확보하여 한편으로 정규직의 고용 안정을 꾀하고 다른 한편으로 비정규직의 내부시장 접근을 용이하게 한다. 그런데 거시경제 정책행위자들 간의 지속적 협력이 가능하기 위해서는 이 협력이 제도화될 필요가 있다. 제도화를 통해서만 행위자들은 상호 간에 안전과 신뢰, 협력적 관계를 지속할 수 있기 때문이다. 더 자세한 논의는 윤도현·박경순(2009: 76 이하)을 참조할 것.

〈표 11-2〉 단계별 복지개혁의 내용 및 복지동맹 세력

구분			1 단계	2 단계	3 단계
보편적 사회서비스	교육, 보육, 의료, 주택, 간병 등	부분 시행	○	○	○
		전면 시행			○
소득연대	사회보험	부분 개혁	○	○	○
		대폭 개혁 (조세기반적 성격 강화)		○	○
	공적부조	부분 확대		○	○
		전면 확대			○
	실업부조			○	○
노동연대	적극적 노동시장정책		○	○	○
	고용 안정		○	○	○
	임금동맹				○
복지동맹의 주요 세력			하위계층과 중간계층, 여성	하위계층과 중간계층, 실업자, 일부 기업주	하위계층과 중간계층, 여성, 실업자, 노인, 장애인 등

③ 3단계: 보편적 사회서비스를 전면 확대하고 공공 부문에서의 일자리 창출을 더욱 가속화하면서 복지개혁을 완성한다. 이 단계에서는 누진적 조세가 더욱 강화되고, 이를 통해 충분한 복지재정이 만들어진다. 사회보험 내에서의 수직적 재분배는 여기에서 굳이 더 강화할 필요가 없게 된다. 노동연대 차원에서는 그간의 고용 안정을 기반으로 한 임금동맹이 용이하게 이루어질 수 있고, 소득연대 차원에서는 사회보험의 보편주의적 성격 강화, 공적부조 대상 및 급여의 현실화가 시행되며, 나아가 보편적 사회서비스가 완비되면서 이미 상당한 수준의 사회보장이 이루어지기 때문이다. 또한 이 시기에는 공적부조를 대폭 확대한다 해도 큰 저항이 없을 것이다. 그 이유는 앞선 개혁(보편적 사회서비스, 공공 부문 일자리 창출, 실업부조 등)

을 통해 공적부조의 대상자가 대폭 줄어들고, 복지 지지세력이 사회 전체적으로 확대될 것이기 때문이다. 이 단계는 복지동맹의 완성단계로서 하위계층, 중간계층, 여성, 실업자, 노인, 장애인 등이 국가복지의 강력한 지지자가 될 것이다.

일반적으로 여성과 노인, 장애인의 권리 신장과 복지 향상은 그들이 운동의 주체로 나설 때 더 바람직하게 이루어질 수 있다고들 말한다. 그리고 이 과정에서 이 집단들과 노동자계급 간의 연대가 거론되기도 한다. 물론 상호 간의 연대는 반드시 필요하다. 하지만 이들의 문제에서 간과하지 말아야 할 사실은 대부분 사회적 약자인 이들이 일단 더 강한 다른 사회세력에 의해 대변되어야 한다는 것이다. 그리고 이익을 대변하는 활동과 과정 속에서 그들이 주체로 성장하고 나설 수 있는 계기를 만들어야 할 것이다. 이는 진보세력이 정치적으로 성장하지 못한 나라치고 이들의 인권과 복지가 제대로 실현된 나라가 없다는 사실에서도 확인된다.

마지막으로 복지동맹의 문제에서 또 한 가지 오해하지 말아야 할 것은 복지동맹이 단순히 복지수혜자 중심의 이해타산에 따른 이합집산의 성격을 넘어서는 문제라는 것이다. 즉, 다시 말해서 복지동맹은 일부 계층 또는 계급이 자신의 복지이익을 확대하기 위해 이기주의적 관점에서 연대하고 결합하는 경우가 많지만(Baldwin, 1990: 299), 그것의 의의는 사회집단 간의 이기주의적 '짝짓기', '이익 공유'의 차원을 넘어서는 좀 더 '보편적인' 사회적 이익과 밀접한 관련이 있는 문제이다. 이렇게 볼 때, 복지동맹의 문제는 당위적 차원에서 보면, 전 사회의 보편적·공적 이익과 일치하는 방향으로 나아가는 문제이고, 전략적 차원에서는 이러한 보편적 이익을 실현하기 위한 단계적 실천방안을 모색하는 문제이다. 바로 이 점에서 한국의 모든 진보세력은 선진 복지국가를 건설하고자 하는 강한 의지와 자세 그리고 진정성을 보여주어야 한다. 그들이 단기적 이익에 집착하지 않고, 장기적 관점을 견지하면서 전 사회의 '보편적 이익'의 대변자로 나선다면, 한국에서의 복지동맹은 복지국가 역사의 새로운 장을 기록하게 될 것이다.

4. 맺음말: '사회민주주의적 복지정치'의 활성화를 바라며

글의 서두에서 이미 밝혔듯이 한국이 복지국가로 발전하는 것은 절박한 시대적 요청이다. 그런데도 한국 사회에서는 이에 대한 불신과 오해가 여전히 만연해 있다. 하지만 더욱 심각한 문제는 일부 진보진영에서조차 복지국가에 대한 시선이 그리 곱지만은 않다는 사실이다. 진보진영 내에서 복지국가를 부정적으로 보는 견해는 기본적으로 이것을 자본주의 체제의 원활한 재생산에 기여하는 도구적 성격에 불과한 것으로 간주하고 따라서 우리가 추구해서는 안 될 모델로 규정한다. 물론 현재의 복지국가는 원래 서구 노동계급이 의도했던 최종 목표는 아니었다. 그러나 동시에 분명한 것은 이것이 계급갈등, 계급투쟁의 결과 또는 계급역학 관계 변화의 산물이라는 점이다. 그리고 지금까지의 복지국가적 발전은 비록 자본주의의 본질적 계급관계, 생산관계를 지양할 수는 없었지만, 어느 정도 '제한된 사회화'를 통해 더 많은 사회구성원의 삶의 기회와 질을 실질적으로 제고할 수 있었다. 따라서 복지국가의 한계만을 볼 것이 아니라, 그것의 한계와 가능성을 동시에 주목하면서 그것의 사회발전적 함의를 진지하게 생각해야 한다.

우리의 현실적 상황과 조건을 고려할 때, 사회민주주의적 복지국가가 대안이 되는가 아닌가 하는 문제는 공허한 논쟁만 낳을 뿐이다. 점진적 개혁 이외에 대안이 없다면, 사회민주주의 복지국가는 현재 한국 사회가 지향해야 할 최대의 목표이다(윤도현, 2001). 따라서 실제로 중요한 과제는 한국의 진보 정치세력이 장차 더 진보적 사민주의 정당으로 가느냐, 아니면 더 우경화된 사민주의 정당으로 가느냐의 문제일 뿐이다. 그리고 점진적 사회개혁에 동의할 수밖에 없다면, 우리의 현 조건하에서 가능한 것과 가능하지 않은 것, 그리고 단기간에 실현될 가능성이 있는 것과 중장기적으로 추구해야 할 것 등을 구분해서 논의하는 자세가 필요하다. 예를 들어 생산수단의 사회화는 장기적인 목표이지, 당장 실현할 수 있는 것이 아니다. 하물며 의료와 교육의 사회화도 이룩하지 못한 한국의 현실에서 서구 노동자의 투쟁의 산물인 '복지국가'를 간단히 '사민주의적 개량주의'라고 쉽게 치부해버려서는 곤란하다. 그곳은 적어도 한국만큼 국민의 상당수가 사회보험의 사각지대에 있지 않으며, 비정규직이나 실업자의 생활고가 심각하지도 않다.

모든 민주적 세력에 해당되는 이야기이기는 하지만, 특히 진보세력인 경우에는 민주주의를 위해서라도 다양한 의견과 정파가 인정되어야 하고 또 필요하다. 그러나 현 단계 한국의 진보세력은 '사민주의적 노선'이 주류를 이루면서 이러한 지향성을 좀 더 명확히 하는 정치세력으로 발전할 필요가 있다. 정체성을 명확히 하지 않는 것은 계급역량의 집중을 저해하고, 결국 계급적 정치세력화, 복지국가적 발전을 더디게 만들기 때문이다. 복지국가의 사회발전적 의의에 대한 강한 신념과 지지가 없거나 미약한 상태에서 복지국가의 실현은 불가능하다. 따라서 한국의 진보세력은 한국사회의 '장기 비전'이 사회민주주의적 복지국가라고 분명하게 제시해야 한다. 장기적 비전을 제시하지 못하거나 모호하게 얼버무리는 태도는 이제 그만두어야 한다. 계속 이러한 태도를 보인다면 한국의 진보세력은 결코 사회구성원 다수에게 신뢰를 줄 수 없고, 결국 잠재적 지지계층조차 등을 돌리게 된다는 것을 명심해야 할 것이다.

한편 복지동맹에서 우리가 특히 유념해야 할 점은 이것이 지나치게 정치공학적 측면에서 다뤄져서는 안 된다는 사실이다. 예를 들어 복지동맹을 단기적으로 더 많은 표를 얻기 위한 선심성 공약의 관점에서 고려한다거나, 일부 복지제도를 수정함으로써 복지 지지층을 확대할 수 있다고 보는 것은 매우 짧은 생각이다. 오히려 "지금 우리에게 시급한 것은 정책의 내용이 아니라 대항 권력의 제도화라는 절차"이고, 또 — 진보세력의 정치적 성장을 의미하는 — "정치적 민주주의가 진척되지 않으면 명실상부한 복지 개혁이 불가능하다"(고세훈, 2007: 384)고 할 경우, 복지동맹의 문제는 바람직한 대안적 사회모델과 이를 이룩하기 위한 복지국가적 발전의 기본 원칙에 대한 논의를 반드시 포함해야 한다. 따라서 현재 상황에서 논의의 핵심을 일부 복지제도의 재정 문제나 제도적 개선 문제에만 맞추기보다는 대안을 제시하는 동시에 복지와 사회적 연대에 대한 지지담론을 확산·강화하는 것이 중요하다. 그리고 바로 이 점에서 '고삐 풀린' 시장이 사회적 불평등과 빈곤을 양산하는 주범임을 더욱 부각해야 할 것이다.

지금 우리는 어떤 사회에 살고 있으며, 또 어떤 사회에 살기를 원하는가? 물론 개인에 따라 생각이 다르겠지만, 장기적으로 우리는 '사회민주주의적 복지국가' 그리고 더 나아가서는 '사회민주주의적 복지국가'의 현재 한계를 넘어서는 더욱 발달된 형태의 복지국가로 나아가야 할 것이다. 그러나 정작 중요한 것은 당위론적 사고보다 단계론적 사고이다. 즉, 이러한 장기적 목표에 도달하기 위해 바로 우리가 지금 우리의 현재 조건에서 무엇을 해야 하는지가 중요하다. 바로 이 점에서 복지동맹 그리고 사회민주주의적 복지정치의 활성화는 더 이상 미룰 수 없는 과제이다.

참고문헌

강병익. 2007.「선거전략인가, 헤게모니전략인가?: 동의와 참여를 통한 한국사회진보혁신전략」. ≪미래공방≫, 2007년 3·4월호, 51~64쪽.

고세훈. 2007.『복지한국 미래는 있는가: 이해관계자 복지의 모색』. 후마니타스.

김상균·정원오. 1995.「90년대 한국인의 복지의식에 관한 연구」. ≪한국사회복지학≫, 통권 제25호, 1~33쪽.

김영순. 1996.『복지국가의 위기와 재편: 영국과 스웨덴의 경험』. 서울대학교출판부.

김유선. 2005.「노동시장의 구조변화와 비정규직」. 최장집 엮음.『위기의 노동: 한국 민주주의의 취약한 사회경제적 기반』. 후마니타스.

김인식. 2007.「사회연대 '전략'은 안 돼도 '전술'은 된다?」. ≪이론과 실천≫, 통권 제66호, 93~97쪽.

김희자. 1999.「한국인의 복지태도 분화」. ≪사회복지정책≫, 제8집.

성은미. 2007.「한국에서 복지국가는 가능한가?: 복지체질개선 3대 프로그램」. ≪미래공방≫, 2007년 3/4월호.

손민중. 2007.「최근 자영업 취업구조의 특징과 시사점」. ≪SERI 경제포커스≫ 제148호.

신광영. 2005.「한국사회의 양극화와 노동계급의 현재」. ≪역사비평≫, 통권 제71호, 114~139쪽.

신광영·조돈문·이성균. 2003.『경제위기와 한국인의 복지의식: 사회계급별 복지의식을 중심으로』. 집문당.

신광영·조돈문·조은. 2003.『한국사회의 계급론적 이해』. 도서출판 한울.

신정완. 2007.「사회연대국가전략에 대한 논평」. ≪미래공방≫, 2007년 5·6월호, 82~89쪽.

안상훈. 2000.「복지정치의 사회적 균열구조에 관한 연구: 계급론의 한계와 새로운 분석틀」. ≪한국사회복지학≫, 통권 제43호, 193~221쪽.

오건호. 2007.「사회연대전략은 계급형성전략이다」. ≪이론과 실천≫, 통권 제66호, 72~83쪽.

윤도현. 2000.『계급이여 안녕? 선진자본주의 사회의 계급과 복지국가』. 도서출판 한울.

_____. 2001.「한국 사회민주주의의 방향과 과제」. 한국사회민주주의연구회.『한국

사회민주주의 선언』. 사회와 연대.
_____. 2007.「세계화 시대 한국 복지국가의 발전 가능성: 계급의 권력자원, 국가의 정책적 자율성을 중심으로」. ≪국제지역연구≫, 제10권 4호, 191~214쪽.
윤도현·박경순. 2009.『한국의 복지동맹』. 논형.
이병훈. 2005.「노동 양극화와 운동의 연대성 위기」. 최장집 엮음.『위기의 노동: 한국 민주주의의 취약한 사회경제적 기반』. 후마니타스.
장상환. 2007.「'소득연대전략' 핵심은 '개인소득세와 사회보장기여금' 확대이다」. ≪미래공방≫, 2007년 3·4월호, 140~158쪽.
_____. 2006.「동아시아의 노사관계와 임금불평등」. ≪한국사회학≫, 제40집 2호, 118~148쪽.
최균·류진석. 2000.「복지의식의 경향과 특징」. ≪사회복지연구≫, 제16호, 223~253쪽.
최태욱. 2007.「한미 FTA와 한국형 개방발전모델 모색」. ≪창작과 비평≫, 제35권 1호, 187~207쪽.

Baldwin, P. 1990. *The Politics of Social Solidarity. Class Bases of the European Welfare State 1875~1975*. Cambridge: Cambridge University Press.
Butterwegge, C. 2001. *Wohlfahrtsstaat im Wandel: Probleme und Perspektiven der Sozialpolitik*. Opladen: Leske + Budrich.
Esping-Andersen, Gøsta. 1985. *Politics against Markets: The Social Democratic Road to Power*. New Jersey: Princeton University Press.
Ganßmann, H. and R. Weggler. 1991. "Interessen im Sozialstaat." *Österreiche Zeitschrift für Soziologie*, Vol. 16, No. 1, pp. 5~24.
Marshall, Thomas H. 1992. *Bürgerrechte und Soziale Klassen: Zur Soziologie des Wohlfahrts-staates*. Frankfurt a. M.: Campus Verlag.
Merkel, W. 1993. *Ende der Sozialdemokrarie?: Machtressourcen und Regierungspolitik im Westeuropäischen Vergleich*. Frankfurt a. M.: Campus Verlag.
Przeworski, A. and J. Sprague. 1986. *Paper Stones. A History of Electoral Socialism*. Chicago: University of Chicago Press
Stephens, J. D. 1979. *The Transition from Capitalism to Socialism*. London: Macmillan.

찾아보기

ㅇ

ㅈ

__엮 은 이

김윤태 고려대학교 인문대학 사회학과와 대학원 사회복지학과 교수이다. 고려대학교와 영국의 캠브리지대학교 대학원을 졸업하고 런던정치경제대학(LSE)에서 사회학 박사학위를 받았다. 주요 연구 분야는 지구화와 국민국가의 변화, 복지국가, 사회정책 등이다. 주요 논저로는 『사회학의 발견』(2006), 『자유시장을 넘어서』(2007), *Bureaucrats and Entrepreneurs*(2008), 『새로운 진보의 길』(편저, 2009), 「사회적 기업의 트라일레마」(2009), 「행복지수와 사회문화적 분석」(2010), 「복지담론과 사회투자의 다양성」(2010) 등이 있다. yunkim@korea.ac.kr

__지 은 이 (가나다순)

김진욱 서강대학교 신학대학원 사회복지학과 교수이다. 영국 바스(Bath)대학에서 사회정책학 박사학위를 받았다. 주요 연구 분야는 복지혼합, 가족 및 여성정책, 빈곤 및 소득분배, 비교사회정책 등이다. 주요 논저로는 「한국 사회보장제도의 확장과 한계」(2010), "So Near, Yet So Far: Connecting Welfare Regime Research to Policy Learning Research"(공저, 2009), "Does Family Still Matter?: Public and Private Transfers in Emerging Welfare States in a Comparative Perspective"(공저) 등이 있다. sspjwk@sogang.ac.kr

박경순 우석대학교 실버복지학과 교수이다. 독일 베를린자유대학(Freie Universität Berlin) 사회학과에서 박사학위를 받았다. 주요 연구 분야는 복지국가, 사회정책, 고령화정책, 노동시장정책이다. 주요 논저로는 『한국의 복지동맹』(공저, 2009), 「수요지향정책의 관점에서 비정규노동의 원인규명을 위한 하나의 시도」(2006), 「포스트산업경제의 도전과 유럽의 복지국가: 트라이레마(trilemma) 테제의 이론적 전제에 대한 비판적 검토를 중심으로」(2007), 「사회정책과 노동시장정책 개혁을 위한 새로운 패러다임: 이행노동시장」(2009) 등이 있다. kspark@woosuk.ac.kr

신동면 경희대학교 행정학과 교수이다. 연세대학교에서 행정학 박사학위와 영국 바스대학에서 사회정책학 박사학위를 받았다. 주요 연구 분야는 복지행정, 사회보장정책, 정책과정 등이다. 주요 논저로는 『사회양극화 극복을 위한 사회정책 구상』(편저, 2007), 『동아시아 국가의 공공부조』(2008), 『한국 복지국가 성격 논쟁 II』(공저, 2009) 등이 있다. dmshin@khu.ac.kr

양재진 연세대학교 행정학과 교수이다. 미국 러트거스(Rutgers)대학에서 정치학 박사학위를 받았다. 주요 연구 분야는 복지국가론, 사회정책, 관료제론이다. 주요 논저로는 *Retirement, Work, and Pensions in Ageing Korea* (편저, 2010), 『사회정책의 제3의 길: 한국형 사회투자정책의 모색』(공저, 2008), 『한국의 복지정책 결정과정: 역사와 자료』(공저, 2008), 「사회투자국가가 우리의 대안이다」(2007), 「한국연금제도의 대안적 개혁모형: NDC소득비례연금과 보충급여형 기초보장연금」(2006) 등이 있다. jjyang@yonsei.ac.kr

윤도현 꽃동네현도사회복지대학교 사회복지학부 교수이다. 독일 베를린자유대학 사회학과에서 박사학위를 받았다. 주요 관심 분야는 사회정책, 복지국가, 사회민주주의이다. 주요 논저로는 『한국의 복지동맹』(공저, 2009), 『한국의 빈곤과 불평등』(공저, 2005), 「세계화시대 한국 복지국가의 발전 가능성」(2007), 「서구 복지국가에서의 '일과 가족 양립' 문제」(2010) 등이 있다. dhyoon@kkot.ac.kr

윤홍식 인하대학교 행정학과 부교수이다. 미국 워싱턴대학(Washington University in St. Louis)에서 사회복지학 박사학위를 받았다. 주요 연구 분야는 가족정책과 젠더관점에서 본 복지국가 등이다. 주요 논저로는 『가족정책: 복지국가의 새로운 전망』(공저, 2010), *Handbook of Families and Poverty* (공저, 2008), "A Comparison Between Conservative Welfare States and Korean Childcare Policy, 1993~2003: A Discussion of Defamilization and Familization"(2009), 「가구특성과 취학 전 아동양육형태의 자유선택」(2010) 등이 있다. hsyoon@inha.ac.kr

이상이 제주대학교 의학전문대학원 의료관리학교실 주임교수이다. 의학박사이자 예방의학 전문의로 국민건강보험공단 건강보험연구원 원장을 지냈으며, 현재 사단법인 복지국가소사이어티 공동대표 겸 운영위원장을 맡고 있다. 주요 연구 분야는 보건의료정책이며, 복지국가와 사회정책을 주로 공부하고 있다. 주요 논저로는 『복지국가혁명』(공저, 2007), 『한국사회와 좌파의 재정립』(공저, 2008), 『의료민영화 논쟁과 한국의료의 미래』(공저, 2008), 『한국 복지국가 성격논쟁Ⅱ』(공저, 2009), 『역동적 복지국가의 논리와 전략』(편저, 2010), "The National Health Insurance System as One Type of New Typology: The Case of South Korea and Taiwan"(교신저자, 2008), "Caregiver Burden among Caregivers of Koreans with Dementia"(교신저자, 2009), "Determinants of Public Satisfaction with the National Health Insurance in South Korea"(교신저자, 2009) 등이 있다. health21@jejunu.ac.kr

이신용 경상대학교 사회복지학과 조교수이다. 독일 브레멘(Bremen)대학교 사회정책학 석사학위와 박사학위를 받았다. 주요 논저로는 「권위주의 국가와 사회복지정책: 한국의 관료적 권위주의를 중심으로」(2007), 「국민기초생활보장제도와 의회의 책임성」(2008), 「민주화와 사회보장법 규율구조와의 관계」(2009) 등이 있다. sybremen@gnu.ac.kr

이태수 꽃동네현도사회복지대학교 교수이자 참여연대 사회복지위원회 위원장이다. 한겨레신문 객원논설위원을 지냈다. 연세대학교에서 경제학 박사학위를 받았다. 주요 연구 분야는 복지재정, 복지경제, 사회정책이다. 주요 논저로는 『복지국가혁명』(공저, 2007), 『민주화이후 한국의 사회복지정책』(2007) 등이 있다. lts1115@empal.com

정재훈 서울여자대학교 사회복지학과 부교수이다. 독일 트리어대학(Universität Trier)에서 박사학위를 받았다. 주요 연구 분야는 여성과 가족정책, 사회복지서비스 전달체계 등이다. 주요 논저로는 『비교빈곤정책론』(공저, 2005), 『독일 복지국가와 사회복지서비스』(2007), 『여성복지 실천과 정책』(공저, 2008), 「사회복지정책으로서 탈성매매여성 지원대책 도입에서의 여성운동 역할 연구」(2007), 「돌봄노동으로서 보육서비스에 대한 국가 개입을 통해 본 한국형 복지국가 유형 연구」(2005), 「국민연금제도 발전 방안에 대한 연구: 양성 평등적 관점에서의 비판적 분석」(2005) 등이 있다. jung4204@swu.ac.kr

조흥식 서울대학교 사회복지학과 교수이다. 서울대학교에서 문학 박사학위(사회복지 전공)를 받았다. 주요 연구 분야는 사회복지서비스, 빈곤가족복지, 장애인복지, 시민사회와 사회복지, 지역사회와 농어촌복지 등이다. 주요 논저로는 『인간생활과 사회복지』(2007), 『사회복지실천론』(2009), 『가족복지학(제4판)』(2010), 『多様な家族時代における 新しい福祉モデルの國際比較硏究』(2010), 「중국의 신도시빈곤과 최저생활제도」(2008), "Time Use and Quality of Life of the Korean Rural Poor"(2009), "Job Supports for Japanese and Korean Underclass Single Mothers in a Risk Society: Activities of Non-profit Organizations"(2007) 등이 있다. chohs@snu.ac.kr

한울아카데미 1313

한국 복지국가의 전망
새로운 도전, 새로운 대안

엮은이 • 김윤태
지은이 • 김윤태·김진욱·박경순·신동면·양재진·윤도현·
윤홍식·이상이·이신용·이태수·정재훈·조흥식
펴낸이 • 김종수
펴낸곳 • 도서출판 한울

편집책임 • 이교혜
편집 • 최규선

초판 1쇄 인쇄 • 2010년 11월 30일
초판 1쇄 발행 • 2010년 12월 24일

주소 • 413-756 파주시 교하읍 문발리 535-7 302(본사)
121-801 서울시 마포구 공덕동 105-90 서울빌딩 3층(서울 사무소)
전화 • 영업 02-326-0095, 편집 02-336-6183
팩스 • 02-333-7543
홈페이지 • www.hanulbooks.co.kr
등록 • 1980년 3월 13일, 제406-2003-051호

Printed in Korea.
ISBN 978-89-460-5313-7 93330 (양장)
ISBN 978-89-460-4377-0 93330 (학생용)

* 책값은 겉표지에 표시되어 있습니다.
* 이 책은 강의를 위한 학생용 교재를 따로 준비했습니다.
강의 교재로 사용하실 때에는 본사로 연락해주십시오.